호 텔 마 케 팅

이희천 · 한진수 공저

도서출판 상 학 당

欲爲大者 當爲人役

크고자 하거든 남을 섬기라

Preface

서비스 산업의 상품은 단순히 물리적인 형태만으로는 고객을 유인할 수 없기 때문에 현장에서 제공되는 각종 서비스를 고객에게 효율적으로 제공해야 한다. 그러기 위해서 고객이 원하는 서비스를 끊임없이 개발하여 제공하지 않으면 고객에게 자극을 주지 못해 서비스 상품의 시장성을 잃게 될 것이다.

또한 아무리 고급의 상품을 개발하였을지라도 상품에 대한 정보가 고객에게 전달되지 않으면 판매력을 상실하여 시장을 확보하는 데 많은 어려움이 있을 것이다.

이와 같은 점을 고려하여 서비스 기업에서는 다양한 고객의 욕구를 각각 충족시킬 수 있는 마케팅 기법을 토대로 고객만족을 통한 판매량을 극대화하고자 많은 노력을 기울이고 있다.

특히 호텔산업의 마케팅은 유형상품을 대상으로 하는 일반 제조업과 비교하여 상품의 무형성이 강하고, 서비스의 비중이 높기 때문에 활동을 전개하는 데 있어서 특수한 상황이 고려된 상태에서 진행되어야 한다. 또한 서비스 상품을 생산하기 위해서는 인적 자원의 활용도가 타 산업에 비해 높은 편이기 때문에 조직적이고 합리적인 마케팅 기법을 적용하지 않으면 성공 확률이 낮다.

따라서 호텔산업의 마케팅은 생산과 소비가 동시에 이루어지는 특성을 고려하여 상품의 표준화와 서비스 상품과 접객종업원에 대한 정확한 이해, 그리고 고객의 구체적인 파악이 전제되어야만 하겠다.

이 책은 많은 학자들의 선행연구를 참고하여 그 이론을 바탕으로 호텔마케팅 부서에서 전개되고 있는 여러 가지 기법들을 소개하고 있기 때문에 호텔마케팅에 관한 기본적인 개념을 이해하는 데 도움이 될 것으로 사료된다. 특히 대학의 호텔관련 전공자들이 이해하기 쉽게 구성되어 있으며, 호텔업계 관련자들에게도 마케팅 업무에 참고가 될 것으로 생각된다.

끝으로 이 책의 교정을 위해 도와준 관계자 여러분들에게 진심으로 감사를 드리며, 또한 이 책의 출간을 위해 물심양면으로 도와주신 상학당의 남승우 사장님과 직원 여러분께 진심으로 감사드린다.

저자 씀

Contents

제 I 부 호텔마케팅의 이해

제1장 마케팅은 왜 필요한가?

제2장 호텔사업과 마케팅

제Ⅱ부 호텔마케팅 실무

제3장 호텔마케팅 계획

Contents

제4장 호텔시장 세분화

Contents

Contents

제 I 부

호텔마케팅의 이해

제 1 장

마케팅은 왜 필요한가?

제 1 절 호텔 · 관광산업에 있어서 마케팅 견해

호텔 · 관광산업에서 제공되는 상품과 서비스가 급속도로 발달함에 따라 마케팅도 함께 발달하였다. 이에 따라 마케팅은 소비자의 필요와 욕구에 중점을 두면서 호텔 · 관광산업 마케팅도 다양한 소비자 연구에 관심을 갖게 되었다.

호텔 · 관광산업은 상품 또는 서비스를 소비자에게 제공할 뿐만 아니라 호텔 · 관광산업 자체의 구매자가 되었다. 즉, 호텔 · 관광산업의 마케팅은 다양한 목적을 가지고 다른 많은 고객과 관련성이 있어야 한다는 것이다.

호텔 · 관광산업의 총체적인 목적은 상품과 서비스만을 판매하는 것이 아니라 모든 고객에게 환대기업의 이미지를 판매하는 것이다. 이와 같이 호텔 · 관광 마케팅은 사회현상에 따른 응용과학으로서 환대시장의 욕구를 최대한 만족시키고, 적절한 이윤을 확보하기 위한 기업정책을 체계적으로 세우는 모든 마케팅 활동을 말한다.

호텔 · 관광 마케팅은 일반 마케팅의 관리와 같은 고객만족과 창조를 통한 이윤추구에는 차이가 없다. 그러나 오늘날 환대산업의 속성이 복합성과 상호 의존성이 높기 때문에 일반 마케팅보다 고차원적인 통합마케팅이 요구된다.

이에 따라 호텔 · 관광산업에서 제공되는 상품과 서비스가 급속도로 발달함에 따라 통합적인 마케팅도 다양한 소비자 연구 및 예측할 수 없는 환경과 사회의 변화에 관심을 갖게 되었다.

호텔 · 관광산업은 상품 또는 서비스를 소비자에게 제공할 뿐만 아니라 판매라는 다양한 목적을 가지고 다른 많은 고객과 관련성이 있어야 한다. 호텔 · 관광산업의 총체적인 목적은 상품과 서비스만을 판매하는 것이 아니라 모든 고객에게 환대기업의 이미지를 판매하는 것이다.

최근 호텔이나 관광을 영유하는 고객들의 생활양식이 다양해짐에 따라 상품의 가치(value)에 중점을 둔 고객들이 증가하고 있다. 이에 따라 기존 호텔이나 관광상품 간 차별적인 요소가 없어지면서 상품과 서비스를 최대한 소비자들의 공감대를 이끌어내어 하나의 생활양식으로 만들어나가야 한다는 것이 마케팅에서는 매우 주요한 핵심요소로 자리 잡고 있다.

호텔·관광 마케팅은 고객의 정서에 부합하는 감성을 주는 호텔·관광기업의 경영전략 방법의 수단으로 이용됨에 따라 지금까지의 경쟁우위 요소였던 호텔상품 및 서비스의 차별화만으로는 고객의 로열티와 관계지향적인 고객관리가 어려워지고 있다. 이에 따라 호텔·관광경영에서도 고객의 욕구와 가치를 마케팅에 접목시켜 경영전략 차원에서 또 다른 마케팅 프로그램을 개발을 하는 데 앞으로도 많은 가능성을 넓일 수 있을 것으로 판단된다.

현시대의 소비자 욕구와 가치는 단순히 소비하는 것이 아니라 호텔이나 관광상품 대상이 되는 서비스를 체험하여 그것들이 주는 효용과 가치를 소비자는 즐기는 것이다.

이와 같이 호텔이나 관광기업에서 마케팅 본연의 업무에만 충실할 것이 아니라 또 다른 경영전략인 인간의 정신적인 풍요성 회복 추구를 요구하게 되는 신마케팅 활동이 필요한 시점인 것이다.

제 2 절 마케팅은 왜 필요한가?*

1 변화의 시대

21세기를 전후하여 정치·경제·사회·문화·개인의식 등에서 근본적인 변화와 개혁이 일어나는 동시에 기회와 위협을 제공하는 불확실한 시대에 우리는 살고 있다. 이에 따라 전 세계 관광산업도 급변하는 환경과 시대상황에 따라 서비스의 다각화가 이루어지는 가운데 호텔경영의 환경변화, 기술혁명, 호텔의 영업확장인 체인화 및 M&A, 호텔 간 제휴 등을 어떻게 다루어야 하는가라는 문제가 호텔경영의 핵심과제로 나타나고 있다.

21세기의 우리의 호텔산업에도 몇 가지 변화 중에서 정부의 주도 아래 21세기의 문화관광 진흥을 위해 2001년 한국방문의 해, 2002년 월드컵, 2005년

* 마케팅 포럼(www.love.kr.ms)의 내용을 재정리

도 아시에서의 한류를 통한 문화마케팅 등의 내용을 담은 문화관광체육부는 '관광비전 21'을 발표하여 미래 관광산업의 활성화에 힘을 기울이고 있다.

이에 따라 정부가 국가 경제 활성화에 목표를 둔 '관광비전 21'의 8대 정책 과정 중 관광 인프라 구축 계획에 관광·호텔업의 제도 개선, 중저가 숙박시설 확충을 투입할 예정이어서 호텔산업에 활기를 불어넣고 있다.

이는 호텔산업의 21세기는 서비스 다각화에서 기술혁명시대, 글로벌화에 따른 호텔의 수평적 및 지리적 확장과 새로운 호텔 출현, 호텔서비스의 소프트웨어화, 환경문제 등이 호텔산업 변화를 주도하면서 이 변화에 따른 신호텔 경영기법이 나타날 것이다.

또한 소득수준 향상과 정보혁명의 영향으로 경제의 서비스화가 급진전됨으로써 호텔경영의 아웃소싱(outsourcing)과 전략적 제휴가 활발해짐에 따라 노동시장의 유연화 및 인원 감축과 임시해고가 일상화되고, 파트 타이머(part timer)의 비중 및 일용직의 확대 등으로 호텔의 핵심역량에 주력할 것이다.

따라서 호텔산업계는 글로벌 거대호텔 기업군과 특화된 호텔기업군으로 산업계가 양분되어 시장을 독점하는 소수의 대규모 멀티브랜드(multi-brand) 전략을 이용하는 호텔기업과 틈새시장을 공략하는 이익중시 호텔기업으로 재편될 것으로 예상된다. 따라서 글로벌 네트워크와 제휴를 가진 호텔기업과 작지만 강한 특성화된 호텔기업만이 살아남게 될 것이다.

이와 같이 21세기에 예상되는 호텔기업의 환경변화는 업종 간 확대될 성장의 격차 및 서비스의 복합화에 대처하며 얼마나 미래지향적으로 발빠른 사업구조 전환의 추진이 중요한 관건이 되리라 판단된다.

그리고 이를 위해서는 구조변혁과 동시에 고객만족을 목표로 한 경영 전 부분의 체질개선 방향에서의 복합적인 경영혁신이 요구된다 하겠다.

결론적으로 위의 사실과 같이 변화시대에 호텔마케팅의 배경을 이해하는데 도움을 줄 수 있는 기초적 가정은 사회환경의 변화에 따른 호텔기업의 대응능력, 양적 성장 위주에서 구조조정을 통한 규모의 경제 실현과 전문인력에 대한 투자로 전문성 확보, 무한경쟁 환경에서의 통합의 실현을 통한 경쟁력 확보, 기술개발에 의한 호텔운영의 변화 및 서비스 상품의 다양화 등이 주요 내용이 될 것으로 보인다.

2 고객의 변화

호텔마케팅을 추구하는 데 있어서 STP(Segmentation, Targeting, Positioning) 전략은 누구나 아는 마케팅의 고전이지만 1차방정식과 같은 단순화된 공식으로서 더 이상 치열한 호텔·관광산업에서 경쟁적 우위를 점하는 데는 어려운 점을 가지고 있다. 이는 기존에 가지고 있는 호텔·관광상품인 인적·물적·시스템적 서비스만 가지고는 고객이 원하는 필요와 욕구를 채울 수 없는 현 시대의 마케팅 전략에 부족한 느낌을 가질 수 있다.

이에 따라 최근에 대두되고 있는 호텔·관광상품에 고객이 공유하고 느끼는 문화로 전환하여 공감대를 형성하는 브랜드로 이끌어내는 마케팅 활동이 전개되고 있다.

현실적으로는 호텔기업에서 적극적으로 표출시키지는 않고 있지만 이미 오래전부터 호텔·경영 전략을 통해서 고객의 라이프스타일을 창출하여 고객이 원하는 새로운 수요로 연결시키는 호텔마케팅 전략으로서 다양한 고객층의 변화에 초점을 맞추는 호텔 브랜드화를 꾀하고 있다.

예를 들어 세계적으로 유명한 호텔체인들인 스타우드(Stawood), 홀리데이인(Holiday Inn), 힐튼(Hilton) 및 메리어트(Marriott) 호텔은 브랜드 전략으로 호텔사업을 하고 있다. 그중에서 메리어트 호텔의 경우 계층별 호텔상품 및 서비스를 상징화하여 호텔계층에 따른 특성을 고객 이용자에게 맞춘 호텔 브랜드로 다음과 같이 구분하고 있다.

이는 풀 서비스(full service)를 제공하는 Marriott Hotels & Resorts, The Ritz Carlton, Renaissance Hotels & Resorts, 제한된 서비스(selected service)를 제공하는 Courtyard, Fairfield, Spring Hill Suits, 장기체류(extended-stay) 고객에게 서비스를 제공하는 Residence Inn, Towne Place Suits, Marriott ExecuStay 등으로서 호텔의 세그멘테이션(segmentation)별로 고객이 공감하는 문화를 만들면서 자사의 호텔마케팅 전략으로 활용하고 있다.

이와 같이 호텔·관광 마케팅은 사회현상에 따른 응용과학으로서 시장의 욕구와 고객의 변화에 따른 호텔기업 마케팅 활동이 필요하다.

또 다른 국내의 예로서 호텔고객의 필요충분조건을 고려한 접근방법을 사용한 조선호텔은 외부사업을 통한 마케팅을 시도하였다. 조선호텔은 문화공연사업의 일환으로 뮤지컬 콘서트 및 연극공연사업 등의 공연기획 투자를 성공적으로 이끌었는데, 이는 기존고객에서 신고객을 창출하는 마케팅 전략으로서 호텔산업체에 시사하는 바가 크다.

그 이외에도 몇 년 전부터 고객들의 요구가 문화적이면서 예술의 심미적 자극을 즐기려는 요구가 많아지면서 특급호텔의 최고가 객실상품인 스위트룸(suite room)을 호텔에서 명성으로만 유지하는 것이 아니라 일반적인 모임, 갤러리, 패션쇼, 전시, 파티, 프로포즈의 장 등 호텔객실의 용도의 개념을 확장하는 마케팅 활동을 전개하고 있다.

이와 같이 고객이 내면적으로 가지고 있는 1인 10색의 다양한 요구를 수용하기 위해서는 고객의 변화에 앞서나가는 마케팅 활동이 필요한 시점이다. 이는 현 호텔에서 행해지는 호텔상품이나 서비스 품질은 원가경쟁에서 큰 차이가 나지 않는 현 상황에서 호텔이 가지고 있는 상품 자체의 속성만으로는 차별화가 점점 어렵기 때문에 쉽게 모방할 수 없는 비교우위를 확보하는 마케팅 차별화 전략이 핵심이 되어야 한다.

따라서 현 호텔에서 고객의 변화에 따른 가장 주요한 마케팅 키워드(keyword)는 고객관계 관리(CRM : Customer Relationship Management)이다. 이는 호텔이 단기적인 수익에 연연하지 않고 장기적인 고객과의 유대감 형성을 통하여 이익을 추구하는 마케팅을 전개하자는 큰 흐름이다. 이 활동은 호텔고객에게 호텔에 대한 동질감・정체성・소속감 및 유대감을 자연발생적으로 형성시켜주기 때문이다.

3 경쟁구조의 변화

과거에는 국가가 보호하는 다양한 법률적 구조를 통하여 어느 정도 국내기업이나 산업을 인위적인 보호막으로 경쟁력을 키워왔지만 미국이 요구하는 FTA(Free Trade Agreement)나 중동지역의 오일가격 상승, 경쟁우위에 있는 외국기업들의 진출로 인해 국내기업은 무한경쟁시대에 돌입했다고 볼 수 있다.

현재 이런 상황에서 예전과 같은 마케팅 전략으로는 절대 살아남을 수 없음에 따라 최상의 품질과 보다 나은 서비스, 고객만족을 넘어선 고객감동이라는 주제에 도달하여야만 살아남을 수 있는 길이라 할 수 있겠다.

세계 각국은 호텔・관광산업이 노동집약적인 산업으로서 고용창출과 경제적인 파급효과가 높은 고부가가치 산업으로 인식되면서 경쟁적으로 국가전략 산업으로 육성하기 위해 집중적인 투자를 하고 있다.

그러나 최근 호텔업계는 환율의 급락, 부가영세율 폐지, 호텔사업장 종합부동산세 등 중국・일본・동남아시아 국가 등과 같은 주변 관광국에 비해 가격경쟁력을 상실하고 있는 실정이다.

이러한 위기의식으로 인하여 호텔의 구조조정과 인원감축이 늘어가고 있는 실정이다. 또한 외국의 유명 브랜드인 이비스(Ibis)나 베스트웨스턴(Best Western)과 같은 중저가호텔 진출 및 변형된 숙박업인 레지던스(residence) 사업이 기존 호텔시장을 잠식하면서 무한경쟁시대를 맞이했다고 볼 수 있다.

이는 그동안 호텔업계가 유동적인 환경변화에 민첩하게 대처하지 못하고 가격중심 및 상품중심의 경쟁으로 일관해온 결과로 볼 수 있다. 따라서 가격선호 고객은 가격으로, 서비스 상품 선호 고객은 서비스 상품을 통한 경쟁력 확보가 향후 호텔산업의 미래를 좌우할 것이다.

이는 호텔산업이 경쟁력을 가지기 위해서는 국제적인 수준의 브랜드 호텔 개발과 체인화 등을 통해 선진호텔 경영기법을 도입하고, 숙박과 음식을 제공하는 기본적인 상품(core product) 이외에 고객의 니즈(needs)에 부합하는 서비스 차별화를 마케팅 기본전략으로 수용하여야 한다.

제 2 장

호텔사업과 마케팅

제 1 절 마케팅 정의

1 마케팅 정의 및 기본개념

(1) 마케팅 정의

마케팅은 시대 변천과 학자에 따라 그 개념이 다양하게 정의되고 있다. 마케팅은 단순히 판매의 단편적인 개념이 아니라 고객의 필요와 욕구를 마케팅 조사를 통하여 파악하고, 이는 생산·가격설정·유통관리·촉진·수송 및 애프터서비스 등을 포함하고 있다.

코틀러(P. Kotler)는 마케팅이란 "개인과 집단이 상품과 가치를 창조하고 타인과의 교환을 통하여 그들의 욕구와 욕망을 충족시키는 사회적 또는 관리적 과정"으로 정의하고 있다.

이와 같은 코틀러 정의를 바탕으로 미국 마케팅학회(AMA : American Marketing Association)는 1985년 현대적인 마케팅의 정의를 발표하였다. 즉 마케팅이란 "개인 및 조직의 목적을 충족시켜주는 상호교환을 창조하기 위해 이념이나 재화 및 용역의 창안, 가격결정, 촉진 및 유통을 계획하고 실행하는 과정이다(Marketing is the planning and executing the conception, pricing, promotion, and distribution of idea, goods, and services to create exchange that satisfy individual and organizational objectives)"라고 정의하고 있다.

미국 마케팅학회의 정의는 마케팅 분야에 교환을 중심으로 호텔서비스 상품에 대한 이론을 정립하기 위한 토대가 되고 있다.

마케팅의 개념

광의의 마케팅은 주로 포괄적으로 넓은 의미의 마케팅을 말하고, 협의의 마케팅은 세분화되고 구체적인 마케팅의 개념이다.

① **광의의 마케팅**

코틀러(Kotler)는 교환과정을 통하여 소비자의 필요와 욕구를 충족시키도록 유도하는 데 관련된 일련의 인간행동이라고 하였다.

② **협의의 마케팅**

사람들은 각자 시장을 통해 자신이 원하는 것을 만족시키려 하고, 기업은 경쟁회사에서 최대의 이익을 달성하고자 한다. 이를 위해 기업이 벌이는 모든 행동을 '마케팅'이라 한다.

(2) 마케팅의 기본적 개념

1) 고객지향 원리

고객의 필요와 욕구를 가장 우선적으로 고려하여 그 욕구의 충족을 최대 목표로 하는 것으로 고객욕구가 기대 이상으로 충족되면 결과적으로 고객만족(customer satisfaction)으로 이어져 고객은 자기 욕구를 충족시킨 상품을 반복해서 구매하게 된다.

따라서 상품에 대한 충성도가 형성되면 호텔기업 전체가 긍정적인 이미지로 구축되어 기존고객의 유지관리는 물론 새로운 고객의 확보에도 유리한 입장이 될 수 있다.

2) 이윤지향 원리

호텔기업은 고객이 필요로 하는 것을 제공하고, 이윤을 추구(profit orientation)하는 기업이기 때문에 호텔상품이나 서비스의 판매가 기업에 이익을 줄 수 있는 활동이어야 한다. 즉, 투입된 비용에 비하여 상품 판매로 산출된 매출이익이 많아야 하는 생산성에 기초해야 한다.

호텔기업이 장기적 이익을 확보하기 위해 선택할 수 있는 수단은 판매량 증대와 생산성 향상이다. 판매량 증대를 위해서는 시장을 확대하거나 시장을 심층화하는 전략이 필요하지만, 어느 것이든 고객의 욕구충족이 대전제가 되어야 한다.

3) 통합과 조정 원리

호텔기업 경영을 위해서는 일반기업과는 달리 서비스가 차지하는 비중이 높기 때문에 인간을 중시하는 경영으로 매우 복잡하고 다양한 기능들이 연관되어 있는데, 이 모든 기능들은 고객을 상대함에 있어 통합(integration)되고 조정(coordination)되어야 한다는 원리이다.

모든 호텔기업 내의 부서 중에서 경영관리 부서나 후원 부서는 고객을 접촉하여 상품과 부가적인 서비스를 제공하는 부서의 종업원을 적극적이고 체계적으로 지원하여 원활한 대고객 서비스가 이루어지도록 모든 기능을 통합해야 하며, 경영진은 고객과 호텔 간 양방향의 커뮤니케이션(two-way communication)이 이루어질 수 있도록 고객을 접촉하는 종업원으로부터 서비스 제공에 대한 피드백(feedback)으로 고객의 요구를 파악할 수 있는 시스템을 구축해야 한다는 것이다.

2 호텔마케팅 정의

호텔마케팅과 유형상품을 대상으로 하는 마케팅과의 차이점은 서비스 특성인 무형성과 생산과 소비의 동시성에서 그 의의를 찾을 수 있다.

또한 그 특성에 근거하여 마케팅을 담당하는 호텔기업의 마케팅 활동에 대해 이론적 근거를 제공하고, 마케팅의 효율(생산성)을 높이기 위해 호텔서비스 특성에 알맞은 전략을 세우기 위한 독자적 영역을 갖고 있다는 데서 그 필요성을 찾을 수 있다.

호텔마케팅은 마케팅의 부분집합으로 현대 마케팅이 지향하는 고객지향, 통합조정의 노력, 이윤지향의 3가지 요소를 그대로 받아들이는 한편 소비자가 생산과정에 직접 참여한다는 점에서 고객지향 측면을 더욱 내세우고 있다. 즉, 호텔기업의 핵심적 요소인 서비스는 생산과 소비가 동시에 이루어진다는 특징이 있기 때문에 유형상품의 마케팅에서처럼 획일적인 마케팅 활동을 벗어나 고객을 위주로 한 마케팅 활동이 되어야 한다.

따라서 호텔마케팅은 마케팅과 생산관리, 인사관리의 협동에 의해 기업목표를 달성한다기보다 생산기능과 인사기능을 호텔마케팅 기능에 통합시키는 방향으로 기업목표 달성을 위해 조직화되어야 할 것이다.

이러한 여러 가지의 여건을 바탕으로 정의하면 호텔마케팅이란 "고객의 욕구 충족을 극대화하고, 호텔조직의 목표를 달성하기 위해 호텔상품 및 서비스・아이디어 등을 가장 효율적으로 생산 및 판매하기 위한 가격결정・유통 및 촉진을 계획 및 실행하는 전략적인 조직활동"이다.

제 2 절 호텔마케팅의 중요성

1 마케팅의 중요성

과거의 수급 불균형을 이루었던 판매지향적(sales oriented)인 시대의 기업조직은 생산부서의 조직이 기업 전체의 조직에 많은 영향을 미쳤다. 이러한 수급체계하에서는 생산자 또는 판매자가 시장에 있어서 주도권을 갖게 되는 이른바 생산자 주도시장(seller's market) 성격의 시장이 형성되었기 때문에 고객은 상품이나 서비스를 구입하는 것만으로도 만족해야만 했다.

그러나 18세기 말에 시작된 서양의 산업혁명으로 인한 기계화・자동화의 도입과 과학기술의 발달로 생산이 급격히 증가하면서 이러한 시장상황을 완전히 바꾸어놓는 계기가 되었다. 산업혁명의 결과 공장에는 생산된 상품의 재고가 쌓이게 되어 생산된 상품을 판매하기 위한 노력이 요구되었던 것이다.

이러한 수급체계하에서는 고객이 선택할 수 있는 폭이 넓어지게 되어 시장에서 판매되는 상품의 주도권을 소비자가 가질 수 있는, 이른바 구매자 주도시장(buyer's market)으로 바뀌게 되었다. 즉 시장에서 "고객은 왕이다(Customer is king)"라는 대우를 받게 되었으며, 사회・경제적 수급체계의 대변혁 가운데 이루어지는 마케팅은 기업활동에서 다른 분야의 기능보다 중요하게 인식되었고, 이에 대한 학문적 연구 및 실천방안 모색이 활발히 이루어지고 있다.

2 마케팅과 판매 차이

마케팅과 판매를 동일한 개념으로 생각하여 혼용되는 경우가 있는데, 개념적으로 큰 차이가 있다는 사실을 알아야 한다. 마케팅은 소비자 욕구와 필요를 조사에 의해 파악한 후 소비자가 원하는 상품을 적기에 합리적인 가격으로 판매하고, 판매 후에도 상품이나 서비스에 대한 지속적인 관리를 하는 것을 포함하고 있는 것이다.

따라서 상품에 대한 정보를 소비자에 알리기 위해 촉진활동을 하고, 상품이 가장 합리적으로 소비자에게 전달될 수 있도록 상황에 적합한 유통경로를 이용하기도 한다. 즉, 상품이 최종 소비자에게 전달되기까지는 제조기업과 도매기업 · 소매기업이 각각 유통단계별로 개입되기 때문에 이들 기업은 유통과정의 각 단계에서 중점을 두고 관여해야 할 고유한 역할을 가지고 있다.

반면에 판매는 상품을 구입하기 위해 고객이 상품가치를 화폐로 판매자에게 지불하거나 상품을 인도하기로 약속하는 것을 의미한다. 즉, 판매는 마케팅의 일부분인 것이다. 구체적으로 설명하면 판매는 단지 상품이나 용역을 소비자에게로 이전시키고, 그 대가로 금전을 받는 단순한 원리이지만 마케팅은 소비자를 위한 전사적인 기업활동으로 소비자 만족을 통한 기업목표(corporate objective) 달성이 기본원리이다.

현대기업의 경영은 고객을 정확하게 이해하고 시장을 파악하는 데서 출발해야 하기 때문에 판매만으로 시장경쟁의 우위를 확보하는 데에는 많은 어려움이 따르므로 판매 이상의 기업경영이 매우 중요하다.

즉, 지금까지의 생산중심(production orientation)이나 판매중심(selling orientation)의 활동에서 과감히 벗어나 소비자가 가지고 있는 욕구와 필요를 적기에 적당한 가격으로 공급하고, 상품에 부가되는 서비스를 개발하는 등 소비자 위주의 경영이 절대적으로 필요하다.

이와 같이 소비자의 욕구와 필요에 대한 철저한 조사와 이해를 전제로 한 관리로 목표시장(target market)을 공략할 수 있는 전략이 수립되어야 한다. 호텔마케팅은 고객이 원하고 필요로 하는 것을 찾아내어 그것을 고객에게 제공하고 이익을 얻는 것이다.

표 2-1 판매 개념과 마케팅 개념의 차이

판매 개념	마케팅 개념
상품 강조	소비자 욕구 강조
만들어서 판다.	고객의 욕구와 필요를 조사한 후 팔릴 수 있는 것을 기획한다.
대내적이며, 기업지향적이다.	대외적이며, 시장지향적이다.
기업요구 강조	시장요구 강조
고압적 판매	저압적 판매
직선적 판매	순환적 판매
단기계획지향	장기계획지향

3 호텔시장

호텔기업이 가장 중요하게 여기는 것은 인간적 측면의 개인 존중이라는 사실이다. 즉, 인간이 참여하는 역할과 기능의 결합이다. 호텔상품을 판매하는 기업이나 개인, 그리고 호텔상품을 구매하는 고객으로 구성되는 호텔시장을 이해하기 위해서 다음과 같은 구성요소를 살펴보기로 한다.

(1) 호텔상품 판매자

호텔상품의 판매자는 잠재고객을 대상으로 상품의 판매를 위한 유·무형 상품이나 서비스를 소유하고 관리하는 사람을 의미한다. 여기에서 호텔상품이나 서비스 판매자는 개인이나 기업 조직이다.

(2) 호텔상품 구매자

호텔상품 구매자는 관광객 또는 여행객으로서 특성상 정치적·경제적·문화적 환경에 매우 민감하다. 호텔고객은 보통 개인고객(FIT : Foreign Independent Traveller)과 단체고객(GIT : Group Inclusive Traveller)으로 구분하고, 이는 다시 상용고객(business traveller)과 휴양고객(leisure traveller)으로 분류할 수 있다.

호텔상품은 직접 경험을 하거나 주위의 사람들로부터, 또는 간접적인 방법으로 상품이나 서비스를 평가할 수 있기 때문에 호텔상품 판매자는 잠재고객을 대상으로 상품에 대한 구체적인 정보를 바탕으로 촉진활동을 전개해야 하며, 신뢰를 얻을 수 있는 마케팅 노력이 요구된다.

(3) 호텔시장

호텔시장이란 서비스에 의해 욕구가 충족될 수 있고, 구매력과 특정 욕구를 지닌 고객들의 집합을 의미하는 것으로 시장은 유사한 욕구나 욕망과 화폐를 소유하고 있는 일련의 사람들로 구성되어 있다.

즉, 호텔시장은 관광객이나 여행객을 대상으로 숙박에 관련된 편의시설 및 상품이나 서비스를 이용하거나 구매를 희망하면서 소정의 요금을 지불할 수 있는 사람들로 구성된다.

이와 같이 호텔시장은 개인적 특성과 라이프스타일, 태도, 소득, 지리적인 위치(location) 등에 의하여 부분시장으로 구분되기도 한다.

제 3 절 마케팅 개념 변화

오늘날 산업화 영향으로 인해 급속하게 확대되는 생산부문에 비하여 소비자의 다양한 욕구와 독특해지는 개성 때문에 소비부문이 둔화됨에 따라 양자 간의 격차를 심화시켜 이를 연결해주는 인적 서비스의 중요성을 크게 인식시켰다.

수요가 공급보다 많은 초기단계에서는 생산하여 소비한다는 생산중심의 사고가 오늘날에는 반대의 현상으로 소비를 위한 생산이라는 소비자중심 사고로 바뀌는 계기를 마련하였다. 또한 최근에는 사회적 공익이나 비영리단체까지도 사회지향적인 마케팅 개념이 도입되고 있다.

따라서 호텔기업의 경우 최근에는 고객이 원하는 서비스를 제공하기 위해 '맞춤마케팅(customized marketing)'이 점점 활성화되고 있는 추세이다. 예를 들면 호텔에서 고객의 욕구를 충족시킬 수 있는 서비스를 제공하기 위해 고객을 차별화한 후 다양한 계층으로 분류하여 서비스를 제공하고 있으며, 이와 같이 고객의 욕구에 따른 차별화된 특별 서비스는 호텔정보 시스템을 통해 관리되고 있다.

1 생산지향적 마케팅

'생산지향적 마케팅(product oriented marketing)'은 1900년대에서 1930년대 초반까지 나타난 마케팅 활동이다. 상품을 생산하는 데 기업활동의 초점을 두었던 이 시기에는 기업 목표나 계획 수립이 모두 상품을 만드는 생산담당자에 의해서 이루어지고, 판매부서는 재무담당자가 설정한 가격으로 단순히 판매만을 담당하는 제한된 활동을 수행하였다.

즉, 공급보다 수요가 많아 소비자가 원하는 양질의 상품을 생산하여 합리적인 가격으로 적기에 제공해야 한다는 것뿐 특별한 마케팅 활동이 요구되지 않았던 시기이다.

따라서 이 시기에는 기업의 판매부서에서 상품을 판매하고 있더라도 마케팅 기능을 인식조차 하지 못하였고, 판매부서는 판매원을 유지하고 관리하는 데 지나지 않았다.

그러나 시장이 점차 확대되면서 공급(supply)이 수요(demand)를 앞지르고, 소비자는 상품의 양보다 저렴하고 품질이 좋은 상품을 요구하고 있기 때문에 기업은 지속적으로 상품 개선에 노력을 해야 한다는 개념으로서 소비자가 원하는 형태나 품질의 상품을 생산하기 위한 소비자지향적인 측면에서 상품을 개선하기 위한 노력이 요구되었다.

2 판매지향적 마케팅

'판매지향적 마케팅(selling oriented marketing)'은 1930년대에서 1950년대에까지 나타난 마케팅 활동으로서 기업이 상품의 과잉공급(over supply)으로 인한 누적된 재고를 처분하여 경영효율을 향상시키기 위한 목적으로 소비자의 구매욕구를 자극하기 위해 소비자에게 상품에 대한 각종 판촉전략(promotional strategy)을 실시하여 상품을 판매하는 데 최선의 노력을 기울여 소비자들이 과잉공급되고 있는 상품을 충분히 구매해주도록 하는 경영철학이다.

즉, 기업들로서는 누적된 재고를 처분하기 위해 판매를 촉진할 수 있는 수단을 동원할 수밖에 없었으며, 이는 자연적으로 판매부서 조직의 확대와 권한을 강화하는 계기가 되었다.

그러나 이 시기에는 진정한 소비자의 요구를 충족시켰다기보다 재고처분을 위한 고압적인 판매가 일반적이었기 때문에 마케팅에 대한 비판의 목소리도 컸던 시기였다. 따라서 이 시기에는 마케팅 업무를 일원화시키기 위해 광고, 마케팅 조사, 판촉활동 등 모든 마케팅 활동을 총괄하는 독립 마케팅 부서를 탄생시켰다.

3 고객지향적 마케팅

'고객지향적 마케팅(customer oriented marketing)'은 1950년대부터 1970년대에 이르는 시기에 나타난 것으로 단순한 판매에서 벗어나 상품의 판매 전 판매, 또는 판매 후 판매 등과 같은 보다 적극적이고 광범위한 활동으로 영역을 넓혀 기업목표를 달성하기 위해 표적시장의 욕구와 욕망을 파악하고, 이를 경쟁자보다 효과적이고 효율적인 방법으로 충족시켜 소비자 만족을 통한 기업목표를 달성하려는 경영철학(management philosophy)이다.

이 시대의 마케팅 개념 특성은 고객의 욕구충족을 파악하기 위한 마케팅 조사가 지속적으로 실시되었으며, 그 결과 고객이 요구하는 상품이나 서비스가 생산되고 경쟁자와 비교하여 자사의 강점과 약점이 주기적으로 검토되었다.

그리고 마케팅 조직과 관련 부서들과의 유기적인 협조를 통하여 모든 마케팅 활동이 고객만족에 초점을 맞추어 실행되었다.

4 사회지향적 마케팅

'사회지향적 마케팅(social oriented marketing)'은 1970년대 이후의 사회적 · 경제적 환경의 변화로 인하여 기업의 사회적 기여에 관심이 높아졌던 시기의 마케팅 활동을 가리킨다.

원칙적으로 개별기업의 관점에 기초하면서도 인간 환경을 중요시하는 거시적 성격이 추가된 사상적 지향이라고 볼 수 있으며, 고객이 추구하는 이익과 기업의 이익은 물론 사회 전반적인 이익도 함께 고려해야 한다는 사고로서 마케팅 관리 활동 중에서 가장 진보된 개념이다.

최근에는 대부분의 소매점 기업이 이러한 사회적 측면에서 마케팅 활동에 접근하려는 경향이 두드러지고 있다.

제 4 절 호텔 · 관광산업의 환경구조

1 호텔 · 관광산업의 환경요인

마케팅 내에서 작용하는 환경요인들은 끊임없이 변화하면서 새로운 마케팅 기회와 위협을 창출하며, 그 결과로 마케팅 활동 성과에 커다란 영향을 미치고 있으므로 마케팅 활동과 관련된 요인을 찾아내고 환경구조 변화가 시사하는 의미를 평가한 다음에는 새로운 계획이나 전략을 수립 및 조정해야 한다.

호텔마케팅 환경은 미시환경(micro environment)과 거시환경(macro environment)으로 구분된다. 미시환경은 기업이 표적시장을 공략하는 데 영향을 미치는 직접적인 환경요인으로서 호텔기업 및 여행사 · 예약회사, CRS 전문기관, 중개인, 마케팅 매개기관, 고객 및 공중들을 의미한다.

거시환경은 광범위한 사회지향적인 요인으로서 기업의 미시환경의 모든 관광을 하는 행위자 및 호텔 · 관광 이용자에 영향을 미치는 인구통계적 · 경제적 · 생태적 · 기술적 · 정치법률적 · 사회문화적 요인 특성을 말한다.

2 미시적 환경요인

미시적 환경요인에 따른 마케팅은 개별기업이 기업목표를 달성하기 위한 수단으로서 수행하는 개별기업의 마케팅 활동이다.

(1) 고 객

1) 회의 및 컨벤션 참가자

비즈니스 여행시장에서 요구되는 것은 편안한 회의 환경뿐만 아니라 충분한 부대시설과 커뮤니케이션 시설이다. 이는 회의 전, 회의 도중, 회의 후에도 진행되는 비즈니스를 위한 것이다. 또한 행사나 회의의 일정 후에 즐길 수 있는 엔터테인먼트(entertainment)나 그 외의 기회가 요구된다.

2) 여행자

개개인들은 안락하고 독립적인 공간과 잘 짜여진 서비스를 원한다. 일반적으로 다른 부류의 비즈니스 여행자들보다 가격에 민감하지 않다. 이들은 특정 호텔의 위치나 브랜드를 선호하며, 호텔예약은 여행대행사나 비서들에 의해 이루어진다.

이들의 주된 관심사와 요구는 안전성, 편리한 위치 및 비즈니스를 위한 서비스에 있다.

3) 비즈니스 여행자

정부나 회사의 부서들이 가격에 민감해짐으로써 비즈니스 시장의 분류가 급격히 증가하고 있는 추세이다. 이 경우에는 하루를 기준으로 여행경비를 지출할 수도 있다. 비즈니스 여행자들은 비용이 어느 정도인지에 민감한 반면, 그 한도 내에서 아주 편안하고 좋은 서비스를 원한다.

예약 없이도 종종 비즈니스 여행을 하기도 하지만, 대개의 경우 여행부서, 계약이 체결된 여행사, 부서의 비서에 의해 여행 계획과 예약이 이루어진다.

(2) 호텔기업

미시적 환경구조 안에서의 호텔시장 변화는 오늘날 상업적(commercial)인 목적으로 구축된 호텔・리조트・모텔 등과 규모 및 서비스 수준(service level)에 의해 구분된 호텔로 구성되어 있다.

1) 모 텔

일반적으로 고속도로 근처에 위치하며, 리조트는 전형적으로 바닷가・산・골프코스・스키장・헬스클럽 같은 레크리에이션을 할 수 있는 요소들이 집중되어 있는 곳에 위치한다.

일반적으로 모텔은 수요자와 특별한 고객들의 시장세분화에 의해 개발된다.

2) 이그젝티브층 호텔(executive floor hotel)

일반적으로 매우 크고, 온갖 설비가 다 갖추어진 쾌적한 접견실이 있다. 최상 품질의 비누・수건・샴푸 등이 매일 준비된다. 고객들은 높은 비용의 호텔료를 기꺼이 지불한다.

3) 비앤비(B&B : Bed and Breakfast)

이 유형은 실제로 오래전부터 존재하였는데 미국에서 'B&B' 유형은 급속하게 성장하고 있다. 일반적으로 두 가지 유형을 가지고 있는데 몇 개의 객실과 함께 식사를 할 수 있는 공간을 가지고 있거나, 단기간 머무르는 관광객을 위한 작은 건물 형태가 있으면서 고객에게 제공되는 서비스는 한정되어 있다.

4) 컨벤션 호텔(convention hotel)

국제회의 시장에 더 많은 관심을 가지는 고객대상으로 참가자들의 요구를 들어주기보다는 운용자의 의도나 계획대로 꾸며진다. 일반적으로 제공되는 식사도 풍부할 뿐만 아니라 양질의 서비스가 제공된다.

5) 올 스위트 호텔(all suite hotel)

국·내외적으로 급속히 성장하는 숙박사업 형태로 식당과 회의실을 갖추고 있는 호화로운 시설로 여행객과 비즈니스 고객들을 위해 특별히 고안되었다. 크기에 따른 구분은 작은 객실 수에서 대규모 객실을 가진 호텔 형태로 나누어진다.

6) 이코노미 호텔(economy/limited service/hotel budget)

서비스 수준이 낮고, 가격 면에서 경제적인 호텔들은 다른 범주의 호텔보다 그 규모가 작다. 일반적으로 이 호텔은 룸서비스(room service)가 제공되지 않으며, 연회실이나 헬스클럽 시설을 갖추고 있지 않다. 이 호텔은 최대한의 첨단기술을 적용, 신속 정확한 서비스 제공과 아울러 운영비 절감으로 수익성을 제고하는 호텔이다.

7) 미드 스케일 호텔(mid scale hotel)

이곳을 선호하는 고객은 비즈니스 고객·가족여행객·군인·교육자 등이며, 여행사나 중산층에게 특별히 적용되는 요금이 있다. 이 호텔은 버짓 호텔(budget hotel)이라고도 하는데, 국내에서도 버짓 호텔 개발에 많은 관심을 가지고 있으며, 오늘날 숙박산업의 50% 이상을 차지하면서 세계적으로 증가 추세에 있다.

8) 디럭스 및 럭셔리 호텔(deluxe/luxury hotel)

이 유형은 호텔을 건설하는 데 많은 비용이 들며, 대규모의 식당과 라운지·회의실 등을 갖추고, 매우 우수하고 호화스러운 서비스를 제공한다.

(3) CRS 전문기관

CRS(Computer Reservation System) 전문기관이란 효과적인 관광객 및 호텔고객을 유치하기 위해서는 매우 중요한 요소이다. 세계 항공사와 호텔그룹들은 관광시장의 주도권을 장악하기 위해 예약 및 발권은 물론, 관광정보를 정확하게 제공하는 CRS의 개발과 확장에 주력하고 있다.

따라서 많은 관광소비자들이 CRS를 통하여 항공사·호텔 등을 예약하는데 점점 높은 비율을 차지하고 있어 CRS 공급업자 환경의 동행은 환대기업의 마케팅 활동에 실질적으로 영향을 미치게 된다.

호텔 종류나 크기, 호텔의 특정 시장에 관계없이 컴퓨터 예약시스템(CRS : Computer/Central Reservation System)과 판촉활동의 상관관계는 주요 관심거리로 떠오르고 있다.

(4) 마케팅 매개기관

마케팅 매개기관은 기업의 상품을 최종 구매자에게 촉진·판매, 그리고 이전하는 일을 원조하는 중간매개인, 물적 유통기관, 마케팅 서비스 기관, 그리고 금융기관을 말한다.

1) 중개매개인

중개매매자들로서 대개 서비스와 상품의 최종 소비자는 아니다. 하지만 호텔 및 관광산업 분야에서 최종 소비자들의 선택에 조언과 영향을 주는 중요한 마케팅 노력을 하고 있다.

호텔시장의 중개매매자는 여행사·여행대행사·항공사·회의기획자·여행클럽·신용카드회사·비서 등이다.

2) 회의기획가

성공적인 회의, 컨퍼런스와 컨벤션 등을 기획하고 수행하는 사람이나 조직이다. 호텔의 종류나 회의장 시설, 회의와 연관된 서비스, 회의 관련 연회에 더 중점을 두고 있다.

3) 비 서

비즈니스 여행에 관련해서 중개매매자들 중 가장 큰 부류 중 하나이다. 하지만 같은 조직에서라도 여행상품 구매결정에서 비서의 영향은 매우 다양하다. 어떤 경우는 비서가 여행계획, 렌터카, 숙소의 예약을 할 수도 있다.

예를 들어 국내 호텔업계에서도 롯데호텔은 '샤롯데(Shalotte)'라는 비서클럽을 운영하고 있으며, 하얏트호텔은 '프라이빗 라인(Private Line)', 힐튼호텔은 '탑키(Top Key)'라는 비서클럽을 운영하고 있다.

4) 여행사

비즈니스와 휴양 및 엔터테인먼트 여행자의 항공·선박·기차·렌터카·관광장소, 그리고 숙박업소를 마련한다. 그들은 고객들의 예약으로 신뢰할 수 있는 회사의 어느 정도 수준의 서비스를 제공할 수 있는 서비스 회사에 흥미를 두고 있다.

또한 간단한 예약절차와 예약에 따른 신속한 커미션 지급을 보장하는 서비스 회사와 협업을 선호한다.

5) 항공사

항공예약 이외에 호텔이나 렌터카 예약을 중개매매자로 수행하기도 한다. 또한 대부분의 항공사는 여행사·여행대행사·여행클럽 등의 중개매매자들을 통해서 엔터테인먼트를 위한 관광객에게 소개한다. 또한 중개매매자들의 판매 및 패키지 상품을 소개하기도 한다.

6) 여행클럽

회원들의 여행 구매결정에 영향을 끼친다. 휴양 및 엔터테인먼트 여행시장이 점차 복잡해지면서 일반 소비자와 특정 소비자들의 요구를 충족시켜주는 여행클럽이 출현하고 있다.

클럽 메드(Club Med) 같은 여행클럽은 자주 여행을 가는 휴양 및 엔터테인먼트 여행자들이 주요 고객이며, 회원에게는 희망한 장소의 특정화된 패키지를 제공한다. 이런 경우는 특정 관심, 즉 골프, 테니스, 유적지 순례나 미개척지 방문을 맞춤 패키지 형태로 자주 제공하고 있다.

7) 신용카드사

여행사와 같은 중개매매자와 함께 패키지여행의 촉진과 구매로 상품구매에 영향을 준다. 또한 신용카드회사·은행·백화점들도 종종 단체적으로 여행과 패키지여행을 고객에게 촉진한다.

3 거시적 환경요인

(1) 경제환경

경제적 환경변화란, 호텔·관광 공급대상 간의 긍정적 상호작용이 소비수요의 본질을 변화시키며, 주5일제에 따른 여가시간의 확대는 경제성장에 따라 가처분소득을 증가시키고, 여행을 즐기는 인구가 늘어남에 따라 호텔·관광의 경제규모가 커지는 것을 의미한다.

(2) 사회문화적 환경

사회문화적 환경은 행동규범으로 구성되어 소비자는 가격에 민감해지고, 구매동기도 까다롭게 변한다. 이렇게 되면 호텔·관광기업이나 소비자기업과 기업 간의 공방도 자연 치열해져서 욕구와 기호가 다양해짐에 따라 단순히 상품의 품질만으로는 부족하며, 참신한 아이디어나 부가적인 서비스가 있어야만 소비자의 관심을 끌 수 있다.

따라서 사회문화적 환경은 제품·가격·경로·촉진에 관한 마케팅 의사결정뿐만 아니라, 경제·정치·법적 환경까지도 영향을 미치기 때문에 소비자의 욕구 및 필요를 탐색해야만 하는 개별기업의 마케팅 계획에 심대한 영향을 준다.

또한 라이프스타일 변화로 사회적 가치관이 사람들의 살아가는 방식보다 구체적으로는 자신의 시간을 어떻게 소비하는가(action : 행위), 주위환경에서 특별히 중요하게 고려하는 것은 무엇인가(interest : 관심), 그리고 자신과 주위세계에 대한 생각은 무엇인가(opinion : 의견)의 총체로 나타난다.

(3) 인구통계적 환경

인구통계학(denography)이란 인구수 · 인구밀도 · 주거지 · 연령 · 성별 · 인종 및 직업 등의 통계에 대한 연구로서 마케팅 관리자에게 중요하다. 인구통계적 환경은 소비자 욕구 변화가 다양한 층으로 형성됨에 따라 호텔 · 관광 소비자가 시장을 구성하기 때문에 인구통계적 특성은 새로운 세분시장을 정의하고 신상품 기회를 분명히 하여, 마케팅 전략의 방향 수정을 요구하게 된다.

(4) 기술적 환경

과학과 기술 발달은 마케팅 환경의 다른 변수와 마찬가지로 특정의 산업에 대하여 많은 변화를 주면서 보다 풍요로운 사회를 만들고, 질 높은 소비자의 필요를 충족시켜준다. 21세기 통신기반인 인터넷이 급속히 확산되면서 호텔 및 항공승객이 직접 인터넷을 통해 예약하게 되어 호텔 및 항공사 · 여행사 등이 원가절감의 효과로 고객의 편리성 증대에 기여하고 있다.

기술적 환경변화에 따라 미래 호텔 · 관광기업은 경영정보가 신속 정확하게 제공되고, 효율적인 정보 분석이 가능해져 기업의 내부경영 문제, 대고객 서비스 등에 큰 영향을 미칠 수 있다.

(5) 정치법률적 환경

정치법률적 환경은 조직에 적용되는 정부의 법률과 규칙, 그리고 규제로 구성되는데 마케팅 활동을 촉진하기도 하고 제약하기도 하는, 매우 중요한 변수이다.

기업활동에 영향을 주는 법률과 제도는 수없이 많지만, 그들의 공통적인 목표는 경제성장 · 고용창출 · 환경오염의 감시 등으로 요약할 수 있으며, 이들 기업과 관련된 정부 측의 다양한 프로그램은 기업활동을 후원하는 것과 통제하기 위한 것들로 나눌 수 있다.

(6) 생태적 환경

현대국가들은 산업활동에 의한 환경파괴에 많은 관심을 가지면서 생태환경에 대한 관심이 고조되고 있다. 이러한 추세 속에서 절박한 자원부족, 에너지 비용 증가, 공해수준 증대, 자연자원 관리에 있어서의 정부개입 등에 대하여 거기에 수반되는 기회와 위협을 파악하여 대처방안을 마련해야 한다.

자연환경은 매우 중요한 상품으로서 국·내외의 생태적 환경변화에 적절히 적응하고, 새로운 시장기회를 획득하기 위해서 생태적 관광상품 프로그램의 구축이 필요하다.

제 5 절 호텔마케팅의 내·외적 요인

호텔기업의 마케팅은 특성상 상품이나 서비스가 우수하고 마케팅 활동이 합리적인 계획하에서 통제된다 할지라도 당면한 마케팅 환경의 요인으로 인하여 매우 민감하게 반응하기 때문에 타 산업의 마케팅 활동보다 마케팅 업무의 진행에 많은 영향을 미친다고 할 수 있다.

따라서 호텔기업은 이러한 요인이 마케팅 활동에 미치는 영향을 최소화하기 위해 철저한 시장조사를 통하여 예상되는 상황에 적극적으로 대처할 수 있도록 해야 한다. 또한 예상하지 못한 환경요인이 발생될 경우에는 그 상황에 대처해나갈 수 있도록 마케팅 활동의 유연성을 발휘하도록 노력해야 한다.

호텔기업의 마케팅 환경은 크게 내적 요인과 외적 요인으로 구분할 수 있는데, 여기에는 통제가 가능한 요인과 불가능한 요인이 있으나 대개 마케팅 활동에 방해가 되는 통제 불가능 요인이 더 많다.

1 내적 마케팅 요인

호텔기업의 내적 환경요인(internal environmental factors)은 마케팅 부서 이외의 부서(인사 · 생산 · 재무 · 구매 · 회계 · 시설 등)에서 발생되는 환경변화, 또는 마케팅 기능 이외의 모든 관리기능을 일컫는다.

마케팅 활동은 마케팅 전문가인 마케터가 기업이 처해 있는 상황과 최고경영자의 사명 · 목표 · 운영방침 및 전략, 그리고 관련 부서 능력을 고려하여 계획을 수립하고, 최고경영자의 승인을 받아 확정되기 때문에 마케팅 부서 관리자는 반드시 이미 수립된 마케팅 계획 범위 내에서 의사결정을 해야 한다. 그뿐만 아니라 마케팅 계획을 실행하기 위해서는 단계별 계획 사안마다 최고경영자의 승인이 필요하다.

또한 마케팅 부서는 마케팅 계획을 실행시키기 위해서 관련 부서와 긴밀히 협조해야 한다. 예를 들면 호텔상품을 판매하기 위해서는 고객을 접촉하는 종업원의 근무 계획서에 따라 충분한 노동력을 확보해야 하고, 구매부서는 예상되는 판매량에 따라 상품이나 서비스를 제공하는 데 필요한 원자재나 아메니티를 적기에 적량을 확보해야 하며, 시설부서는 방문하는 고객이나 서비스를 제공하는 종업원들의 안전을 위해 모든 편의시설의 빈틈없는 관리가 필요하다.

그리고 회계부서는 영업활동의 실적을 분석하여 비용과 수익을 측정하고, 마케팅 관리자가 계획과 실적으로 비교하여 기업의 목표관리를 할 수 있도록 정보를 제공해야 한다.

이와 같이 마케팅 활동을 진행하기 위해서는 관련 부서의 적극적인 협조가 이루어져야 하기 때문에 이러한 부서의 기능들은 마케팅 부서의 계획과 활동에 직접, 또는 간접적으로 영향을 미친다.

따라서 마케팅을 효율적이고 통합적으로 진행하기 위해서는 각 부서의 기능이 마케팅 활동에 초점을 맞추어야 할 것이다.

표 2-2 기업의 경영력에 미치는 내적 요인

구 분	세부사항
최고경영자	• 업무경력 • 전문경영인의 비율 • 기업의 경영목표 • 연구개발 방침 • 마케팅 전략
조 직	• 신상품 개발 프로젝트팀 • 종업원의 능력개발 • 종업원의 동기부여 • 조직개혁에 대한 유연성 • 종업원의 복지수준
경 영 기 반	• 금융계열 내에서의 결합도 • 생산계열 내에서의 결합도 • 기업경영을 위한 자금의 조달 원천 • 노사활동 및 합의사항
상 품 전 략	• 상품의 콘셉트 • 전략상품의 시장점유율 • 연구개발비 • 투자 • 연구부문과 타 부문과의 커뮤니케이션 • 연구개발의 기본목표

2 외적 마케팅 요인

호텔기업의 외적 환경요인(external environmental factors)은 기업 내의 기능적인 환경이 아니라 호텔기업 외부에서 마케팅 활동에 영향을 미치는 제환경을 의미하는 것으로 업무와의 관련성에 따라 업무적 요인과 비업무적 요인으로 구분할 수 있다.

(1) 업무적 요인

호텔기업의 마케팅 활동에 직접적으로 긍정적, 또는 부정적인 영향을 미치는 요인으로는 관광객・광고대행사・유통업자・주주 등이 있다. 이러한 외적 요인 중 관광객은 가장 중요한 마케팅의 외적인 요인이라 할 수 있다.

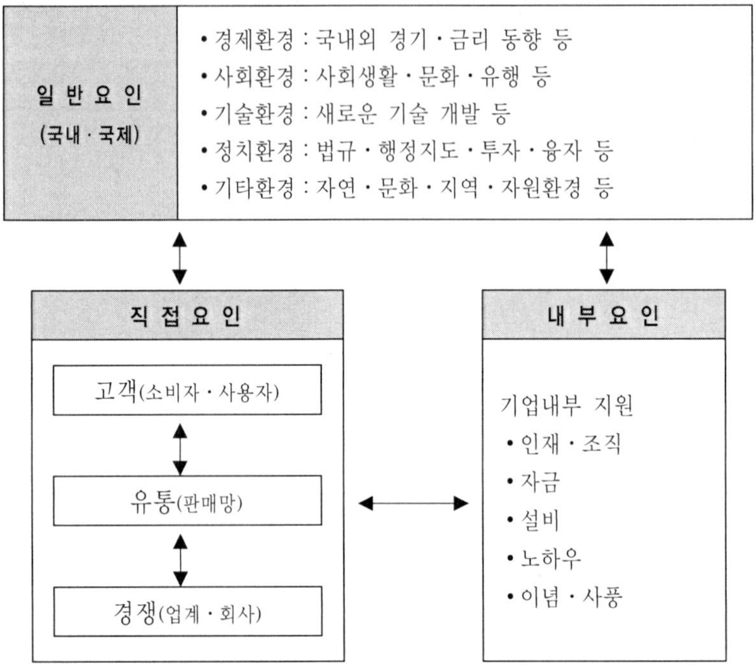

그림 2-1 환경을 분석하는 틀

(2) 비업무적 요인

일반적으로 호텔기업의 마케팅 담당자들이 통제할 수 없는 요인으로서 사회문화적 요인, 정치법률적 요인, 경제 · 기술 · 경쟁 등의 요인을 의미한다. 이와 같은 비업무 요인은 호텔기업의 상황에 따라 기업 경영활동에 기회와 위협을 제공해주기 때문에 마케팅 전략 수립에 중요한 역할을 한다.

제 6 절 호텔마케팅과 관련 사업기관

1 여행업자

교통운송업자 및 숙박업자 등과 같이 여행객을 대상으로 사업을 하는 시설업자와 이들이 제공하는 시설과 서비스를 이용하게 될 여행객의 중간에 위치하여 여행객을 위해서 시설이용과 관련한 예약과 수배 및 일련의 알선 등과 같은 서비스를 제공하고, 그 대가로 시설업자로부터 일정률의 수수료(commission)를 받아 경영해나가는 사업을 의미하며, 이러한 경영행위를 주된 업으로 삼는 자를 여행업자라 일컫는다.[1)]

업무영역별로 살펴보면 일반여행업, 국외여행업, 국내여행업, 홀세일러(wholesaler), 투어 오퍼레이터(tour operator) 등으로 구분할 수 있다. 또한 여행업의 기능은 상담기능·예약수배기능·판매기능·수속대행기능·발권기능·여정관리기능·정산기능 등이 있다.

2 항공사업자

산업혁명의 발날로 인한 여행객의 잦은 왕래의 필요싱이 증가하면서 가징 신속한 교통수단인 항공기를 이용한 서비스를 중심으로 소정의 요금으로 고객을 목적지까지 안전하게 이동시키는 사업을 경영하는 자를 항공사업자라 한다.

항공사업자 역시 항공좌석을 주요 상품으로 하기 때문에 최종 소비자에게 상품을 판매하기 위해 여행사나 숙박업자들의 예약서비스를 이용하기도 한다.

1) 정익준, 『여행사경영론』, 형설출판사, 1997, p. 23.

표 2-3 우리나라 관광숙박업 등록 현황

(2012.12.31. 기준, 단위 : 개)

구분			서울	부산	대구	인천	광주	대전	울산	경기	강원	충북	충남	전북	전남	경북	경남	제주	계
관광호텔	특1급	업체수	21	6	4	3	2	1	2	2	7	1	-	1	2	5	2	12	71
		객실수	10,366	2,389	999	1,020	325	174	491	506	1,872	328	-	118	667	1,627	487	3,622	24,991
	특2급	업체수	28	4	2	5	2	2	1	5	6	1	3	2	1	4	4	4	74
		객실수	6,436	659	114	1,264	198	409	75	761	1,066	180	467	277	46	656	478	399	13,485
	1급	업체수	33	14	2	1	5	4	-	20	13	15	1	5	7	17	12	18	167
		객실수	3,833	1,391	105	94	305	239	-	1,651	845	1,070	60	412	474	1,098	1,060	1,655	14,292
	2급	업체수	22	12	-	12	6	4	2	17	2	1	7	8	4	10	8	6	121
		객실수	1,293	535	-	664	291	144	144	916	97	30	318	373	173	514	427	370	6,289
	3급	업체수	16	11	-	9	1	4	-	17	2	3	1	3	1	9	2	4	83
		객실수	842	1,585	-	387	44	189	-	918	114	103	47	112	53	402	86	228	5,110
	등급미정	업체수	31	3	12	16	3	3	3	30	7	2	3	5	22	4	13	10	167
		객실수	2,940	377	724	681	113	406	108	1,589	570	45	144	290	1,206	179	662	536	10,570
	계	업체수	151	50	20	46	19	18	8	91	37	23	15	24	37	49	41	54	683
		객실수	25,710	6,936	1,942	4,110	1,276	1,561	818	6,341	4,564	1,756	1,036	1,582	2,619	4,476	3,200	6,810	74,737
수상 관광호텔		업체수																	0
		객실수																	0
가족호텔		업체수	9	1		1		1		1	8	1	1	5	6	1	9	26	70
		객실수	1,431	17		30		80		52	674	52	100	2,051	238	90	632	1,245	6,692
전통호텔		업체수				1									2	1		1	5
		객실수				44									145	16		26	231
호스텔		업체수	1	2		3		1		1			1		1			18	28
		객실수	15	29		15		31		31			10		4			414	549
소계		업체수	10	3	0	5	0	2	0	2	8	1	2	5	9	2	9	45	103
		객실수	1,446	46	0	89	0	111	0	83	674	52	110	2,051	387	106	632	1,685	7,472
호텔업 소계		업체수	161	53	20	51	19	20	8	93	45	24	17	29	46	51	50	99	786
		객실수	27,156	6,982	1,942	4,199	1,276	1,672	818	6,424	5,238	1,808	1,146	3,633	3,006	4,582	3,832	8,495	82,209
휴양콘도미니엄 소계		업체수		4		2				16	59	8	11	6	6	16	8	44	180
		객실수		1,385		351				3,100	18,502	2,180	2,001	763	960	2,930	1,338	5,461	38,971
총계		업체수	161	57	20	53	19	20	8	109	104	32	28	35	52	67	58	143	966
		객실수	27,156	8,367	1,942	4,550	1,276	1,672	818	9,524	23,740	3,988	3,147	4,396	3,966	7,512	5,170	13,956	121,180

표 2-4 시도별 여행업 등록 현황

(2012년 12월 31일 현재)

구 분	계	일반여행업	국내여행업	국내외여행업
서 울	5,571	1,229	1,176	3,164
부 산	1,063	64	404	595
대 구	669	40	314	315
인 천	503	45	218	240
광 주	430	39	196	195
대 전	436	31	200	205
울 산	203	9	96	99
세 종	29	2	13	14
경 기	1759	120	720	919
강 원	365	24	176	165
충 북	382	17	194	171
충 남	435	0	230	205
전 북	645	51	285	309
전 남	520	63	264	193
경 북	572	24	302	246
경 남	717	38	349	330
제 주	853	153	597	103
계	15,152	1,949	5,735	7,468

※ 자료 : 문화체육부관광부

표 2-5 국제 항공노선별 운항 현황

(2012년 12월 31일 현재, 단위 : 노선)

구분	2004	2005	2006	2007	2008	2009	2010	2011	2012
국제노선수	289(43)	309(52)	300(58)	297(70)	274(65)	248(57)	273(57)	314(63)	332(71)
국적항공사	144(11)	156(12)	153(51)	184(55)	183(53)	175(60)	185(56)	192(49)	212(54)
구주	20	21	22	31	30	30	31	27	28
대양주	5	4	4	6	6	6	6	5	4
동남아	27	32	44	50	50	49	51	35	44
일본	33	33	42	44	43	49	49	38	39
중국	28	33	49	55	51	44	50	36	40
미주	34	37	23	41	39	41	41	35	35
기타	8	8	20	12	17	16	19	16	22
외국항공사	145	153	147	182	156	130	145	185	191

※ 주1) : 국제노선수의 ( )는 국적사와 외항사 간 중복 노선수
주2) : 국적항공사의 ( )는 국적사의 운항노선 중 지역 간 중복 노선수
※ 자료 : 문화체육관광부

3 투어 오퍼레이터

투어 오퍼레이터(tour operator)는 여행 패키지나 육상수송 및 안내서비스와 같은 관광서비스를 관리하는 여행도매업자의 일종으로 흔히 양자를 명확히 구분하지 않고 교호적으로 사용한다. 그러나 여행도매업자는 소매여행업자를 통해서 패키지를 판매하고, 투어 오퍼레이터는 고객에게 직접 판매한다는 점에서 차이가 있다.[2)]

나아가 투어 오퍼레이터는 목적지별로, 또는 이용하는 수송수단별로 세분화된 시장을 대상으로 활동하는 경우가 많다. 투어 오퍼레이터를 포함한 여행도매업자들은 통상 여행상품을 본격적으로 판매하기에 앞서 1~2년 동안 목적지에 대한 마케팅 조사를 수행하고 예약을 하며, 요금・조건 등을 공급 및 수송업자들과 협상한다.

최근 여행도매업자들의 운영상 특징은 숙박산업에 종사하는 다른 기업들을 폭넓게 인수・합병하여 기업을 다각화하려는 노력이다. 많은 외국 여행도매업자들이 그들 자신의 호텔이나 항공사, 또는 육상운송회사를 소유하는 경향이 점차 늘어나고 있다.

4 회의기획자

회의기획자(meeting and convention planners)는 조직에서가 아닌 외부에서의 회의를 기획 조정하는 사람으로서 주요 고객은 기업・협회・정부기관・교육기관 등이 있다.

이들은 회의의 예산편성, 회합장소와 설비의 선정, 숙박・항공 및 육상운송에 대한 단체요금의 협상, 회합 프로그램 및 회합장소의 확보, 여흥의 수배 및 조정, 식음료 제공계획 수립, 인쇄 또는 시청각자료 준비 및 조정의 업무를 수행한다. 이러한 이유로 회의기획자에 대한 욕구 또한 커지게 되었다.

---

2) Robert C. Mill, *Tourism, The International Business*, Englewood Cliffs, N.Y. Prentice-Hall, Inc., 1990, p.306.

5 예약대리점

예약대리점(reservation agent)은 독립적인 판매 및 예약망(reservation network)을 소유하지 못한 호텔기업을 위해 소정의 예약알선 수수료를 받고 판매대리점 기능을 수행하는 기관들이다. 이 기관들은 대개 소정의 수수료 외에도 상당한 액수의 가입비 및 연회비 등을 받아 판매대리점 기능을 수행해주고 있다.

흔히 일정지역에서 한정된 영업을 하여 전 세계적인 판매량이 취약한 관광기업에서 이용한다. 그러나 대규모 호텔기업들도 이들을 이용하기도 하는데 그것은 특정 지역에서의 판매노력을 고양하고자 하기 때문이다.

일단 예약대리점으로 지정되면 그들은 직판·DM(Direct Mail)·광고·홍보 등 가능한 모든 수단을 동원하여 그들이 대표하는 호텔을 예약하게 된다. 흔히 구매예상고객에게 직접우편을 보내고 판매권유 전화로 예약을 유도하는 방법을 이용한다.

우수한 예약대리점은 회의기획자 등과 같은 다른 여행중개업자들에게도 특정기업의 공간이용 가능성, 요금의 협상 및 기타 부대시설에 관한 정보 등을 제공하고 예약을 대신하기도 한다.

예약대리점은 주로 단체여행객 지향적이며, 고객에게 특정한 호텔이나 패키지 상품을 판매한다는 점에서 여행대행사들과는 다르다. 이에 반해 여행대행사들은 일정한 목적지를 정하고, 고객의 욕구에 바탕을 두어 관광기업을 선택하는 것이다.

6 정부기관

자국의 관광진흥을 위해 정부나 민간단체의 주관으로 관광홍보를 하고 관광관련 기업에 정보를 제공하며, 거시적인 측면에서 관광기업을 지원하는 기능을 수행하는 기관 또는 단체이다.

예를 들면 정부투자기관인 한국관광공사(KNTO : Korean National Tourism Organization)가 우리나라의 관광산업을 활성화시키기 위해 서울의 본사와 해외지

점을 운영하면서 관련 관광기업의 정보를 해외의 시장에 제공하고, 또한 기업에 관련 자료를 제공하여 관광의 체계적인 발전을 모색하고 있으며, 관광기업의 업종별 협회(호텔업협회·여행업협회·관광협회 등)가 각 기업을 대표하여 각종 교육이나 정보를 교환하고 있다.

마케터란?

신상품을 성공시킨다는 것은 대단히 힘들고, 히트상품이 되어도 유지하는 것도 어렵다. 또한 명확한 개념(concept : 소비자들에게 주어지는 혜택)과 사용 후 퍼포먼스(performance : 사용자들의 만족)를 주는 차별화된 상품을 만든다는 것도 매우 어렵다. 이와 같이 어려운 업무를 수행하는 사람들이 바로 마케터(marketer)이다. 마케터가 하는 업무는 기업에 따라 차이가 있겠지만, 일반적으로 다음과 같다.

① **신상품 창조**

끊임없는 시장조사를 통해 소비자들이 원하는 것이 무엇인지 파악하고, 표적시장을 세분화하여 상품의 개념과 브랜드(brand)를 결정하는 활동이다.

② **기존상품 관리**

기존상품의 판매가 부진할 경우 단산 또는 리포지셔닝(repositioning)하거나 프로모션(promotion)을 통한 상품판매 촉진 등의 활동이다.

③ **시장조사**

신상품의 실패원인 중 가장 큰 원인은 바로 시장조사의 미비라고 할 수 있다. 소비자들이 원하지도, 관심도 없는 상품은 판매되지 않기 때문에 마케터는 시장조사를 통해서 소비자들이 무엇을 원하는지, 신상품이 시장성이 있는지를 파악하여 적절한 시기에 출시함으로써 상품의 성공 여부가 달라지게 된다.

④ **마케터는 만물박사**

마케팅에 대한 지식뿐만 아니라 상품에 관련된 전반의 지식과 재무·회계에 대한 지식 등을 갖추어야 상품의 개발을 중심적으로 이끌어나갈 수 있다.

제 Ⅱ 부

호텔마케팅 실무

제 3 장

호텔마케팅 계획

제1절 마케팅 전략계획의 의의

제2절 마케팅 계획

제3절 호텔마케팅 조사

제4절 마케팅 정보시스템

제 1 절 마케팅 전략계획의 의의

호텔기업이 치열한 경쟁환경 가운데 살아남으려면 먼저 자사의 자원과 능력을 최대한으로 활용하여 시장기회를 포착하게 하고, 또한 자사가 부딪히는 위험을 최대한으로 줄일 수 있는 마케팅 전략을 수립해야 한다.

특히, 소비자의 욕구가 다양하게 변화하는 호텔서비스의 경우 환경변화에 유연하게 대처하면서 기업의 마케팅 활동을 전반적으로 조정·통합할 전략적 지침이야말로 호텔기업 경영에 있어 필수적이다.

최근 들어 호텔산업에서 전략과 전략적 관리에 대한 관심이 점증하는 것도 새로운 환경변화에 대응하기 위한 기업노력의 일환이다.

전략계획은 1970년대 이후 기업성장의 둔화, 빈약한 경영관리, 에너지 위기, 인플레이션(inflation) 등 좋지 못한 기업환경에서 개별상품 수준이 아닌 기업 전체 수준에서 안정적인 성장을 도모하기 위하여 원래 군사목적으로 개발된 개념을 기업에서 도입한 것으로 우리는 이를 다음과 같이 이해하고자 한다.

즉, 마케팅 전략계획이란 기업이 그 기업의 마케팅 목표를 달성하기 위하여 취하는 기본노선이며, 표적시장(target market), 마케팅 믹스(marketing mix) 등에 관해 기업운영의 개괄적인 지침을 제공해준다.

1 전술과 전략적 계획의 차이점

마케팅 계획에 있어서 전술(tactic)적인 계획은 단기간적인 운영이며, 전략적(strategic) 계획은 장기적인 계획이다.

마케팅 계획은 조직의 시장과 세밀한 예산과 시간계획을 통해서 깊이 있는 관찰이 요구된다. 전략적 마케팅 계획은 외부적인 마케팅 환경과 기회, 그리고 중·장기간의 도전과 연관이 되어 있다.

2 효과적인 마케팅 계획의 요구

확실하고 구체적인 근거를 가진 마케팅 계획은 시장조사와 분석에 기초해야 한다. 마케팅 계획은 이전에 논의했던 모든 것들을 수립하고, 마케팅 활동의 청사진을 제시해야 한다.

마케팅 청사진에 대한 보편적인 몇 가지 계획요구안은 다음과 같다.

(1) 사실에 근거

마케팅 계획은 그동안의 시장조사와 논리적인 분석에 근거해서 이루어져야 한다. 만약 하나의 인식이 잘못된 것으로 판명되면, 전체의 마케팅 계획은 실패 확률이 높다.

(2) 조직화와 공동작업화

가능하면 마케팅 계획은 구체적이고 특화되어야 한다. 구체적인 의무를 위해 사람들의 책임과 명백한 의미를 규정하는 것이 필요하다.

(3) 프로그램화

모든 마케팅 계획은 하나의 목표를 달성하기 위해 통합되고 일관성이 있어야 하며 지속적으로 이어져야 한다.

(4) 예 산

마케팅 계획에 있어서 예산은 마케팅 조직이 의사결정을 하기 전에 예산집행에 대한 방향 및 순위가 결정되어야 한다.

(5) 유연성

마케팅 계획을 수립한 경우 예상치 못한 일이 발생할 수 있음에 따라 명백히 얻을 수 없는 목적에 대비한 계획이 수립되어야 한다. 또한 우발적 대체계획이 수립되어야 하며, 이것은 예상치 못한 일에 대한 예산의 계획도 따르게 된다.

(6) 통제성

계획을 수립하는 작업은 근본적으로 첫 단계의 개발보다 더 어렵다. 모든 계획은 적절한 과정이 목표를 만족시킨다면 측정할 수 있는 목표와 결정하는 방법·계획기간을 포함한다. 계획은 과정에 대한 책임이 있는 사람이 규정하여 효율적인 통제를 통해 내부적으로 일관되게 연결되어야 한다.

(7) 간단명료

모든 계획은 명백해야 하고 간결해야 하며 잘못 이해될 수 있는 사항은 가능한 한 제거되어 명확한 커뮤니케이션이 이루어져야 한다.

3 마케팅 전략계획의 내용

마케팅 전략이란 마케팅 목적의 달성을 위하여 활용되는 기본적인 대응방법을 의미하는데, 이는 목표시장, 시장 포지셔닝, 마케팅 믹스 및 마케팅 비용수준에 관한 광범위한 결정으로 구성된다.

따라서 마케팅 전략 결정에는 첫째, 목표의 설정, 둘째, 수단의 결정과 자원배분이 포함되어야 한다. 목표설정에는 목표시장의 확인과 선정, 목표판매액 결정, 목표기간 결정 등의 내용이 포함되며, 수단의 결정과 자원배분에는 시장 포지셔닝, 마케팅 믹스의 결정, 마케팅 예산 결정 등의 내용이 포함된다.

코틀러(Kotler)[3]는 전략계획에 포함되어야 할 내용으로 경영자용 요약(executive summary), 현재의 마케팅 상황, 기회와 위협 분석, 목적과 목표, 마케팅 전략, 실행계획, 추정손익계산서, 통제 등을 들고 있는데, 마케팅 계획의 각 내용과 그에 따른 목직은 〈표 3-1〉과 같다.

---

3) P. Kotler, *Marketing Management*, 6th. ed., 1988, p.77.

표 3-1 마케팅 전략계획의 내용과 목적

내 용	목 적
경영자용 요약	최고경영층이 신속하게 검토할 수 있도록 마케팅 계획 내용을 요약 및 설명한 부분이다.
현재 마케팅 상황	시장·경쟁·상품·유통 및 거시 마케팅 환경에 관한 배경자료를 나타낸 부분이다.
기회와 위협 분석	주요 기회·위협, 강·약점 및 해결해야 할 당면문제를 요약한 부분이다.
목적과 목표	이 계획을 통해 달성하고자 하는 목표(판매량, 시장점유율 및 이익)를 규정한 부분이다.
마케팅 전략	계획상 설정된 목표를 달성하기 위해 사용된 광범위한 마케팅 방법을 나타낸 부분이다.
실행계획	어떤 마케팅 활동을 누가, 언제, 어느 정도의 비용을 들여 실행할 것인가를 규정한 부분이다.
추정손익계산서	이 계획에 따른 재무상의 결과를 나타낸 부분이다.
통 제	계획이 효율적으로 실행되도록 감시하는 방법을 나타낸 부분이다.

4 호텔마케팅 전략계획 과정

전략적 계획을 수립할 때 가장 먼저 해야 할 사항은 전사적 수준에서 기업의 전반적인 목표와 사명을 정의하는 것이다. 그 다음에 이러한 사명은 전체 기업의 활동을 이끌어가는 상세한 목표들로 전환되어야 한다.

이어서 각 사업단위에 대한 포트폴리오 분석(portfolio analysis)이 행해지고, 이를 통하여 기업의 마케팅 전략을 수립하게 된다.

제 2 절 마케팅 계획

1 기업사명 정의

호텔기업의 조직은 무엇인가를 성취하기 위해 존재한다. 최고의 숙식과 양질의 서비스를 제공하는 것과 같은 호텔기업의 사명과 목표는 처음에는 명확하게 정해지지만 시간이 지남에 따라 조직이 성장하고, 신상품과 신시장이 추가됨에 따라 불명확해지는 경우가 많다.

기업사명의 정의는 기업의 역사, 경영진의 선호, 환경적 요소, 기업의 자원 및 차별적 능력의 5가지 요소에 의해 영향을 받으며, 이는 그 기업이 활동할 6가지의 주요 경쟁영역, 즉, 산업의 범위, 상품 및 상품의 적용범위, 세분시장의 범위, 능력의 범위, 수직적 범위를 규정해야 한다.

또한 기업사명은 기업의 구성원들에게 동기를 부여할 수 있는 내용을 담고 있어야 하며, 이러한 기업사명은 조직원들이 조직의 잠재능력을 실현하기 위해 개별적으로 또는 집단적으로 일을 할 수 있도록 이끌어주는 지표로 작용한다.

예를 들어 모나한(Monaghan)은 따끈한 피자를 모든 가정에 30분 이내에 배달한다는 캐치프레이즈를 걸고 도미노피자를 설립하였으며, 번즈(Bob Burns)는 아시아 지역에 국제적 수준의 호화스러운 호텔을 제공하겠다는 동기에서 리젠트 인터내셔널 호텔(Regent International Hotels)을 창설하기도 하였다.

표 3-2 하디스(Hardees) 가맹점의 사명기술서

Think	첫째, 우리는 하나의 가장 중요한 가치를 서비스 아트(service arts)에서 지혜를 구하는 것이라고 믿는다.
Believe	둘째, 우리는 우리가 원하는 것(품질 · 우대 · 청결 · 가치)을 잘 알고 있는 동료와 고객의 가치를 믿는다.
Dream	셋째, 우리의 꿈은 훌륭한 음식 · 서비스, 그리고 좋은 환경을 제공하는 데 있어서 할 수 있는 최고가 되는 것이다.
Dare	넷째, 우리는 우리 꿈을 실현하기 위해 시간 · 정력 · 자원을 과감히 투자한다.

기업의 사명을 정의하는 데 있어서는 사명기술서를 작성하는 것이 필수적이다. 사명기술서는 고객의 욕구, 경쟁자, 그리고 자사의 강·약점을 파악하고, 현재 자원을 적절히 할당하며, 미래의 성장방향을 결정지을 의사결정과 평가의 역할을 한다.

2 기업목표 설정

기업의 사명은 각 사업부문을 위한 기업의 목표가 일정한 미래시점에서 성취해야 하는 상태를 계량적으로 표현한 것인데, 결국 마케팅 조직이 기업사명을 효과적으로 수행하기 위하여 특정한 기간 동안에 기간별로 성취해야 하는 구체적인 과업목표를 의미한다.

여기에는 기업의 전체 목표로서 기업의 전반적인 사업목표가 있고, 그 다음 부분 목표로서 보다 더 구체적인 마케팅 목표를 성공적으로 달성하기 위한 마케팅 전략이 수립되는 것이다.

호텔기업 경영자가 위와 같은 여러 단계별로 목표를 정하려고 할 때는 측정가능하고 보다 구체적인 목표의 제시를 필요로 한다. 예를 들어 단순히 시장점유율의 증대라든가 매출액의 향상 등과 같은 목표는 막연하며, 목표로서의 기능을 제대로 수행할 수 없다.

이러한 목표는 1년간의 시장짐유율을 5% 증가시키거나, 매출액을 20억 신장시키고, 자본투자 수익률을 5% 증가시킨다 등과 같이 일정한 미래시점에서 바람직한 상태를 계량적으로 나타내야 한다.

표 3-3 A호텔의 기업사명 및 목표의 예

기업사명	• 세계를 대상으로 숙박·여행·쇼핑 등과 관련된 서비스 산업과 호텔운영을 영위함에 있어 탁월한 경영능력과 기술로서 최고 수준의 서비스 및 상품을 제공한다.
사업목표	• 고객구조 개선 • 수익성 제고
마케팅 목표	• FIT : GRP 비율=90 : 10 • 재방문율을 50%까지 늘린다. • 고객 구성비율을 일본 39%, 구미 37%, 기타 24%로 한다. • 매출액 810억 원 달성 • 객실판매 비율 49.5% 달성 • 영업이익률 18.0% 달성
마케팅 전략	• 비즈니스 FIT 고객 타깃을 톱 클래스(top class)에서 어퍼 미들 클래스(upper middle class)로 하향 확대 • 고객충성도 제고 • 고급호텔 이미지 홍보 • 서구인 취향에 맞는 엔터테인먼트 시설 및 소프트웨어 개발 • 하드웨어의 최신화·고급화 • 객실 크기 확대 및 비품 고급화 • 우수인력 확보 및 양성 • 업계 최고 수준의 복리후생 유지 • 연구개발을 통한 소프트웨어의 지속적 개발 • 다량저가보다는 소량고가의 가격정책지향 • 마케팅력 강화 및 강력한 판매조직 유지 • 고급연회의 집중유치 및 연회 연출력 강화 • 새로운 메뉴 개발 및 국제수준의 조리 개발 • 객실가격 할인 억제 • 매출액 위주의 판매정책 • 인력효율 극대화(인건비 절감) • 구매효율 극대화(재료비 절감) • 근검절약의 사풍 조성

3 사업 포트폴리오 분석

포트폴리오 분석(portfolio analysis)이란 전략적 사업단위(SBU : Strategic Business Unit)별로 사업을 평가하는 것을 말한다. 전략적 마케팅 계획의 수립목적은 기업의 환경을 평가하고 기회를 이용하며, 자사의 강점을 적절히 사용할 수 있는 방법을 탐색하는 것인데, 사업 포트폴리오(business portfolio)를 결정하기 위해서는 다음과 같은 분석을 필요로 한다.

경영자가 해야 할 맨 처음 단계는 기업을 구성하고 있는 핵심적인 사업이 무엇인가를 파악해야 하는 것인데 이 핵심적 사업부를 '전략사업부'라고 부른다. 호텔의 경우 객실부문, 식음료부문, 연회부문, 기타 부대시설부문 등이 독자적인 SBU가 될 것이다.

다음 단계에서는 이와 같은 전략사업부를 평가하여 그 매력도를 측정하여야 하는데, 여기에는 산업의 유망성 평가, 경쟁조건의 평가 등이 포함되며, 이는 보통 계량적 모델(model)을 이용하여 공식적으로 수행된다.

(1) BCG 사업 포트폴리오 분석

BCG 사업 포트폴리오 분석은 기업 내 주요 사업부문의 현재 위치를 분석하고, 그 잠재력을 평가하기 위한 것으로 바람직한 경영다각화 방안으로 적용되고 있다.

전략적 사업단위는 회사를 구성하고 있는 주요한 사업단위로서 각각이 소규모 기업체와 같은 독립적인 사업단위로서 다른 사업과 독립적으로 계획 수립, 독특한 임무, 자체의 경쟁자가 존재, 하나 혹은 그 이상의 기업부문, 부문 내의 상품계열, 단일상품, 단일상표 등이 하나의 SBU가 될 수 있다.

또 다른 포트폴리오 분석은 PPM(Product Portfolio Management)으로서 미국의 보스턴 컨설팅 그룹(Boston Consulting Group)이라는 경영자문회사에 의해 고안된, 기업이나 사업부 단위의 대표적인 경영전략 기법으로 BCG 기법이라고도 한다.

이 기법은 시장성장률과 상대적인 시장점유율에 의해 사업부문이나 경영다각화의 순서와 정도를 결정하는 기법이다. 자금을 필요로 하거나 자금 창출능력이 있는 상이한 사업부서 간의 균형을 유지할 목적으로도 사용하고 있다.

BCG의 성장점유 매트릭스는 Star, Cash Cows, Question Marks, Dogs로 확인될 수 있는데 다음과 같은 특징을 가지고 있다.

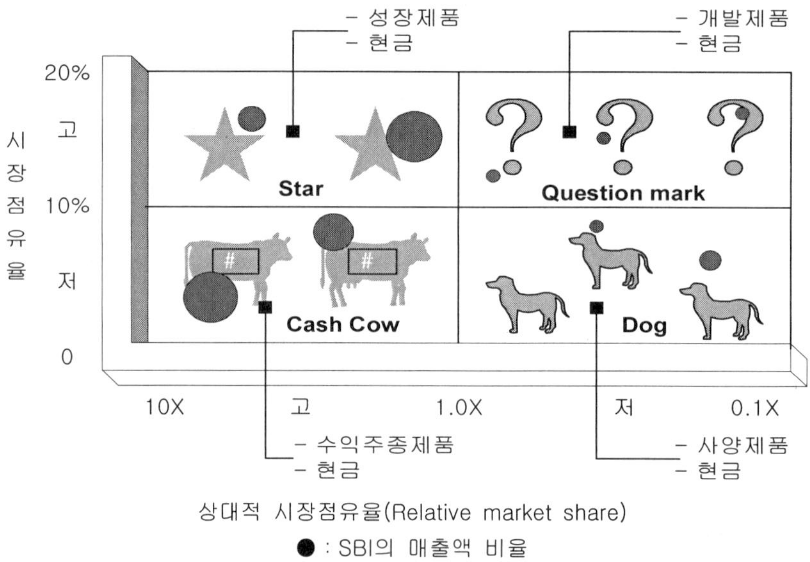

※ 자료 : P. Kotler, *Priciple of Marketing*, Prentice-Hall, 1986. p.64.

그림 3-1 BCG의 성장성 및 점유율

1) Star

고속 성장하는 새로운 시장에서 높은 점유율을 지니고 있는 상품들이다. 이 상품들은 빠르게 성장하고 있고, 전형적으로 거대한 투자를 요구한다. 조직은 시장성장과 시장점유를 유지하는 방법으로는 Star를 발전시켜 자원을 유통시켜야 한다. 만약 필요한 투자가 이루어지고 그 성장이 지속됨을 보인다면, 미래에 Star 상품은 Cash Cow로 바꾸고, 초과지출에 대한 수입을 낳을 것이다.

2) Cash Cows

느리게 성장하는(또는 성장해버린) 시장에서 높은 시장점유율을 누리는 상품들이다. 이것들은 고성장 상품들을 지지하고 문제를 가진 상품들로서 다른 SBU 사업에 자금공급의 원천이 된다.

3) Question Marks

오직 고성장 시장에서 낮은 시장점유율을 누리는 상품들이다. 기업은 그 상품들을 Star로 만들기를 희망하거나 투자를 줄이거나, 또는 중단하기를 희망하면서 자금이 더 좋은 다른 곳에 쓰일 수 있다는 전제로 Question Marks 상품들에 대한 투자를 늘려야 할지에 대한 문제에 직면한다.

4) Dogs

느린 성장을 가지고 있거나 감소하는 시장에서 낮은 시장점유율을 가진 상품들이다. Dogs로부터 일반적으로 소액을 얻어내거나, 심지어 손해를 보기 때문에 결정은 줄이는 쪽으로 이루어진다. 상품이 이익이 되지 않는다 하더라도 때때로 사업에서는 많은 이유로 Dogs의 판매를 유지한다. 그러나 경영자는 Dogs를 유지하는 자원들은 다른 곳으로 사용할 수 없는 자금이라는 것을 명심해야 한다.

(2) 제너럴 일렉트릭 기업의 전략적 사업계획 '그리드(Grid)'

GE 기법으로서 제너럴 일렉트릭(General Electric)사가 BCG 매트릭스의 결함을 극복하기 위하여 제시한 전략적 사업계획 '그리드(SBU Planning Grid)' 방법이다. 이 기법은 BCG보다는 포괄적인 포트폴리오 분석으로서 숙박업 특성에 맞추어 마케팅 전략 적용을 설명할 수 있다.

첫 번째 단계는 객관적으로 당신의 특성을 평가하고 그 격자 안에 위치시키는 것이다.

만약 특정 식당이 1에 있다고 가정해보자. 이것은 해당 호텔이 상승세 시장 안에 있고 견실한 호델임을 의미한다. 그렇다면 마케터가 이용하여야 힐 마케팅 전략은 무엇인가? 실행해야 할 것 중에 한 가지는 객실시설과 음식의 질뿐만 아니라 그 위치에 있게 해준 주고객을 유지하기 위해 해당 호텔의 위치를 보호할 수 있는 가능한 모든 것을 하는 것이다. 주고객을 위한 특별한 프로그램은 발전될 수 있다. 1번 위치로 보아서 고려될 수 있는 또 다른 전략은 해당 호텔의 시장 위치를 이용하고 이득을 최소화하기 위하여 가격을 올리는 것이다.

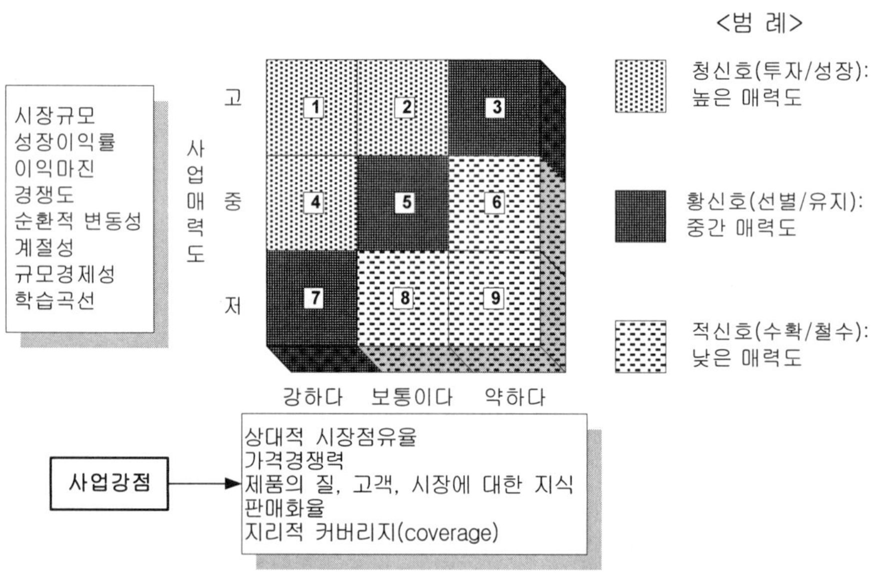

※ 자료 : P. Kotler, *Priciple of Marketing*, Prentice-Hall, 1986. p.64. 재인용

그림 3-2 제너럴 일렉트릭사의 전략적 사업계획 그리드

다음에 보여주는 9가지 가능한 위치에 따른 마케팅 전략은 다음과 같다 (Nykiel, 1997)[4].

1) 1번 위치

- **상승세 시장 : 최고 상품 및 서비스**
  ① 위치를 유지하라.
  ② 주고객을 관리하라.

4) Nykiel, Ronald A. *Marketing in the Hospitality Industry*, MI: AHMA, 1997.

③ 가격을 통하여 이익을 최대화하라.

④ 품질향상과 서비스의 추가에 의해 경쟁적으로 선두를 유지하라.

⑤ 해당 호텔의 상품과 서비스를 확장하라(예를 들면 객실 수 증가, 식당의 더 많은 테이블 수, 더 많은 조명, 더 많은 오락시설 등).

2) 2번 위치

• 보통 시장 : 우수한 상품 및 서비스

① 경쟁력 있는 가격으로 시장점유율을 높여라.

② 만약 시장의 미래가 오름세이면 1번 위치로 향상시켜라.

③ 만약 시장의 미래가 내림세이면 추가적인 시장 분야를 개척하라.

④ 시내에서 숙식과 공항을 연결하는 유일한 장소가 되어라.

3) 3번 위치

• 우수한 상품 및 하락하는 시장

① 시장이 보통 또는 상승하게 된다면 지금 시장의 핵심을 만들고, 고객에게 성실성을 획득하라.

② 복합적인 가격전략이나 상품 및 서비스 제공을 가진 모든 시장분야를 찾아라.

③ 가격조절과 목표를 두고, 판촉을 강력하게 강조하라.

4) 4번 위치

• 상승세 시장 : 보통의 상품 및 서비스

① 1번 위치의 경쟁상대보다 가격을 조금 낮추어 이익을 최대화하여라.

② 미래 시장이 오름세라면 1번 위치에 더 접근하기 위하여 서비스와 상품의 향상을 고려하라.

③ 가치지향적인 시장분야를 찾아라.

④ 상품 및 서비스를 1번 위치에 경쟁상대로 인정되는 대체물로 구별하라.

5) 5번 위치

• **보통 시장 : 보통 상품 및 서비스**

① 향후 시장이 오름세이면 상품 및 서비스 향상을 통해 더욱 높은 위치로 놓아라.

② 촉진을 통하여 매력을 느끼는 시장분야를 넓혀라.

③ 경쟁력 있는 가격을 통하여 시장점유율을 쫓아라.

6) 6번 위치

• **하락세 시장 : 보통 상품 및 서비스**

① 시장이 미래에 완만하거나 오름세의 시장 쪽으로 흐른다면 마케팅 프로그램을 통해 주요 시장 유지 및 시장점유를 위하여 특별한 가격을 가지고 가장 약한 경쟁상대를 쫓아라.

② 만약 시장이 정체되어 있고, 그것이 예측 가능한 미래에 하락세를 유지할 것이 보인다면 마케팅 프로그램을 조정하라.

③ 시장을 위하여 전문화된 촉진과 프로그램을 사용하라.

7) 7번 위치

• **상승세 시장 : 열악한 상품 및 서비스**

① 상품과 서비스를 가장 명확하게 향상시켜라.

② 한번 품질개량이 이루어지면 수요과잉 시기들을 이용하여 등급 또는 가격을 조절한다.

③ 강한 경쟁상대가 관심을 두지 않는 시장분야에 서비스와 관심을 집중한다.

8) 8번 위치

• **보통 시장 : 열악한 상품 및 서비스**

① 시장이 상승세가 되지 못하면 시장점유율을 확립하기 위해 특별 등급이나 가격계획에 주목한다.

② 시장이 상승세로 향한다면 그 시장에 맞추기 위해서 상품과 서비스 제공에 대한 향상에 노력하라.

③ 전문화된 경쟁상대로부터 상품 및 서비스에 대한 마케팅을 모방한다.

9) 9번 위치

• 하락세 시장 : 열악한 상품 또는 서비스

① 상품 또는 서비스를 처분할 때이다.

② 열악한 환경에서 의미가 있는 상품, 또는 서비스에 대한 대안적인 사용을 고려하라.

4 성장전략 결정

포트폴리오 분석에 의해 현재 사업부에 대한 평가가 이루어지면 기업은 미래의 사업과 방향을 결정하는 성장전략을 마련하여야 한다. 기업 성장전략의 방향으로는 대개 다음 세 가지가 있다.

(1) 집중적 성장

집중적 성장(concentric growth)은 기업이 현재 상품이나 시장과 관련된 사업 중에서 성장할 수 있는 기회를 확인하는 것으로 여기에는 다음과 같은 것이 있다.

1) 시장침투

시장침투(market penetration)란 호텔기업이 기존고객에게 기존상품으로 촉진활동을 강화해 시장점유율을 증대시키는 전략이다. 이를 위해 호텔기업들은 자사의 기존고객에게 호텔 이용률의 증대를 추구하거나, 혹은 가격을 낮추거나 자기호텔의 우수성을 내세움으로써 경쟁호텔을 이용하는 고객들로 하여금 자기호텔을 이용하도록 유도하며, 자기호텔이나 경쟁호텔 어느 쪽도 이용하지 않는 고객에게도 자기호텔을 이용하도록 하는 등의 방법을 사용할 수 있다.

2) 시장개발전략

기존상품을 가지고 새로운 시장을 발견·개발하는 것으로 그룹(GIT) 위주의 호텔이 개별여행(FIT) 비즈니스 시장을 확보하려 하거나, 일본을 중심으로 한 동양권 위주의 고객구조를 갖고 있는 호텔이 구미시장에 진출하고자 하는 경우이다. 또한, 식음료사업의 선두주자인 맥도날드는 고객에게 인접한 입지를 많이 가지면 가질수록 사업기회는 더욱 커질 것이라는 전제하에 학교·교회·역 등을 중심으로 새로운 시장을 개척하고 있다.

3) 상품개발전략

현재 시장과 밀접한 관계가 있는 새로운 상품이나 개선된 상품을 생산함으로써 매출증대를 추구하는 전략으로 호텔 헬스클럽과 같은 부대시설을 이용하여 상품개발을 한 소피텔 호텔(Sofitel Hotel)과 노보텔 호텔(Novotel Hotel)이 좋은 예가 된다. 이 호텔은 한 곳에서 회원권을 구입하면 3개의 호텔을 이용하는 프로그램이다.

(2) 통합적 성장

통합적 성장(integration growth)은 기업이 현재 사업과 관련 있는 사업에 새롭게 진출하기 위하여 기업을 신설하거나 기존기업을 인수하는 것을 의미하며, 여기에는 다음과 같은 방법이 있다.

1) 후방통합

후방통합(backward integration)은 기업이 공급시스템을 소유하거나 통제의 강화를 추구하는 것으로 호텔이 원자재를 생산하는 호텔용품 사업에 진출하는 경우이다.

2) 전방통합

전방통합(forward integration)은 기업이 유통시스템(distribution system)의 소유 또는 통제의 강화를 추구하게 되는데, 예를 들어 호텔이나 항공사는 객실이나 항공좌석의 판매 증대를 위해 여행사를 설립하기도 한다.

3) 수평적 통합

수평적 통합(horizontal integration)은 기업이 자사와 동일한 수준의 기업을 통합하는 것으로 항공사나 호텔 또는 여행사가 또 다른 항공사・호텔・여행사 등을 통합하는 경우를 의미한다.

(3) 다각화 성장

다각화 성장(diversification growth)이란 호텔기업이 현재 사업과 직접적인 관련이 없는 다른 분야에서 새로운 성장기회를 발견하는 것으로 세 가지 형태의 다각화가 있다.

1) 집중적 다각화

집중적 다각화(concentric diversification)는 새로 개발되는 신상품이 생산기술이나 마케팅 효율에서 현재 상품계열과 시너지 효과(synergy effect)를 가질 수 있는 방향으로 성장하는 것으로 호텔의 콘도미니엄이나 외식업에 진출하거나 국제회의용역업에 진출하는 경우 등이다.

2) 수평적 다각화

수평적 다각화(horizontal diversification)는 현재 상품계열과 관련이 없지만 현재 고객에게 소구할 수 있는 신상품을 추가하는 것으로 리조트호텔(resort hotel)에서 골프장을 건설하는 경우이다.

3) 복합적 다각화

복합적 다각화(conglomerate diversification)는 현재의 기술・상품・시장과 전혀 관련이 없는 신상품을 추가하는 것으로 많은 호텔이나 여행사 등은 위험 분산이나 성장을 목적으로 부동산컨설팅・의류도매업・컴퓨터 등과 같은 새로운 사업영역에 진입할 수도 있을 것이다.

5 호텔마케팅 계획의 실무적 해석

호텔마케팅에 실무적으로 접근하기 위한 계획내용으로서 마케팅 계획의 핵심을 간략하게 실무적으로 설명한 것이다. 실무적인 내용은 잘 요약되고 이해하기에 쉬워야 하며 계획에 나타나는 주요 내용이 설명되어야 한다.

(1) 현 호텔시장의 상황 분석(우리는 지금 어디에 있는가?)

1) 환경적인 분석

외부환경에 대한 긍정적 혹은 부정적 요인들이 있을 수밖에 없다. 이러한 추세는 호텔 경쟁업체를 포함한 산업 전반, 경제적·정치적·사회적·문화적·기술적 문제를 포함한다.

마케팅 계획은 이와 같은 요소들을 간략하게 논의하고 예상되는 위협에 대하여 적응할 수 있는 기회를 가지고 있어야 하며 계획기간 동안 어떤 효과가 필요한지 설명해준다.

2) 위치와 커뮤니티 분석

호텔 인근지역 커뮤니티와 계획기간 동안 즉각적인 외부환경에 대한 예측의 포인트는 무엇인가? 새로운 호텔이 개관하고 사정상 폐업하기도 하며 노동력의 감소가 발생하기도 한다. 또한 새로운 도로 건설과 신도시가 건설되기도 하며, 이 모든 것들은 긍정적 혹은 부정적으로 계획에 작용한다.

3) 우선적인 경쟁자 분석

우리의 가장 직접적인 호텔 경쟁자가 다음 1년, 혹은 그 이하의 기간 동안 어떤 새로운 마케팅 접근법을 가질 것인가? 경쟁호텔 조직은 서비스의 무엇을 더하고 향상시켜야 하는가?

이 두 가지 문제에 대한 답을 가질 수 있어야 하며 경쟁자의 강점과 약점에 대해서도 충분한 인지가 필요하다.

4) 잠재적 시장 분석

과거 잠재적 호텔고객들을 위한 결론은 무엇인가? 새로운 마케팅 활동이 과거 고객들도 포함하고 있는가? 과거 고객들과 추가적인 목표시장에서도 새로운 서비스는 큰 영향력을 발휘할 방법이 있는가?

그리고 이들 질문에 대한 답은 특별한 마케팅 조사연구의 핵심이 필요하다.

5) 서비스 분석

다음 해에 조직의 서비스를 향상시키고 논의하기 위해 무엇을 해야 하는가? 이러한 변화에 대해 조사연구와 기본분석은 무엇을 유발시켜야 하는가?

바로 프로젝트의 개발과 그것을 어떻게 조합하느냐의 문제이다.

6) 마케팅 포지션과 계획 분석

호텔 신규상품 및 서비스 개발을 통해 자사호텔 마케팅 포지션과 계획을 효과적으로 활동에 적용할 수 있게 돌아보는 것이다.

(2) 선택된 마케팅 전략(우리는 어디에 있고 싶어하는가?)

1) 시장 구분작업과 목표시장

계획은 간략하게 구분하여 접근방법과 기본사항들을 검토해야 한다. 어떤 통계들은 시장 구분과 조직의 침투력, 또는 각각 공유의 크기에 따른 결과를 보여준다.

2) 마케팅 전략

단일시장, 집중시장, 전체 보상 혹은 동일한 전략이 사용되어야 하는가? 어떻게 전략의 선택이 상품 생산주기와 다른 조직의 위치에 따라 선택될 것인가?

계획은 분석과 인식을 통해 그들의 선택을 해야만 한다.

3) 마케팅 혼합

마케팅 4P, 7P 또는 8가지 P들 중 어떤 것이 활용되어야 하는가? 또 왜 사용되어야 하는가?

마케팅 계획은 각각 목표시장의 검토를 통해 앞으로의 행동까지 자세히 결정되는 계획을 수립해야 한다.

표 3-4 서비스 산업 마케팅의 8P's

구 분	의 미
Product	상품혼합으로 개별적인 조직이 고객에게 제공하는 설비의 정도나 상품을 의미한다.
People	종업원과 관리자들이 마케팅 계획에 관여함은 이미 논의되었다. 즉, 마케팅 계획은 생동하는 인적 자원의 사용으로 개발되어야 한다.
Packaging & Programming	여러 가지 측면에서 패키지는 마케팅 시작을 장식한다. 그들은 사람들이 원하는 것과 요구하는 것을 찾아 다양한 서비스와 설비를 그 요구에 맞게 제공하는 것이다. 프로그래밍 역시 고객으로부터 파생하는 개념이다.
Place	어떻게 조직은 분배방향에서 다른 보완적 그룹들과 같이 일을 하는가? 공급자와 운반자들에게 이것은 마케팅 목표를 달성하기 위한 중재자들을 어떻게 이용하느냐를 의미한다. 중재자들에게는 다른 중재자·공급자·운반자들과의 관계를 의미한다.
Promotion	마케팅 계획은 각각의 기술이 촉진적인 혼합에서 어떻게 사용되는지를 구체화시켜야 한다. 이들 기술은 서로 연관되어 있으며 계획은 각각의 협력업체들과 계약자들 그리고 다른 사람들과도 동일하게 해야 한다. 촉진은 보통 마케팅 예산의 큰 비율을 차지하며 외부의 어드바이저들과 전문가들도 연관되어 있다.
Partnership	기술적으로 다른 7가지 P들과의 파트너십도 포함된다. 그러나 협력하는 광고나 다른 마케팅 프로그램과의 관계를 강조한다. 마케팅 계획은 협력적인 노력, 그들의 경비, 재정적 환불도 고려한다.
Pricing	가격은 자주 부적절한 결과를 가져온다. 마케팅 기술과 큰 수익의 결정 모두 높은 우선권을 가지기 때문이다.

4) 포지셔닝 접근법

조직은 각각의 목표시장에서 혹은 리포지셔닝(repositioning)의 의도를 군

건히 시행할 것인가? 6가지 접근법 중 어떤 것이 왜 활용될 것인가? 마케팅 계획은 이들 질문에 대해 마케팅 혼합요소를 반영해 봄으로써 그 접근법을 찾을 수 있다.

5) 마케팅 목표

목표시장 각각의 목표는 자세히 기술되어야 한다. 파생되는 결과와 여러 가지 용어, 구체적인 시간이 포함되어야 한다. 전문가들에 의한 긍정적 아이디어는 각각 목표의 이정표를 깨도록 해야 한다는 것이다.

(3) 완성계획

성공적인 마케팅 계획을 창조하는 것과 관련하여 자세한 논의가 단계별로 이루어져야 한다. 어떻게, 어디서, 언제, 누가, 어떻게의 원칙에 따라 완성 계획의 내용을 기억하는 것이 좋은 방법이다.

(4) 활동계획(어떻게 그곳에 닿을 수 있는가?)

1) 혼합요소에 의한 활동

각각의 행동은 각각의 목표시장을 앞서서 보아야 한다. 이것은 각각 혼합요소에 대한 개별적인 가장 좋은 방법이고 다수의 책임을 계획과 책임 규정으로 설명할 수 있게 된다.

2) 활동에 대한 책임

몇몇 부서는 계획을 완성하기 위한 규율을 지키고 있다. 책임과 관련된 각각의 책임부서 활동을 시간표와 스케줄에 맞추어 설명할 수 있는 것이 바람직하다.

3) 시간표와 활동 스케줄

활동의 시작과 종료시간, 그리고 어느 정도 계획이 진행되고 있는지, 또 누가 책임이 있는지를 쉽게 파악할 수 있다.

(5) 마케팅 예산

1) 목표시장에 의한 예산

얼마 정도의 예산이 목표시장에 사용될 것인가? 이 질문은 마케팅 계획에서 매우 중요하지만 자주 간과될 수 있다. 많은 조직들은 큰 공유시장에서 사용할 만한 양의 돈을 작은 공유시장에서 사용되는 실수가 없도록 해야 한다.

2) 마케팅 혼합요소에 의한 예산

매니저들은 8가지 각각의 P에 얼마나 예산을 투입할 것인지 파악해야 한다. 그렇지 않으면 마케팅 혼합요소에 의한 효과적인 측정을 할 수 없으며 미래의 결정에서 예산배당이 이루어지지 않을 수 있다.

3) 임시비용

언제나 예상치 못한 일은 발생하기 마련이다. 따라서 전체 예산의 10~15% 정도를 임시비용으로 설정하는 것이 바람직하다.

(6) 통제과정(그곳에 도달하기 위해 어떻게 확신하는가?)

1) 결 과

각각의 마케팅 활동이 목표와 관련하여 어떻게 기여하고 있는가? 이 계획은 활동 연계에 근거한 질문 형태에 대해 확실히 파악하고 있어야 한다.

2) 과정의 보고와 측정

실질적 이정표는 여행자가 그들의 목적지로부터 얼마나 멀리 있는지 보여준다. 언제 점검하고 보고하느냐에 따라 결정이 이루어질 것이다.

(7) 과정의 평가

1) 측 정

마케팅 계획의 성공 여부는 어떻게 측정될 것인가? 매출액으로, 고객의 수로, 아니면 인식의 퍼센트로 될 것인가? 명백히 이것은 마케팅 목표와 직접적으로 연관시켜야 한다.

2) 표준 수행

많은 마케팅 계획을 전반적으로 살펴볼 수 있는 또 하나의 방법이다. 목표에 적합하거나 적합하지 않은 것은 무엇인가? 표준의 수행은 마케팅 계획을 구체화하여 조직이 실질적 결과에 부합되도록 만든다.

3) 평가시간표

무엇보다 평가를 위한 시간표는 계획이 실행되는 과정에 평가가 시작되어야 하기 때문에 평가에 대한 일정표가 마련되어야 한다. 이와 같은 평가에는 시장상황 분석과 마케팅 계획의 투입을 제공할 수 있어야 한다.

제 3 절 호텔마케팅 조사

1 마케팅 조사의 정의

마케팅 조사(marketing research)는 마케팅 정보시스템(marketing information system)의 하위시스템으로서 흔히 마케팅 의사결정에 도움이 되는 마케팅 활동에 관한 모든 사실을 수집·분석·평가하는 경영기능이라고 할 수 있다. 즉 마케팅 조사는 마케팅 전략과 관련된 의사결정을 수행하는 데 유용한 정보를 제공하는 경영기능 활동이라 할 수 있다.

이에 대한 개념 정의는 학자 간에 다소 이견이 있지만, 미국 마케팅협회(AMA)의 정의에 의하면 마케팅 조사란 "상품 및 서비스의 마케팅에 관한 제문제의 자료를 체계적으로 수집하고, 기록하고, 분석하는 것[5]"이다. 이는 마케팅 문제의

5) *Marketing Definitions, A Glossary of Marketing Terms*, Compiled by the Committee of the American Marketing Association, 1961.

해결을 위해 외부기관, 기업 또는 기업의 대리점에 의해 행해진다는 것이다.

쉐레이어(F.T. Schreier)는 행동과학적 접근에서 다음과 같이 정의하고 있다. "마케팅 조사란 사람들이 재화를 획득하거나 재화를 배급할 때, 또는 이러한 활동을 준비하고 실시할 때에 사람들이 무엇을 하는가, 즉 무엇을 생각하고, 무엇을 느끼고, 무엇을 바라는가를 파악하여 설명하고, 평가하고, 예측하는 것이다."

또한 그린(P.E. Green)과 툴(D.S. Tull)은 마케팅 의사결정의 관점에서 "마케팅 조사란 마케팅 분야에서 문제의 발견과 해결에 관련된 어떤 정보를 체계적이고 객관적으로 탐색하여 분석하는 것이다"라고 정의하고 있다.

코틀러(P. Kotler)는 마케팅 의사결정과의 관련에서 "마케팅 조사란 재화 및 서비스의 마케팅에 있어서 의사결정과 관리를 개선하기 위해 체계적으로 문제를 분석하고, 모델을 구성하고, 사실을 찾아내는 것이다"라고 정의하였다.

마케팅 조사는 첫째, 상품과 용역이 마케팅과 관련되어 있고, 둘째, 마케팅 의사결정에 필요한 제정보를 제공해주는 역할로서 여기서 정보는 정확성·객관성·관련성 및 이용 가능성의 의미를 내포하며, 셋째, 정보 및 자료가 체계적이고 과학적인 분석방법을 통해 수집·기록·분석되어 경영전략 수립이나 의사결정에 유용하게 활용될 수 있다는 점에 의의가 있다.

이와 같은 정의에 비추어볼 때, 마케팅 조사의 기본적인 목적은 마케팅 활동의 기반이 되는 마케팅 의사결정이 합리적으로 이루어지도록 그 판단의 기초를 제공하려는 데 있다고 요약할 수 있다.

2 마케팅 조사의 효용

마케팅 조사는 호텔기업 경영자로 하여금 주요 당면과제에 관해 효율적인 의사결정을 가능하게 할 수 있도록 의미 있는 정보를 제공해준다는 효용적 가치를 지니고 있다.

(1) 경영관리의 효용

마케팅 조사는 통합적 경영관리 면에서 효용적 가치를 지니고 있다. 즉, 호텔기업 경영자가 의사결정 대안들 중에서 최적 대안을 선택할 경우 오류의 폭을 줄여주는 의사결정의 한 보완수단으로서 효용가치를 지닌다.

(2) 마케팅 믹스 효용

마케팅 조사는 마케팅 계획의 합리적 수립을 뒷받침해주는 마케팅 믹스의 효용가치를 지닌다. 구체적으로는 다음과 같은 효용의 가치를 제공한다.

1) 소비자 욕구충족

시장에서 소비자가 요구하는 수준을 확인할 수가 있기 때문에 소비자 수요에 부응하는 가격책정과 판매 가능 시장의 설정이 용이하다.

2) 최적의 유통 및 판촉

호텔상품과 서비스의 최적 판매 소구점과 잠재구매자에의 최적 도달방법 및 판매촉진의 최적 시기결정이 가능하다.

3) 매출액 증대 및 판매비용 절감

시장상황을 정확하게 파악할 수 있기 때문에 고객이 원하는 상품과 서비스를 적기에 공급함으로써 상품과 서비스의 판매를 증대시킬 수 있고, 아울러 판매로 인한 비용을 최소화할 수 있다.

(3) 유통경제 효용

마케팅 조사는 광의의 측면에서 생산자와 소비자 간의 의사전달 방식을 생산능률과 소비자 생활수준이 향상되는 방향, 즉 시장 참여자에게 경제적인 절약을 가져다주는 방향으로 제시되는 유통경제상의 효용가치를 가지고 있다.

마케팅이 이러한 효용가치를 지니기 위해서는 다음과 같은 전제조건이 요구된다.

1) 관련성

유의한 정보를 예상함으로써 전략적·전술적인 향후의 의사결정에 관한 계획 및 활동을 지원할 수 있도록 관련성을 가져야 한다.

2) 효과적인 조사활동

최소의 시간과 비용으로 최대의 양적·질적인 유의정보를 찾아내어 적시에 조사활동이 진행되어야 한다.

3) 합리적인 조사

조사설계가 아무리 완벽하다 할지라도 표본계획과 같은 기타 요인 등으로 편향성이나 왜곡성이 개재할 가능성이 높으므로 이를 감소시킬 수 있도록 정밀조사가 이루어져야 한다.

3 마케팅 조사 계획과 실행

마케팅 조사의 구체적인 계획과 실행은 요구되는 정보의 내용·질 및 해결하려는 마케팅 문제의 파악 정도 등에 따라 각 프로젝트별로 달라질 수 있으나 일반적으로는 [그림 3-3]과 같은 절차를 거치게 된다.

이들 절차들은 상호 연관되어 있으며 조사목적에 따라서는 일부 절차가 생략되는 경우도 있다.

(1) 문제상황 및 필요정보 특성 고려

마케팅 조사의 첫 단계는 문제의 설정이다. 조사자는 우선 설정된 문제의 상황을 정확히 파악해야 한다. 호텔기업의 내적 문제인가, 외적 문제인가에 따라 조사방법은 달라질 것이다.

예를 들면 문제상황이 기업 내 종업원의 생산성에 관한 문제라면 조사자는 개인면접법이나 관찰법을 사용할 수 있을 것이며, 또한 문제가 되는 변수 이외에 다른 변수가 개재될 여지가 없는 경우에는 실험법을 사용할 수도 있다.

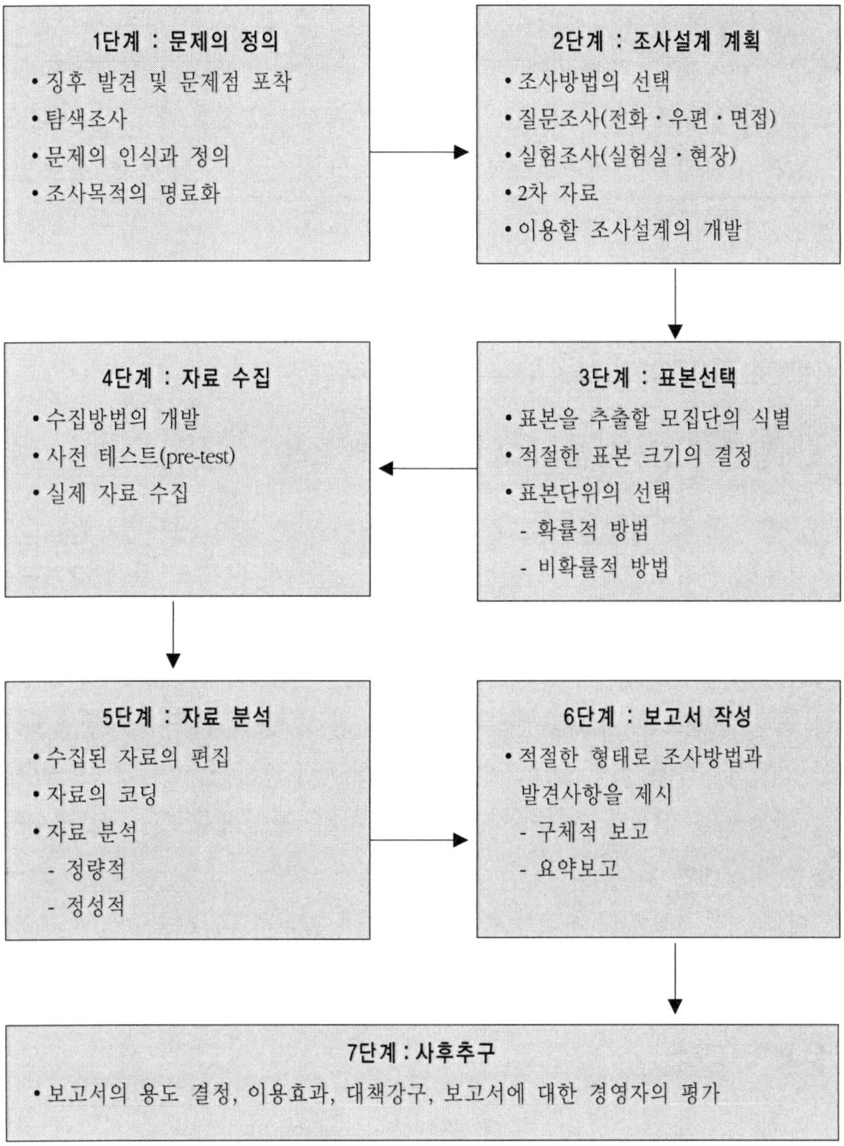

그림 3-3 마케팅 조사과정[6]

6) W. Zikmund and M. *D'Amico, Marketing*, 3rd ed., 1989, p.11.

문제사항과 함께 고려해야 할 사항은 필요한 정보가 어떠한 특성을 갖고 있는지 여부이다. 예를 들어 필요한 정보가 일반 소비자의 태도라면 우편질문법이나 전화면접법을 통하여 광범위하게 자료를 수집할 수 있을 것이다.

또한 문제상황이 공간적으로 좁은 쇼핑센터나 슈퍼마켓이며, 필요정보가 물품 구매자의 구매동기라면 질문법이나 개인면접법, 또는 카메라 등을 통한 관찰법이 이용될 수 있다.

이상에서와 같이 조사자는 조사방법을 선택할 때 마케팅 환경과 함께 문제사항 및 필요정보의 특성을 고려해야 한다.

(2) 조사방법의 장·단점 비교 및 비용의 고려

모든 마케팅 조사방법은 장·단점을 내포하고 있다. 따라서 여러 방법을 동시에 선택함으로써 어느 한 방법의 단점을 보완할 수도 있을 것이다.

하나의 동일한 사실을 정의하고 수집·분석하는 방법이 다르면 그 자료도 각각 다르게 나타난다. 자료는 그 자료를 수집한 목적과 부합될 때 이용가치가 있다. 그러므로 자료를 분석·수집한 기준 및 목적과, 자료를 활용할 모델과 일치하는가를 항상 검토해야 한다. 또한 정보를 수집·처리함에 있어서는 그 정보가 조직목적이나 이익에 기여하는 정도와 정보를 얻는 데 필요한 비용을 비교해야 한다.

이러한 가치·원가 비교는 마케팅 조사의 여러 단계와 수준에서 고려되어야 한다.

(3) 문제의 정의

마케팅 조사를 수행하기 위해서는 조사문제(research issue)를 명확히 정의해야 한다. 문제의 정의는 조사에서 핵심이 되기 때문에 이를 무시하거나 소홀히 다루어서는 안 된다. 마케팅 조사는 특정 의사결정을 위하여 수행되는 것이므로 의사결정문제로부터 조사문제가 결정된다.

〈표 3-5〉는 의사결정문제로부터 조사문제가 도출되는 예를 제시하고 있다.

표 3-5 의사결정문제와 조사문제 관계[7)]

의사결정문제	조사문제
• 신서비스 개발	• 서비스 대안들의 효과에 대한 평가
• 새로운 영업점 개발을 통한 시장침투	• 가능한 지역대안들에 대한 평가
• 영업점의 방문고객 증가	• 영업점의 현재 이미지 조사
• 반복구매율 증가	• 현재 반복구매 정도에 대한 조사
• 광고예산의 지역적 분산	• 각 지역에서 현재의 시장침투율 조사
• 신서비스 상품 도입 여부의 결정	• 적절한 시험시장 결정과 테스트 마케팅

그러나 문제를 명확히 규정하는 것은 경우에 따라 용이하지 않다. 예를 들어 서비스의 질이 문제가 되었을 경우 그로 인하여 매출의 감소원인이 될 수가 있지만 가격으로 인한 직접적인 영향은 없을 것이다. 이러한 경우 가격인하는 문제를 더 악화시킬 뿐이다. 비록 처음에는 저렴한 가격에 많은 사람들이 관심을 갖겠지만 결국은 나쁜 서비스 질로 인해 고객들이 떨어져나가기 때문이다.

문제의 정의 단계에서 세심한 주의를 기울이지 않는다면 조사 프로젝트(research project)는 쓸모없는 결과를 도출할 것이다.

그러므로 최고경영자의 관심과 예비탐색 조사가 반드시 필요하다. 경험, 전문가 의견, 문헌조사, 사례 분석 등 질적 조사가 반드시 수행되어야 조사할 문제와 그로 인해 유추되는 가설과 가설의 우선순위가 설정될 수 있다.

(4) 정보욕구와 원천의 명확화

문제정의가 분명하게 결정되면 문제해결에 필요한 정보목록을 작성해야 하며, 이것이 만들어지면 수집해야 할 세부자료가 밝혀지게 된다.

예를 들어 다음과 같은 정보 유형이 파악되어야 한다.

1) 판 매

특정 시장의 문제를 파악한 후에는 서비스 범주별, 고객 유형별, 지역별 판매 등의 구체적인 정보를 수집해야 한다.

---

7) Gilbert A. Chrchill, Jr., *Marketing Research*, 3rd ed,. The Dryden Press, 1983, p.30.

2) 고객태도와 동기

호텔기업 경쟁자에 대한 태도 및 동기, 구매결정(누가, 언제, 어디서, 어떻게), 서비스에 대한 만족 혹은 불만족 등이다.

3) 고객의 인지와 행동

호텔시장에서의 서비스 인지(특성·사용 등), 광고 인지, 가격 인지, 구매행동(구매의도) 등의 파악을 의미한다.

4) 인구통계적 정보

성·연령·결혼상태·직업·가족규모·교육수준·소득·사회계층·거주지역·거주 유형 등을 말한다.

근본적으로 이런 정보목록은 서비스 조사문제에 대해 누가, 언제, 무엇을, 어디서, 어떻게 할 것인지를 밝히는 것이다. 이런 정보목록은 구체적으로 필요한 자료가 된다.

(5) 경영정보 시스템(MIS : Management Information System)과 2차 자료원의 탐색

문제가 명확히 정의되고 조사방향이 구체화되면 조사계획을 수립해야 한다. 조사계획 수립단계에서는 조사문제의 해결을 위하여 수집할 자료의 종류, 수집방법 및 분석방법에 관한 계획이 수립되어야 한다.

자료 유형은 1차 자료(primary data)와 2차 자료(secondary data)로 구분될 수 있다. 1차 자료는 조사목적을 위해 조사자가 직접 수집하는 자료를 의미하고, 2차 자료는 다른 목적을 위하여 과거에 수집되었으나 본 마케팅 조사목적에 사용될 수 있는 자료를 말한다.

보통 필요한 자료를 정한 다음 가능한 한 2차 자료를 먼저 수집하는데, 기업이 행하고 있는 마케팅 정보시스템이나 기존의 2차 자료를 이용하면 1차 자료의 수집에 따른 비용과 시간을 절약할 수 있다. 2차 자료원은 아주 다양해서 기업의 내·외에서 많은 자료를 구할 수가 있다.

하지만 이런 유용성에도 불구하고 2차 자료를 이용할 때는 조심해야 된다. 이미 언급한 바와 같이 관련성·정확성·적용성 등을 검토해야 한다. 2차 자료는 이미 타 기관이 자기들의 목적을 위해 조사한 자료이기 때문에 자료 수집과 절차에서 통제가 불가능하여 신뢰성도 고려해야 하며, 과거에 수집된 자료이므로 그동안 시장여건이나 소비자 행동도 변화했을 가능성이 있다.

또한 현재 직면한 문제를 해결해줄 수 있는 적용성의 문제도 신중히 검토해서 사용해야 한다. 2차 자료에서 사용 가능한 모든 자료를 수집하고 문제의 해결을 위한 불충분한 부분을 직접조사를 통하여 실시하게 되는 것이다.

(6) 1차 자료 조사계획

2차 자료가 부족한 부분은 직접조사 방법에 의한 1차 자료 수집과정을 계획해야 한다. 먼저 조사목표를 결정하고 정보원천을 확인한 후 조사 대상자의 선택과 방법(표본조사), 조사 프로젝트 설계, 실행할 조사기관의 선정, 예산, 조사계획, 자료 처리 등을 결정한다.

1) 조사목표

조사는 성장기회를 파악하기 위해 예비적이며 질적인 방법이다. 그러므로 서비스 개념, 배달 개념, 문제영역 등을 검증하는 탐색적 조사를 할 것인가, 혹은 마케팅 의사결정을 강화하기 위해 서비스, 혹은 고객의 특성·관계·유사성 및 이질성을 파악하는 기술적 조사를 할 것인가를 결정한다.

2) 정보원천

관련 정보원천을 기업 서비스의 실제 혹은 잠재구매자 어느 쪽으로 할 것인가, 또는 최종 소비자인지 중간 소비자인지를 결정한다. 소비자인 경우 서비스 구매 결정자, 구매자, 사용자가 각기 다를 수가 있다. 혹은 서비스 제공자 선택은 공동으로 결정할 수도 있다. 그 다음에 누구를 면접할 것인지를 결정하는 것은 아주 중요하다.

이와 같은 정보원천 외에도 서비스 배달에서 중간상 역할을 하는 대리점이나 기타 프랜차이즈 점 등의 여러 사람들도 매우 중요한 의견과 경험을 제공해준다. 목표시장과 관계를 맺고 있는 여러 기관이나 판매원 등도 유용한 정보를 제공해줄 수 있는 정보원천이 된다.

3) 표본조사 계획

마케팅 조사는 시간이나 비용 등의 제약 때문에 목표시장의 일부만을 조사할 수밖에 없다.

조사 대상자의 표본추출 방법은 통계적으로 비확률적 표본추출 방법과 확률적 표본추출 방법이 있다. 비확률적 표본추출 방법에는 편의추출법·판단추출법·할당법 등이 있는데 이들 방법은 관리하기 용이하기 때문에 비용을 절감할 수가 있으나 오류의 개입이 많아 조사결과를 일반화하기 위해서는 위험이 따른다.

① 편의추출법

편의추출 방법이 가장 간단한 방법으로 항공사에서 특정 비행기를 기다리는 승객들을 대상으로 질문지를 배포해 조사하는 경우이다. 이 경우 다른 비행기를 기다리는 승객은 표본으로 뽑힐 수가 없는 것이다. 판단추출법은 조사자가 유용한 정보를 제공해주리라고 판단되는 대상만을 표본으로 선정하는 방법이다.

② 할당법

할당법이 이 중 가장 통계적 효율성이 높다고 보는데 이 방법은 원래 모집단의 구성비율과 동일하게 표본을 추출하는 것이다. 연간 항공사 승객의 구성 비율을 참고로 거기에 맞도록 조사대상의 구성을 결정하지만 구체적인 조사대상은 조사자에게 달려 있기 때문에 누가 선정될지는 사전에 알 수가 없다. 이 경우 너무 많은 특성을 동시에 충족시키려면 어려움이 따르게 된다.

③ 확률적 표본추출법

확률적 표본추출 방법에는 단순무작위 표본추출법, 층화 표본추출법, 군집 표본추출법이 있다. 이 방법은 표본추출을 통계적인 방법에 의해 정하기 때문에 조사 대상자가 선택될 확률을 사전에 알 수 있으며, 오류의 개입이 적어 비확률적 표본추출 방법보다 예측이 가능하고, 신뢰도가 높다.

④ 단순무작위 표본추출법

단순무작위 표본추출법은 난수표에 의해 무작위로 추출하며, 층화 표본추출법은 집단 내에는 동질성을, 집단 간에는 이질성을 갖도록 구분한 후 표본을 무작위로 추출한다.

⑤ 군집 표본추출법

군집 표본추출법은 집단 내에는 이질성을, 집단 간에는 동질성을 갖도록 구분한 후 집단 중에서 필요한 집단을 선택하여 전부 조사하는 방법이다. 통계적 효율성은 층화 표본추출법이 가장 높으나 군집 표본추출법이 경제적 효율성이 높아 마케팅 조사에서 많이 이용되고 있다.

표본추출 방법은 일반적으로 [그림 3-4]와 같이 분류한다.

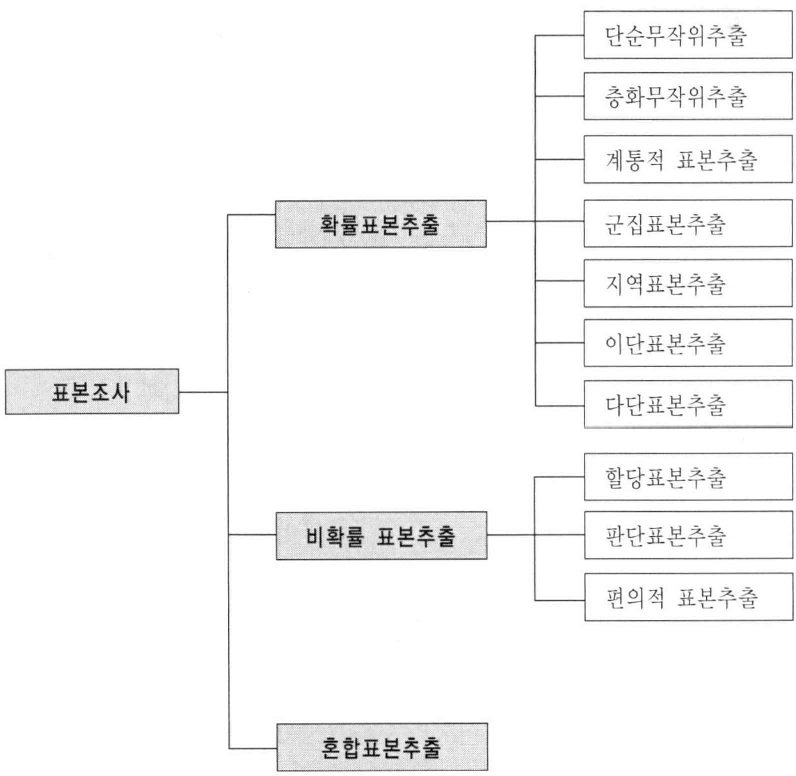

그림 3-4 표본추출 방법의 분류

4) 조사 스케줄과 예산결정

조사를 한 번만 할 것인가 아니면 주기적으로 할 것인가, 조사를 설계하고 실행하는 데 얼마 정도의 시간이 필요한가, 조사를 종료하기까지 소요되는 예상비용은 어느 정도인가 등에 대한 결정은 조사과정과 내용에 상당한 영향을 미치는 요인이 된다.

어떤 서비스 기관도 마케팅 조사를 외부지원 없이 단독으로 수행할 수가 없다. 따라서 전문적인 기술이나 장비는 외부 전문기관이나 전문가의 도움을 받아야 한다.

(7) 자료 수집 방법 선택

마케팅 조사는 과학적인 방법을 통하여 마케팅 정보의 수집·분석·해석 등을 실시하는 것으로 마케팅 조사의 기본적 방법으로는 일반적으로 관찰법(observational method)과 질문법(survey method)을 이용하여 자료를 수집하게 된다.

1) 관찰법

관찰법은 조사자가 소비자의 행동이나 기타 조사대상을 직접 혹은 기계를 이용하여 관찰함으로써 자료를 수집하는 방법이다. 서비스 기업에서는 암행어사와 같은 역할을 하는 조사자가 종업원의 예의·친절성·능력 등을 관찰 조사하여 훈련, 장비의 운영, 인센티브 시스템 등과 같은 데서 개선점을 찾는 데 많이 이용된다.

관찰은 사람이 하는 경우와 기계가 하는 두 가지 방법이 있다. 사람에 의한 관찰인 경우 종업원, 다른 고객들의 행동을 관찰하여 필요한 개선점을 모색한다. 호텔 경영자가 고객의 움직임과 상호작용을 관찰하여 시설 설계와 영업특성을 바꾼 예도 있으며, 교통인구를 조사하여 영업장소 선정에 참고자료로 이용하는 경우가 여기에 해당된다.

기계에 의한 관찰에는 이동카메라와 같은 첨단장비를 동원하여 관찰하는 방법이다. 관찰법은 행위에 대한 객관적 기술은 가능하나 그런 행위에 대한 동기는 밝힐 수가 없다는 한계를 가지고 있다.

2) 질문법

질문법은 조사자가 어떤 특정 목적의 조사를 위해 일정한 질문서식에 따라 피조사자에 대하여 각종 질문으로 필요한 자료를 수집·조사하는 것을 말한다.

이 방법은 가장 신중하게 실시해야 하며 오류를 범하기 쉽다. 응답자는 그들이 조사받고 있다는 사실을 알고 있어 조사자에게 잘 보이려고 대답을 왜곡할 수가 있으므로 이런 편견의 개입을 극소화하도록 조사자는 대책을 강구해야 한다.

① 심층면접법

심층면접법(depth interviews)이란 전문적인 훈련을 받은 조사자가 피조사자를 직접 면접하는 것으로 공식화된 질문서 없이 특정 주제에 대해 심도 있게 질문하는 방법이다.

② 표적집단 면접법

소수의 고객을 초청하여 서비스 기업이 관심 있는 주제에 대해 토론하게 한다. 이때 면접원은 조사 문제나 목적을 명확히 이해하고 있어야 하며 토론을 적절히 이끌어갈 수 있도록 숙련된 테크닉이 필요하다. 여기서 얻은 자료는 유용하지만 일반화하기 곤란하기 때문에 좀 더 공식화된 조사로 구체화할 필요가 있는데, 이러한 방법을 표적집단 면접법(focus group interviews)이라 한다.

③ 체계화된 질문면접법

체계화된 질문면접법(structured questionnaire interviews)이란 체계화된 공식 질문서를 작성하여 대규모 표본에게 질문하는 조사방법으로 대부분의 조사는 이 방법을 일컫는다. 심층면접법이나 표적집단 면접법이 질적인 예비탐색 조사인 반면 질문지법은 기술적이고 양적인 조사방법이다. 질문지법이 1차 자료를 획득하는 데 가장 빈번하게 이용되는 이유는 비교적 관리하기가 쉽고 측정 가능한 변수로 결과가 나오기 때문이다.

질문지법은 개인면접·전화면접·우편면접으로 나누어진다.

㉠ 개인면접법

개인면접법은 피조사자를 방문해야 하기 때문에 비용과 시간이 많이 투입되지만 응답자와 그 환경을 파악할 수가 있고 광고물이나 책자 등을 보여줄 수가 있어 이상적인 방법이다.

㉡ 전화면접법

전화면접법은 신속한 자료 수집이 가능하다는 것이 최대의 장점이다. 이 방법의 필요조건은 질문의 수가 적고 질문 구성이 간단하여 이해하기 쉽고 간단하게 회답할 수 있어야 한다. 또한 능률성과 통제가 결합된 방법이어서 즉시 결과를 얻으려 하는 서비스 기업에서 많이 이용되고 있다.

㉢ 우편면접법

우편면접법은 매우 폭넓은 응답자로부터 자료를 수집할 수 있고 정직한 답변을 기대할 수 있어 널리 이용된다. 지역 서비스 업체에서는 지리적 제약 때문에 이용에 한계가 있다. 그러나 회수율이 낮고 회수하는 데 많은 시간이 걸리며 이를 보완할 금전적 혹은 비금전적 인센티브가 필요하다.

표 3-6 3가지 접촉방법의 장점 및 단점[8)]

구분 / 접촉방법	우편조사	전화조사	대면조사
융통성	빈 약	양 호	우수함
수집될 수 있는 자료의 양	양 호	적 당	우수함
면접자 효과에 대한 통제	우수함	적 당	빈 약
표본의 통제	적 당	우수함	적 당
자료 수집의 속도	빈 약	우수함	양 호
회수율	빈 약	양 호	양 호
비용	양 호	적 당	빈 약

8) *Updated with Permission of Macmillan Publishing Company from Marketing Research : Measurement and Method*, 3rd ed., by Donald S. Tull and Del I. Hawkins, Macmillan Publishing Company, 1984.

(8) 질문지 구성

질문은 질문지(questionnaire)를 이용하여 조사 대상자로부터 체계적으로 정보를 수집하는 방법으로서 가장 널리 사용되는 자료 수집 방법이다. 이를 이용하여 자료를 수집하는 구체적인 방법으로는 개인면접·전화면접·우편면접이 있다. 이들 방법에 대한 비교는 〈표 3-7〉과 같다.

질문지의 설계에서는 도입부, 여과질문, 필요한 정보에 관한 질문, 분류 정보질문, 확인 정보질문의 순서로 구성된다. 도입부에서는 조사 목적을 밝히고 협조를 부탁하며, 조사주체를 밝히기도 한다.

여과질문은 응답자가 질문에 답할 자격이 있는지 여부를 가려내기 위한 질문이다. 예를 들어 ○○호텔을 이용한 적이 있는지 질문하여 없다고 대답한 사람은 더 이상 대답할 필요가 없기 때문에 제거한다. 다음 조사할 정보에 관한 질문은 대답하기 용이하고 관심이 가는 질문을 먼저 하는 순서로 진행된다.

분류정보는 응답자의 성·연령·학력·소득·직업 등과 같은 인구통계적 질문을 말하며, 확인정보는 보통의 경우 익명을 요구해 삭제하지만 조사 참여에 대한 보답을 하기 위해 이름·주소·전화번호를 기록하게 할 수도 있다.

표 3-7 질문방법의 비교

질문방법 / 내 용	개인면접		우편면접	전화면접
	호별방문	호텔현장		
자료 처리 속도	중간 또는 신속	신속	회송에 대한 통제력이 없음	매우 신속
응답자의 협조	탁 월	중간	중간	양 호
질문의 신축성	매 우 신축적	매우 신축적	고정적	중 간
질문지의 길이	길 다	중간 또는 길다	유인 제공에 따라 다름	중 간
응답자의 오해 가능성	낮 다	낮다	가장 높다	중 간
응답자에 대한 조사자의 영향	높 다	높 다	없 다	중 간

(9) 자료 수집

질문지가 작성되면 질문지 작성자는 자기가 작성한 질문지가 매우 잘 구성된 것으로 간주하기 때문에 사전시험을 통하여 질문이 정확하게 전달되는지, 부족한 점은 없는지 점검하고, 필요에 따라 수정·보완하지 않으면 안 된다.

질문지 시험을 하고 나면 조사자를 모집하여 선발·훈련을 실시한 후 이들의 활동을 잘 감독하여 조사과정에서 오류가 발생하지 않도록 해야 한다. 현장조사가 종결되면 다음 자료 처리에 들어간다.

(10) 자료 분석

일단 조사자가 조사문제를 해결하기 위해 충분한 자료들을 현장작업을 통해 얻으면 마케팅 관리자의 의문사항에 대답을 제시할 수 있도록 가공·처리되어야 한다.

자료 분석은 보통 컴퓨터에 의하여 이루어지는데 자료 분석을 위해서는 먼저 준비작업이 선행되어야 하며, 준비작업은 자료 정리, 편집(editing)과 코딩(coding) 및 자료의 통계적 또는 정성적 분석이 이루어지게 된다. 자료 분석의 구체적인 형태는 경영자의 정보 요구사항, 조사설계 및 수집된 자료의 성격에 따라 달라질 수 있다.

(11) 분석결과 보고

결과보고서는 조사의 개요와 절차 및 발견사항들을 포함해야 하며 마케팅 조사 전문가들이나 이해할 수 있는 조사 전문용어나 통계용어들을 지양하여 마케팅 관리자가 쉽게 이해할 수 있도록 표현되어야 한다.

또한 분석된 자료의 결과를 서비스 기업의 실제상황에 적합하게 해석하고, 서비스 기업이 앞으로 취해야 할 지침을 제시해야 하며, 결론 혹은 제안을 최고 의사결정자에게 보고형식을 이용하여 제시하는데 서면보고·구두보고 혹은 영상보고를 할 수가 있다. 그 다음 조사결과가 의사결정에 어떻게 영향을 주고 있는가를 계속으로 사후관리(follow-up)를 해야 한다.

표 3-8 자료의 분석과 보고에 적용될 수 있는 통계기법

척 도	비 교 방 법	평균치 측정	유의도 검정방법	대표적인 예
명목척도	측정 대상물의 확인과 비교	최빈치	비모수 통계검정	상표의 인지 여부, 인구통계적 특성의 예
서열척도	순위비교	중위수	비모수 통계검정	상표선호도 사회계층 품질분류
등간척도	간격비교	산술평균	비모수 통계검정과 모수 통계검정	온도 상표 및 광고 인지도
비율척도	절대대소 비교	기하평균	비모수 통계검정과 모수 통계검정	판매량 구매자 수효 구매확률

4 호텔서비스 마케팅 조사 문제점

마케팅 조사는 상술된 바와 같이 시장을 정확히 파악하고 고객의 요구수준과 맞지 않는 내용을 바탕으로 마케팅 전략을 수정·보완하거나 새로운 전략을 수립할 수 있으나 무형성의 서비스 상품에는 조사자의 주관이 개입되는 등 많은 문제점을 내포하고 있다.

구체적인 문제점은 다음과 같다.

(1) 서비스 조직이 마케팅 조사의 부정적 견해

아직도 많은 서비스 조직이 마케팅 활동을 비윤리적으로 생각하는 경우가 있어 마케팅 조사를 기업활동의 일부로 여기지 않고 있다. 특히, 전문 서비스업에서 서비스와 고객에 대한 인식이 올바로 정착되지 않은 경우가 많다.

서비스 조직의 규모가 대부분 영세한데다가 한 지역을 중심으로 사업하는 관계로 비용을 들여서 마케팅 조사를 할 여유가 없으며, 그럴 필요성을 느끼지 못하고 있다.

즉, 서비스 조직이 시장을 독점하고 있는 경우 마케팅 조사가 불필요하다

고 생각하고 있다. 서비스 조직의 경영자는 대부분 마케팅에 대한 지식이나 훈련이 부족하여 마케팅 조사의 중요성을 잘 인식하지 못하고 있다. 또한 서비스 조직은 그들이 항상 고객과 직접 접촉하고 있어 고객을 잘 알고 있다고 믿고 있기 때문에 별도로 조사활동을 할 필요가 없다고 생각한다.

(2) 서비스에 대한 2차 자료 부족과 질적 저하

서비스의 특성상 2차 자료의 보존이 곤란하고, 관리되는 자료라 할지라도 질적으로 떨어지기 때문에 서비스에서 마케팅 조사 시 필요한 2차 자료의 축적이 곤란하며 여러 분야로 분산되어 실제 사용하기가 어렵다.

(3) 서비스 모방 용이

서비스 특성에서 연유된 문제로 인한 서비스의 무형성 때문에 서비스와 관련된 테스트가 곤란하고, 새로운 서비스를 개발해도 특허로 보호받기가 힘들어 서비스 혁신보다는 서비스 개선에 초점을 두게 됨에 따라 따라서 타 기업이나 영업장에서 실시되고 있는 신서비스를 모방하려는 경향이 많다.

또한 서비스 개념을 정확하게 기술할 수가 없어 표준화도 어려우며 서비스 상품, 서비스 배달장소와 과정, 관련된 사람들 간의 명확한 구분이 되어 있지 않아 서비스 개념 테스트가 곤란하다.

(4) 신서비스 마케팅 조사 어려움

신서비스에 대한 마케팅 조사에서 특히 상술된 바와 같이 문제가 많이 발생하게 되는데 서비스 자체가 모호하여 신서비스에서 얻게 되는 편익이 무엇인지 명확하게 기술하기가 힘들다는 점이 마케팅 조사를 어렵게 한다.

제 4 절 마케팅 정보시스템

1 마케팅 정보시스템

마케팅 정보시스템은 MIS(Marketing Information System)로 약칭되고 있는 것으로서 콕스(D.F. Cox)와 굿(R.E. Good)은 "마케팅 의사결정을 내릴 때에 이용하기 위한 정보를 규칙적이고, 계획적으로 수집하고, 분석하고 제시하기 위한 일련의 순서 및 방법"으로 정의하고 있다.

브라이언(R.H. Brien)과 스태포드(J.E. Staffod)는 마케팅 정보시스템이란 "마케팅 관리자의 책임영역에서 의사결정의 기초로 이용하기 위해 기업 내외에서 수집된 관련 정보를 질서 있게 흐를 수 있도록 기획된 사람·기계 및 순서로 구축되어 상호작용을 하는 집합체"라고 정의하였다.

한편 버렌슨(C. Berenson)은 "마케팅 정보시스템이란 마케팅에 있어서 관리자가 의사결정을 위해 할 수 있는 기초를 제공하는 것과 같이 정보의 흐름을 만들어내도록 기획된 사람·시설·방법 및 통제의 상호작용을 하는 구조"라고 정의하고 있다.

이상의 정의에서 알 수 있는 바와 같이 마케팅 정보시스템의 목적은 마케팅 분야에 있어서 마케팅 관리자가 내리는 의사결정에 대해 시의적절하게 기초적인 정보를 제공하는 것이며, 이와 같이 목적을 효율적으로 수행해가기 위해 마케팅 정보시스템은 사람·시설·방법 등을 통합적으로 기획하는 것이다.

2 마케팅 정보시스템 의의와 필요성

호텔기업은 마케팅 활동을 수행하는 과정에서 다양한 의사결정을 하게 되는데 이러한 의사결정의 결과는 마케팅 정보의 양과 질에 따라 달라진다고 볼 수 있나. 오늘날과 같이 급변하는 환경 속에서 성공적인 기업경영은 바로 얼마만큼 객관적이고 과학적이며 체계적인 정보를 기초로 한 의사결정을 경영자가 적시에 내릴 수 있느냐에 달려 있다고 해도 지나친 표현이 아닐 것이다.

고객중심의 마케팅 개념이 일반화되고 기업의 사회적 책임에 대한 관심이 높아지고 있는 상황에서 기업경영자는 목표시장인 소비자와 그 소비자를 둘러싼 시장환경에 대해 높은 관심을 갖지 않을 수 없다. 이렇게 시장환경이 급변하게 됨에 따라 이에 부응하는 마케팅 전략을 수립하기도 그만큼 어렵다는 의미를 내포하고 있다.

더욱이 경쟁구조가 과거처럼 가격을 중심으로 한 가격경쟁에서 비가격경쟁으로 전환됨에 따라 유효한 마케팅 수단을 강구하려면 더 많은 정보가 필요하다. 이러한 방대한 양의 정보를 신속하고 정확하게 처리하려면 이를 체계적으로 수집·정리·보관·검색할 수 있는 시스템이 절대적으로 필요하다.

최근 호텔에서의 마케팅 정보시스템은 일반적으로 컴퓨터 시스템 개발의 초점을 고객과 호텔내부의 관리에 맞추고 있는데, 예를 들어 내부 회계자료 처리는 고객정보 중심으로서의 마케팅 의사결정 중심에 두고 있다.

일반적으로 정보시스템의 기능은 다음과 같다.

- 고객서비스 개선을 위한 기능
- 마케팅 전략 수립을 위한 정보제공 기능
- 마케팅 전략 수립을 위한 유용한 정보 기능
- 가장 빈번히, 혹은 드물게 사용하는 고객파악 기능
- 가장 수익성을 높여주는 고객파악 기능
- 고객의 주요 거주지 파악 기능
- 고객의 수익에 대한 의사결정 기능

3 마케팅 조사와 마케팅 정보시스템 비교

마케팅 조사가 마케팅 정보시스템의 한 하위시스템으로 간주되고 있음을 앞에서 설명하였으나, 크리스프(R.D. Crisp)는 마케팅 조사를 "마케팅 문제에 관한 적절한 사실의 체계적 · 객관적 탐색과 연구"라고 정의함으로써 마케팅 정보시스템과의 유의점을 지적하고 있다.

마케팅 조사와 마케팅 정보시스템의 특징을 대조적으로 살펴보면 〈표 3-9〉와 같다[9].

즉, 마케팅 조사는 한 프로젝트에서 시작하여 그것으로 끝나는 경향이 짙고 문제해결을 위한 자료를 수집하는 데 치중하는 반면에 마케팅 정보시스템은 미래지향적으로 계속적인 활동에 치중하며 문제해결은 물론 문제예방에도 주력한다. 또한 마케팅 조사는 외부자료를 취급하는 것이 보통이나 마케팅 정보시스템은 내부 및 외부 자료를 모두 다루고 있는 점에서 차이가 있다.

그러나 회계담당 부서와 비마케팅 분야에서는 내부적인 마케팅 자료를 수집하고 처리하여 호텔상품이나 서비스의 영업장별, 또는 상품별 성과를 평가하기 위하여 판매량과 판매경비를 분석하는 것으로 보아 마케팅 정보시스템을 갖지 않은 회사일수록 마케팅 조사의 필요성을 절실히 느낄 것이다.

그리고 마케팅 정보시스템을 구비하고 있는 관광기업에서도 하위시스템으로서의 마케팅 조사는 대단히 중요한 것이며 마케팅 조사 프로젝트는 마케팅 시스템의 중요한 자료원이 되고 있다.

표 3-9 마케팅 조사와 마케팅 정보시스템 비교[10]

마케팅 조사	마케팅 정보시스템
• 외부정보 취급에 역점을 둔다. • 문제해결에 치중한다. • 프로젝트별 기준으로 실시되기 때문에 단속적이다. • 과거 정보에 초점을 둔다. • 반드시 컴퓨터에 기반을 둔 것은 아니다. • 하나의 정보원만이 마케팅 정보시스템에 투입된다.	• 내 · 외부 자료를 모두 취급한다. • 문제해결뿐만이 아니라 문제예방에도 치중한다. • 지속적으로 존재하는 하나의 시스템이다. • 미래지향적이다. • 항상 컴퓨터에 기반을 둔 과정이다. • 마케팅 조사 외에도 다른 하위시스템을 포함한다.

9) W.J. Stanton, *Fundamentals of Marketing*, McGraw-Hill, 1981, p.39.

10) W. J. Stanton, *Fundamental of Marketing*, 8th ed., McGraw-Hill. 1987, p.64.

4 마케팅 정보시스템 구성요소

마케팅 정보시스템을 구성하고 있는 주요 시스템과 그 내용은 [그림 3-5]와 같다.

그림의 왼편에는 마케터들이 주시해야 할 외부환경이 표시되어 있는데, 그러한 외부환경을 구성하고 있는 요소로는 목표시장·유통경로·경쟁자·대중 및 거시환경 요인이다. 이러한 외부환경의 변화나 추세를 검토하는 마케팅 정보시스템의 구성요소는 내부보고 제도, 마케팅 정보수집 제도, 마케팅 조사제도, 그리고 마케팅 분석수단으로 되어 있으며 그 정보는 적절한 마케터의 마케팅 계획을 집행·통제하는 데 유용한 자료가 된다.

이와 같이 이루어진 마케팅 결정과 마케팅 커뮤니케이션의 형식으로 마케팅 활동이 수행되어 마케팅 환경에 다시 피드백(feedback)된다.

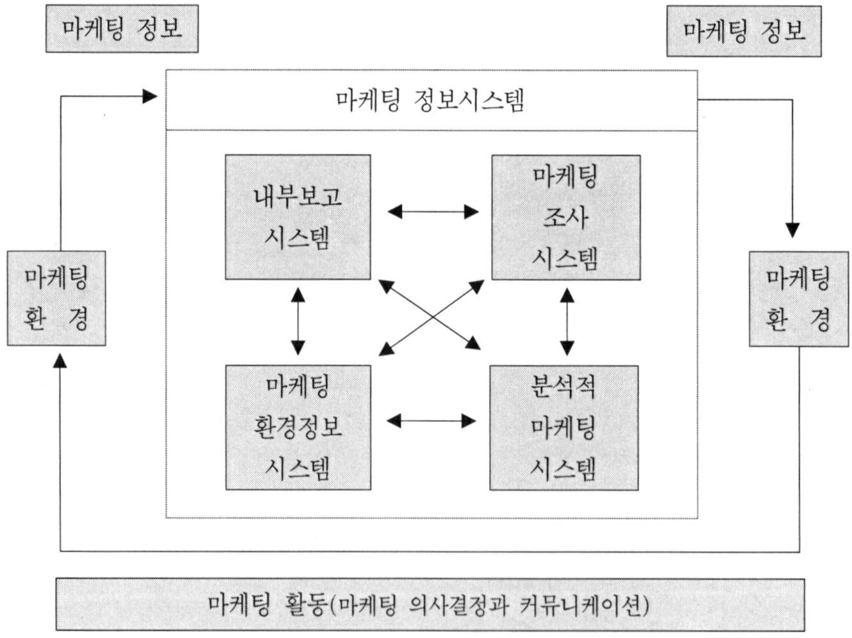

그림 3-5 마케팅 정보시스템의 구조[11)]

11) 김원수, 『마케팅정보시스템』, 박영사, 1983.

(1) 내부보고 시스템

내부보고 시스템(internal report system)은 마케팅 경영하에서 초기부터 활용되어왔던 하위시스템으로서 내부회계 시스템(internal accounting system)이라고도 한다. 일반적으로 주문·판매·재고수준·수취계정·지급계정 등을 보고하여주는 것이다.

이를 통해 제공되는 정보, 즉 주문(order)·인도(shipping)·청구(billing) 등의 사이클(cycle)을 통하여 경영자는 문제와 새로운 기회를 발견할 수 있고 실적과 예상과의 비교가 가능하다.

이 시스템의 효율성이 높아지려면 판매보고가 적시에 이루어져야만 하고 이용자 중심 보고시스템(user oriented reports system)이 형성·운용되도록 해야 한다.

(2) 마케팅 환경정보 시스템

내부보고 시스템은 결과자료만을 제공해주는 데 비해, 마케팅 환경정보 시스템(marketing intelligence system)은 주로 기업 외부의 마케팅 환경동향에 관한 일상적인 우발자료를 제공하는 하위시스템으로 마케터가 외부 마케팅 환경의 동향에 관한 정보를 일상적으로 얻을 수 있도록 해주는 일종의 정보원과 절차로 구성되어 있다.

마케팅 환경정보 시스템은 마케팅 관리자가 마케팅의 환경변화에 창조적으로 적응할 수 있도록 참고자료를 정리하여 마케팅 전략에 활용·적응시키는 기능을 담당한다.

따라서 환경정보는 사실 혹은 자료에 지적인 처리를 가한 결과에 의해서 얻게 되는 지식으로서 일반 정보원 중에서 선정·평가 및 해석한 결과가 정책적인 측면에서 볼 때 중대한 의미가 있다고 밝혀진 정보들로 작성된 것이므로 일반정보보다는 상위개념에 놓여 있다.

(3) 마케팅 조사시스템

마케팅 조사시스템(marketing research system)은 호텔기업의 경영자가 해결해야 할 문제에 대하여 의사결정을 정확히 할 수 있도록 구체적 정보를 수집·

분석·평가·보고하는 기능을 수행한다. 이 시스템에서는 광고활동의 유효성 측정, 소비자 선호조사, 판매원 감사 등에 대해서 분석하여 경영자에게 보고서를 제출한다.

마케팅 관리자가 특수한 조사·연구를 통하여 의사결정을 할 필요가 있는 경우 조사 프로젝트를 기획·설계하여 필요한 정보를 수집·제공하는 시스템이다.

(4) 분석적 마케팅 시스템

마케팅 자료나 마케팅 문제를 분석하는 일련의 고도기법을 갖추고 있어서 우리가 일반적인 방법으로 분석해서는 잘 알 수 없는 조사결과나 결론을 얻을 수 있도록 분석하는 시스템을 분석적 마케팅 시스템(analytical marketing system)이라 한다.

이 시스템은 마케팅 결정지원 시스템(MDSS : Marketing Decision Support System)을 형성하고 있는 통계 뱅크와 모델 뱅크(model bank)가 저장되어 있는 컴퓨터 시스템이다.

이를 통해 마케팅 관리자는 컴퓨터 단말장치를 이용하여 과거에는 접근하기 어려웠던 저장된 정보를 검색·처리하여 여러 가지 의문에 대한 해답을 얻을 수 있다.

제 4 장

호텔시장 세분화

제 1 절 시장세분화

1 시장세분화의 의의

시장세분화(market segmentation)라는 용어는 스미스(Wendell R. Smith)가 처음 사용하였는데 그는 시장세분화를 "소비자나 사용자의 욕구에 대하여 상품과 마케팅 노력을 합리적이며, 보다 정교하게 맞추는 행위"12)로 정의하였다.

또한 쉬프만(L. Schiffman)과 카눅(Kanuk)은 시장세분화란 "전체 시장을 수 개의 동질적인 고객집단으로 구분하고, 하나의 독특한 마케팅 믹스로 도달될 수 있는 표적시장(target market)으로서 하나 또는 수 개의 세분시장을 선정하는 과정"13)이라고 정의하여, 시장세분화가 마케팅 전략을 전개해나가는 과정의 한 단계임을 명백하게 지적하고 있다.

이러한 관점은 기업의 핵심적 과업이 표적시장이 추구하는 효익과 욕구를 결정하고 경쟁자에 비해 이 시장이 원하는 바를 보다 효과적으로 충족시키는 방향으로 마케팅 전략을 수행해야 한다는 이른바 마케팅지향적 사고의 출발점이라고 할 수 있다.

따라서 시장세분화는 보다 효과적인 마케팅 믹스의 개발을 위해서 전체 시장을 상품이나 서비스에 대한 욕구가 비슷한 영업활동에 의미 있는 동질적 부분시장으로 나누는 작업이라고 정의할 수 있다. 즉, 시장세분화란 이질적인 전체 시장을 동질적인 몇 개의 세분시장으로 나누는 행위를 말하며 각 세분시장의 수용에 따라 마케팅 전략을 전개하는 데 그 의의가 있다.

호텔산업에 있어 시장세분화는 본래 상품 차별화에서 출발하였다. 1981년 로버트 해저드(Robert Hazard)는 퀄리티 인(Quality Inn)의 최고경영자가 되었는데 그가 물려받은 프랜차이즈 호텔(franchise hotel)들은 다양한 성격을 지니고 있어 고객들은 혼란을 느끼고 있었다. 그는 이를 타개하기 위해 상품과 서비스를 컴퍼트 인

12) Wendell R. Smith, "Product Differentiation and Market Segmentation as Alternative Marketing Strategies", *Journal of Marketing 20*, 1956, p.5.

13) L. Schiffman and L. Kanuk, *Consumer Behavior*, Prentice Hall, Englewood Cliffs, 1978, p.25.

(Comfort Inn), 퀄리티 인(Quality Inn), 퀄리티 로열(Quality Royal)의 세 가지 범주로 차별화하고 각 범주마다 상이한 지각을 낳도록 광고하였다. 이런 생각은 크게 성공을 거두게 되었고, 그 후 다른 호텔들도 이를 뒤따랐다.

오늘날 호텔기업에서 시장세분화는 보편적인 전략수단이 되었으며, 버짓호텔(budget hotel), 저가호텔(economy hotel), 중가호텔(midscale tier hotel), 고급호텔(suite hotel), 뷰티크호텔(boutique hotel), 최고급호텔(luxury hotel) 등의 구분이 널리 이용되게 되었다. 관광・숙박산업에서 진실로 시장세분화를 실천한다는 것은 마케팅 콘셉트를 실현하는 것이며, 소비자 행동을 연구하는 주된 이유도 세분화 전략을 개발하는 데 있다.

시장세분화

전체 시장을 구성하는 잠재고객들을 동질적인 하위시장들로 나누어 구분하는 과정으로 정의할 수 있다. 마케터는 상이한 소비자들로 구성되는 전체 시장에 대하여 단 하나의 마케팅 믹스를 제공하기보다 구체적인 세분시장들이 원하는 바에 맞추어 상품을 개발하고 마케팅 노력을 집중함으로써 경쟁자에 비해 차별적 우위를 누릴 수 있다.

2 시장세분화 조건

호텔기업의 시장세분화는 이질적인 시장에 있어서는 필수적인 마케팅 기법으로서 여러 가지의 이점 제공과 자원을 낭비하지 않고 효율적으로 배분할 수 있다. 또한 전체 시장을 대상으로 하지 않고 세분시장을 대상으로 하는 만큼 시장 수요의 변화에 보다 신속하게 대처할 수 있다.

이러한 세분화 과정을 통해 기업은 자원을 최적 배분할 수 있는 마케팅 믹스를 보다 효과적으로 개발하여 고객만족을 줄 수 있으며 궁극적으로 기업의 목적을 달성하게 되는 것이 시장세분화의 목적이다.

시장세분화가 현대 마케팅에서 절대적으로 필요하고 중요한 만큼 시장세분화는 이 목적을 달성하는 데 가장 적절한 방법으로 행해져야 한다. 효과적인 마케팅 전략을 전개하기 위해 시장세분화는 다음과 같은 몇 가지 조건을 충족시켜야만 한다.

(1) 측정 가능성(measurability)

해당 호텔기업이 대상으로 하는 전체 시장을 각각의 세분시장별로 시장의 규모나 구매력, 즉 판매잠재력·비용·이익 등이 정확히 측정·비교될 수 있어야 한다. 이와 같은 측정값은 마케팅 활동의 평가나 마케팅 계획을 수립하는 데 있어서 기준이 될 수 있으며, 또한 마케팅 팀장이나 최고경영자가 의사결정을 하는 데 기초자료가 된다.

(2) 접근 가능성(accessibility)

호텔기업이 시장 상황을 고려하여 고객만족을 통한 매출을 극대화하기 위해 선정한 세분시장에 마케팅 노력을 집중시키고, 이들 세분시장에 관한 정보를 쉽게 수집할 수 있는 정도를 일컫는다. 경우에 따라서 어떤 세분시장은 법규나 사회적 제약, 유통상의 제약요인으로 도달하기 어려운 경우도 있다.

만약 세분화된 시장에 효과적으로 접근하지 못한다면 시장을 세분화하는 의미가 없을 것이다.

(3) 실질성(substantiality)

아무리 시장이 효율적으로 세분화되었다 할지라도 해당 세분시장에 별개의 마케팅 믹스 전략을 적용할 만큼 시장 규모가 크거나 영업을 통하여 수익성을 확보할 정도로 규모를 가진 잠재시장을 나타낸다. 또한 그와 같은 잠재시장이 활성화되어 장기적이고 지속적으로 유지될 수 있는 시장이어야 한다.

(4) 행동 가능성(actionability)

세분시장에 마케팅 믹스 전략을 구사하여 잠재고객을 유인하고, 그 세분시장에 효과적인 마케팅 프로그램을 수립하고, 공격적으로 집행할 수 있는 마케팅 담당자의 능력이나 자질을 의미한다.

시장세분화의 절차

- 시장세분화 목표(조사의 목적)를 명확하게 설정한다.
- 세분시장을 정의하거나 묘사하기 위한 근거들을 선정한다.
- 전체 시장을 세분하기 위하여 사용할 기준(세분시장 정의변수)을 선정하고, 그에 따라 전체 시장을 세분한다.
- 세분시장 정의변수에 의해 분리된 각 세분시장들을 여타의 변수(세분시장 묘사변수)들로 묘사하여 세분시장 프로파일을 작성한다.

제 2 절 호텔시장 세분화 기준

시장세분화 변수란 전체 시장을 세분시장으로 나누기 위해 사용되는 개인이나 집단, 또는 조직의 제차원이나 특성을 의미한다. 예를 들면 지리적 위치나 연령, 성별, 상품 사용률 등은 세분화 목적을 위해 사용될 수 있다.

세분화 변수를 선택하기 위해서는 여러 요인들이 고려되어야 하고, 세분화 변수는 상품에 대한 고객의 욕구나 용도·행동과 관련되어야 한다. 즉, 사람들의 욕구나 용도 및 행동은 선택된 세분화 특성에 따라 차이가 있어야 한다.

동일한 시장이라도 세분화 기준(변수)에 따라 여러 가지의 다른 세분시장이 생기게 된다. 여러 가지의 세분화 방법이 있지만 흔히 사용되는 세분화 방법에는 인구통계학적 세분화, 지리적 세분화, 심리행태적 세분화, 여행목적별 세분화, 행위적 세분화, 편익적 세분화 등이 있다.

1 인구통계학적 변수

인구통계학적 세분화(demographic segmentation)란 연령, 성별, 직업, 소득, 교육, 사회계층, 종교, 가족 수, 가족 생활주기, 출생률, 사망률, 인종, 국적, 이주패턴 등의 인구통계학적 변수를 기준으로 전체 시장을 세분화하는 것을 의미한다.

마케터들이 흔히 인구통계학적 특성을 세분화 변수로 사용하는 이유는, 첫째, 이들 제변수가 고객의 상품욕구와 구매행동 등의 인구통계학적 변수들과 흔히 높은 연관성을 갖기 때문이며, 둘째, 인구통계학적 변수를 측정하기가 용이하기 때문이다.

기업의 자원과 능력은 이용되는 세분시장의 수와 범위에 영향을 준다. 또한 상품의 유형과 소비자 욕구의 이질성 정도는 특정 기업의 마케팅 접근을 위한 세분항목의 수와 규모의 지침을 제시해준다. 예를 들면, 인구통계학적 변수들의 관광·숙박산업에 대한 적절성은 다소 제약적일 수밖에 없다. 다만 연령, 가족 생활주기 단계 등 일부 변수들은 아직도 매우 유용한 것으로 지적된다.[14)]

2 지리적 변수

지리적 세분화(geographical segmentation)는 기후, 지역, 자연자원, 인구밀도, 도시규모, 하위문화적 가치관 등의 지리적 변수를 기준으로 하여 특정 상품의 시장을 세분화하는 것이다. 즉 각각의 지역·도시, 심지어는 인근지역에 이르기까지 각 지역의 측정욕구를 충족시킬 수 있도록 그들의 상품·광고·촉진, 기타 매출 노력을 세분화할 필요가 있다.

예를 들면, 서울소재 호텔들은 서울을 중심으로 한 지역의 고객을 유치하고 있다. 보통 도시의 규모와 인구밀집성, 지역 TV가 지배하는 영역 등을 중심으로 세분화하는 경우가 많다.

3 심리행태적 변수

심리행태적 세분화(psychological segmentation)는 사회계층(social class), 라이프스타일(lifestyle), 개성(personality) 등을 중심으로 전체 시장을 서로 다른 동질적인 집단으로 시장을 세분화하는 것을 말한다. 심리행태적 변수들은 그 자체로서 시장

---

14) R.C. Lewis and R.E. Chambers, *Marketing Leadership in Hospitality*, Van Nostrand Reinhold, 1989, p.213.

세분화 도구로 사용되거나 다른 세분화 변수 척도와 결합되어 사용될 수 있다.

이러한 세분화 변수로는 사회계급, 개성 및 생활스타일 등이 있으나 흔히 라이프스타일에 의한 세분화가 많이 이용된다. 라이프스타일에 의한 세분화는 심리적 만족을 그 기능으로 하고 있는 상품, 상품의 효과를 객관적으로 평가하기 곤란한 것, 소수의 부분시장을 위해 개발된 상품으로 비교적 고가이고 상징적 의미가 있는 상품의 경우에 적합한 세분화 전략이다.[15]

따라서 숙박서비스와 같이 무형속성과 고객이 추구하는 서비스 편익이 중요한 경우에 특히 효과적일 수 있다.

4 여행목적별 세분화

여행목적별 세분화(segmentation by purpose of trip)란 여행자를 업무·관광·휴양·신혼여행·회의참가 등과 같은 여행목적별로 전체 시장을 세분화하는 것을 의미한다. 여행목적에 따라 서비스 구매 형태가 다르기 때문에 목적별 세분화는 매우 중요한 변수이다.

5 행위적 변수

행위적 세분화(behavioral segmentation)는 소비자가 특정 상품이나 서비스에 대해 어떻게 행동하는가에 바탕을 두고 시장을 세분하는 것이다. 상품이나 서비스의 사용률이나 사용 여부, 상품의 사용 양상, 상품의 편익, 상품충성도, 상품이나 서비스에 대한 태도, 구매준비 상태 등의 변수를 사용한다.

행위적 변수들은 대개 상품 사용과 관련한 어떤 측면을 포괄한다. 그러므로 전체 시장은 사용자와 비사용자로 구분될 수 있으며, 사용자는 다시 중사용자·사용자로 구분된다.

---

15) R.W. Struse, "Life Style Research Inappropriate for Some Categories of Product", *Marketing News*, June, 1977, p.9.

또한 고객들이 상품이나 서비스를 어떻게 사용하는가에 따라 시장을 세분할 수도 있다. 상품이나 서비스를 구매하는 고객들을 만족시키기 위해서는 상품이 보다 사용하기 용이하고 안전하며, 편리한 어떤 특성을 갖도록 설계하고, 특별한 유통이나 촉진, 가격정책을 창안해야 할 것이다.

6 편익적 세분화

편익적 세분화(beneficial segmentation)란 고객이 상품으로부터 얻고자 하는 편익을 기준으로 시장을 세분하는 기법이다. 대부분의 세분화 변수들은 변수와 고객 욕구 간의 의도된 관계를 의미하지만 편익적 세분화는 고객들이 추구하는 편익이 바로 그들의 상품욕구라는 점에서 차이가 있다.

즉, 편익적 세분화의 효과는 숙박업의 경우 고객에게는 서비스 편익의 묶음을 구매한다는 점에서 편익적 세분화가 유용한 세분화 기준임에 틀림없다. 서비스의 경우 편익이 곧 구매를 유발시키므로 세분화 노력은 편익의 측면에서 시장이 분할되고 난 후에 실시해야 효과적이다.

또한 호텔은 고객이 희구하는 편익은 편리한 입지, 청결함 및 가격이 중요한 것으로 지적하고, 회합 모임의 기획자들은 음식의 질과 식음료 서비스가 중요한 편익이라고 말하고 있다.

편익적 세분화의 가장 큰 장점은 고객의 욕구를 직접적으로 파악할 수 있다는 것이다. 편익을 변수로 할 경우 특정 상품에 대한 고객의 구체적 욕구에 주목하게 되므로 추론의 필요성이 없어진다. 이 같은 편익을 기준으로 시장을 세분하고 각 세분시장에 속한 사람들의 다른 속성을 파악할 수가 있다.

〈표 4-1〉은 도심지 호텔에서 사용한 시장세분화의 한 예이다.

표 4-1 숙박기업의 세분화 전략(도심지호텔의 경우)[16)]

소비자 세분시장	전문가	1일 숙박자	회합참석자	여행객	현지인
주요한 추구 편익	서비스	활동	즐거움	가치	가격
인구통계학적 특성	30세 이상 고소득의 기업 종사자, 자주 여행하는 남자	20~40세 중·상의 소득, 자주 여행을 하는 자	집단에 따라 다름	20~50세 중소득 부부, 여성, 가끔 여행	20~40세 관료, 중견 관리자
지리적 특성	미국 전체	미국 전체	현지/미국 전체	현지/미국 전체	현지
행동 특성	성취에 바탕, 높은 자아몰입, 자주 이용자	기대에 바탕, 높은 자아몰입	비판적, 가끔 이용자	가끔 이용자, 비안정적	가끔, 중간 정도 이용자
라이프스타일	보수적	활동적	중간계층	사회적 상위계층자	가치지향적
식음료 중심	호텔식당 커피숍(조식)	룸서비스, 바, 라운지, 커피숍	연회, 바, 라운지	호텔식당, 커피숍(조식)	커피숍(중식), 호텔식당
추정시장 점유율	20%	25%	35%	10%	10%
호텔사업 전체에 대한 추정점유율	5%	40%	30%	5%	20%

16) James M. Degen, "Segmentation Strategies for the 80s", *Restaurant Business,* October, 1, 1980, p.250.

제 3 절 세분화의 최적 기준 선택

시장세분화를 하는 데 있어 유용하게 이용할 수 있는 기준 중에서 가장 적합한 하나 혹은 그 이상의 최적 세분화 기준을 선택하여야 한다. 최적 기준의 선택은 기업을 둘러싸고 있는 제요소에 대한 세밀한 연구와 검토를 통해 이루어져야 한다.

서비스 기업은 제상황에 대한 충분한 고려를 통해 하나의 기준만을 세분화 변수로 이용하거나 몇 개의 변수를 결합하여 세분화할 수도 있다.

단일 기준을 통한 세분화의 경우 그 절차는 간단하나 소비자 욕구를 충족하기에는 다소 부족할 수도 있다. 반면에 다수의 변수를 결합하여 시장을 세분화할 경우 각 세분시장에 대한 보다 많은 정보를 보다 정확히 충족시킬 수 있다.

예를 들면, 관광객을 특정 지역에 유치하고자 하는 지방자치제 관광담당자는 〈표 4-2〉와 같은 세분화 변수들을 결합하여 예상관광객을 규정할 수 있다.

표 4-2 관광지 시장세분화

매력요소	시장 · 방문지역	고객 특성	편익성
특산품(술 · 의상 등)	외국 관광지	나이	가격
시설 · 항구, 호텔	국내 관광지	수입	이용 편리성
테마공원	계절적 관광지	가족	질
이벤트 · 스포츠	연중 관광지	결혼 여부	식음료
문화 · 역사		직업	다양성
사냥 · 오락		생활양식	시설
자연자원		윤리 · 종교	
일광 · 스키			

〈표 4-3〉은 해외 배낭여행 시장을 세분화하기 위해서 여행사 이용객의 추구편익 속성과 인구통계학적 특성, 이용 특성 등을 기준으로 이용한 사례이다.

세분시장 1은 여행을 통해 가격 · 편리 추구, 탐험 추구, 자아탐색 추구, 사회적 교류 추구를 하려는 시장으로서 20세 이하의 젊은 층이 소속되어 있으며, 직업으로서는 회사원 · 공무원, 월평균 소득에 있어서는 200만 원 이하, 여행기간은 5~7

일, 연평균 여행횟수는 4회 이상의 여행 빈도가 많은 사람들로 구성되어 있다. 그리고 여행경비는 31~40만 원, 이용숙박 형태는 여관을 주로 이용하는 경우이다.

세분시장 2는 여행을 통해 탐험 추구, 자아탐색 추구, 휴양·휴식 추구를 하려는 시장으로써 연령에 있어서는 21~30세, 직업에 있어서는 자영업·전문직·평균 소득은 301만 원 이상, 여행기간은 8~10일, 연평균 여행횟수는 3회, 여행경비는 51~60만 원, 이용숙박 형태는 콘도와 여행사 지정숙소를 주로 이용하는 경우이다.

세분시장 3은 여행을 통해 레저·문화활동 추구, 위락 추구, 자연감상 추구를 하려는 시장으로서, 연령층은 31세 이상, 직업은 자영업, 월평균 소득은 201~300만 원, 여행기간은 11~13일, 연평균 여행횟수는 2회, 여행경비는 61만 원 이상, 이용숙박 형태는 민박인 경우이다.

표 4-3 해외 배낭여행 시장 시장세분화[17]

기 준	세분시장 1	세분시장 2	세분시장 3
추구편익 요인	가격·편리 추구 탐험 추구 자아탐색 추구 사회적 교류 추구	탐험 추구 자아탐색 추구 휴양·휴식 추구	레저·문화활동 추구 위락 추구 자연감상 추구
연령	20세 이하	21~30세	31세 이상
직업	회사원·공무원	자영업·전문직	자영업
월평균 소득	200만 원 이하	301만 원 이상	201~300만 원
여행기간	5~7일	8~10일 11~13일	11~13일
연평균 여행횟수	4회 이상	3회	2회
여행비용	31~41만 원 71만 원 이상	51~60만 원	30만 원 이하 61만 원 이상
이용숙박시설	여관	콘도, 여행사 지정 숙소	민박

17) 전기환·안대희, 「여행사이용객의 추구편익에 관한 연구」, 『김천대학논문집』, 제18집, 1997, pp.463~491.

시장세분화 전제조건

- 시장이 내부적으로 동질성을 갖고 외부적으로 이질성을 보여야 한다.
- 전체 시장 또는 세분된 시장의 규모가 별도의 마케팅 믹스를 제공받을 수 있는 정도로 커야 하는 경제성의 조건을 충족시켜야 한다.
- 세분화 변수를 이용하여 전체 시장을 세분하였을 때 각 세분시장의 규모나 구매력 등의 크기가 계량적으로 평가될 수 있어야 한다. 즉, 측정 가능성이 있어야 한다.
- 촉진이나 유통경로가 용이한 접근 가능성이 있어야 한다.
- 실행 가능성이 있어야 한다.

제 4 절 표적시장 규명 및 선정

이질적 시장을 세분화 기준을 통해 나누면 몇 개의 동질적인 시장으로 분해된다. 시장을 나눈 후에 서비스 기업이 착수해야 할 다음 단계는 바로 자신에게 가장 적합한 표적시장을 선택하는 것이다.

즉, 자사의 마케팅 노력을 투입할 시장의 범위를 결정해야 하는 것이다. 여기에서 표적시장이란 서비스 제공자가 자신의 마케팅 노력을 특별히 기울이는 고객집단으로 정의할 수 있다.

그러나 앞에서도 살펴본 바와 같이 시장세분화의 주된 목적은 세분시장별로 그에 적합한 마케팅 전략을 수립하여 이를 효과적으로 실행함으로써 서비스 기업이 마케팅 목표를 효율적으로 달성하는 데 있다.

1 세분시장 평가

시장의 효율적인 관리를 위해 전체 시장을 세분화한 다음 적절한 표적시장을 선정하는 것은 시장세분화 전략 형성에 매우 중요한 요소이다.

따라서 다음과 같은 요인을 분석하여 세분시장을 평가해야 한다.

(1) 세분시장 요인

세분시장의 평가요인으로서는 세분시장의 규모와 세분시장의 성장률, 그리고 상품의 수명주기로 구분할 수 있다.

1) 세분시장의 규모

세분시장을 평가하기 위해서는 시장의 규모가 매우 중요한 역할을 한다. 그러나 세분시장의 규모가 크다고 기업의 수익을 보장해주지는 않는다. 즉, 시장 규모가 작을지라도 이윤 폭이 클 수도 있다는 것이다.

2) 세분시장의 성장률

대개 기업들은 상품이나 서비스 판매를 통한 매출이나 이익률의 지속적인 성장을 기대하고 있기 때문에 세분시장의 높은 성장률은 바람직한 세분시장의 특성으로 받아들여지고 있다. 이러한 이유로 인하여 기업들 사이에 성장률은 치열한 경쟁을 유발시키기도 한다.

따라서 표적시장을 선정할 경우에는 세분시장의 성장률과 이에 따른 미래의 경쟁상황을 고려하여 결정해야 할 것이다.

3) 상품의 수명주기

시장의 점유율과 성장률을 분석할 경우에는 반드시 상품의 수명주기도 정확하게 파악해야 한다. 왜냐하면 세분시장의 상품 수명주기가 도입기나 성장기일 경우에는 작은 규모의 시장으로 성장률도 빠를 것이다. 반면 상품의 수명주기가 성숙기일 경우에는 시장의 규모가 크고 성장률이 빠르다.

(2) 경쟁요인

세분시장을 평가하기 위해서는 반드시 경쟁에 대한 요인을 고려해야 한다. 만약 경쟁을 고려하지 않고 세분시장을 평가하여 표적시장을 선정하였다면 표적시장 선정의 다음 단계인 포지셔닝 과정에서 경쟁상품과의 경쟁적 우위 획득이 곤란해질 수 있기 때문이다.

따라서 세분시장을 평가하는 과정에서는 자사 상품이나 서비스가 표적시장으로 선정했을 경우 경쟁적 우위를 점할 수 있는가를 우선적으로 확인해야 한다.

1) 현재 경쟁자

현재 각각의 세분시장 내에 참여하고 있는 경쟁자들을 철저히 분석하여 경쟁 정도를 파악해야 한다. 경쟁 강도가 크면 클수록 세분시장에 참여하고 있는 경쟁자들은 타 기업과의 경쟁에서 이기기 위해서 많은 마케팅 비용을 지불해야 하며, 경우에 따라서는 가격경쟁도 불사해야 한다.

또한 세분시장을 평가하기 위해서는 경쟁의 강도뿐만 아니라 경쟁우위의 확보 가능성 여부를 분석해야 한다. 그 이유는 세분시장 내에서 아무리 경쟁 강도가 크다 할지라도 경쟁적 우위를 확실하게 확보하고 있다면 결과적으로 시장의 경쟁에서 우위를 확보할 수 있기 때문이다.

2) 잠재적 경쟁자

잠재적 경쟁자들은 비록 현시점에서는 경쟁 강도에 영향을 미치지 않지만 기업의 수익률에는 간접적으로 영향을 미칠 수 있다. 즉, 세분시장의 참여자들이 높은 수익률을 획득하고 있다면 경쟁자들로 하여금 시장진입을 촉진시키는 원인이 되기 때문이다.

따라서 현재의 세분시장 내에는 참여하고 있지 않을지라도 앞으로 시장에 참여할 가능성이 있는 경쟁자들도 고려해야 한다.

(3) 자사와의 적합성

모든 기업은 경영의 사명이 명확하고 조직의 구성이 다르기 때문에 아무리 매력적인 세분시장일지라도 기업의 사명과 목표에 일치하지 않으면 기업은 그 세분시장을 선택할 수 없을 것이다. 또한, 자사의 자원이나 기존시장의 마케팅 믹스와 조화를 이루지 못할 경우에도 표적 세분시장으로서의 가치를 잃을 수 있기 때문에 세분시장 평가에 기존시장과의 조화 여부를 검토해야 한다.

2 표적시장 선정

마케팅 전략으로 마케팅 관리자는 세분시장을 다각도로 분석한 후 진입할 가치가 있는 시장 및 범위를 결정하고 선정한 표적시장에 대한 포지셔닝을 결정해야 한다.

즉, 마케팅 관리자는 세분시장의 매력도 평가를 통해 하나 이상의 표적 세분시장 진입을 결정하는데, 현재 시장상황을 신중히 고려하여 어느 세분시장에 진출할 것인가를 결정해야 한다.

표적시장의 선정에 관한 내용은 제5절에서 구체적으로 설명한다.

제 5 절 호텔시장 선정 유형

호텔서비스의 차별화를 고려해서 표적시장 선정으로 고려될 수 있는 유형은 [그림 4-1]과 같이 5가지 유형이 가능하다.

첫째, 호텔서비스와 시장 전문화 유형이다. 이것은 서비스와 시장에서 모두 전문화하는 것으로서 대체로 소규모의 마케팅 조직들에 의해 채택된다. 신혼여행 패키지 상품만을 마케팅하는 여행사는 전체 시장을 연령층으로 세분할 때 결혼 이전의 20~30대라는 특정한 세분시장만을 대상으로 하면서 패키지 상품 중에서도 신혼여행 패키지만을 제공함으로써 서비스와 시장 모두에서 전문화하고 있다.

둘째, 호텔서비스 전문화 유형이다. 이것은 전체 시장의 잠재고객들에 대하여 특정 상품을 전문화하여 마케팅하는 시장 포괄전략이다. 해외여행 패키지를 마케팅하는 전문 여행사는 성별·연령별 모든 세분시장을 대상으로 패키지 상품을 제공하기 때문에 서비스 측면에서 전문화한 것이다. 즉, 단일 호텔서비스를 개발하여 다양한 호텔시장에 접근하는 유형이다.

셋째, 호텔시장 전문화 유형이다. 이것은 특정한 세분시장만을 대상으로 하여 그들이 필요로 하는 거의 모든 상품을 제공하는 시장 포괄전략이다. '키세스여행사'는 대학생이라는 특정한 세분시장에 대하여 그들이 필요로 하는 광범위한 상품(배낭여행, 영어연수, DIY 상품 등)을 마케팅하고 있다.

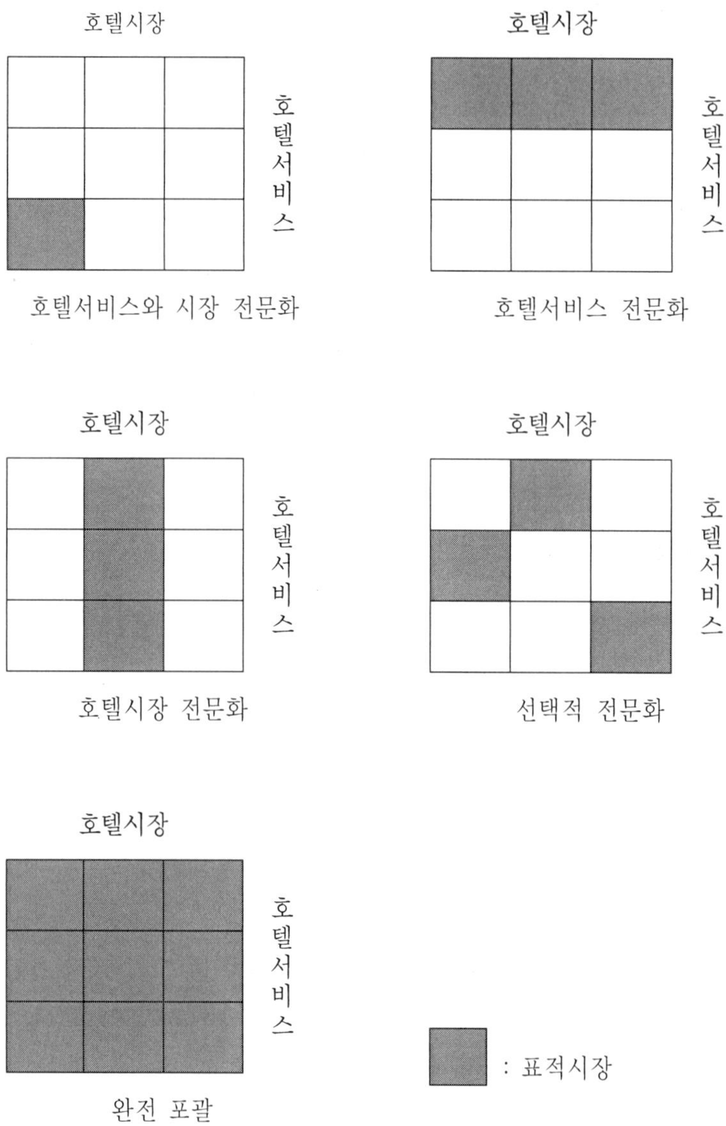

그림 4-1 세분시장의 표적화 선정 유형[18]

18) 김홍철, 『관광마케팅관리』, 두남출판사, 1997, p.80.

넷째, 선택적 전문화 유형이다. 이것은 다수의 세분시장이 유망하다고 판단될 경우에 다수의 서비스와 시장 전문화를 추구하는 것이다. 즉 호텔기업의 목표와 자원에 부합되는 몇 개의 관광세분 시장을 선택해서 표적시장으로 삼는 경우이다.

다섯째, 완전포괄 유형이다. 다양화를 추구하는 마케팅 조직에서 흔히 찾아볼 수 있는 시장 포괄전략인데, 전체 시장의 잠재고객들을 대상으로 하여 그들이 필요로 하는 광범위한 상품들을 마케팅하는 전략이다. 호텔기업의 자원이나 능력이 풍부할 때 가능한 유형이다.

제 5 장

호텔 포지셔닝

제1절 포지셔닝 개념
제2절 포지셔닝의 근거와 역할
제3절 포지셔닝의 전제조건
제4절 포지셔닝의 과정
제5절 상품의 포지셔닝 전략의 개발

제 1 절 포지셔닝 개념

운동경기에서 선수들은 각자 위치가 정해져 있고, 수행해야 할 임무가 부여되어 있다. 자기의 포지션(position)에 맞는 역할을 잘 수행했을 때 그 선수에 대한 평가가 관중들의 마음속에 자리 잡게 된다. 팬들의 마음속에 특정 인물이 수비선수와 공격선수로 인식되는 것처럼 서비스 기업들도 이와 같은 인식을 소비자로부터 받고 있는 것이다.

포지션은 특정 상품에 대해 소비자들이 갖는 인지로서, 그 상품과 연관된 인상・경험・정보 등을 통하여 소비자의 마음속에 형성된다. 따라서 각 기업체는 자사상품이 소비자들의 마음속에 바람직한 위치를 잡을 수 있도록 자사상품을 부각시키는 노력을 하게 되는데 이러한 노력을 포지셔닝(positioning)이라고 한다.[19)]

하나의 상품이나 서비스에 여러 종류의 상표가 존재할 때 소비자가 어떤 상품이나 서비스를 선호하여 선택할 것인가는 소비자들의 상표 이미지, 즉 포지션(position)에 의해 결정된다.

포지션이란 특정 기업이 생산・판매하는 상품에 대해 소비자가 느끼는 좋거나 나쁜 심상 내지 감정이다. 이러한 소비자들의 상품에 대한 포지션에 의하여 포지셔닝이 이루어지고, 이에 따라 기업의 성패가 결정된다.[20)]

한 상품의 포지션은 경쟁상품과 비교하여 그 상품에 대해 소비자가 갖고 있는 소비자 지식, 인상, 느낌 등이 혼합되어 형성된다. 포지셔닝은 이러한 포지션을 형성하는 과정으로 볼 수 있다.

하히트(Antti J. Haahit)에 의하면 포지셔닝이란 "상품의 이미지를 고양시키기 위한 광고전략"이라고 정의하기도 하고, '상품차별화의 기법'이라고 정의한다. 또한 포지셔닝을 "전략적으로 의사결정을 하기 위하여 시장을 세분하기 위한 하나의 접근방법" 또는 "마케팅 프로그램의 개발전략"으로 보고 있다.

---

19) 반병길, 『마케팅관리론』, 남영문화사, 1984, pp.210-212.

20) 임종원, 『현대마케팅관리론』, 무역경영사, 1987, pp.278-279.

헤스켓(J.L. Heskett)은 "가장 성공한 서비스 기업은 경쟁자와 관련하여 독특한 위치를 얻기 위해 그들로부터 자신을 분리해낼 수 있는 기업"이라 하였다.

이처럼 소비자가 우리의 서비스를 경쟁서비스와 비교해서 어떻게 인식하고 평가하고 있는지, 그 결과 소비자의 마음속에 우리 서비스가 어떻게 자리 잡고 있는지를 파악한다는 것은 효과적인 경쟁전략을 수립하는 데 있어 매우 유용한 정보가 된다.

포지션이란 일반적으로 상대적 위치, 상황 또는 지위라고 정의될 수 있다.

구매 목적물인 상품은 여러 가지의 객관적·주관적 속성으로 구성되어 있다. 호텔의 객관적 속성이라면 위치·상품구성·등급·시설·가격 등이라고 할 수 있으며, 주관적 속성은 보이지 않는 것으로 멋·사치성·이용으로 나타내는 위신 등이라 할 수 있을 것이다.

객관적 속성(상품)이든 주관적 속성(소비자의 인식)이든 모두 마케팅의 대상이 되고 있는데 무엇보다도 예상고객의 마음속에서 바람직한 포지션의 창조가 강조되고 있다. 고객이 인식하고 있는 상표 이미지는 상품 자체에서 찾을 수 있는 것보다는 소비자의 지적 인식의 소산이며, 상품의 진실한 물적 특성과 전혀 다르게 나타나는 경우도 있는 것이다.

트라우트(J. Trout)와 리스(A. Ries)는 상품의 객관적 특성에 관하여는 포지션이라는 용어를, 주관적 요소에는 포지셔닝을 사용하여 포지션과 포지셔닝을 구분하고 있다.

그러나 아벨(D.F. Abell)과 하몬드(J.S. Hammond)는 이를 구분하지 않을 뿐더러 분석의 대상을 상품에 한하지 않고 기업 전체, 사업부, 프로젝트, 상품라인, 상표 등 모든 단위(unit)를 포함하고 있다.

제 2 절 포지셔닝 근거와 역할

1 포지셔닝 근거

호텔기업의 성패를 좌우하는 가장 기본적인 요인은 호텔상품이나 서비스와 같은 제공물(offerings)의 경쟁적 좌표를 설정함으로써 차별화된 호텔상품이나 서비스를 제공하는 능력일 것이다. 따라서 관광시장에 진입하는 호텔기업의 경우 시장 내에서 가장 바람직하다고 판단되는 호텔의 이미지를 소비자에게 심어줄 필요가 있다.

호텔상품에 대해 구매고객이 갖는 이미지는 그 기업과 관련된 인상·경험·정보 등을 통하여 소비자들의 마음속에 형성되는 것으로 호텔기업은 그들의 상품이 고객들의 마음속에서 바람직한 위치를 차지할 수 있도록 이미지와 상품 및 서비스를 부각시킬 수 있어야 한다. 이러한 노력을 우리는 포지셔닝의 근거라 볼 수 있다.

즉, 포지셔닝의 근거는 호텔기업이 경쟁기업들과의 관계를 나타내기 위해서, 그리고 세분시장의 호텔상품이나 서비스의 구매자들을 이해하고 평가하기 위해 제공하는 서비스 및 기업의 이미지나 가치를 디자인하는 행동이라고 할 수 있다.

또한 포지셔닝 전략의 근거는 소비자의 마음속에 특별한 상품의 이미지를 형성하는 것이다. 이것은 모든 마케팅 믹스의 요소들에 포함될 수 있는 핵심적인 전략을 개발하는 것이다.

다시 말하면 특정 상품의 범주에 속하는 여러 개의 상표들 가운데 의사결정에 직면한 소비자들이 가지는 심리적 상태에 대한 차별화를 의미하는 것으로 볼 수 있다.[21]

21) T.E. Barry, *Marketing, An Integrated Approach*, Deyden, 1986, p.124.

2 포지셔닝 역할

호텔기업의 포지셔닝은 시장세분화와 표적시장 선정에서 얻은 정보를 기초로 하여 서비스 개념을 파악하고, 이를 세부적인 마케팅 믹스 전략으로 전환하는 데 중추적인 역할을 한다. 호텔기업이 시장에서 바람직한 포지션을 갖지 못하고 흔들릴 때 언제든지 경쟁기업으로부터 공격을 받을 수 있고, 소비자로부터 외면당하게 된다.

호텔기업 시장에서 확실한 포지셔닝 전략이 수립되어 있으면 경쟁기업의 모방과 진입으로부터 자신을 보호할 수 있고, 이미 확보한 서열과 위치를 유지하기 위해 혁신을 계속 추구하게 된다.

호텔기업이 포지셔닝을 하는 이유는 이를 통해 확인된 메시지를 전해야만 선택적 지각이라는 소비자 지각에 쉽게 부합될 수가 있고, 경쟁이 치열한 상황에서는 차별적 이미지를 구축해야 상표충성을 확보할 수 있으며, 광고홍수로 혼란을 느끼는 사람들에게 선택적 주의를 끌려면 효과적인 포지셔닝이 필요하다.

마케팅 관리에서 포지셔닝은 다음과 같은 역할을 한다.

(1) 진단도구 제공

포지셔닝은 상품과 시장 간의 관계를 정의하고 이해하는 데 필요한 진단적 도구를 제공한다.

특정한 속성에 대해 소비자는 경쟁서비스와 어떻게 비교하는가? 우리가 수행하고 있는 서비스가 소비자의 욕구를 충족시키고 있는가? 그 가격에서 서비스에 대한 예상 소비수준은 어떠한가?

(2) 시장기회 확인

포지셔닝은 호텔상품의 판매자나 서비스 제공자에게 시장기회를 확인해준다. 우선 신서비스 도입을 위해서 어느 세분시장을 목표로 제공해야 할지 그 속성을 파악할 수 있다.

기존 서비스의 재설계를 위해서는 같은 시장을 혹은 새로운 시상을 내상으로 할 것인가? 어떤 속성을 추가하고 탈락시키고 변경할 것인가?

어느 속성을 광고에서 강조할 것인가를 알게 된다. 어떤 서비스가 고객의 욕구를 충족시키지 못하는지, 또 과잉경쟁에 직면하고 있는지를 파악하게 해준다.

(3) 마케팅 믹스 결정

포지셔닝을 통해 가격수준, 지불절차, 서비스 제공 장소의 위치, 유형, 서비스 가용 시기, 목표시장의 특성, 강조해야 할 메시지, 이용할 커뮤니케이션 채널 등에 대한 결정을 보다 쉽게 내릴 수 있다.

따라서 포지셔닝은 경쟁자에 대응할 수 있는 다른 마케팅 믹스를 결정하게 한다.

제 3 절 포지셔닝 전제조건

정확한 포지셔닝을 결정하기 위해서는 정확한 시장조사가 먼저 이루어져야 한다. 이 조사의 기본적인 대상영역은 최소한 다섯 가지, 즉 시장, 경쟁, 고객, 자사의 강·약점, 고객의 지각에 대한 조사이다.

가장 중요한 점은 정확하고 바람직한 조사에 의해서 자사의 포지셔닝을 어떻게 결정하느냐이다. 조사는 전략상의 잘못으로 자사 브랜드를 시장공간의 잘못된 부분에 포지셔닝한 것을 규명할 수도 있다. 자사 브랜드가 현 시장에서 불리한 위치를 차지하고 있을 때 상품의 재배치를 통해서 재포지셔닝(repositioning) 전략을 수립할 수도 있다.

모든 전략은 어떤 위험을 안고 있다. 이 위험의 현실적 판단은 철저한 자기 분석이 선행조건이 된다. 성공적인 포지셔닝 전략을 적용하는 것도 효율적 이윤창출 가능성(synergy potential)을 지각, 자신의 강·약점을 알기 위한 목적으로 자사 또는 조직에 관해 엄밀한 자체 분석이 행해진 후 환경을 연구하는 것이다.

전략 성공의 열쇠는 시너지(synergy) 잠재력의 활용이다. 시장은 동적이고, 소비자의 상품에 관한 이상적 관점은 변화하고 있다. 목표가 달라지면 상품이 달라지고, 포지셔닝 또는 경쟁상대가 달라지면 상품도 달라져야 한다.

이와 같이 소비자의 요구(needs)를 속성으로 묘사한 소비자 상품의 이상적 관점이 브랜드(brand)의 특성에 가까워야 구매확률이 높아질 것이고, 시장공간에서 우위를 차지할 것이다.

제 4 절 포지셔닝 과정

1 포지셔닝 수준 결정

포지셔닝 전략의 첫 번째 단계는, 어떤 수준에서 이것을 실행할 것인지를 결정하는 것이다. 어떤 서비스의 경우 특정 조직체 자신의 포지셔닝뿐만 아니라 그 조직체가 소속되어 있는 산업 전체 차원의 포지셔닝도 중요하다 할 수 있다.

따라서 자사가 처해 있는 현재의 수준과 잠재적 능력을 고려하여 시장에서 추구하고자 하는 목표에 대한 수준과 동일산업의 현재위치를 정확하게 파악한 후에 포지셔닝에 대한 수준을 결정해야 한다.

2 중요 속성 규명

일단 포지셔닝을 실행할 수준을 결정하고 난 후에 다음으로 수행해야 할 단계는 중요 속성의 규명이다. 여기서 중요 속성이란 여러 속성 중 특정 세분시장 구성원들이 특히 중요시하는 속성을 말한다. 〈표 5-1〉은 관광지의 중요 속성들을 나타낸 것이다.

그런데 이러한 중요 속성들은 여러 상황적 요소에 의해 영향을 받는다. 즉, 각

각의 소비자들은 서비스 구매를 위한 의사결정 시 자기 나름의 기준을 사용하며, 동시에 서비스 사용목적에 따라서 기준을 달리한다. 또한 서비스 사용의 시기와 서비스 구매의사 결정 단위도 이러한 의사결정에 영향을 미친다.

결국 소비자는 서비스를 구매할 경우 이러한 상황적 요인에 기인한 속성들의 차별적 인식을 기초로 각 선택대안들을 평가하고, 선택하게 된다. 그런데 소비자들이 일반적으로 가장 중요하게 여기는 속성들이 서비스 선택할 때에 가장 중요한 요소로서의 기능을 수행하지 않는 경우도 있다는 것이다.

예를 들어, 대다수 비행기 이용자들은 항공사 선택에 있어 비행기의 안전을 가장 중요한 속성으로 꼽는다. 그러나 항공사들은 안전성에 있어 대부분 비슷한 수준의 기준을 세워두고 있기 때문에 사실상 안전이라는 속성으로 항공사를 평가하기는 곤란할 것이다.

따라서 고객들은 좌석의 안락함, 이용시간의 편리성, 기내식의 질과 같은 하위순서의 속성을 기준으로 항공사를 선택하게 된다.

그러므로 서비스 선택 시 실제적으로 가장 결정적인 요소로 작용하는 속성을 규명해내는 연구가 필요하며, 이러한 연구결과는 서비스 포지셔닝의 기초를 형성하게 된다.

중요 속성 혹은 결정 속성을 찾아내는 가장 간단한 방법은 특정 서비스를 이용하는 고객을 직접 만나서 어떤 요소가 중요한지를 물어보는 것이다. 예를 들어 신혼여행 패키지 상품을 개발하고자 할 때 신혼여행 대상자인 미혼남녀들을 직접 만나 신혼여행 선택 시 가장 중요한 요소들은 무엇이며, 그것은 어떤 이유인가를 구체적으로 알아보는 것이다.

표 5-1 관광지의 중요 속성[22)]

연구자	관광지 속성
J.N. Goodrich (1977)	경치, 지역주민의 태도, 적절한 숙박시설, 휴식 및 긴장해소, 문화에 대한 흥미, 음식, 수상스포츠, 쇼핑시설, 유흥, 골프 및 테니스 등
Var, Beck & Loftus(1977)	자연적 요소, 사회적 요소, 역사적 요소, 오락 및 쇼핑시설, 부대시설 및 숙박시설과 휴식
Riche & Zine (1978)	8개의 일반속성(자연경관, 문화·사회적 성격, 관광지의 접근 가능성, 관광객을 맞는 태도, 부대시설, 물가수준, 스포츠, 오락시설, 쇼핑 및 상업시설), 12개의 사회·문화적 요소(전통, 음식, 역사, 건축양식, 공예품, 오락활동, 예술 및 음악, 언어, 일에 대한 태도, 복장, 교육, 종교)
Antti J. Haahti (1986)	화폐가치, 접근성, 스포츠시설, 심야유흥 및 위락시설, 평화롭고 조용한 휴가, 친근하고 친절한 사람들, 자연공원 및 캠핑, 문화적 경험, 아름다운 풍경, 새로운 목적지
이애주(1988)	수상스포츠 시설, 골프·테니스를 즐길 수 있는 시설, 역사적·문화적 흥미거리, 경치, 주민의 친절성, 휴식과 휴양시설, 쇼핑시설, 음식, 오락시설, 숙박시설
서태양(1991)	정신건강성, 향토성, 문화성, 자연환경성 요인 등 26개 속성
김원인(1994)	비일상적 경험을 통한 기분전환·긴장해소, 체험을 통한 산교육의 효과, 목적지까지의 용이한 도달, 새롭고 아름다운 경관 감상, 다양하고 볼만한 동식물, 지난날의 추억·향수, 비일상적이고 재미있는 특별활동·이벤트, 친구·친지·가족과의 우위와 사랑 증진, 특별하고 좋은 음식, 즐겁고 다양한 쇼핑 기회, 경제적 여가활동 공간, 안전하고 쾌적한 매력적인 장소
이광원(1994)	아름다운 자연, 휴양과 휴식, 주민의 친절함, 역사적·문화적 휴식지 등 12개 속성
김성혁·안대희 (1997)	여행목적지의 명성, 접근성, 기후, 여행목적지의 물리적 속성, 경관, 주민의 친절성

22) 박진영·김영규·권정택, 「관광지 속성을 이용한 사찰관광지의 포지셔닝에 관한 연구」, 『구미1대 논문집』, 2001. 재인용.

3 포지셔닝 맵 작성

중요 속성을 규명하고 난 후에는 포지셔닝 맵(positioning map) 위에 서비스 제공기업 각각의 위치를 잡아야 한다.

상품이나 서비스는 [그림 5-1]과 같이 일반적으로 고객에게 가장 중요하다고 생각되는 두 가지 속성을 이용한 2차원 포지셔닝 맵이 주로 이용된다. 그리고 이때 이용되는 주요 속성은 주차공간이나 가격과 같은 객관적인 속성일 수도 있고, 친절함이나 친숙성과 같은 주관적인 속성을 사용할 수도 있다.

[그림 5-1]의 4대 항공사에 대한 2차원 포지셔닝 맵의 예이다. X축은 비행기의 보유대수, 즉 규모이고, Y축은 항공사의 측정된 서비스를 설명하고 있다. 서비스 측면에서 '컨티넨탈 항공사'가 최고의 질적 서비스를 제공하고 있는 것으로 지각되었다. 인적 서비스의 질적 측면에서 '컨티넨탈 항공사'의 '아메리칸 항공사'와 'TWA사'는 보통 수준인 것으로 나타내었다. 그리고 '유나이티드 항공사'는 나머지 세 항공사보다 뒤떨어지는 것으로 지각되었다.

X축인 규모면에서 'TWA 항공사'와 '유나이티드 항공사'는 비행기 보유대수가 많은 대형항공사로 지각되었고, '아메리칸 항공사'는 보통 수준, '컨티넨탈 항공사'는 승객들이 대형항공사가 아닌 것으로 지각하고 있었다.

이러한 포지셔닝 맵을 통해 우리는 자사 서비스의 위치뿐만 아니라 경쟁기업의 서비스 위치까지 파악할 수 있다. 또한 전체 시장뿐만 아니라 각 하위 세분시장별로 좀 더 상세한 포지셔닝 맵을 작성함으로써 자사 서비스의 세분시장 위치까지도 명확하게 규명할 수 있다.

4 포지셔닝 대안의 선택과 실행

일단 한 기업이 자신의 위치를 파악하였다면 다음으로 취해야 할 행동은 자신의 현 위치를 유지·강화할 것인가, 아니면 이동시킬 것인가를 결정하는 것인데, 다음과 같은 3가지 포지셔닝 대안이 실행 가능하다.

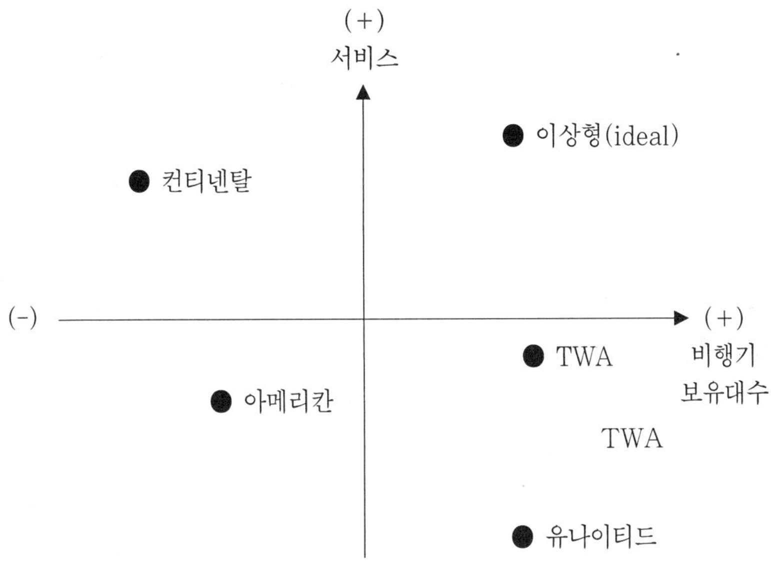

그림 5-1 2차원을 이용한 포지셔닝 맵23)

(1) 현 위치 강화

이는 현재 위치를 고수하는 포지셔닝 전략대안이다. 이러한 현 위치 강화의 대표적 사례가 롯데제과의 롯데껌 광고전략이다. 광고에서 "껌이라면 역시 롯데껌"이라는 CM송을 유행시켜 시장 1위의 선두를 지키는 포지셔닝에 성공하였다.

(2) 미충족 시장 위치 선점

이 전략은 어떤 경쟁자에 의해서도 선점되지 않은 시장의 틈새를 찾아내어 이 부분을 점유하는 것이다.

(3) 재포지셔닝

재포지셔닝(repositioning)은 현재의 위치를 버리고 새로운 포지션을 찾아가

23) 한경수, 『관광객행동론』, 형설출판사, 1997.

는 것을 의미한다. 말보로 담배의 경우 애초에는 여성용 담배로 포지셔닝되었다가 나중에 터프한 남성용 담배로 재포지셔닝함으로써 오늘날 세계 최고의 담배 브랜드로 성장하였다.

제 5 절 상품의 포지셔닝 전략

1 포지셔닝 전략 개발

포지셔닝 전략(positioning strategy)은 소비자의 지각에 확실한 위치를 잡기 위한 기본적인 의사결정으로 이런 전략을 개발하기 위해서는 다음과 같은 네 가지 분석이 필요하다.

① 시장 분석

먼저 시장 분석을 통해서 수요의 전체 수준과 추세, 수요의 지역적 위치 등과 같은 요인을 결정한다.

② 시장세분화

그 다음 시장세분화의 대체적 방법을 고려해서 세분시장의 규모와 잠재력을 평가하고, 각 세분시장 내의 고객욕구와 선호도, 그리고 경쟁자에 대한 인식을 조사한다.

③ 기업내부 분석

기업내부 분석으로서 기업내부 분석은 자원(재정, 인력, 노하우, 물적 자산 등), 제약과 한계, 경영자의 가치와 목표(수익성, 성장성, 전문적 선호 등) 등과 같은 것을 분석한 후 표적시장을 선택한다. 또한 표적시장을 기존서비스로 충족할 것인지, 아니면 신서비스로 충족시킬 것인지도 결정한다.

④ 경쟁 분석

경쟁 분석은 직·간접의 경쟁자를 확인하고, 그들의 강·약점을 파악한다. 이를 기업내부 분석 결과와 연결하면 어떤 표적시장에다 어떤 편익을 제공할지가 분명해진다.

이와 같은 네 가지 분석결과를 통합하게 되면 자연히 시장에서 바람직한 위치의 포지셔닝이 이루어지고, 구체적인 행동 계획인 마케팅 믹스가 결정될 수가 있을 것이다.

여기서 주의해야 할 점은 특정 표적시장을 다른 경쟁기업이 공략할 수도 있다는 점이다. 만일 같은 시장 포지션을 여러 기업이 동시에 추구하고 있다면 어떻게 할 것인가에 대한 철저한 분석이 있어야 한다. 가능한 모든 경쟁자의 반응을 예상해보려면 현재 및 잠재경쟁자를 파악하여 그들의 입장에서 내부기업 분석을 해보아야 한다.

기존시장과 경쟁자 분석을 통해 앞으로 경쟁자가 어떤 행동을 취할지를 예상해서 만일 경쟁자가 보다 나은 서비스 개념으로 같은 표적시장을 노린다면 행동계획을 재고하는 것이 현명하다.

특히, 포지셔닝 전략 개발에서 중요한 것은 소비자 선택을 정확히 이해하는 일이다. 표적시장에서 올바른 서비스 개념을 개발하려면 어떤 속성이 그 표적시장에서 중시되고, 경쟁자보다 그런 속성을 잘 제공할 수 있는지를 알아야 하며, 서비스를 이용하는 목적이 무엇인지, 누가 서비스 구매를 결정하는지, 서비스를 이용하는 시기는 언제인지, 서비스를 혼자 이용하는지, 집단으로 이용하는지를 파악해야 한다.

여기서 유념해야 할 점은 경쟁서비스와 차별화하는 서비스 속성이 항상 가장 중요한 것은 아니라는 점이다. 예를 들어 항공여행에서 고객들이 안전성을 중요하게 고려하지만 대부분의 항공사가 다 안전하다고 인식되면 안전성은 소비자 선택에 영향을 미치는 중요한 속성은 아니다. 오히려 기내의 서비스나 친절성 같은 것이 차별적 특성이 된다.

따라서 소비자 선택에서 어떤 요인들이 차별화가 가능한 결정요인인지를 파악하는 것이 포지셔닝 전략 개발에서 중요한 전제가 된다.

2 마케팅 전략상의 기초

호텔기업은 고객을 대상으로 유형이나 무형의 상품을 가지고 재화를 만들어내는 수단인 동시에 서비스를 동반한 업무를 통하여 잠재고객과 장·단기 투숙객을 위한 마케팅 전략이라 할 수 있다.

호텔서비스의 각 부서들은 호텔마케팅의 자연발생적 변화와 적응성에 주의를 집중시켜야 한다. 호텔기업의 각 영업장은 새롭게 변화하는 고객의 욕구를 충족시키는 것은 물론이고 고객에게 기대 이상으로 서비스를 다양화하여 제공하도록 노력해야 한다.

호텔기업의 상품 구매자나 서비스 이용자들이 요구하는 변화는 호텔마케팅의 우위성을 지키기 위하여 전략적 측면에 의존하고 있는 것이고, 전략적 계획의 수립은 [그림 5-2]와 같은 과정으로 이루어진다.

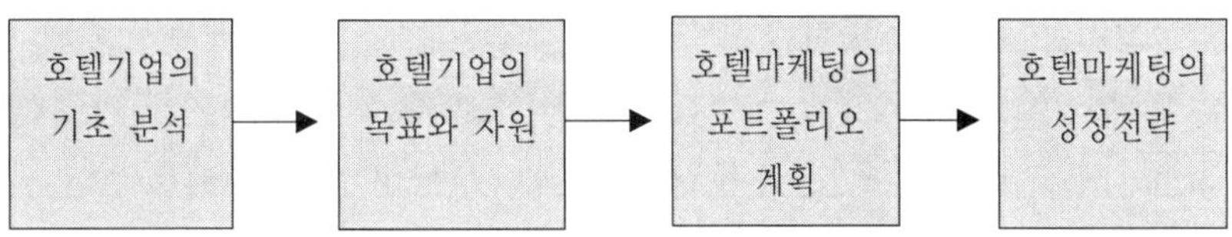

그림 5-2 전략계획 수립과정[24]

3 마케팅 포지셔닝 전략방향 설정

마케팅이란 인간의 욕구와 필요를 충족시키기 위하여 원하는 것을 서로 교환하는 과정이다.[25]

이러한 교환과정은 전반적인 설계를 필요로 하는데 그것은 명확히 규명하기는 힘들지만 일단 욕구단계와 필요성을 인식하고 상대방에게 잘 전달하여 결과를 얻을 때 최고치를 달성시키기 위한 것이 바로 포지셔닝의 개선이라 하겠다.

---

24) Philips Kotler, *Marketing Essentials*, Prentice-Hall, 1984. p.401.

25) P. Kotler, *Ibid*, p.4.

호텔마케팅에서 포지셔닝의 개선은 바로 서비스가 주종을 이룬다고 볼 수 있으나 일단 목표를 추구하기 위해서는 전반적인 업무에 모두 균일한 대안을 설정하는 것이 중요하다.

우선 전략의 주요 방향 선택은 호텔 자원의 분할을 기점으로 하여 호텔기업의 전략적인 경로를 설계하는 것이다.

호텔마케팅 전략은 호텔마케팅 목표를 보조할 수 있도록 개발해야 하며, 호텔기업 영업의 국내·외 시장점유율을 증가시키기 위해서 유형 또는 무형의 상품, 즉 각종 호텔시설이나 서비스 등을 다각화하여 점유율을 증가시켜야 할 것이다.

새로운 외국인 유치와 미개척 외국인을 투숙객으로 하기 위해서는 호텔기업 자체 내에서 미개척국의 언어 연구와 민간 차원의 공적인 사회활동 등을 통하여 상품의 개발과 민간 차원하에서 외교적인 측면을 공략해야 하고, 가격할인과 단체관광객을 유치함으로써 광의의 호텔마케팅 전략이 이룩될 것이다.

호텔마케팅 전략들은 보다 자세하게 표현되어야 하며 호텔기업에 대한 판촉의 강화는 더 많은 광고와 서비스 종업원을 필요로 한다는 것을 중시해야 한다. 이렇게 구체적인 방향으로 목표를 전환하고 목표를 설정하면 계획과 통제를 보다 용이하게 해줄 것이다.

포지셔닝 절차

- 소비자들에게 새로운 상품이 개념을 묘사해준 후 기존상품 상표들과 신상품 개념은 둘씩 짝지어 유사성 정도를 평가한다.
- 소비자들에게 상품속성에 따라 각 상표를 평가하게 한 후 속성과 상표들 사이에 최적의 적합을 결정함으로써 각 속성의 방향을 밝혀준다.
- 소비자들에게 각 상표와 신상품 개념에 대한 그들의 선호순위를 결정하도록 요구한 후 각 소비자를 그가 가장 선호하는 상표에 가장 가깝고, 가장 덜 선호하는 상표에 가장 멀도록 지각지도상에 표시하는 것이다.
- 상품속성들의 선호자료를 이용하여 속성과 상품 간의 이상점을 파악할 수 있도록 한다.

제 6 장

호텔마케팅 믹스

제 1 절 호텔마케팅 믹스 개념

마케팅 믹스(marketing mix)는 1964년 보덴(N.H. Borden) 교수에 의해서 명명되었으며, 맥카시(E. McCarthy)에 의해서 정립된 개념이다. 즉, 마케팅 믹스는 제환경의 변화 가운데 기업이 통제 가능한 전략적 요소들을 최적으로 조합하여 기업의 목표 달성이 가능하도록 마케팅 활동을 실제로 조정하는 수단이다.

따라서 이러한 마케팅 믹스는 유형적인 상품을 생산하고 공급하는 기업뿐만 아니라 무형의 서비스 상품을 제공하는 기업에서도 동일한 의미를 갖고 있다.

호텔기업에서의 마케팅 믹스는 호텔 표적시장에 대한 모든 통제 가능한 마케팅 수단의 결합으로 여행자의 욕구충족을 통한 기업 이윤을 창출하는 마케팅 활동이다.

마케팅 믹스의 개념을 정립시킨 맥카시는 "마케팅의 업무를 상품 또는 서비스 판매를 통하여 특정 소비자 집단의 욕망을 충족시켜주는 것"으로 파악하고, 그 요소로는 4P 요소인 상품(Products), 유통(Place), 가격(Price) 그리고 촉진(Promotion)의 분석 및 믹스를 제시하였다.

이에 대해 붐스(B.H. Booms)와 비트너(M.J. Bitner) 같은 학자는 "서비스가 생산과 소비가 동시에 이루어지고, 그 과정에 소비자가 참여해야 하는 특성을 고려하여 서비스 마케팅 믹스에 기존의 4P's에 참여자(Participants), 물리적 증거(Physical evidence), 서비스 조립 과정(Process of service assembly) 등과 같은 세 가지 믹스 요소를 추가하여 7P's를 제시"하고 있다.

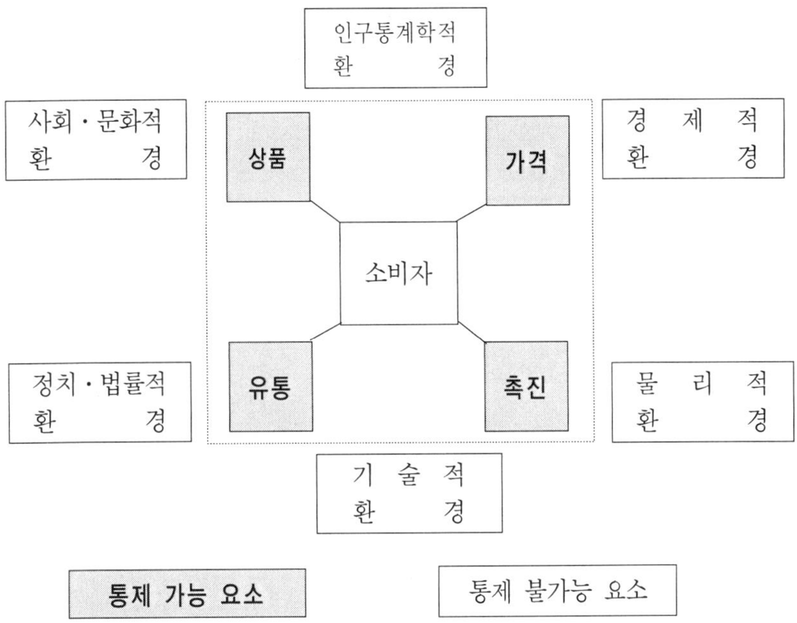

그림 6-1 마케팅 믹스와 마케팅 환경요소

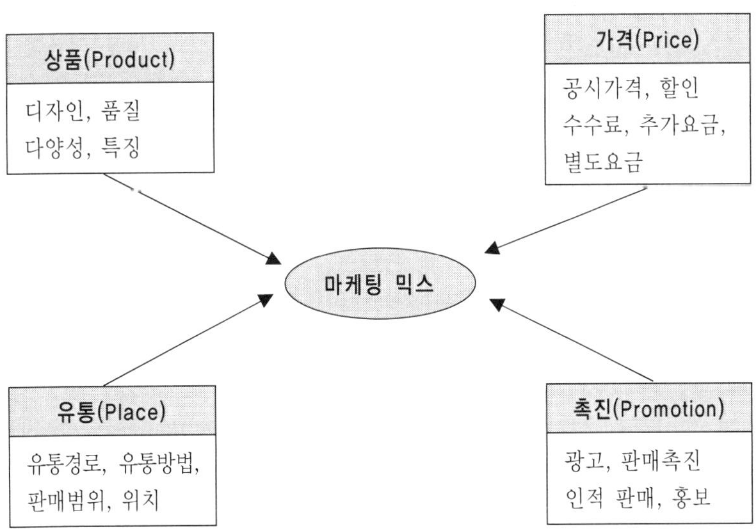

그림 6-2 마케팅 믹스 요소

호텔기업 또는 비영리 조직체가 현재 및 잠재고객에게 제시하게 되는 제공물로서 유형의 상품은 물론 부가되는 서비스·아이디어 및 그들의 조합을 포함한다. 소비자는 상품 자체를 구입하는 것이 아니라 편익 혹은 혜택(benefits)으로 전환된 서비스 속성을 구입하는 것이기 때문에 서비스는 무형적이기는 하지만 그것이 판매대상이 된다는 점에서 상품범주에 포함된다.

고객들은 흔히 조직으로부터 단순히 유형적인 상품 이상의 것을 기대하는 경우가 많다. 따라서 마케팅 관리자는 기본적인 서비스, 또는 상품뿐만이 아니라 그것에 부가될 수 있는 모든 여분의 것을 포함하는 총상품(total products)을 제공해야 한다.

제 2 절 호텔 상품전략

1 호텔상품 정의

일반적으로 상품이란 상거래, 즉 교환의 대상이 되는 재화(goods)인데 이는 인간의 기본적 욕구 또는 욕망을 충족해줄 수 있는 경제가치를 가진 모든 것을 의미한다.

고객은 이를 구매·사용·소비함으로써 그들의 생활을 유지·향상시키므로 상품은 단순한 교환의 대상으로 그치는 것이 아니라 영업장의 목표고객인 소비자의 입장에서는 바로 그들의 삶을 이어가기 위해 필요한 생활자원인 것이다. 그러므로 상품에는 물리적 대상물, 사람, 장소, 서비스, 조직, 아이디어 등이 포함된다.

호텔상품은 고객의 욕구를 충족시키면서 호텔에 관련된 상품과 서비스가 조합된 상품을 의미하는 것으로 호텔상품을 구매하는 경우에는 많은 부분의 서비스를 구매하는 것이다.

일반 유형상품의 경우 상품력은 그 호텔상품이 가지는 고객의 욕구충족력(가치·효용)과 이를 얻기 위해 고객이 지출해야 하는 가격에 따라 달라진다. 고객의 욕구충족력인 효용이나 가치는 품질 이외에도 호텔의 지명도, 영업장에 대한 이미지나 충성도, 호텔에서 제공하는 애프터서비스나 품질보증과 영업장이 제공하는 서비스 등에 따라서도 달라지는 것이다.

총상품(total products) 개념에서 핵심상품은 상품이 가지는 기능적인 면과 미적 측면을 포함한 개념이다. 눈에 보이는 크기·형태·무게와 화학적·생물학적 구조 등의 기능적인 면은 실제 그 상품이 그렇게 기능하도록 만들어졌기 때문에 가장 중요한 측면이다. 이 기본적인 기능이 잘못되면 상품의 다른 측면은 아무런 의미가 없게 된다.

유형적 상품은 이러한 핵심상품 개념 외에 판매상황에서 제공되는 모든 서비스를 포함한 것이다. 고객은 상품을 구입할 때 이러한 물리적이고, 확장된 개념의 상품 이외의 무엇인가를 찾는다. 그들은 상품을 구매할 때 그 상품으로부터 다른 방식의 혜택을 기대한다.

확장상품이란 기존의 이러한 측면 외에 고객이 상품을 구매하고, 사용하고, 소유함으로써 파생되는 심리적 혜택을 포함하는 것이다. 고객은 지명도·안전·독립·사랑 등을 얻기 위하여 상품을 구매한다.

이러한 세 가지 수준의 상품개념은 [그림 6-3]과 같이 핵심상품(core product), 유형상품(tangible product), 확장상품(augmented product)으로 분류되기도 한다.

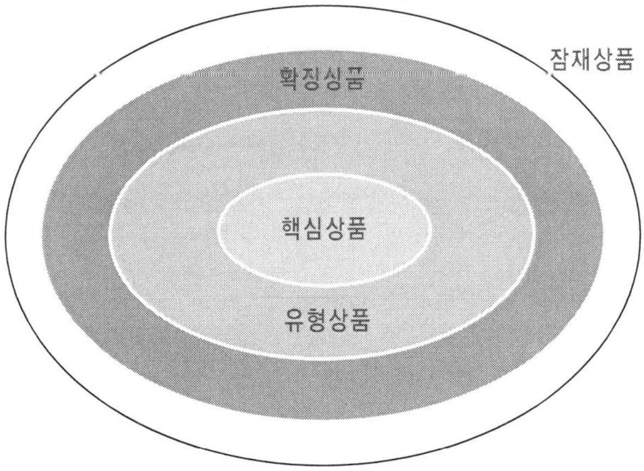

그림 6-3 유형상품의 세 가지 수준

그러나 호텔상품은 순수한 유형상품과는 달리 고객의 욕구를 충족시킬 수 있는 포괄적인 상품의 개념이라 할 수 있기 때문에, 특히 호텔상품은 제공하는 종업원의 서비스가 매우 중요하기 때문에 종업원에 대한 서비스 교육이 철저히 이루어져야 한다.

(1) 핵심상품(본원상품)

상품에 있어서 가장 근원이 되는 것으로 이는 구매고객이 실제로 구입하는 무엇인가에 관한 차원인 것이다. 본원상품으로 불리기도 하는데 기본이 되고 본질이 되는 상품으로 이것 없이는 시장에 참여할 기회조차 갖지 못한다. 따라서 핵심상품은 상품 자체의 특성이 아니라 고객이 상품을 구매할 때 그들이 획득하고자 하는 핵심적인 편익(benefit)을 판매하는 것에 유의해야 한다.

예를 들어 고객이 항공기를 이용하여 유럽여행을 할 경우 고객은 항공기의 정시 출발과 정시 도착 및 안전한 기내서비스(in-flight service)를 구매하는 것이 핵심편익인 것이다. 또한 호텔에서 숙박을 하는 고객은 안전한 객실에서 편안하게 숙박할 수 있는 호텔의 객실을 구매하는 것이다.

(2) 유형상품(기대상품)

유형상품은 핵심상품을 유형상품으로 형상화시켜 가치를 부여할 수 있다. 상품의 구매로부터 고객이 얻고자 기대하는 편익이나 가치를 포함한 상품이다.

유형상품은 보편적으로 품질의 수준·특성·상품명·스타일 및 포장 등의 속성을 포함하고 있으면서 핵심적인 이점을 고객에게 전달할 수 있도록 결합되어야 한다.

(3) 확장상품

상품으로서의 가치를 인정받기 위해서는 고객이 상품구매 시 기대하는 편익이나 가치 이상의 것을 포함한 상품으로 핵심상품과 유형상품을 추가적으로 서비스와 이점으로 결합한 확장상품이 되어야 한다.

특히, 유형적 특성이 거의 없는 호텔상품은 가능하면 상품이 주는 이점, 혜택 및 가치를 가시화하기 위해 노력해야 할 것이다. 예를 들어 호텔을 떠난 후의 애프터서비스 등이 포함되므로 잠재고객들에게 부가적인 서비스를 제공하는 것이다. 이는 향후에 고객으로부터 잠재상품으로 만들어지면서 새로운 신상품을 만들어지는 계기가 된다. 이는 우호적인 호텔 이미지, 안정성 및 신뢰감으로 구성된다.

2 호텔상품 구성요소

호텔기업이 판매하는 상품 및 서비스는 그 종류가 다양하고, 특정한 고객층을 겨냥하기 위한 독특한 상품 믹스를 가지고 있다. 이러한 상품 믹스는 호텔기업 조직체 내에서 실행 가능한 요소로 구성되어 있으며, 고객의 욕구를 충족시키는 데 필요한 각종 서비스 · 프로그램 · 편의시설 등을 포함하고 있다.

또한 호텔상품은 종업원, 건물 외관, 편의시설, 기업의 이미지 등이 적절하게 결합되어 제공되기 때문에 모든 것이 호텔상품이라 할 수 있다.

(1) 종업원 서비스

종업원의 서비스는 호텔상품 믹스 중에서 가장 중요한 요소로서 종업원의 행위 · 외모 · 복상 등을 의미하며, 상품의 가치평가와 호텔기입의 이미지를 개선시키는 데 커다란 역할을 한다.

1) 외 모

호텔기업의 종업원이 고객에게 서비스를 제공하기 위해서는 외모가 깔끔하면서 세련된 모습으로 영업장에서 근무를 하면 우선 가시적으로 고객에게 호감을 줄 수 있을 것이다.

따라서 호텔기업에서는 종업원의 개인위생을 철저히 관리하여 고객에게 신선감을 줄 수 있도록 해야 한다.

2) 친 절

최근의 호텔기업 마케팅 목표는 상품이나 서비스의 판매량에 초점을 두는 것이 아니라 고객만족에 초점을 맞추고 있다.

따라서 고객에게 부가적인 서비스로서 친절의 중요성이 대두되고 있다. 환언하면, 종업원의 친절도는 호텔서비스 상품의 부가가치를 높여 고객을 만족시킬 수 있다는 원리이다.

3) 복 장

호텔기업은 종업원들의 유니폼 착용을 통해 종사원 개개인의 다른 생각이나 개성을 효율적으로 억제하는 동시에 그들 기업의 이름으로 결속하여 소속감을 가지게 하는 효과를 얻을 수 있다.

따라서 호텔기업에서는 종업원들의 유니폼을 통해 조직의 소속감을 통해 서비스 제공자로서의 자긍심을 갖게 함으로써 고객에게 보다 세련된 서비스를 제공할 수 있는 계기가 된다고 할 수 있다.

(2) 건 물

호텔기업에 있어서 상품이나 서비스를 판매하는 내부시설이 아무리 좋아도 외부의 건물에서 풍기는 조형미나 색채 등이 고객의 마음을 사로잡지 못하면 잠재고객을 유인하는 데 어려움이 있을 것이다.

따라서 호텔서비스 상품을 판매하기 위해서는 일단 고객을 내부로 유인할 수 있는 건물의 물리적 상태와 청결성이 전제되어야 할 것이다. 이러한 이유로 호텔기업의 건물은 독특한 디자인과 색채로 아름답게 단장하고, 항공사의 항공기 역시 독특한 무늬와 색채로 항공사의 이미지를 나타내고 있다.

(3) 내부환경

내부환경은 고객이 호텔상품을 구매하거나 서비스를 제공받는 장소의 실내환경을 나타내는 것이다. 즉, 고객이 서비스의 수행과 의사소통을 용이하게 해주는 유형적 단서로 고객이 경험하게 되는 물적 자원이다.

특히 호텔기업은 특성상 서비스의 편익을 구체적으로 제시하기 어렵기 때문에 긍정적인 이미지나 사업의 특성을 나타내기 위해서는 유·무형의 단서나 변수를 잘 이용해야 한다. 이러한 유형의 물적 환경은 서비스의 상징적 가치를 암시하는 단서로 서비스 평가에 많은 영향을 미치기 때문에 고객만족 경영에 있어서 중요한 요소인 것이다.

따라서 호텔기업은 고객의 불확실성을 감소시켜줄 수 있는 물적 환경의 유형적 단서가 가능하면 많이 제시되도록 물적 환경을 설계하도록 해야 한다.[26)]

여기에는 건물의 실내장비·부대시설·가구·조명시설·주차장·색채·온도 등이 있다.

1) 가 구

실내에 설치되는 가구는 영업장 분위기에 어울리는 색상과 디자인으로 마치 집에서 느낄 수 있는 것처럼 아늑하고 편안하게 배치되어야 한다.

예를 들면, 호텔의 객실에 배치되어 있는 가구는 모두가 객실의 분위기를 살릴 수 있도록 객실의 공간을 덜 차지하는 방법으로 수직적인 가구를 사용하고, 항공사 카운터의 경우 고객이 쉽게 알아볼 수 있는 색상과 친근감을 느낄 수 있도록 콤팩트하게 꾸미는 것이 좋다.

2) 조 명

영업장의 실내조명은 고객이 편안함을 느낄 수 있는 중요한 요소이다. 대부분 실내조명은 직접조명이 아닌 간접조명으로 전체적인 분위기를 연출한다. 따라서 호텔식당에서는 너무 밝은 조명보다는 은은하면서도 식탁의 분위기를 강조할 수 있는 조명방법으로 표현하고 있다.

그리고 항공기의 실내조명은 전체 조명과 개인 좌석에만 비출 수 있는 부분조명으로 구분하여 편안함과 안락함을 동시에 추구할 수 있도록 하고 있다.

---

26) 박호표, 『호텔·관광마케팅』, 학현사, 1998, p.314.

3) 색 상

실내의 색상은 고객의 층에 따라, 영업장의 특성에 따라 다양하게 표현할 수 있으나 대개 실내의 색상은 기업이 추구하는 사명과도 관련이 있기 때문에 체인호텔 기업의 경우 건물 외부나 내부의 색상을 동일하게 하여 마케팅 도구로 이용하기도 한다.

실내의 색상은 기본적으로 영업장의 위치나 고객의 연령층을 충분히 고려하여 선정하는 것이 좋다.

(4) 시 설

시설 역시 물리적인 단서로서 호텔상품을 생산하고 서비스를 제공하는 데 필수적인 요소이다. 시설은 고객의 욕구를 반영하고 안전성과 효율성을 고려하여 설치되어야 하며, 주변 환경에 잘 어울리도록 설계가 되어야 한다.

호텔기업의 경우 객실·식당·헬스클럽·수영장·연회장·로비숍·바 등이 대표적인 시설로서 고객의 편리성, 호텔의 주변환경이나 위치를 고려하여 디자인되고 배치되어야 한다.

1) 안전성

우선 시설에 있어서 가장 기본적인 요소는 안전성으로서 고객이 시설을 가장 안전하게 이용할 수 있도록 해야 한다. 예를 들면, 식당의 경우 바닥이 너무 미끄럽거나 계단이 너무 가파르지 않게 설계되어야 하며, 헬스클럽이나 수영장의 경우 시설을 이용하는 고객이 다치지 않도록 신중을 기하여 기구나 안전도구를 배치하도록 해야 한다.

2) 편리성

시설의 안전성이 검증된 다음에는 고객이 시설을 이용하는 데 있어서 가장 편리하게 이용할 수 있도록 과학적으로 설계되고 배치되어야 한다. 또한 쾌적한 분위기 가운데 호텔상품이나 서비스를 이용할 수 있는 독특한 시설로 기업의 상품과 서비스를 차별화하기 위한 노력이 필요하다.

3) 효율성

고객이 시설을 이용하는 데 있어서 기업경영 측면에서 가능하면 에너지를 절감하고, 노동력이 적게 투입되어 효율을 극대화할 수 있도록 설계되어야 한다.

(5) 이미지

일반적으로 대상이 동일하여도 사람들은 각기 다른 이미지를 갖게 된다. 이것은 사람마다 그의 생활가치 · 경험 · 배경과 욕구가 다르기 때문이다. 이런 생활가치 · 경험 · 욕구는 개인의 지각 · 사고 · 감정에 영향을 주게 되는데 이런 요인들의 상호작용으로 이미지가 형성되는 것이다.

호텔기업 이미지 형성은 기업으로부터의 직접경험, 매스미디어(mass media)를 통해서 형성된 간접경험, 친지나 친구와 같은 준거집단을 통해서 형성된 간접체험, 소비자 자신의 특성이 관련된 영향요인에 의하여 형성된다.

그러나 인간이 특정 대상에 대한 이미지를 구성하는 데 있어서 관련된 모든 정보를 다 이용할 수는 없다. 따라서 대부분의 경우에 있어 이미지를 형성하는 중추적 속성(central traits)을 바탕으로 평가를 하는 경우가 많다.[27)]

이러한 제한된 수의 중추적 속성들은 그 밖의 다른 속성들에까지 영향을 주어서 대상에 대한 전체적인 정보가 불충분한 경우에도 이미지를 형성하고, 그것을 기준으로 평가를 내릴 수 있게 된다.

서비스의 경우 이미지를 결정하는 가장 중요한 요인은 바로 서비스 기업 자체이다. 서비스 기업이 창조하는 이미지는 대개 서비스 본질에 의해서 결정되는데, 그 외에 조직 · 문화 · 인간 · 시장세분(고객) 등이 있다.

이미지는 기업에서 나오지만 그런 이미지가 나중에 다시 기업에 영향을 미친다. 만약 호텔기업이 자신들이 서비스로 인해 얻은 이미지가 우수하고 친절하다면 서비스 기업은 그런 확립된 이미지와 부합되는 마케팅 전략을 계획하여 실행하게 된다.

---

27) Steven Penrod, *Social Psychology*, New Jersey, Prentice-Hall, 1983, pp.168-177.

3 호텔서비스 상품 특징

(1) 무형성

호텔상품은 무형성(intangibility)으로서 유형적 상품은 색상이나 디자인 및 성능 등의 외관 실체를 살펴보고 구매할 수 있으나, 호텔상품은 유형적인 단서에 서비스가 부가되어야 하기 때문에 직접 경험해보지 않고는 평가할 수가 없다.

유형상품에 부가되는 서비스는 필연적으로 무형적이기 때문에 고객에게 견본을 제시하기가 불가능하여 소비자가 구입하기 전에는 미각·지각·시각·청각·후각 등의 감지가 불가능하다.[28]

따라서 서비스의 구입은 고객의 입장에서 볼 때 약속이나 상징의 구입인 것이다.

(2) 소멸성

호텔상품은 저장이 불가능하므로 계획생산이나 주문생산을 해야 하며, 서비스는 시간과 공간이 특정되어 있어서 서비스의 주체와 객체가 반드시 형성되어 존재한다.

호텔의 생산은 숙박을 위한 객실을 대여해줌으로써 비로소 가능하기 때문에 재고는 존재할 수 없다. 사용되지 않은 서비스는 즉시 소멸하지만 상품의 경우에도 부패와 구식화는 그 상품의 판매 가능한 수명을 제한하므로 소멸성(perishability)은 서비스와 상품의 공통된 특성을 가지고 있다.

호텔서비스 상품은 미래수요를 대비하여 대량생산되어 저장될 수 없지만 서비스 요원의 훈련·의사소통·예약·서비스를 배달하는 기술의 창출 등을 통하여 미래수요를 대비하는 것이다.

---

28) William. J. Station, *Fundamentals of Marketing*, 7th ed., N.Y. Mcgraw-Hall Book Co., 1984, p.444.

(3) 생산과 소비의 비분리성

비분리성(inseparability)이란 서비스의 생산과 소비를 위해서는 서비스 혜택을 받는 대상이 어떤 사람의 육체적・정신적 상태이건 소유권이건 간에 서비스의 생산과정에 참여한다는 점에서 생산・소비의 동시성을 갖게 되는 것을 의미한다.

여기서 그 의미를 확실히 하기 위하여 동시성이라 함은 서비스는 생산・소비 과정에 서비스 요원, 서비스 시설, 소비자가 함께 참여하여야만 서비스의 생산・소비가 이루어진다는 것을 의미하며, 서비스 자체인 그 생산의 결과를 저장하거나 수송할 수 없다는 것을 의미한다고 볼 수 있다.

서비스에서는 생산과 소비가 분리되지 않고 동시에 이루어진다. 따라서 서비스의 생산과 배달 및 소비가 분리될 수 없기에 마케팅 측면에서 상품과 상이한 특성을 갖게 된다.

(4) 이질성

호텔산업은 물론 서비스의 개별판매에서도 서비스를 표준화한다는 것은 불가능하다. 동일한 서비스의 제공과정에서도 소비자의 기분, 서비스 제공자의 성격 및 분위기에 따라 소비자에게 주는 서비스는 서로 다른 형태로 제공되기 마련이다.

즉, 이질성(heterogeneity)이란 서비스 품질의 표준화가 어렵다는 특성을 말한다. 이는 서비스의 생산과정에는 소비자가 직접 참여하기 때문에 각 소비자의 요구수준에 따라 서비스 질의 수준이 달라지기 때문이다.

(5) 계절성

호텔상품과 서비스는 앞에서 살펴본 바와 같이 저장이 불가능하여 소멸되는 특성 때문에 수요에 매우 민감한 편이다. 수요가 연중 일정하지 않고, 고객이 처해 있는 환경에 따라서 변화하기 때문에 계절에 따라서 수요의 변동이 심하다.

즉 계절성(seasonality)은 주말과 주중 또는 계절과 계절 간의 수요변동에 따라 비수기(low season), 완충기(shoulder season) 및 성수기(high season)로 구분되는 특성을 일컫는다.

따라서 영업계획을 수립할 경우에는 수요의 결정요인을 파악하고, 정확하게 예측하는 일이 선행되어야 한다. 이와 같은 수요의 주기가 파악되면 여기에 대응되는 적절한 마케팅 노력이 있어야 한다.

이러한 수요의 불균형으로 인한 경영상의 어려움을 극복하기 위하여 호텔기업의 경영자들은 성수기에는 수요를 어느 정도 감소시키는 마케팅 활동(demarketing)의 일환으로 할인가격을 적용하지 않는다.

비수기나 완충기에는 수요를 증대시키기 위한 노력으로 패키지 상품을 개발하거나 시장의 수요상황에 따라 탄력적 가격을 적용하고, 각종 판매촉진(sales promotion)을 실시하여 수익의 극대화를 위한 마케팅 활동을 전개하고 있다.

(6) 종업원 의존성

일반적으로 호텔기업의 상품은 크게 유형적인 물적 서비스(physical service), 무형적인 인적 서비스(human service), 그리고 유형적 서비스와 무형적 서비스의 결합에 의한 운영적 서비스(managerial service) 또는 시스템 서비스(system service)로 구분할 수 있다.

그러나 상품의 유형적 단서가 되는 물적 서비스도 중요하지만, 인적 서비스는 무형적 서비스로서 호텔상품의 진정한 부가가치를 제공하기 때문에 매우 중요한 역할을 한다.

아무리 유형적 단서인 건물의 외관 및 영업장의 편의시설이 좋아도 상품과 서비스를 제공하는 종업원의 정성어린 서비스가 함께 동반되지 않는다면 호텔상품은 그 가치를 잃고 말 것이다. 또한 고객의 요구와 기대를 파악하여 충족시켜 줌으로써 고객만족이라는 환대산업의 목표를 창출해가기 위해서는 인적 서비스가 필수요소이다.

따라서 호텔기업은 고객의 다양한 욕구충족을 위해서는 프로정신을 바탕으로 한 교육훈련과 함께 전문적인 인력을 확보해야 하는 노동집약적 및 개성집약적이라는 특성이 있다.

4 상품 수명주기

사람이 태어나서 일정한 활동을 하다가 일생을 마치듯이 상품도 처음 출시되어 소비자의 사랑을 받다가 유형이 지나면 자연스럽게 도태되고야마는 수명이 있게 마련이다.

상품의 수명주기(PLC : Product Life Cycle)란 상품이 탄생하여 판매되고 그 수명이 다하는 과정을 의미한다. 일반적으로 상품의 수명주기는 도입기(launch), 성장기(growth), 성숙기(maturity), 절정기(saturation), 쇠퇴기(decline)의 단계를 거친다.

따라서 호텔기업은 상품이 쇠퇴기에 이르기 전에 새로운 상품을 개발하여 기존상품과 동시에 판매할 수 있도록 해야 지속적으로 고정고객을 확보할 수 있을 것이다. 또한 고객들의 개성과 선호도에 따라 상품을 선택할 수 있도록 다양한 상품을 유지할 수 있도록 끊임없이 상품 개발에 노력을 기울여야 한다.

(1) 도입기

상품이 출시되어 도입기에 판매할 경우에는 고객들에게 상품에 대한 정보가 부족하기 때문에 판매의 속도가 느리고, 판매를 위해서 많은 노력과 시간이 투입되는 시기이다.

(2) 성장기

시장에 상품에 대한 정보가 제공됨에 따라 상품에 대한 인지도가 높아지면서 서서히 성장하여 판매량이 증가하기 시작하는 시기이다.

(3) 성숙기

상품에 대한 명성이 고조되면서 판매가 빠른 속도로 증가하고, 시장의 침투가 급속도로 확산되어 상품의 판매량과 이익이 증가하면서 비용은 감소하는 시기이다.

(4) 절정기

성숙기를 지나 상품의 판매량이 극대화되는 시기로서 상품을 판매하는 데 있어서 고이윤을 유지하는 반면 판매를 위한 노력은 적게 투입되는 시기이다.

(5) 쇠퇴기

상품이 성숙기와 절정기를 거치는 동안 자사 또는 경쟁사가 대체품을 출시하거나 상품의 패션이 지나면 기존의 시장을 유지하기가 점점 어려워지기 때문에 판매량이 감소하면서 비용은 증가하는 시기이다.

5 호텔상품 수명주기

(1) 상품 수명주기의 의의

일반적으로 호텔상품은 새로운 서비스 제공 및 물적·인적 환경 등에 의해서 바뀌어나간다. 이에 따라 호텔상품도 상품 수명주기(PLC)를 가지고 있다.

호텔의 PLC의 기본적인 개념은 하나의 호텔상품이 시장에 등장했다가 사라지기까지의 시간적 과정으로 일련의 사회문화 환경에 모든 상품, 또는 서비스를 거치게 된다. PLC는 시간의 흐름에 따라 상품 카테고리(category)의 매출이익이 거쳐나가는 과정을 양적인 표현에 의해 가설적으로 나타낸 것이다.

(2) 상품 수명주기 분석의 이점

PLC 이론은 실증적으로 증명된 것이라기보다는 가설적인 이론이지만 마케팅 기획의 과정에서 중요한 위치를 차지하고 있다. 호텔·관광상품은 계절성, 호텔의 타입(비즈니스 및 리조트 호텔) 및 이벤트성 등에 따른 특수한 상품이므로 PLC 위치는 매우 중요한 경영전략 도구이다.

이에 따라 광고·가격정책·분배정책 등 마케팅 수단의 형태가 다르기 때문에 상품 PLC 위치가 어디에 있는가를 판단하여 미래를 예측하고, 다가오는 변화에 가장 잘 대응할 수 있도록 준비시키는 데 PLC의 중요성이 있다.

(3) 호텔상품 계층 설정

PLC는 호텔상품의 계층류의 설정이 우선되어야 한다. 호텔상품 분류를 어떻게 설정하느냐에 따라 PLC의 형태뿐만 아니라 전체 주기의 길이, 또는 각 단계의 길이가 다르게 나타날 수 있기 때문이다.

표 6-1 호텔계층의 분류

상품계층	분 류	브랜드
호 텔	최상급(luxury) 호텔	파크 하얏트, 메리어트, 리츠칼튼, 제주신라, 파라다이스
	상급(deluxe) 호텔	
	리조트(resort) 호텔	
	버짓(budget) 호텔	이비스, 베스트웨스턴
	컨벤션 호텔	인터콘티넨탈, 코엑스

6 호텔 · 관광 패키지 상품

패키지 상품은 소비자에게 구매를 이끌며, 다단계 구입과 저렴한 가격으로 구입하게끔 동기부여를 제공해야 하는데 이는 호텔 · 관광산업에 있어서 명성을 증가시키는 중요한 마케팅 기법이다.

호텔의 패키지는 둘이나 그 이상의 호텔상품을 조합하여 새로운 상품으로 저렴한 가격의 서비스를 제공하는 것으로 정의될 수 있다.

패키지는 객실과 식사가 포함된 단순한 상품부터 항공여행, 렌터카, 유람선의 선실 렌탈, 식사, 오락, 그리고 그 밖의 서비스를 포함하여 다양하게 분포되어 있다. 패키지는 호텔 · 관광산업에 있어서 매우 유용한 상품전략으로 가격에서 고객욕구의 가시화까지 마케팅 과정의 모든 단계를 포함한다.

(1) 패키지 상품의 효용성

전형적인 호텔 · 관광 패키지 상품은 소비자와 호텔사업자에게 이익을 보장하고, 소비자들은 패키지 제공으로부터 이익을 창출할 수 있다. 패키지 상품은 호텔·관광기업에 비수기 극복, 이미지 창출, 경제적인 효과, 홍보효과, 신상품 소개 및 교차판매 증대 등에 많은 도움을 준다.

(2) 패키지 상품의 유형

패키지 유형은 아이디어에 대한 제한된 기능이 있다. 호텔·관광 패키지 상품은 연례적인 기존 호텔행사나 판매 부진에 따른 신상품 개념, 특별 호텔 이벤트 패키지로 생각될 수 있다.

예를 들어 주말 패키지(weekend-package)는 가장 보편적이고 단순한 형태이다. 편리성과 가격이 가장 중요하다. 주말 패키지를 구매하는 고객의 주된 이유는 일상에서 벗어나거나 탈출욕구를 제공하는 것이다.

주말 패키지도 때로는 가족관광 패키지, 가족의 재미와 가치를 조정해주는 것 등 어린이들이 금요일과 토요일 저녁에 자유롭게 머물거나 한 객실에 4명이 투숙하는 프로그램, 그리고 더 나아가 신혼여행 패키지용으로 디럭스 룸과 샴페인, 객실에서의 아침식사 등과 같은 이벤트 패키지 등이 있다.

'Special-interest Package'는 고객에게 특별한 흥미를 주기 위하여 성공적으로 계획될 수 있는데 기본적으로 환대적 서비스와 골프·테니스·수영·스키 등이 포함된다.

'Special-event Package'는 패키지 마케팅의 다른 하나로 사람들은 특별 이벤트 패키지인 스포츠게임 이벤트, 복싱 등을 보면서 휴가를 즐기는 특별한 이벤트를 구매한다.

'Theme Package'는 주말 비즈니스를 위하여 호텔을 찾을 때 저녁식사와 극장관람을 포함해서 패키지가 만들어진 형태로서 객실요금이 포함된 패키지, 극장요금, 식사 등이 요구되는 상품이다.

그 외에 'Holiday Package' 'Price Package' 등 가격 패키지에 대한 형태는 여러 가지가 있다. 가격 패키지는 가치에 대한 마케팅의 초점으로 성공적인 개념은 "Two for One" 또는 주중에는 무료, 주말에는 50% 할인 등의 개념이다.

7 호텔 신상품 개발 유형

호텔 신상품 개발의 유형은 기존 제조기업의 상품 개발과 다르다. 일반적으로 호텔의 신상품은 기존상품에 새로운 부가가치를 창출하는 가치증폭에 의한 신제품 개발이 주종을 이룬다. 이것은 기존상품・가격 등을 변화시키는 것으로 예를 들면, 과거의 호텔 연회장은 일반적인 결혼식・회갑잔치 등 1차적인 가치에서 새로운 상품이라는 이미지는 생성되지 않는다.

따라서 호텔 연회장의 2차적인 가치를 증폭시켜야 한다. 호텔 연회장에서의 결혼식은 호텔 내의 기존상품과 연계하여 이벤트적인 연출, 비행기 예약, 리무진 서비스 등으로 호텔의 새로운 기능이 생성되기 때문이다. 이와 같이 이미 정착된 상품을 바탕으로 2차적 부가가치 상품을 고려하기 때문이다.

또한 신결합 상품이라고 할 수 있는 신상품 개발은 호텔 채널과의 전략적 제휴에 의한 방식으로 예를 들어 일반 카드회사와 결합하여 카드 결제 시 포인트 적용으로 객실요금 할인이나 부가적인 서비스를 제공하는 것을 의미한다.

제 3 절 호텔 가격전략

가격은 호텔기업의 상품・서비스에 대한 대가로 주어진 화폐 또는 상품 서비스의 크기를 말하는 것이다. 그러나 고객은 항상 거래를 통해 얻을 수 있는 가치와 그들이 지불하는 대가가 합리적이기를 바란다. 따라서 가격을 설정할 경우에 목표시장에서의 경쟁상태와 가격에 대한 잠재고객의 반응이 고려되어야 한다.

가격은 비교적 변화시키기가 용이하기 때문에 경쟁수단으로 자주 이용되는데 극단적인 가격경쟁은 가격전쟁을 초래하여 호텔기업 경쟁자 모두에게 손해를 주게 된다. 그리고 가격은 상품 서비스 이미지를 구축하는 데 도움이 되기도 하는데 이는 가격-품질(price-quality)의 상관관계가 큰 작용을 하기 때문이다.

호텔기업은 서비스가 상품에 비해 수요탄력성이 높기 때문에 대부분 경쟁에 기초한 가격설정을 많이 사용해 시가에 따라 가격을 결정하거나 약간 낮게 설정하는 것이 일반적이다.

호텔기업의 가격정책은 매우 민감한 것이어서 마케팅 관리자는 마케팅 환경을 적절히 고려하여 가격을 정해야만 한다. 가격이 경쟁사에 비해서 높으면 판매량에 절대적으로 부(-)의 영향을 미치고, 가격이 낮으면 판매량은 증가할 수 있으나 호텔기업의 이미지를 떨어뜨릴 수 있으며, 총매출액에도 영향을 미치기 때문이다.

1 전통적 가격결정

원가중심 가격전략(cost pricing)은 가격을 정하는 데 있어서 원가를 기준으로 책정하는 것으로 시장 성격에 따라 선도기업인 경우에는 이와 같은 원가중심 가격전략을 적용하기도 한다. 원가중심 가격결정(cost-based pricing)이란 상품 또는 서비스를 생산하고 유통시키며 마케팅하는 데 부여되는 모든 비용과 관련된 가격결정 방법을 말한다.

(1) 원가 플러스 가격전략

원가 플러스(cost plus) 가격전략이란 상품이나 서비스 총경비(total cost)를 포함한 전체 원가에 미리 정한 총마진(total margin)을 붙여서 가격을 결정하는 전략이다. 주로 호텔기업의 식음료 가격 결정에 이용되는 이 방법은 판매가격에다 총마진을 연관시키는 것이다. 즉 서비스의 원가에 일정률의 마진을 더하여 가격을 책정하는 방법으로 원가가산 가격결정(cost-plus pricing)이라고도 불린다.

가격 = 고정비용 + 변동비용 + 이익마진

(2) 마크업 가격전략

마크업(mark up) 가격전략이란 호텔식당에서 가장 많이 이용하는 방법으로서 해당 서비스 품목의 변동비(variable cost)에 일정액을 추가하거나 원하는 구성에 어느 정도의 비율로 추가하는 방법, 혹은 이 두 가지 방법을 혼용하는 방법이다.

(3) 손익분기 가격전략

특정 상품이 얼마만한 판매량과 가격에 손익분기(break-even)가 이루어지는 가를 결정하기 위해 사용되는 가격전략이다. 이것은 고정비(fixed cost)와 변동비를 구분하는 데 있어서 손익분기점은 여러 가격에서 요구되는 양을 찾아냄으로써 종합적인 이익이 얻어질 수 있도록 수입선을 그리는 전략이다.

(4) 기여마진 가격전략

기여마진(contribution margin) 가격전략이란 상품이나 서비스를 변동비보다 높은 개념으로 판매하면 이익을 내지 못할 때라도 고정비에 대해서는 기여할 수 있다는 개념에서 출발한 가격전략을 말한다.

2 경쟁 가격전략

경쟁 가격전략(competitive pricing)은 호텔기업에서 가장 많이 이용되는 가격결정 방법의 하나이다. 특히 새로 창업하는 호텔기업에서는 높은 가격을 정하기도 어려울 뿐만 아니라 낮은 가격은 다른 경쟁자의 비판을 받을 수가 있고, 때로는 경쟁자도 가격을 인하하는 결과를 초래할 수가 있어 대부분 이 방법이 채택되고 있는 현실이다.

이 전략은 언제나 다른 기업과 같은 가격을 청구하는 것이 아니라 다른 기업의 가격을 자사 가격결정의 기준으로 사용하는 것을 말한다. 즉 서비스 경쟁에 있어 비교적 차별화가 적은 기업이 상대방의 가격결정을 수시하면서 자사도 그 가격에 맞게 가격을 책정하는 방법을 말한다.

경쟁가격은 기업 간의 뚜렷한 차이를 고객이 느끼지 못하고, 가격구조가 그 수준의 가격을 인정한다면 기업은 시장에서 고객들에게 형성된 가격대를 벗어나지 못하는 것이 일반적이다. 따라서 가격을 정하거나 다른 경쟁사들의 가격에 대응하기 전에 상품·시장, 그리고 경쟁에 대해서 철저히 분석해야 한다.

가격결정 전략에 필요한 경쟁자의 정보는 다음과 같다.

- 공표된 경쟁가격 이동에 대한 경쟁자 반응
- 과거의 가격이동에 대한 경쟁자 반응
- 경쟁자의 가격변동 시기 및 변동요인
- 경쟁자의 특별 캠페인에 대한 정보
- 경쟁자의 비용 추정치
- 가격전쟁에 따르는 재무적인 생존능력

3 시장수요 가격전략

시장수요 가격전략(market demand pricing)은 원가보다 상품에 대한 수요의 강약과 고객의 지각을 중요시하여 가격을 결정하는 것이다. 시장의 수요 분석을 통하여 시장 규모를 파악하고, 그에 대한 시장점유율을 고려하여 가격을 결정하는 방법이다. 또한 시장수요 가격결정은 고객의 가치지각과 부합하는 가격결정으로 판매자의 비용이 아니라 고객의 가치에 대한 인식을 사용하고 있다.

가격은 고객이 받을 것이라고 믿는 가치에 대해 고객이 얼마나 지불하려고 하는지에 근거하여 결정된다.

4 고객 가격전략

고객 가격전략(customer pricing)은 고객이 호텔상품에 대한 위치와 품질에 따라 가격을 정하는 전략으로서 이 가격전략은 고객을 우선으로 하여 정해진다.

(1) 고객 · 가치

호텔기업의 고객이 가격에 대한 위치, 가격에 대한 품위, 가격에 대한 서비스 · 품질 등에 따라 상품이나 서비스를 평가하는 가치가 있는데 이러한 것들이 구매결심 과정에 영향을 미친다. 그러므로 경영진은 고객이 정당한 가격을 지불하고 있다는 것을 느낄 수 있도록 상품과 서비스에 대한 가격의 균형을 기초로 한 가격을 정해야 한다.

(2) 기대가격

고객들은 그들이 문제해결을 위해서 지불하기를 기대하는 가격을 염두에 두고 있기 때문에 가격에 대한 반응이라는 것은 이러한 기대가격에 따라 달라지는 것이다.

가격 결정자는 상품이나 서비스에 대한 가격이 너무 높거나, 낮은 가격대를 피하여 고객이 기대하는 수준의 가격으로 정해야 한다.

(3) 심리적 가격

최종적인 가격을 결정할 때 소비자의 심리적 반응을 고려하여 가격을 결정하는 것으로서 대부분의 고객들은 높은 가격은 높은 품질을, 낮은 가격은 낮은 품질로 인식할 수가 있기 때문에 높은 가격의 상품이나 서비스는 판매가 잘 되는 반면 낮은 가격의 것은 잘 팔리지 않을 수가 있다. 즉, 이러한 상황에서 고객이 기꺼이 지불하고자 하는 심리를 이용한 가격결정의 방법이다.

이 심리적 가격 결정법에는 단수가격(odd-even pricing), 관습가격(cus- tomary pricing), 위신가격(prestige pricing) 및 가격라인(price lining) 등이 있다.

5 차별화 프리미엄 가격결정

차별화 프리미엄(premium) 가격결정 모델은 특정 서비스 기업을 다른 경쟁사와 차별화시킬 수 있는 4가지 요소를 포함한다. 이용 가능성, 승명 가능성, 상기고객

인센티브는 서비스 회사가 경쟁사로부터 자사를 차별화할 수 있는 핵심내용이며, 가격 민감도는 모든 가격결정 방법에 있어 매우 중요한 관련이 있다.

(1) 이용 가능성

이용 가능성(availability)은 소비자들이 동일한 노력과 비용으로 얻을 수 있는 동종의 서비스 수가 얼마나 되는가와 관련된다. 어떤 서비스의 경우는 다수의 경쟁사 서비스를 즉시 이용할 수 있고, 이용 가능한 대체안들이 많이 있을 수 있다.

(2) 증명 가능성

증명 가능성(testability)은 서비스를 실제 구매하여 소비해보기 전에 객관적으로 이루어지는 서비스 성과에 대한 평가 정도를 말한다.

서비스 성과에 변동이 많은 서비스의 경우와 개별고객의 특수성을 충족시키기 위해 개별화된 서비스는 일반적으로 증명 가능성이 낮다. 기존의 시장에서 좋은 평가를 구축해온 기업은 증명 가능성으로 회사의 명성을 이용할 수도 있다.

(3) 장기고객 인센티브

장기고객 인센티브(commitment incentives)는 서비스 기업과 고객 사이의 거래 지속 정도를 나타내는 듀레이션(duration)과 수익성 간의 관계를 말한다. 충성화된 장기고객을 구축할 수 있는 기회가 서비스 기업에 존재할 때 가격 인센티브를 포함하여 좀 더 고객유지 강화에 힘씀으로써 서비스 기업에 많은 이익을 가져다줄 것이다.

(4) 가격 민감도

가격변화에 대한 개인의 민감도는 소비자가 알고 있는 대체안의 수에 의해 좌우된다고 한다. 더욱이 소비자에게 알려진 대체안의 수는 효익과 관련된 정보를 얻기 위한 비용이 어느 정도인가에 기초하므로 정보를 얻는 데 드는 비용이 적게 들수록 소비자에게 알려진 대체안의 수는 더 많아지고, 소비자는 더욱 가격에 민감해진다.

제 4 절 호텔 유통전략

모든 상품이 그러하듯이 상품을 최종 소비자에게 판매하기 위해서는 직접거래와 간접거래가 존재한다. 즉, 상품의 거래비용을 고려하여 상황에 따라 최종 소비자가 아닌 중간상이라는 경로를 통하여 상품을 판매하기도 하는데 이러한 유통방법을 간접유통이라고 말한다.

즉 호텔상품의 유통은 관광서비스 상품의 생산과 소비 과정을 연결해주는 조직구조로서 호텔기업과 고객을 연계해주는 일련의 과정을 말한다.

호텔기업에서는 다면적 유통구조(multi-dimensional distribution structure)를 가지고 있어서 제조업의 유통과는 비교되는 특성을 가지고 있다.

1 유통시스템

호텔상품의 유통시스템(distribution system)은 호텔기업이 생산하는 서비스 상품을 고객에게 전달하는 제반구조를 의미하는데 유통구조의 경로 중 중간업자를 살펴보면 다음과 같다.

(1) 관광도매업자

판매경로를 통해 항공사 및 운송수단과 지상서비스 공급업자의 서비스를 공중에게 판매하는 기업 실체를 의미한다. 관광도매업자(tourism wholesaler)는 관광의 기획과 준비, 마케팅, 예약, 그리고 투어를 직접 운영하는 업자를 말한다.

예를 들어 여행노매업사에 대한 세계관광기구(WTO : World Tourism

Organization)의 정의를 살펴보면 여행도매상이란 "여행수요를 미리 예상하여 여행목적지에서의 수송과 객실, 그리고 여행에 필요한 서비스(여행·유흥)를 준비하여 이를 완성품으로 만들어 여행사 또는 자사영업소를 통해 개인과 단체에게 일정가격으로 판매하는 유통경로상의 기업"이라고 정의하였다.

(2) 관광소매업자

관광소매업자(tourism retailer)란 호텔기업의 판매와 예약업무를 담당하는 것을 주업으로 하는 중간업자로 관광시스템을 중심으로 볼 때 주로 여행사를 일컫는다. 여행사는 호텔기업을 대신해서 일정량의 상품이나 서비스를 계약에 의하여 확보하거나, 또는 단체여행객일 경우 호텔기업의 영업사정에 따라 판매대행을 하며, 판매 시 호텔기업으로부터 일정률의 판매수수료를 받는다.

(3) 투어 오퍼레이터

일반적으로 호텔기업의 상품이나 서비스를 포함한 포괄여행의 형태인 패키지 투어를 고객에게 제공함으로써 중개인의 역할을 한다. 투어 오퍼레이터(tour operator)는 공급자로부터 각 상품을 대량으로 저렴하게 구입하므로 고객에게 저가상품을 제공할 수 있다. 고객은 결과적으로 단일상품이나 포괄상품을 구매하는 편리함뿐만 아니라 투어 오퍼레이터의 구매력에 의해 가능하게 된 상대적인 저가격으로 인하여 혜택을 얻을 수 있다.

(4) 포상관광 기획자

포상관광 기획자(incentive travel planner)란 호텔기업이 종업원들을 대상으로 기업 내의 특별한 목표를 달성한 대가로 제공하는 포상여행을 모으거나 계획하는 것을 말한다.

(5) 회의기획자

회의기획자(meeting planner)는 회의나 무역박람회 등에 참석하는 사람들을 위하여 관광숙박시설 등을 알선하는 일 등을 처리한다. 우리나라에서는 아직까지 활성화되지 않고 있지만 선진국에서는 전문적인 알선업자가 회의·박람회 등의 전반적인 과정을 처음부터 끝까지 감독하기도 한다.

(6) 예약대리점

예약대리점은 독립적인 판매 및 예약망을 갖지 못한 호텔기업을 위해 소정의 예약알선 수수료를 받고 판매대리점의 기능을 수행하는 기관들이다. 이 기관들은 대개 소정의 수수료 외에도 상당한 액수의 가입비 및 연회비 등을 수수하고, 판매대리점의 기능을 수행해주고 있다.

일반적으로 일정지역에서 한정된 영업으로 인하여 전 세계적인 판매량이 취약한 기업이 흔히 이용한다. 그러나 대규모 호텔기업들도 이들을 이용하기도 하는데 그것은 특정 지역에서의 판매노력을 고양하고자 하기 때문이다.

일단 예약대리점으로 지정되면 그들은 직판·DM(Direct Mail)·광고·홍보 등 가능한 모든 수단을 동원하여 그 기업을 대신해서 예약업무를 담당하게 된다. 흔히 구매예상 고객에게 직접우편을 보내고, 판매권유 전화를 통해 예약을 유도하는 방법을 이용한다.

우수한 예약대리점은 회의기획자 등과 같은 여타 여행중개업자들에게도 특정 기업의 공간이용 가능성, 요금의 협상 및 기타 부대시설에 관한 정보 등을 제공하고 예약을 대신하기도 한다.

2 호텔기업 유통경로 유형

호텔기업의 경우 유통경로 유형은 생산자와 소비자 간에 호텔상품의 전달과 매개역할을 생산자가 직접 담당하는 경우도 있고, 중간업자인 도·소매업자를 통하는 경우 등 다양한 경로로 필요한 정보를 제공하며, 일단 선택이 이루어지고 난 다음 필요한 예약을 가능하게 하는 목적하에 수행된다.

일반상품 마케팅에서와 같이 호텔기업의 유통경로는 대체적으로 [그림 6-4]와 같은 4단계 유통경로로 구성된다.[29]

29) Chuck Y. Gee, Dexter J.L. Choy and Makens, *The Travel Industry*, The AVI Publishing Company, Inc., 1984, p.126.

여기서 특수한 경로참가자(specialty channeler)는 소매업자와 고객 간에 활동하는 이들로 고객이나 공급업자를 대표하는데 보상여행 기획자, 회합 및 모임 기획자, 협회실무자, 기업의 여행담당부서 등이 이에 해당된다.

호텔기업을 중심으로 유통경로를 살펴보면 [그림 6-4]와 같은 경로들이 있다.

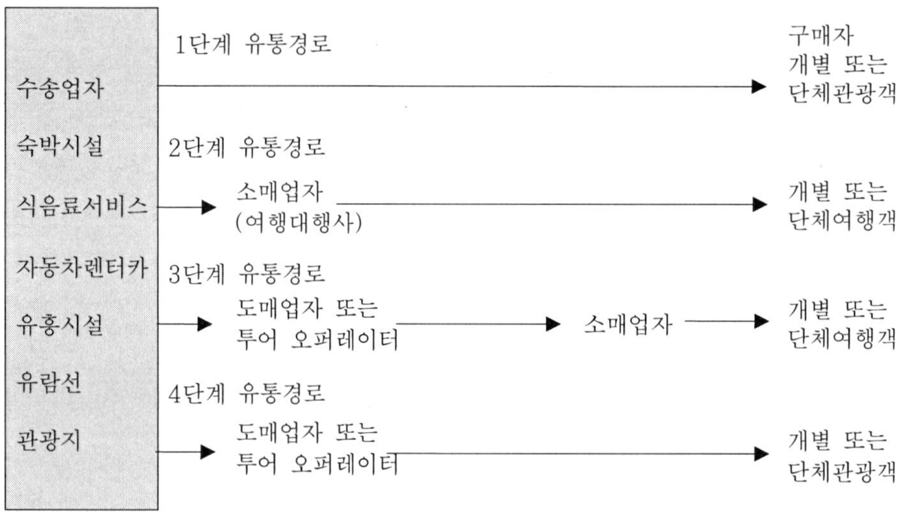

그림 6-4 호텔서비스의 유통경로

(1) 1단계 유통경로

1단계 유통경로는 숙박서비스의 처음 공급자가 관광숙박객들에게 직접 판매하는 것을 말한다. 예를 들어 호텔은 자체 영업부(판촉부)와 예약부를 통하여 고객에게 직접 호텔상품을 판매한다.

(2) 2단계 유통경로

2단계 유통경로에는 공급자와 숙박객 사이에 하나의 중간상만이 포함된다. 즉, 여행소매업자인 여행대행사가 개입하여 역할을 수행하게 하고 그 대가로 일정액의 수수료를 지급한다.

(3) 3단계 유통경로

3단계 유통경로는 두 가지 중간상을 포함한다. 즉, 여행소매업자와 도매업자, 또는 투어 오퍼레이터를 포함한 경로로서 일반적으로 여행상품 판매경로의 전형적인 형태라 할 수 있다.

(4) 4단계 유통경로

4단계 유통경로는 3단계 유통경로의 형태를 따르고 있으나 추가적인 중간상을 포함한다. 즉, 판매업자의 입장에서 보면 특수한 경로참가자는 여행단체 조직자(tour group organizer)가 되는 것이 일반적이다.

[그림 6-4]에서 나타낸 바와 같이 개별적인 수송업자들은 경로 믹스(channel mix) 구성을 대개 한 가지 이상의 유통경로로 구성하고 있다.

대부분의 주요 항공사들은 일반고객·기업, 기타 단체고객들에 대해 직접 판매촉진을 하고 있다. 그러나 이러한 직접경로 외에도 고객은 여행대행사를 통해 예약을 하고, 항공권을 전달받는 간접경로를 이용할 수도 있는데 이런 방식이 항공여행의 상당한 부분을 차지하고 있다.

또한 항공사는 다른 유형의 여행중개업자들을 이용하는 방식을 택하기도 한다. 즉, 전문적인 업계지에 광고를 하거나 여행중개업자 등이 기획한 여행 패키지의 일원으로 참여하는 수단이 이용된다.

호텔업은 이상과 같은 체계에서 설명될 수 있는데, 즉 고객은 여행목적지의 호텔에 직접 예약하거나 체인호텔의 중앙예약본부에 예약할 수도 있으며, 여행대행사나 항공사를 통해 간접적으로 예약할 수도 있다.

더 나아가 여행판매업자 및 오퍼레이터, 보상여행 기획자, 기업여행 관리자 또는 회합 및 모임 기획자 등을 통해 간접적으로 예약하는 것도 가능하다.

3 호텔기업 유통경로별 장 · 단점

(1) 장 점

1) 직접 유통경로

직접 유통경로(direct distribution channel) 시스템에서 호텔상품이나 서비스 공급자가 얻을 수 있는 이점으로서는 절차의 단순화 및 오류의 최소화, 부수적인 판매기회, 융통성, 이윤의 증가, 그리고 통제력 확대 등이 있다. 여행자가 얻을 수 있는 이점으로는 융통성 · 시간절약 · 정확성 등이 있다.

2) 간접 유통경로

간접 유통경로(indirect distribution channel) 시스템에서 공급업자가 얻을 수 있는 이점은 판매 및 판매경로의 확대와 초과 판매력에 대한 비용부담 제거를 할 수 있다. 여행자가 얻을 수 있는 이점으로서는 선택대안의 다양성, 가격의 저렴성 등이다.

(2) 단 점

1) 직접 유통경로

직접 유통경로에서 공급자의 단점은 판촉활동으로 인한 비용이 증가하고, 많은 인원의 마케터가 필요하다.

2) 간접 유통경로

간접 유통경로에서 공급자의 단점은 판매수수료와 할인된 가격으로 인한 매출액 대비 이익률의 감소이다.

4 유통경로 기관에 대한 대응책

(1) 유통경로 기관에 대한 촉진전략

숙박서비스의 경우 유통경로 기관들은 고객과 직·간접으로 접촉함으로써 공급 및 수송업자 및 목적지 마케팅 조직들의 사업에 주요한 역할을 담당한다. 따라서 공급업자 및 목적지 마케팅 조직들은 이들을 별도의 표적시장으로 간주하여 주의를 기울이는 것이 필요하다.

유통경로 기관들로 하여금 특정한 숙박서비스를 보다 많이 이용하도록 하는 전략에는 견인전략과 추진전략이 있다.

견인전략(pull strategy)은 숙박기업이 소비자에 대하여 자신의 상품 서비스와 상표에 대한 광고를 충분히 실행하여 소비자의 수요가 환기되도록 촉구함으로써 소비자로 하여금 유통경로 기관에 대해 자사상표의 상품과 서비스를 지명 구매하도록 견인한다는 의미에서 견인전략이라고 한다.

숙박업에 있어서 견인전략을 적용하는 대표적인 수단은 상용고객 우대제도이다. 이러한 방법으로 촉진수단을 이용하면 고객은 그 상품 서비스에 대해 더 큰 선호와 구매욕구를 갖게 되고, 유통경로 기관에 그 상품 서비스의 구매를 의뢰하게 된다.

반면 추진전략(push strategy)은 숙박기업이 대소비자 광고 등에는 주력하지 않고, 판매원의 인적 판매 활동을 중심으로 유통기관들을 통해 상품 서비스를 판매하는 전략이다. 이는 유통기관 원조나 유통계열화 등을 통해 유통경로 기관들이 자사의 상품 서비스를 권장 판매하여 상품이 고객 쪽으로 밀려가도록 추진하는 것이다.

숙박기업에서 추진전략을 적용하는 대표적인 수단은 낮은 요금을 부과하는 것으로 예컨대 평상시에는 10%의 할인을 제공하던 것을 비수기에는 20%를 할인해주는 것이다. 그 밖에도 무료객실, 무료여행, 현금보너스 등이 이용되기도 한다.

한편, 최근 들어 많이 이용되는 추진전략으로는 촉진 유대관계(promotional tie-in)의 구축이 있다. 이는 흔히 호텔이나 레스토랑에 많이 보급되고 있는 것으로 일정한 조건하에서 광범한 지역에서 동일한 판매량을 확보함으로써 매출을 확대하려는 목적으로 결성된다. 이를 조직하는 기관은 서비스를 제공하는 기관으로부터 일정한 수수료를 받고 고객을 주선한다. 전형적인 예로는 호텔과 항공사간, 호텔과 렌터카 회사 간의 유대관계 등이 있다.

견인-추진 혼용전략(pull-push strategy)은 대부분의 경우, 한 가지 전략만으로는 마케팅 목표를 달성하기 어려우므로 양 전략이 경우에 따라 적절히 혼합·병용되어 이용되는데 이러한 전략을 견인-추진 혼용전략, 또는 풀-푸시(pull-push) 혼용전략이라고 한다. 이것을 마케팅 믹스의 상대적 비중에서 본다면 양 전략이 중간에 해당한다고 볼 수 있다.

(2) 유통경로 기관에 대한 마케팅 절차

유통경로 기관에 대한 마케팅은 사업 세분시장의 조사 및 선정, 정위화 방법과 마케팅 목적의 결정 및 여행중개업자에 대한 촉진 믹스의 수립과 같은 3단계의 절차에 따라 이루어진다.

1) 사업 세분시장의 조사 및 선정

흔히 공급 및 수송업자, 목적지 마케팅 조직들이 보유한 기업 내부의 예약등록 기록은 업계 마케팅을 위한 최상의 정보원천이 된다.

예를 들면 숙박시설에 대한 등록자료에는 고객의 주거지, 직장, 알선 여행사 등이 포함된다. 이들 자료를 분석하여 중요한 시장영역과 여행 도소매업자 및 회합·모임 기획자 등을 파악하고, 이들을 계속적으로 유인할 수 있는 수단을 강구해야 한다.

2) 정위화 방법 및 마케팅 목적 결정

호텔산업의 경우 점차 격심한 경쟁에 직면해 있고, 대부분 많은 서비스 기관이 상호의존하고 있으므로 공급·수송업자 및 목적지 마케팅 조직들은 고객과의 관계에 있어서 자신의 이미지나 지위를 정립하는 것 못지않게 업계 내에서 독자적 이미지나 지위를 확보하는 것도 매우 중요하다.

따라서 서비스 특성, 혜익, 문제해결 및 요구, 세분시장별로 마케팅 목적을 명확히 설정해주는 것도 중요한 과제이다. 왜냐하면 그렇게 함으로써 기업에서 촉진을 더욱 현실성 있게 계획하고, 촉진 노력의 성공 여부를 평가하는 것이 용이하기 때문이다.

3) 여행중개업자들에 대한 촉진 믹스의 구축

촉진 믹스는 광고, 인적 판매, 판매촉진 및 홍보의 혼합인데 공급 및 수송업자와 목적지 마케팅 조직들은 각각의 고객대상별로 다른 촉진 믹스를 개발할 필요가 있다. 이 부분에 대한 상세한 내용은 촉진 부분에서 설명하고자 한다.

제 5 절 호텔 촉진전략

마케팅은 상품이나 서비스의 설계를 잘 해서 이를 생산하고, 적절한 가격을 설정하여 유통시키는 것으로 끝나는 것이 아니다. 마케팅의 또 다른 임무는 고객들에게 우리 서비스나 상품이 어디서 팔리고 있는지를 알리고, 다른 서비스와 비교하여 장점을 인식시키며, 궁극적으로 기존의 구매성향을 바꾸거나 혹은 신서비스를 사용하게 하는 것이다. 따라서 이러한 업무를 알리고, 설득시키고, 바꾸게 하는 전략이 바로 촉진전략이다.

그런데 유형재와는 달리 호텔서비스 상품은 무형재인 경우가 많기 때문에 촉진활동이 상당히 까다로울 수밖에 없다. 즉 상품의 멋진 디자인을 보여주고, 동시에 그 상품의 뛰어난 기능을 화면으로 또는 그림으로 실현함으로써 소비자의 호기심과 구매심리를 자극할 수 있는 유형재와는 달리 서비스는 보이지 않기 때문에 특정 서비스가 고객에게 줄 수 있는 진실, 즉 가치의 실체적 전부를 오해 없이 전달하기가 어려울 수밖에 없다.

따라서 호텔기업은 입지조건과 시설, 서비스의 정도, 서비스 요금을 검토한 후 고객의 수요를 측정하여 판매촉진 업무를 집행해야 한다. 호텔기업의 서비스 빛

상품을 고객에게 구매하도록 요구할 목적으로 서비스 상품의 효능과 가치에 대하여 정보를 제공하거나 설득하는 마케팅 노력으로서 마케팅 관리자는 자사상품의 우수성을 현재고객 또는 잠재 고객에게 전달하기 위한 촉진자로서의 역할이 필요하다.

촉진 믹스의 구성요소로서는 마케팅 관리자가 활용할 수 있는 촉진수단은 매우 다양하나 일반적으로 광고(advertising), PR 및 홍보(public relations & publicity), 판매촉진(sales promotion), 인적 판매(personal selling) 등으로 구분할 수 있다.

제 7 장

호텔시장 판매촉진

제 1 절 광 고

1 광고 개념

오늘날과 같은 대량생산과 대량소비가 연결되어야 하는 마케팅 시대에 있어서는 대량광고에 의한 대량전달이 전제가 되어야 한다. 따라서 상품을 기획하는 것처럼 마케팅 전략상 광고가 매출에 매우 중요한 영향을 미친다고 할 수 있다.

광고와 기타 커뮤니케이션과의 차이는, 광고는 인적 판매보다 광고범위가 넓고 합리성을 바탕으로 소구하며, 감정적 소구로서의 선전과 다르다는 점이다.

광고란 "명시된 광고주가 유료의 대금을 지불하고 상품이나 서비스, 또는 아이디어를 비인적 매체를 통해 제시하고 촉진하는 모든 형태의 커뮤니케이션 수단"이라고 정의된다. 또한 광고개념은 "어떤 방법으로든지 광고 메시지 안에 명시된 기업이나 비영리단체, 혹은 개인이 여러 가지 형태의 커뮤니케이션을 통해 특정 집단의 구성원들에게 정보를 제공하거나 설득하고자 하는 유료의 커뮤니케이션"이라고 정의되는 것처럼, 오늘날 광고의 개념은 단순한 마케팅 차원을 넘어 영리기업뿐만 아니라 비영리단체까지 그 폭이 넓어졌다.

광고가 갖고 있는 특성을 구체적으로 보면, 첫째로, 광고요금을 지불해야 하며, 둘째로, 비인적 매체, 즉 대중매체(신문·TV·라디오·잡지 등)를 이용하고 있고, 셋째로, 광고주가 있고, 넷째로, 불특정 다수를 상대하고 있으며, 다섯째로, 광고 메시지를 이용해 대중을 설득시키려는 의도가 강한 커뮤니케이션 수단이라는 점을 들 수가 있다.

광고가 촉진수단으로 가장 널리 이용되고 있으나 광고만이 촉진의 효율성을 높이는 것은 아니다. 왜냐하면 광고 자체가 상품 서비스의 부족을 계속적으로 보완해줄 수는 없으며, 우수한 품질과 여타의 촉진수단 및 합리적 마케팅 활동이 상호 조화되어야만 그 기능을 효과적으로 발휘할 수 있기 때문이다.

2 광고 목적

광고는 소비자에 대해 자사의 상품이나 서비스를 알리고 설득하여 행동의 변화를 가져오는 것이지만 결과적으로 매출액의 증대를 추구하여 경영이익을 획득하는 데 그 목적이 있다.

광고의 목적에는 광고하는 상품이나 서비스의 존재와 사용결과, 혜익 등을 알려 소비자의 직접적인 반응을 유도하는 직접목적과 상품이나 서비스에 대한 사정을 잘 알려서 이해를 높이고 호의적인 태도로 환기시켜서 간접적으로 자기상품을 구매하도록 유도하는 간접목적이 있다.

어떤 목적이든 다 같이 총수요량의 증가를 추구함으로써 대량생산의 유지를 가능하게 하고, 나아가서는 소비수준이나 문화생활을 향상시키고, 호텔기업과 소비자 간의 친분을 조성하는 목적도 갖고 있다고 하겠다.

광고는 광의로 소비자나 잠재고객에 대하여 어떤 아이디어를 판매하는 것이지만 실제에 있어서는 상품판매의 한 수단이어서 그 목적하는 바는 결과적으로 매출액의 증가를 추구하여 경영이익을 획득하려는 데 있으며, 활동 형태에 따라 직접적인 광고목적과 간접적인 광고목적으로 구분하여 살펴보면 다음과 같다.

① 직접적인 광고목적

광고의 직접목적은 광고하는 상품이나 서비스의 존재와 사용결과·사용방법·이익을 알려서 그 광고상품을 구매하도록 하고, 또는 견본이나 카탈로그 같은 것을 청구하게 하는 등 직접적인 반응을 소비자에게 요구하는 것이다.

② 간접적인 광고목적

반면 간접목적은 상품이나 서비스에 대한 사정을 잘 알려서 이해를 높이고, 호의적인 태도를 환기시켜서 간접적으로 자사상품을 구매하도록 유도하려는 것이다.

따라서 광고의 직접목적과 간접목적은 다 같이 수요총량의 증가를 추구함으로써 대량생산의 유지를 가능하게 하고, 나아가서는 소비수준이나 문화생활을 향상시키고, 기업과 사람 간의 관계를 긍정적으로 만들려는 목적을 갖는다고도 할 수 있다.

그리고 광고의 목적은 호텔기업이 판매하는 상품에 대해 더 한층 호의적으로 반응하도록 시도하는 데 있으며, 이런 목적 달성을 위해 고객에게 정보를 제공하거나, 고객이 바라는 바를 변화시키게 하거나, 특정 기업의 상품을 선호함에 필요한 근거를 마련해주는 데 있다.

3 광고 기능과 유형

광고의 기능은 크게 호텔기업 경영 측면과 사회경제적 측면 두 가지로 구분하여 설명될 수가 있다.

광고는 그 활동에 내포된 여러 가지의 기능을 갖고 있지만 주요한 기능으로는, 첫째로, 정보제공의 기능, 둘째로, 수요자극의 기능, 셋째로, 설득의 기능, 넷째로, 교육의 기능, 다섯째로, 사회복지의 기능으로 구분할 수 있다. 그러나 호텔기업의 경영 측면에서 광고는 판매량의 유지 또는 증대, 그리고 이미지 향상에 있다.

따라서 호텔기업에서 실행하고 있는 광고의 기능들을 구체적으로 살펴보면 다음과 같다.

(1) 시장잠입 용이

시장의 예상구매자에게 신상품, 또는 새로운 서비스를 미리 알려 그것의 시장잠입(market penetration)을 수월하게 할 수 있도록 지원한다.

(2) 시장확대

광고는 사회의 대중에게 상품 및 서비스의 존재를 널리 알리고 설득하여 잠재고객에게 시장확대를 도와준다.

(3) 판매지원

광고는 소비자의 판매저항을 감소시켜주기 때문에 중간상이나 판매원 활동의 판매활동이 원활하게 진행될 수 있도록 도와준다.

(4) 상품 제시

광고의 사진이나 그림을 통해 잠재고객에게 상품이나 서비스를 제시하는 효과를 갖게 해준다.

(5) 구매욕구 자극

광고는 잠재구매자에게 상품이나 서비스의 존재・용도・성능, 기타 정보를 제공해주며, 그들의 구매욕구를 적극적으로 자극하고 환기시켜 수요를 창조하는 기능을 갖고 있다. 이것이 광고의 가장 핵심적인 기능일 것이다.

이상에서 살펴본 바와 같이 광고는 소비자에게 상품・서비스 및 기업에 대한 정보를 알리고 설득하여 그들의 행동을 수정할 수 있는 기회를 포착할 수 있으며, 회상시키는 기능을 갖고 있다.

광고는 위와 같은 기업경영 차원뿐만 아니라 경제・사회・문화 등 제반 분야에서 다양한 기능을 수행하고 있다. 우선 상품에 대한 수요를 진작시켜 결과적으로 기업의 대량생산을 가능하게 하여 가격인하의 효과가 있으며, 인적판매의 업무를 간소화하거나 제거시켜 유통비용을 절감시킨다.

또한 선의의 경쟁을 유발시키는 기능으로 새로운 기술개발을 통한 품질향상을 도모하게 만든다. 아울러 소비자가 필요한 여러 가지 생활정보를 제공하여 생활수준의 향상과 건전한 소비풍토를 조성하게 해준다.

그러나 광고는 이와 같은 순기능 측면뿐만 아니라 불필요한 수요나 소비를 조장하여 과소비를 불러오거나 소비의 획일화, 품질만능주의, 향락퇴폐주의 조장 등 역기능도 있다는 것을 인식해야 한다.

호텔상품의 광고는 경영 형태에 따라서 많은 차이를 보이고 있고, 여러 가지 유형의 광고가 있으나 이미지 광고가 주류를 이루고 있다. 독립기업의 경우는 이미지 광고는 물론이고 서비스나 상품을 동시에 광고해야 하기 때문에 많은 비용과 노력이 투입되지만 체인기업의 경우는 체인의 이미지를 고취시키기 위한 체인 전체나 지역별 광고(umbrella advertising)를 하기 때문에 독립기업보다는 비용과 노력이 적게 든다는 장점이 있다.

한편, 광고의 유형은 지리적 범위, 광고내용, 소구 형태, 광고매체, 광고주, 목표 오디언스(target audience) 등의 기준에 따라 여러 가지로 구분될 수가 있다. 대개 기업들 사이에서 광고내용에 의한 광고 유형은 상품광고·기업광고·공익광고로 나누어진다.

1) 상품광고

상품광고(product advertising)는 상품 속성을 중심으로 현재 및 잠재적 구매자를 대상으로 하는 광고이다. 이는 직접적으로 상품의 판매를 촉진할 목적으로 광고를 실시하기 때문에 판매촉진 광고라고도 하며, 상품이 차별화되어 경쟁상품과 다른 특성을 가졌거나 신상품 도입 시 효과적이다.

따라서 상품광고는 상품에 관한 좋은 이미지를 예상구매자가 가지도록 상품 자체의 판매를 위한 강점을 설득·이해시킴으로써 상품을 신뢰하고, 기억하게 하여 구매하도록 유인하는 것이다.

2) 기업광고

기업광고(corporate advertising)란 특정 상품이나 서비스를 판매할 목적이 아니라 소비자나 일반대중으로 하여금 기업, 또는 판매업자에 대하여 우호적인 태도를 갖거나 좋은 이미지를 갖도록 하는 광고를 말한다. 즉, 기업의 사회적 공헌이나 사회적 유용성을 알림으로써 기업의 명성을 높이거나, 이에 대한 신뢰감을 가지도록 함으로써 특정 기업에 대한 호의 형성에 도움이 된다.

따라서 상품이나 서비스의 차별화가 체계적으로 형성되지 않은 경우에 기업광고는 효과적일 수가 있다.

3) 공익광고

공익광고(public advertising)는 시민정신의 함양이나 사회공익을 구현하기 위한 광고 등으로, 예를 들어 교통법규 준수, 환경보호운동, 헌혈운동 등과 같은 주제의 광고이다.

기업에서 공익성 있는 광고를 협찬하거나 자금지원을 하는 것도 공익광고의 영역에 속한다.

4 광고 메시지 전략

(1) 표현전략의 필요성과 메시지 선정

광고전략(advertising strategy)의 성패 여부는 호텔기업의 수익성에 막대한 영향을 미친다. 그리고 광고전략에 있어서 성공과 실패를 결정하는 중요한 요인은 올바른 광고매체를 통하여 올바른 표적집단에 적절한 소구를 하는 데 있다고 말할 수 있다. 다시 말하면 광고는 표적집단(target group)을 정확하게 인지하여 그 표적집단에 대하여 소구를 얼마만큼 강도 있게 실시할 수 있는가에 의하여 그 효용이 좌우된다.

일반적인 광고 목표집단의 확정기준은 통계적인 특징, 집단의 공통적인 특징, 심리적인 특징, 공간적인 특징에 의하여 구분된다. 광고전략에 있어서는 광고목표 집단의 선택은 매체선택과 결부되어 있는 사항이므로 매체선정 문제와 더불어 목표 오디언스는 설정된 것으로 간주해야 한다. 적절한 광고소구의 선택은 광고전략 중에서 가장 어려운 과제 중의 하나이다.

광고의 표적집단이 설정된 후, 창조적 전략(creative strategy)이 필요한 이유는 다음과 같다.

- 광고소구는 소비자의 기호・욕구 및 태도에 적합해야 한다.
- 문안(copy)이나 도안(illustration), 레이아웃(layout)은 보편적으로 이해가 되는 것이어야 한다.
- 표현언어는 표적집단에서 이해되도록 해야 한다.

광고 메시지는 메시지의 작성, 메시지의 평가와 선택, 그리고 메시지의 실현이라는 크리에이티브 전략의 개발을 위한 세 단계를 거쳐 이루어진다.

광고 메시지의 작성을 위한 아이디어 수집을 위해서는 소비자나 거래처・전문가, 그리고 경쟁기업 담당자들과의 대화를 통해 이들의 의견을 수집・활용함으로써 자사상표의 파악을 통한 메시지 전략을 수립하는 연역적 방법이 있다. 또한 상품의 구매 형태와 고객의 상품구매 목적이나 성향을 사전에 명확히 설정한 후 이의 상호조합을 통해 메시지 전략을 수립하는 귀납적 방법이 일반적으로 활용되고 있다.

광고 메시지는 여러 대안에 대한 평가를 하고, 가장 메시지 전달에 효과적이라고 판단되는 광고 메시지를 선택해야 한다. 즉 메시지의 내용이 상품에 대하여 바람직하거나 흥미를 끌 만한 내용을 담고 있는가, 또한 독창적이고 차별화된 무엇인가를 담고 있는가, 그리고 메시지가 신빙성, 즉 믿을 만한 내용인가의 세 가지 기준을 가지고 평가해야 한다.

이상적인 메시지는 먼저 주의를 집중시키고, 흥미를 끌며, 욕망을 유발시키고, 기억하게 하여, 행동으로 이끄는 것이다.

(2) 광고 개발과 실행

1) 광고목적의 명확화

일반적 기업광고 목적의 구성을 요약해보면 정보전달(informing), 설득(persuading) 및 상기(reminding)이다. 이를 숙박기업에 적용해본다면 〈표 7-1〉과 같다.

표 7-1 숙박기업 광고목적[30]

1. 정보전달	• 시장에 새로 도입된 서비스에 대한 인지 창조 (예 새로운 운항노선, 유람여행 패키지, 호텔 메뉴 등의 고지) • 새로운 서비스의 특성 설명 • 고객 및 기타 대중들에게 가격변경 사실을 고지 • 기업의 서비스에 대한 잘못된 인식 수정 • 새로운 목표시장에 소구 • 서비스를 구매하는 데 대한 고객의 의심이나 두려움 해소 • 기업 이미지 구축 및 제고
2. 설 득	• 기업 서비스에 대한 고객선호의 증가 • 기업이나 상표에 대한 고객충성도의 증가 • 경쟁자의 서비스를 이용하는 고객들을 자사의 상표로 이용하도록 설득 • 고객들로 하여금 서비스를 지금, 또는 가까운 미래에 구매하거나 예약하도록 설득 • 제공되는 서비스의 유형이나 질에 대한 고객지각의 변화
3. 상 기	• 고객이 서비스를 구매, 또는 예약할 수 있는 장소를 상기시킴 • 특정 시설이나 서비스가 자기기업에만 고유하다는 사실을 상기시킴 • 고객들이 언제 서비스를 예약해야 하는가를 상기시킴 • 서비스의 존재 자체를 고객에게 상기시킴

30) A.M. Morrison, *Hospitality and Travel Marketing*, New York: Delmar Publishers, 1989, p.328.

효과적인 숙박광고는 고객 및 잠재고객이 경쟁자에 비해 자기기업을 선택할 상황을 창출하는 것이다. 따라서 광고를 효과적으로 설계하기 위해서는 가능한 한 목표고객에 대해 많은 것을 알고 있어야 한다.

고객이 숙박서비스를 어떻게 구매하고, 경쟁자와 달리 자기기업을 어떻게 인식하고 있는지를 파악해야 한다. 따라서 고객과 시설, 그리고 경쟁자에 대해서 정보를 갖고 있으려면 구체적이고 정확한 상황 분석이 요구된다.

숙박기업이 광고효과를 극대화하기 위해서는 우선 고객을 세분화해야 한다. 세분화 방법은 보통 지리적 변수, 서비스 이용의 형태, 편익, 심리행태적 또는 인구통계적 변수를 이용하는 방법 등이 있다.

시장세분화를 통해 파악된 세분시장에서 표적시장을 선택하여 그 시장의 고객을 공략하게 되는데 이때 다음과 같은 문제를 확인해두어야 한다.

- 목표시장에서 가장 중요한 것이 무엇인가?
- 목표시장 고객이 자기기업을 어떻게 인식하고 있는가?
- 목표시장 고객이 경쟁자를 어떻게 인식하고 있는가?
- 어떤 차별화 수단을 이용해야 한정된 자원으로 가장 큰 효과를 올릴 것인가?
- 이와 같은 질문을 통해서 기업은 시장에서 자사의 포지셔닝을 하게 되고, 그에 따라 지향해야 할 광고의 방향이 설정될 수 있다.

따라서 어떠한 형태의 광고일지라도 목적을 효과적으로 달성하기 위해서는 다음과 같은 사항이 분명하게 결정되어야만 한다.

- 광고의 커뮤니케이션 과업
- 도달해야 할 목표 오디언스
- 광고를 통해 추구될 변화의 정도
- 광고목표를 달성하기 위한 시간범위

2) 광고대행사 선정

광고는 사내의 특정 부서에서 만들어질 수도 있고, 외부의 광고대행사를 이용할 수도 있다. 오늘날 광고의 중요성이 증가함에 따라 주로 대기업에서는 광고목표나 예산의 결정, 매체계획의 작성, 그리고 실제 광고내용을 개발하는 것을 주업무로 하는 전문부서나 회사를 설립하는 경향이 많아지고 있다.

특히, 최근에는 일부 대기업집단에서는 자사의 광고업무를 전담하기 위해 독립조직으로 하우스에이전시(house agency)를 설립하기도 한다. 하지만 외부 광고대행사를 이용하는 경우가 대부분이다. 만일 광고대행사를 이용하게 될 경우 대행사의 규모, 경쟁관계에 있는 상품, 서비스 광고의 제작 여부, 경험 및 전문적 기술의 정도, 접촉 가능성 등을 종합적으로 고려하여 적절한 광고대행사를 선정해야 한다.

기업이 광고대행사를 이용하는 것은 다음과 같은 이점이 있기 때문이다.

- 개방성이 있으며 객관성을 유지할 수가 있고, 아이디어 원천에 기초한 합리적 판단을 할 수 있다.
- 대행사의 변경이 가능하므로 졸속한 위탁을 피할 수 있으며, 위험부담이나 실패를 전가 또는 회피할 수 있다.
- 기존의 패턴과 전혀 다른 광고를 게재할 수가 있다.
- 창조성이 넘치는 절차에 따라 광고를 할 수 있다.

대부분 호텔기업은 광고를 전담하는 광고대행사를 선정하여 광고대행업무를 하고 있으나 요즘에는 자격미달의 대행사가 난립하고 있기 때문에 광고대행사를 선정할 경우에는 신중하게 대행사의 경험이나 능력을 검토한 후 결정해야 한다.

3) 협동광고 실시 여부의 고려

협동광고(cooperative advertising)란 2개 이상의 기업이 단일광고를 공동부담하에 개발·시행하는 광고의 형태로서 숙박산업에서 자주 이용되는 광고방법이다. 협동광고가 효과적인 결과를 얻기 위해서는 상호이익을 볼 수 있는 목표시장과 광고목표를 정하는 일이 중요하다.

협동광고를 하면 공동으로 비용을 부담하기 때문에 비용을 절감할 수 있고, 우량기업과 함께 광고를 하면 광고주의 이미지나 포지셔닝을 고양시키며, 고객의 욕구와 제휴업체 서비스 간의 관련성으로 시너지 효과를 기대할 수 있기 때문에 설득력이 높아진다. 반면에 광고계획 시 시간이 많이 걸리고, 독점적 통제가 어려워 독자적인 광고목적을 충분히 달성할 수 없는 한계도 있음을 고려하여 시행해야 한다.

〈표 7-2〉는 호텔기업의 협동광고에 대한 분류를 나타내고 있다.

4) 광고매체의 선정

광고매체(advertising media)는 광고 메시지를 예상고객에 도달되게 하기 위한 전달수단이다. 주요 매체로는 인쇄매체와 방송매체가 있는데, 인쇄매체는 신문·잡지·직접우편·포스터, 기타 옥외광고(outdoor advertising)가 포함된다. 반면 방송매체는 TV, 라디오, 비디오테이프, 컴퓨터 그래픽 등이 해당된다.

표 7-2 숙박기업 협동광고[31)]

목표시장	촉진 유형	가능한 참여업체
개인고객	브로슈어, 매체광고, 직접우편, 판매촉진, 소비자 여행쇼	항공사, 여행도매업자, 여행대행사, 관광협회, 정부 담당부처, 기타 보완적 관광사업체
단체고객	브로슈어, 신문잡지광고 판매권유 방문 출판이용 광고	항공사, 국내여행 도매업자, 여행대행사, 기타 관광 관련 사업체
관광업계	브로슈어, 업계지향 인쇄물 판매권유 방문 직접우편, 판매촉진 에이전트 훈련, 리셉션 업계 출간물광고 에이전트·여행도매업자 및 여행기고가를 위한 친교여행	항공사, 여행도매업자, 관광협회, 기타 관광관련 사업체

31) *The Economic Planning Group of Canada, Tourism is Your Business : Marketing Management* Ottawa, Ontario : Tourism Canada, 1986, p.166.

표 7-3 매체가치를 구성하는 요소

매체의 양적 가치	매체의 질적 가치	매체의 경제적 가치
• 매체의 도달범위 • 시청자 수 • 독자 수	• 시청자, 독자층 구성 • 매체가 지닌 전달력 • 대상에게 주는 심리적 효과 등	• 광고요금 및 제작비 • CPM(개인 · 세대별) • Cost per Thousand • Prospects 1%마다의 총비용 등

표 7-4 주요 매체 특성

매 체		대 상	경 제 성	특 징	알맞은 업종
매스컴 · 매체	신문	일반대중	가격이 싸다. (1인당)	독자 수, 주목률의 안정, 구매자가 있어 꼭 읽는다. 반복하여 읽는다. 가독성 지면에 의한 영향	서적 · 부동산 · 백화점 · 금융 · 영화
	잡지	전문가	조금 비싸다.	특정 계층으로 구성, 색조가 완전하게 사용, 기사와 연동이 가능	호텔 · 식품 · 화장품 · 자동차 · 카메라
	TV	일반대중 (프로필)	시청률에 따라 다르다.	색과 음의 움직임 반복광고의 영향이 강하다. CM의 오락성	약품 · 식품 · 화장품 · 가전전문점
	라디오	학생 운전기사	가격이 싸다.	싸다. 청취자와 대화	식품 · 약품 · 전축 · 자동차
기타	직접 우편	대상을 국한	비싸다.	정확한 반영 매력적인 설득 견본을 보일 수 있다.	호텔 · 서적 · 통판 · 백화점 · 은행 · 보험
	산지	지역을 국한	조금 싸다.	매력적인 설득	소매점 · 부동산
	차내 광고	회사원 직장여성	조금 싸다.	뉴스성 회사원에게 강하다.	약품 · 잡지 · 양복 · 서비스업
	옥외 광고	번화가	비싸다.	눈에 띈다.	사명 · 상표명
	네온 사인	통행인		강한 인상을 준다.	특별업종 없음

따라서 광고기획을 담당하는 사람은 광고하려는 상품이나 서비스를 구매할 수 있다고 판단되는 구매력을 가진 독자층이나 시청자 등을 고객으로 하고 있는 적정 광고매체를 선택하여 광고를 게재해야 하며, 또한 광고매체마다의 특성과 고객층을 선정하는 매체 믹스의 효과적 활용이 필요하다.[32)]

상품으로서 광고매체의 가치를 구성하는 요소를 살펴보면 〈표 7-3〉과 같다.

광고매체로는 신문이나 잡지 또는 업계간행물 따위의 인쇄매체와 텔레비전과 라디오 따위의 전파매체, 그리고 스페셜티 광고, 옥외광고, 교통광고, POP(Point of Purchase) 광고, 잡동사니 광고 따위의 기타 여러 가지 광고가 있다.

각각 수행하는 광고매체들의 기능적 특성은 〈표 7-4〉와 같다.

5 광고예산 책정방법

광고비는 매출액과 바로 음양의 관계를 맺고 있으므로 양(+)의 방향으로 극대점에서, 음(-)의 방향에서의 극소점에서 광고비를 확정해야 한다. 특히, 광고비의 많은 부분을 차지하는 매체집행 비용은 그 중요성이나 가능성에 비추어 상승효과를 기대할 수 있고, 빠른 시일 내에 적은 비용으로 목표에 도달할 수 있도록 잘 조화시켜 운용되어야 한다.

그러나 호텔기업에서 체인호텔이나 프랜차이즈 호텔(franchise hotel)의 경우는 본사에서 지역별, 또는 상표의 이미지 광고[33)]를 실시하고 있기 때문에 개별적인 광고는 자기호텔이 개발한 특정한 상품이나 서비스만을 위해 광고를 실시하는 경우가 많다.

---

32) 신연섭, 『광고실무론』, 1986, pp.222～229.

33) 이와 같이 지역적으로 또는 체인본부에서 실시하는 광고를 일반적으로 '엄브렐라 어드버타이징(umbrella advertising)'이라고 하는데 체인호텔의 장점이기도 하다.

이러한 광고예산은 경영자나 마케터가 주관적으로 결정할 수 있으나 일반적으로 다음과 같은 방법으로 결정한다.

(1) 임의할당

임의할당이란 최대가용법(all-you-can-affordable method), 또는 가용자금 기준법이라 불리는 방법으로 가장 간단한 방법이다. 즉, 서비스 마케팅 담당자나 최고경영자(CEO : Chief Executive Officer)가 일정기간 동안 얼마를 광고비로 지출할 것인지를 경쟁자의 지출 등을 고려해서 임의로 결정하는 것이다. 이 방법은 분명히 합리성이 결여되어 있고, 광고예산과 광고물의 질이나 양과 연계하는 아무런 노력이 없어 바람직한 방법이라고는 할 수 없다.

따라서 이와 같은 방법은 광고예산이 마음대로 책정될 수 있다는 자유자재성이 있어 좋으나 오늘날과 같은 격심한 경쟁 환경하에서의 광고 책정법으로는 적극성과 탄력성이 전혀 없는 비합리적인 방법이라 할 수 있다.

(2) 매출액 비율법

매출액 비율법(percentage of sales)이란 광고예산 결정 시 간단하게 책정할 수 있는 방법의 하나로서 전년도 매출액, 또는 익년도 예상 매출액의 일정비율을 광고예산으로 결정하는 방법이다. 이 방법의 약점은 광고를 통해 소비자들의 인지와 욕구가 높아져 판매가 증대될 경우에도 판매량에 따라 광고예산이 결정된다는 논리적 약점을 갖고 있다.

이러한 약점이 있음에도 불구하고 이러한 방법이 대부분의 기업에 의해 현실적으로 가장 많이 채택되고 있는 이유는 이 방법을 채택함으로써 광고비는 대략 시장에서의 매출액에 비례하게 되며, 광고에 의한 경쟁의 정도가 그것에 의해 제약되기 때문이다.

(3) 경쟁사 대응법

경쟁사 대응법(competitive-parity method)이란 경쟁자 기준법 또는 동업자 등가법이라고도 불리는 방법으로, 경쟁업자가 책정하는 광고비를 기준으로 해서 자사의 광고예산을 결정하는 방법이다. 그 기준으로는 해당업계의 의견선도자가 되는 경우도 있으며, 동업종의 평균 광고비를 산정해서 이를 기준으로 결정할 수도 있다.

이 방법은 과학적인 근거가 있는 것은 아니나, 분명한 것은 적어도 광고에 의한 경쟁적 균형을 유지하기 위한 간단한 방법임에 틀림이 없다. 다만 기업규모・상품종류・생산량 등의 측면에서 제약이 있으며, 경쟁기업이 실시하고 있는 방법이 최량의 방법이라는 보장이 없다는 데에 한계가 있다.

(4) 목표과업법

목표과업법(objective and task method)이란 목적법(objective method) 또는 과업법(task method)이라고도 불리는 방식으로서, 일정한 매출목표를 결정한 다음에 이를 달성하기 위해 필요하다고 여기는 광고예산을 산출하는 방법이다.

이 방법은 현재 실시되고 있는 광고예산 결정방법 가운데에서는 비교적 과학적이라고 간주되는 방법이며, 마케팅 계획을 달성하기 위해 필요한 광고비를 모든 마케팅 예산과의 관계에 있어서 산출하고자 하는 방식이기도 하다. 목표관리와 광고관리비라는 이중적 방향에서 목표의 재산정, 또는 광고비의 재산정 등의 상호확인 절차를 거칠 수 있다.

(5) 판매단위법

판매단위법(unit of sales method)이란 매출난위법 또는 난위당 누적법이라고도 불리는 방법으로 상품단위마다 일정한 예산을 계상하고, 이 단위당 예산을 합계한 것을 예정판매량에 곱해서 광고비 총액을 결정하는 방법이다. 이 방법은 매출액 비례법과 비슷한 방법으로 항상 광고비와 매출액을 연계시키는 매우 간편한 방법이라 할 수 있다.

이 방법은 총 광고예산을 미리 정해놓고, 이 금액을 각 상품에 배분하는 식의 총액할당법이 채택될 경우가 많다. 각 상품에 배분할 만한 충분한 광고예산이 염출될 수 없는 입장이 대부분의 경우로 나타나기 때문이다.

광고예산의 총액이 결정되면 이를 세분시장별・지역별・매체별・기간별로 할당한다. 상이한 세분시장은 그들의 중요도에 따라 광고비를 배정하고, 경쟁이 치열한 지역에는 더 많은 광고예산을 할당한다. 성수기에 수요를 강화하기 위하여, 혹은 비수기에 수요를 유발시키기 위하여 계절별로 광고예산 할당을 달리할 수도 있다.

6 광고 효과

대개 경영자들은 광고를 비용의 개념으로 인지하여 단시일 내에 효과를 기대하고 있으나 실제로는 투자의 개념으로 보아야 할 것이다. 물론 최종적인 광고의 목적은 매출액을 증가시키기 위한 것이지만 광고효과를 정확하게 측정하기란 곤란하다. 광고의 형태에 따라 그 효과를 측정하기 위한 여러 가지의 도구가 이용되기도 한다.

따라서 광고효과는 광고의 목적을 얼마나 달성했는지를 일정한 기준에 의하여 측정해야 하는데 이 책에서는 커뮤니케이션 효과의 측정과 판매량 효과의 측정으로 나누어 살펴보기로 한다.

(1) 커뮤니케이션 효과 측정

1) 광고 전 측정기법

① 직접 평점법(direct rating)

비교적 신뢰성이 낮은 측정기법으로서 소비자나 광고전문가를 대상으로 그들을 광고물에 노출시켜 평가하는 기법이다.

② 포트폴리오 기법(portfolio test)

시험광고를 포함한 5~10개의 광고를 책자의 형태로 만든 후 소비자들에게 송부하여 검토하게 한 후 그들이 관심을 가졌거나 기억되는 것을 질문해 봄으로써 각 광고대안을 평가해보는 방법이다.

③ 실험실 기법(laboratory test)

소비자가 광고를 보고 이에 대한 심리적 반응으로서 야기되는 심장의 고동이나 혈압, 눈동자의 깜박임 및 땀흘림과 같은 반응을 기계장치를 통해서 측정하는 여러 기법을 말한다.

2) 광고 후 측정기법

① 연상법(recall test)

광고매체에 노출된 경험이 있는 사람들로 하여금 전월책자나 부착물에 포함된 광고를 연상하도록 하여 그들이 기억하는 모든 것을 말하게 하는 방법으로 회상기록에 따라 특정 주의도나 기억도를 측정할 수 있다.

② 인식법(recognition test)

인식법은 흔히 숙독률 검사(readership test)를 통해 이루어지는데, 이는 광고가 게재된 광고물을 읽는 독자들에게 그 간행물의 기사내용, 혹은 광고를 기억하고 있는지의 여부를 질문해보는 방식을 취하게 된다.

그런데 인쇄광고의 측정기법으로서 이른바 스타치 숙독법(starch readership service)이 있다. 이는 다음의 세 가지 측도를 사용한다.

① 주의(noted)

잡지에서 광고를 본 사람의 비율

② 주목 · 연상(seen · associated)

광고와 관련하여 정확히 상품과 광고주를 확인한 사람의 비율

③ 숙독(read most)

광고물 중 문안의 반 이상을 본 사람의 비율

(2) 판매효과 측정

1) 판매액 조사법(sales test)

직접우편 광고 하나만을 광고매체로 사용하는 경우에 주문 획득액은 곧 광고효과를 나타내준다. 그러나 광고의 누적된 효과가 나타나는 경우

가 있으므로 약간의 공제를 하지 않으면 안 된다. 경우에 따라서는 인구 및 구매력과 같은 시장조건이 비슷한 수 개의 지역을 선정하고, 각 지역마다 상이한 광고문안을 사용하여 광고를 한 후 각 지역 판매액의 변화를 검토함으로써 광고효과를 판별하기도 한다. 이때 광고효과는 각 지역으로부터의 판매액 변화를 통하여 판단한다.

또한 시험도시와 통제도시를 각각 수 개 지역으로 선정하여 과거에 실시되던 그대로 통제도시에만 광고함으로써 판매액의 증대 여부에 대해 검토하는 방법이다.

2) 상품 사용자 조사법

상품 사용자 조사법(product user test)이란 가정을 방문하여 호텔상품의 구매상태를 조사한다거나 패널을 조직하여 구매상황을 기록하게 하거나, 또는 유형상품의 구매상황을 파악하기 위해 각 가정의 휴지통 속에 있는 상품 포장지나 빈 포장상자에서 간접적으로 사용상황을 조사하려는 방법이다. 그러나 광고소구를 받지 않은 사람도 구매할 수 있으므로 이를 고려하지 않으면 안 된다.

제 2 절 홍 보

홍보(publicity)는 판매목적보다는 호텔기업의 이미지를 대중에게 심어주는 데 목적이 있다. 호텔기업의 홍보활동은 크게 나누어서 고객, 종업원, 지역사회, 국내외 홍보활동이 있다.

광고보다 높은 신용가치가 있으나 전문적인 홍보요원을 필요로 한다. 호텔기업에서는 자기기업의 홍보업무를 전담할 수 있도록 최고경영자 직속으로 운영되고, 대규모의 기업에서는 마케팅 부서 내에 홍보실을 운영하기도 한다.

1 홍보 개념

광고가 비대인적・시각적・청각적 메시지로부터의 유상적 수단이라면 홍보는 판매촉진의 의도를 갖는 정보・사진・기사 등이 신문・잡지・TV・라디오 등에 무상으로 제공될 때 광고와 구별해서 이것을 홍보라고 한다[34].

광고는 광고주가 의도하는 대로 광고의 메시지를 마음대로 결정하여 소비자들에게 전달하지만 홍보는 있는 그대로 사진을 보여주거나 사실을 기사화시켜 무료로 소비자들에게 노출하므로 훨씬 객관적이고 신뢰성이 있다.

2 홍보 유형

(1) 고객을 위한 구내홍보

기업 내의 카운터・부대시설・식당 및 오락시설을 소개하는 책자(brochure)의 상품을 구매하는 고객이 쉽게 볼 수 있도록 비치하여 고객의 상표선호도를 고양시킨다.

특히, 호텔에서는 객실고객을 대상으로 객실 내에 호텔의 부대시설을 홍보하기 위한 각종 인쇄물이나 호텔 컴퓨터 시스템(PMS : Property Management System)의 프로그램을 이용하여 TV 모니터에 서비스에 대한 설명을, 그리고 시각적 서비스는 호텔상품의 정보 제공과 홍보의 역할을 겸한다.

(2) 종업원을 위한 구내홍보

호텔기업 종업원의 사기와 충성심을 높이고, 기업의 정보를 공유하기 위하여 종업원을 위한 사보를 발행하거나 공공장소를 이용하여 상품 및 서비스에 대한 내용을 알리는 활동이다.

최근에는 자기기업의 최고경영자 경영철학이나 상품이나 서비스에 대한 내용을 특별한 프로그램으로 만들어 종업원들의 참여도를 높이는 경우가 점점 증가하고 있다.

---

34) 손대현, 『관광마케팅론』, 일신사, 1990, p.294.

(3) 지역사회를 위한 홍보

지역사회는 기업의 근원이며, 법적·상업적인 기관으로 관계를 가지므로 지역 내의 모임 등에 참가하여 좋은 유대관계를 유지해야 한다. 더욱이 요즘은 지방자치시대로 인한 지역주의가 강화되었으므로 지역의 호텔기업이 성장하기 위해서는 국내외 여행자를 많이 유치하고, 유치된 고객을 가장 안전하고 편안하게 모시기 위해서는 지역 단체나 공공기관의 협조가 절대적으로 필요하기 때문에 항상 원만한 관계를 유지하기 위한 상호 협조체제를 이루어야 한다.

호텔기업의 상품이나 서비스를 비롯한 사건 등의 공식적인 외부 발표는 반드시 홍보실 팀장을 경유하여 실시되기 때문에 호텔기업의 대변인 역할을 하고 있다. 따라서 만약 기업에 사건이나 사고가 발생하였을 경우에도 그 내용에 대한 외부 발표는 창구를 일원화하여 홍보실에서 담당하도록 하고 있다.

(4) 국내외 홍보활동

국내외 홍보는 신문·잡지·TV·라디오 등을 이용하여 기업을 알릴 수 있는 방법으로 기업을 기사화하도록 해야 한다. 체인기업인 경우에는 체인본부에서 다양한 매체와 지속적인 관계를 유지하고 있기 때문에 이러한 국외 홍보가 매우 유리하다.

3 홍보 시 유의할 점

(1) 진실성

전달하기를 원하는 메시지는 순수한 사실이어야 한다. 미디어는 신뢰성이 있고, 정직하며, 진실한 자료나 관계를 원한다.

(2) 응답의 정확성

모든 질문이나 요청에 대한 대답들을 잘 알지 못할지도 모른다. 거짓말하거나 추측하여서는 안 되며, 응답 시에는 먼저 정보를 얻고 즉시 제공하여야 한다.

(3) 사실의 제공과 수용성

중요한 자료에 인용되는 위험을 줄이기 위해서는 인쇄화된 중요 자료를 제공하여야 한다. 모든 것이 가능하다면 정확성을 기하기 위해 미디어 종사자들과 함께 사실이나 중요한 숫자를 정밀히 조사함으로써 관련 정보를 공유해야 한다.

(4) 간결성

간결하고 개인적 견해가 들어가지 않으며, 과장되지 않는 방법으로 사실을 제공하여야 한다.

(5) 관계 형성

홍보관리에 있어서 가장 중요한 미디어 종사자와 좋은 친분관계를 형성하는 것이 홍보전략에 중요한 열쇠이다. 홍보 관계자와 미디어 관계자의 적대적인 태도, 민감한 질문에 대한 반발적인 진술, 냉담함 혹은 전투적인 자세는 홍보효과를 가질 수 없다.

(6) 홍보기회를 위한 자료 활용

- 종업원이나 회사 업적
- 회사 종업원과 관련된 활동
- 기념일
- 중요한 사람과의 약속
- 회사나 종업원이 받은 상
- 회사를 방문한 명사(당사자 승인이 필요하다)
- 공동체 상
- 회사나 종업원들이 자선단체나 지역공동체에 기부한 것
- 호텔에서 일어나는 이벤트
- 특별히 흥미 있는(유머스럽거나 창조적이거나) 이벤트
- 모는 형태의 성대한 개막

- 흥미 있는 손님(당사자 승인이 필요하다)
- 회사와 관련된 이벤트
- 방문객 · 손님, 그 밖의 사람들과의 인터뷰
- 새로운 경영, 경영자, 종업원 등
- 대중에게 중요한 의미의 변화로 작용하는 것
- 조직의 변화
- 대중서비스 행사 · 활동
- 특별한 전시, 소개된 특징
- 모든 형태의 특별행사 등

4 공중관계

(1) 공중관계 개념

공중관계(public relations)의 개념은 흔히 혼동되어 사용되는 경우가 많다. 공중관계는 여러 가지로 해석되고 있지만 보통 "기업 또는 조직의 활동에 영향을 받는 공중에 대하여 호의를 획득할 목적으로 수행하는 일체의 활동 및 태도"라고 할 수 있다. 즉, 공중관계는 대중과의 관계를 유지시키는 과정으로서 현재 호텔기업이 추구하고자 하는 행위에 따라 외부와의 관계에 많은 영향을 미친다.

기업이 계획하고 있는 목표 · 전략 · 전술 및 목표시장 · 행동계획 등의 전체적인 마케팅 계획을 수행하기 위해서는 일반대중과 원만한 관계를 유지해야만 성공적으로 계획을 실현시킬 수 있다.

그러나 일반대중과 긍정적이고, 상호 혜익의 유지는 결코 우연히 이루어지는 것은 아니다. 그것은 구체적인 계획에 따라 적극적인 자세로 개별적인 접촉에 의해서 이루어지는 것이다.

공중관계에서 기본적으로 필요한 한 가지 수단은 정확한 정보를 제공할 수 있는 조직을 구성하는 것이며, 정보의 제공을 일원화하는 것이다. 프레스 키트(press kit)의 개발은 이와 같은 목적을 성취하기 위하여 도움을 줄 수 있다.

참고로 프레스 키트의 기본적인 구성은 다음과 같은 내용으로 한다.

1) 팩 시트

팩 시트(fact sheet)는 현재 호텔기업에서 제공 가능한 각종 시설물이나 상품 및 서비스에 관한 사항을 인쇄물을 통하여 제시하기 위한 수단이다. 예를 들면 호텔기업의 경우 호텔의 이름・주소・전화번호・최고경영자나 주요 간부의 이름, 상품이나 서비스의 특성, 시설물의 특성이나 이름 및 수용량 등이다.

2) 지역 비즈니스 및 관광지의 소개

호텔기업의 주변에 있는 관련 관광지나 인근지역의 편의시설 등을 구체적으로 설명한 브로슈어 등을 말한다. 주로 외부 관광객의 주변관광에 대한 이해를 돕기 위한 수단이다.

3) 상품과 서비스 믹스의 특징

상품 및 서비스 믹스에 대한 특징이나 장점을 명시한다. 예를 들면 호텔기업에서 제공되는 특실의 형태와 특징, 건축물의 특징, 식음료 서비스의 특징 및 특별히 제공되고 있는 서비스의 내용 등이다. 이때 주변의 경쟁사와 차별화된 서비스가 있을 경우 매우 효과적이다.

4) 사 진

고객이 사용하고 있는 건물의 내부와 외부를 보여주기 위한 것으로 특별한 시설이나 공간 및 서비스 장면 등을 사진으로 찍어 외부에 공개한다. 또한 호텔 외관이나 호텔시설들을 이용하는 장면 등을 사진으로 제작하여 잠재고객들의 이해를 돕기 위한 수단으로 이용되기도 한다.

5) 최고경영자의 약력

최고경영자의 경력이나 특기사항을 간략하게 정리하여 인쇄매체나 방송매체에 알려 기업과의 친숙감을 조성한다. 공중관계로 인하여 원만한 관계를 유지해야만 하는 매체들은 보통 〈표 7-5〉와 같다.

표 7-5 공중관계의 주요 채널

구 분	매 체
인쇄매체	시 발행인(city editor) 음식 발행인(food editor) travel editor finance editor style section editor travel and tourism/business section editor feature columnists
방송매체	station manager new director new announcers station personalities

(2) 공중관계 기법

호텔기업이 일반대중으로부터 호의적인 이미지를 유지하기 위한 공중관계는 여러 가지 방법이 있으나 일반적으로 다음과 같은 방법들이 있다.

1) 뉴스 릴리스

뉴스 릴리스(news release)는 호텔기업의 고객들이 관심을 둘 만한 이벤트(event)나 인물에 대한 정보를 매체를 통하여 각 언론사에 공개하는 것이다. 기업에서는 정기적으로 이러한 정보를 기사화하기 위하여 각 언론매체에 전송한다.

따라서 기업의 각종 정보를 기사화하기 위해서는 언론매체의 담당자와 좋은 관계를 유지해야 한다. 왜냐하면 매체 및 언론사에서는 각사의 기사방향에 맞추어 보도를 하는 긍정적인 반응과 무관심으로 인한 부정적인 반응이 나올 수 있기 때문이다.

2) 사 진

사진(photographs)은 일반대중의 관심을 끌 수 있도록 시설물이나 인물을 전문적인 방법으로 촬영하여 필요한 곳에 전달하여 기업의 이미지나 상품 및 서비스에 대한 홍보에 참고할 수 있도록 하는 것을 말한다.

3) 서 신

서신(letters)을 이용한 공중관계는 필수적인 방법으로서 기업에서 외부로 나가는 모든 서신에 기업의 메시지를 포함하는 경우도 있고, 호텔기업이 고객의 사후관리를 위하여 보내는 서신에도 포함될 수 있다.

따라서 외부로 나가는 모든 서신은 기업이 정하고 있는 양식에 따라 통일되어야 하고, 필요할 경우 특별한 메시지를 삽입하는 경우도 있다.

4) 뉴스레터

뉴스레터(news letter)는 요즘 호텔기업에서 가장 많이 이용하는 방법으로서 주기적으로 발행되는 뉴스레터는 공중관계의 역할을 하기 때문에 뉴스레터를 작성할 때에는 전문적인 식견을 바탕으로 제작해야 한다.

제 3 절 판매촉진

판매촉진(sales promotion)은 소비자나 유통경로 기관들로 하여금 특정 상품 및 서비스를 보다 신속히, 그리고 보다 많이 구매하도록 고무하려는 목적으로 고안된, 주로 단기적인 다양한 유인수단의 집합을 말한다. 광고가 구매에 대한 이유를 제공하는 것이라면 판매촉진은 구매를 위한 유인을 제공하는 것이다.

또한 판매활동과 마케팅 활동을 유사한 개념으로 인식하는 사람들이 많지만 판매는 판매자의 욕구에 치중하는 반면, 마케팅은 구매자의 욕구에 주안점을 둔다는 데 차이점이 있다.

미국 마케팅협회(AMA)의 용어정의위원회는 1960년에 판매촉진을 광의와 협의의 두 가지 개념으로 규정하고 있는데, "광의의 판매촉진은 인적 판매, 광고, 홍보 등을 포함하여 소비자의 구매를 자극하는 모든 활농이고, 한정된 의미에서의 판매촉진은 소비자의 구매와 거래점의 효율성을 자극하는 인적 판매, 광고, 홍보를 제외한 마케팅 활동으로서 예를 들면 진열, 전시, 전람회 실연, 기타의 비상례적이고 비반복적인 판매활동"이라고 판매촉진의 정의를 내렸다.

여기서 광의와 협의의 해석상 차이는 판매활동을 촉진하는 대상범위가 전자는 인적 판매, 광고, 홍보 및 그 밖의 여러 가지 보완적 판매를 대상으로 하는 데 반하여 후자는 인적 판매, 광고, 홍보를 보완하면서 효율성을 도모하는 활동을 주요 대상으로 하고 있다는 점이다.

그런데 오늘날과 같은 치열한 경쟁 환경하에서 호텔기업의 판매촉진은 호텔고객이나 여행알선업자와의 사이에 양호한 관계를 유지·양성하면서 기업의 판매력을 계속적으로 증대시키기 위한 인적 판매, 광고, 홍보, 기타 일체의 수요창조를 위한 판매활동이라고 정의할 수 있다.

1 호텔기업 판매촉진 본질

판매촉진이란 소비자의 욕구를 자극하고 판매를 증진시키기 위한 공중관계(public relations), 인적 판매(personal selling), 광고(advertising) 이외의 활동을 말하는 것으로서 잠재고객의 태도와 행동에 영향을 주기 위하여 판매자와 잠재구매자 간에 정보를 커뮤니케이션하는 것이다. 다시 말해 촉진이란 설득적 커뮤니케이션을 통해 상품 및 서비스의 유통을 보다 원활히 하고, 수요를 자극·환기시킴으로써 기업이 기대하는 판매증대를 도모하는 일련의 활동을 말한다.

촉진활동(promotional activity)은 잠재적 소비자의 내재적 구매의욕을 자극하여 계속적인 구매활동을 유발시키기 위한 메시지를 전달하고, 설득시키는 것이다. 촉진전략(promotional strategy)은 고객과의 설득적 커뮤니케이션을 계획하고 실천하는 것으로, 마케팅 커뮤니케이션과 밀접한 관계를 가지고 있다.

따라서 판매촉진 활동은 상품이나 서비스를 구매하거나 상품에 대한 구체적인 정보 획득 등의 특별한 인센티브를 제공함으로써 이루어지는 직접적인 유인활동이라고 할 수 있다.

마케팅의 개념

- 마케팅 커뮤니케이션
  - 매스 커뮤니케이션(mass communication)
    - 인쇄매체(print media)
    - 전파매체(broadcast media)
  - 적극적 커뮤니케이션(dynamic communication)
    - 인적 판매(personal selling)
    - 구전효과(word-of-mouth)

마케팅 커뮤니케이션이란 첫째, 표적시장 내에서 바람직한 반응을 얻기 위해 그들에게 통합적 자극을 제시하며, 둘째, 현재의 메시지를 수정하고 새로운 커뮤니케이션 기회를 확인하기 위해 시장으로부터 얻어진 메시지(피드백)를 수신하고 해석하기 위한 경로를 설계하는 과정이라고 할 수 있다.

이러한 정의는 마케팅의 주체인 기업이 시장 관련 메시지의 송신자이자 수신자임을 지적하는 것으로 분명히 마케팅 콘셉트와 조화를 이루는 것이다.[35] 쌍방적인 성격의 마케팅 커뮤니케이션 과정은 [그림 7-1]과 같이 나타낼 수 있다.

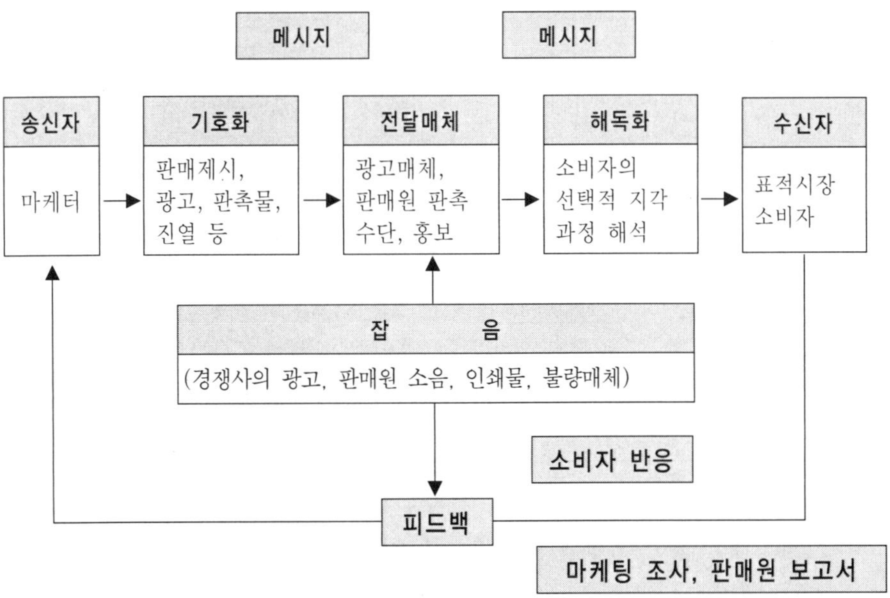

그림 7-1 마케팅 커뮤니케이션 과정

35) 유동근, 『촉진전략론』, 조일문화사, 1983, p.58.

이러한 마케팅 커뮤니케이션은 일반적으로 촉진보다 넓은 의미로 사용된다. 다시 말해서 광의의 마케팅 커뮤니케이션에는 상품·가격·경로·촉진의 4P가 모두 포함되지만 협의의 마케팅 커뮤니케이션 믹스에는 촉진, 광고, 인적 판매, 홍보, 판매촉진만이 포함된다.

호텔기업이 아무리 훌륭한 서비스 상품을 생산·창출하고 있어도 고객이 반드시 그 상품의 존재, 욕구충족의 품질(want-satisfying qualities), 획득 가능성에 대하여 스스로 알아보지는 않으며, 서비스 상품의 구매 시 많은 선택의 범위를 가지고 있다.

소비자는 자신의 과거경험이나 제한된 정보를 가지고 구매의사 결정을 하며, 새로운 서비스 상품이나 서비스에 무관심을 보이거나 구매저항을 보이기도 한다. 촉진의 본질은 바로 이러한 소비자의 관성을 극복하기 위한 데 있다.

2 촉진 역할

호텔산업은 사람 중심의 산업으로서 호텔기업에서 생산하는 서비스는 미리 구매할 수 없고 상표화할 수 없으며, 메뉴 상에 나타나지 않는다. 서비스는 보이지 않으며, 성공적인 영업을 위해서는 절대적으로 필요한 수단이라 할 수 있다. 종업원의 환대정신은 매출을 증진시킬 수 있고, 이익을 증진시킬 수 있으며, 이것은 곧 고객만족과 종업원 만족 및 동기부여로 이어질 것이다.

호텔기업의 식음료 서비스도 역시 분위기·편의 및 사회적 접촉 등을 판매한다. 이와 같은 모든 것은 환대정신에 관련되어 있으며, 무형성이다. 서비스 믹스의 한 요소인 촉진은 목표고객과 기타 관련 시청자들에게 서비스와 관련된 내용을 전달하는 기업의 마케팅 활동이다. 촉진활동은 실제 및 잠재고객들에게 서비스 기업의 서비스 상품에 대해 알리고, 수요를 환기시키려는 목적을 가지고 있다. 호텔기업의 마케팅 활동의 성공 여부는 촉진활동에 의해 크게 좌우된다.

오늘날과 같이 치열한 경쟁 가운데에서 촉진은 서비스 기업의 성공에 있어 핵심적인 역할을 한다. 서비스가 무형성이기 때문에 구매자들이 특정 서비스의 특성이나 편익을 완전히 이해하기 어렵고, 또한 그 서비스가 그들의 욕구를 얼마나 충족시킬 수 있는지 평가하기도 곤란하다. 다른 서비스 제공자의 서비스와 구별하기도 힘들기 때문이다. 이와 같은 것들은 서비스를 구매해서 사용한 후에도 사실 힘들다.

예를 들어 체인호텔을 이용하는 고객들의 경우 승객은 그들의 욕구에 가장 알맞은 호텔을 잘 선택했는지, 또는 원하는 형태의 객실을 배정받았는지, 객실요금이 적정한지를 쉽게 판단할 수가 없다.

이런 불확실성 때문에 서비스 기업의 촉진 메시지가 서비스의 특징과 편익을 강조하기도 하지만 강력하고도 뚜렷한 기업 이미지를 창조하여 유지시키는 데도 아주 중요한 역할을 한다. 따라서 촉진 목적은 경쟁자의 서비스와 자사의 서비스를 차별화하여 구매자 마음속에 뚜렷한 차별성을 부각시키는 일이다.

이러한 이유로 인하여 최근의 대부분 호텔기업은 판매촉진 예산을 대폭 늘리고 있으며, 광고의 비율을 줄이고 있는 추세이다.

호텔기업에서 실시하고 있는 판매촉진 활동의 역할을 살펴보면 다음과 같다.

(1) 소비자 인지 증대

소비자 인지는 신규고객을 유치하기 위한 첫 번째 단계이다. 고객을 창출하기 위해서는 행동을 위한 욕구나 관심을 자극해야 한다. 광고 역시 인지도를 증대시키기 위한 것이지만 가끔 고객의 인지가 구매행동으로 전환되기까지는 특별한 판매촉진이 필요하다. 이와 같은 이유로 기업은 판매촉진을 강화하여 상품이나 서비스에 대한 고객의 인지도를 높이고 있다.

따라서 다양한 프로그램으로 잠재고객을 유인하여 구매의욕을 자극하는 활동을 전개하고 있다.

(2) 신규상품 소개

대부분 호텔기업은 새로운 상품이나 서비스를 개발하는데, 그와 같은 상품이나 서비스를 목표시장의 고객에게 인지시키고 관심을 이끌 수 있는 가장 좋은 방법은 특별한 판매촉진 활동이다. 그 수단으로서는 촉진을 위한 플라이어(flyer)의 제작 및 발송, 기업 내 초청 및 발표회(invitation and presentation) 등이 있다.

(3) 고객 수 증대

현재 호텔기업의 시장에서 수요와 공급이 여유가 없고 경쟁력이 증대될 경우 어느 한 지역에서 시장점유율의 증대는 곧 경쟁사의 비즈니스를 직접적으로 빼앗는 것이다.

이와 같은 경우 기업은 고객이 현재 제공받고 있는 서비스보다 향상된 조건을 제시할 수 있는 촉진이 필요하다. 바꾸어 말하면 치열한 시장경쟁하에서 매출증대를 위한 판매촉진은 경쟁사의 고객을 자기업으로 전환시키는 것을 의미한다.

(4) 경쟁사와의 경쟁

만약 경쟁사가 자기업의 비용으로 시장점유율을 증대시키고 있다면 판매촉진 책임자는 경쟁사의 촉진에 주의를 기울여 새로운 촉진방법으로 경쟁사의 촉진활동에 대처할 것이다.

예를 들면 메리어트 호텔(Marriot Hotels)은 재구매 고객 프로그램(frequent guest program) 제도를 도입한 최초의 호텔이지만 메리어트 호텔이 도입한 이 제도가 성공적이었기 때문에 다른 경쟁사에서도 경쟁에 대처하기 위하여 고객 재구매 프로그램 제도를 도입하게 되었다.

서비스는 특허화가 곤란하기 때문에 다른 서비스를 어렵지 않게 모방할 수 있는 것처럼 경쟁사의 서비스 개발이나 판매촉진 활동도 쉽게 모방할 수 있다. 따라서 자기업의 성공적인 판매촉진 활동은 경쟁사에서 쉽게 모방하거나 그대로 복사한다는 것을 간과해서는 안 된다.

(5) 현재고객 구매증진

각각의 상품이나 서비스를 구매할 때에는 가격이 비싸지만 여러 상품이나 서비스를 동시에 이용할 수 있도록 묶어서 패키지 상품을 개발하여 전체 가격보다 저렴한 가격으로 제공한다면 구매빈도가 적은 상품도 할인된 가격으로 판매할 수 있으므로 매출을 증대시킬 수 있다. 따라서 판촉활동은 비교적 비싼 가격의 상품이나 서비스를 조합하여 할인한 가격으로 판매하여 고객을 자극시킬 수 있다.

따라서 판매촉진의 맨 첫 번째 목적은 고정고객을 자극시켜 판매를 증진시키는 것이다.

(6) 비수기 수요증대

일반적으로 호텔기업은 특별한 경우가 없는 한 비수기가 있게 마련이므로 촉진활동은, 예를 들면 비즈니스 호텔의 경우 주말의 영업을 증대시키고 휴양지 호텔에서는 비수기나 완충기의 영업을 활성화시킨다. 또한 식음료 서비스의 경우도 촉진활동은 수요가 적은 주중이나 주간의 영업을 활성화시킬 수 있다.

대부분의 호텔이 비수기나 완충기의 매출부진을 극복하기 위해 각종 프로그램으로 판촉활동을 실시하고 있다. 예를 들면 대부분의 호텔식당은 오후 5시에서 7시 사이의 이른 저녁시간 이른바 해피 아워(happy hour)에 방문하는 고객에게는 특별히 할인된 가격으로 제공하여 수요를 자극시킬 수 있다.

표 7-6 고객의 유형과 요구되는 판촉활동의 결과

고객의 유형	내 용	판촉활동의 결과
현재 고객	언제나 자사의 상품이나 서비스를 구매하는 고객	• 구매행동 강화 • 구매 증진 • 구매시기 변화
경쟁사 고객	언제나 경쟁사의 상품이나 서비스를 구매하는 고객	• 경쟁사 충성도 경감 • 자사의 촉진 브랜드 구매 설득
일반잠재 고객	다양한 상품이나 서비스를 구매하는 고객	• 자사의 상품이나 서비스 구매빈도의 증진
가격지향 고객	상품이나 서비스를 구매하는 데 있어서 가격을 가장 중요시하는 고객	• 저렴한 가격으로 구매 호소 • 부가가치를 부각시킴
미이용자	상품이나 서비스를 전혀 구매하지 않는 고객	• 상품이나 서비스 인지도 제고 • 상품이나 서비스 구매가치의 설득

3 촉진 기능과 목적

(1) 판매촉진의 기능

판매촉진은 고객에게 상품과 서비스에 관한 정보를 전달하고, 이들 상품과 서비스의 편익을 알리며, 구매행동에 대하여 설득하는 수단과 여러 가지 아이디어를 제공하는 마케팅 관리자의 기구라 할 수 있다.[36]

여기에서도 알 수 있는 바와 같이 판매촉진의 주요한 기능은 정보제공과 설득이라 하겠다.

1) 정보제공 기능

잠재고객은 상품과 그 편익을 알아야만 구매 및 소비를 할 수 있으므로 정보의 제공은 판매촉진의 가장 기본적인 기능이라 할 수 있다. 상품에 대하여 올바른 정보를 제공하게 될 경우 그것은 일종의 교육적 효과를 가져와서 소득의 유효적절한 지출을 위한 지침이 되기도 한다.

2) 설득기능

판매촉진은 정보제공의 단계에 머무르지 않고 송신자인 기업이 원하는 성과를 성취할 수 있도록 추진되어야 하고, 잠재고객의 마음을 변화시켜 구매로 연결되는 설득과정을 포함하고 있어야 한다.

따라서 소비자의 구매심리 과정에 합치되는 메시지를 작성하여 기업이 기대하는 행동을 소비자가 따라할 수 있도록 설득하게 된다. 이때 그 표현방법이 사회에서 요구하는 도덕적 기준에서 벗어나면 여러 가지 폐해가 발생하게 되므로 메시지의 내용에도 각별히 관심을 가져야 한다.

기업에서 촉진적 노력은 이와 같은 두 가지 기능의 발휘에 의해 어떠한 형태로든 구매량을 증대시키게 마련이기 때문에 오늘날 마케팅 관리에서 차지하는 판매촉진의 의의는 매우 크다고 할 수 있다.

(2) 판매촉진 목적

정보제공과 설득을 통하여 잠재고객이나 거래처와 양호한 관계를 유지하

---

36) G. Davidoff and D.S. Davidoff, *Sales & Marketing for Travel and Tourism*, National Publishers, 1983, p.82.

면서 기업의 판매력을 지속적으로 확대시키려는 판매촉진은 다음의 4가지 목적을 가지고 대행된다.

1) 수요의 창조 및 자극

스탠튼(W.S. Stanton)에 따르면 "판매촉진의 목적은 궁극적으로 수요창조이며 수요자극"이라 한다. 소비자는 여러 단계의 심리적 과정을 거쳐서 구매활동을 하게 되는데 정보전달과 설득을 통하여 소비자의 욕구를 환기·자극해야 하기 때문에 수요의 창조 및 자극은 판매촉진의 기본적인 목적이라 할 수 있다. 그런데 기업은 마케팅의 본질을 망각하고, 단지 판매증대를 위하여 소비자의 욕구를 환기하고 자극하는 데에만 급급해서는 안 된다.

소비자의 욕구를 환기 및 자극함에 있어서는 사회적 윤리적인 범주 내에서 이 욕구가 합리적으로 처리되어 구매활동으로 이어지도록 도움을 주는 판매촉진이 되어야 할 것이다.

2) 판매저항의 제거

판매저항(sales resistance)이란 구매자가 상품구매를 망설인다는 의미로 구매자 입장에서는 구매저항이라고도 할 수 있다. 구매저항의 원인으로는 가격·품질·서비스 등 여러 가지의 원인이 있다. 판매촉진 활동은 바로 이러한 구매저항을 최소화하거나 제거시켜주는 역할을 한다.

따라서 자사상품에 대한 구매저항이 있는 고객을 잘 파악하여 판매저항을 제거하기 위한 적절한 수단이 고려된 판매촉진이 강구되어야 할 것이다.

3) 상표충성도 획득

상표충성도(brand loyalty)란 어느 특정 상표에 대해서 충실하게 계속적으로 선호하는 행동경향을 의미한다. 기업의 입장에서는 상표충성도에 대해서 항상 유의를 하고, 특히 자사상품에 대한 시장점유율 및 수요의 추이나 변화 등이 문제가 될 경우 세심한 주의가 필요하다.

호텔기업의 경우 유사상품이 범람하여 상표충성도를 부각시키기 쉽지 않으므로 고객에게 좋은 인상을 주기 위하여 알리고, 유인하고, 만족시키고, 고정고객으로 전환시키는 일에 판매촉진의 주안점을 두어야 할 것이다.

4) 조정의 활동

조정이란 판매촉진의 간접적인 목적이라고도 할 수 있는 활동이며, 그 활동 내부에 있어서의 부내 조정뿐만 아니라 사내 콘테스트(contest), 판매원 훈련, 판매회의 등에 이르기까지 광범위한 사내촉진 문제를 포함하게 된다. 또한 대외적으로는 호텔 관련 기업·고객·지역사회와의 조정도 매우 필요하다.

4 촉진 실행

판매촉진에 사용되는 수단은 매우 다양하다. 판매촉진을 기획함에 있어서 시장의 유형, 판매촉진의 목적, 경쟁조건, 수단별 비용 등을 고려해야 한다. 판매촉진 수단은 누구를 대상으로 실시되느냐에 따라 대판매점 판매촉진, 대소비자 판매촉진, 그리고 대사내 판매촉진 세 가지로 구분된다.

이들 영역별 구체적인 판촉수단은 〈표 7-7〉과 같다.

표 7-7 주요한 판매촉진 수단

소비자 판매촉진 수단	사내 판매촉진 수단
쿠폰(coupon)	판매경진대회
현금 반환	판매기법 훈련
증정품 제공	판매회의
무료 견본품	판매용구
경연·내기	구매시점 광고(POP)
트레이드 스탬프(trade stamp)	리베이트
트레이드 쇼(trade show), 진열	
구매시점 광고	
공장견학, 쇼	
해외시찰 초대	
특별 서비스(세트판매, 특별포장 등)	

판촉활동을 실행하는 데 있어서 다양한 방법들 중에서 관광·숙박기업에 보다 적합한 것을 살펴보면 다음과 같다.

(1) 특별판촉물 제공

특별한 광고물 제공은 잠재고객이나 판매 가능 고객 또는 유통경로 기관, 제휴업체들에게 무료품목을 제공하는 것으로 흔히 광고주 이름·로고 또는 광고 메시지가 새겨지며, 사무용품 및 기타 평범하지 않은 품목을 선택해야 한다. 볼펜, 컵, 종이 누름기, 재떨이, 열쇠고리, 손가방, T셔츠 등이 흔히 이용된다.

그러나 호텔기업은 독특한 판촉물을 제작하지만 관련 기업들이 제공하는 일반적인 품목은 판촉효과를 떨어뜨리기도 한다. 이러한 특별판촉물이 효과를 거두기 위해서는 다음 네 가지 조건을 충족시켜야 한다.

- 특정 목표시장이나 유통경로 기관을 위해 특별히 선택되어야 하고, 선택된 품목은 그들에게 유용하거나 매력적인 것이어야 한다.
- 특정한 촉진목적에 근거하고 있어야 한다.
- 다른 촉진 믹스(promotional mix)들과 밀접한 관련성을 유지해야 한다.
- 독창적으로 디자인되어야 하고, 받는 사람이 장기간 이용할 수 있거나 장기간에 걸쳐 판촉물에 대한 가치를 느낄 수 있어야 한다.

특별판촉물은 신축적으로 이용될 수가 있다. 즉 제공대상을 가변적으로 조정할 수 있고, 판매원의 현장방문 시 직접 전달, 유통경로 기관에 배치 등 여러 가지를 선택할 수가 있다.

(2) 견 본

견본(samples)이란 고객에게 어떤 상품이나 서비스의 이용을 위해 무료로 제공하는 것이다. 견본 제공(sampling)은 새로운 상품이나 서비스를 소개할 경우 가장 효과적인 방법이고, 반면에 가장 비용이 많이 소요되는 방법이다. 견본은 방문배달·우편배달, 다른 상품에 끼워주기 등의 방법으로 제공된다.

견본이 이용되는 경우는 새로운 상품의 소개나 기존상품 개량 시, 상품의 사용 경험자가 적거나 경쟁상품의 상표충성도가 높을 때 많이 이용된다.

호텔기업은 서비스의 무형성으로 견본품을 제공하는 것이 쉽지 않다. 그러나 레스토랑·바·라운지 등에서는 특정 메뉴품목이나 음료의 무료 견본품을 제공하기도 한다. 또한 친숙함을 높여주기 위한 여행이나 무료로 서비스를 제공하는 것도 일종의 견본품 제공의 예이다.

(3) 전시회 참가 지원

많은 호텔기업들이 전시회에 참가한다. 전시회에 참가하는 것은 소형 촉진믹스를 결합하는 것과 비슷하다. 일부 참여업체들은 유통경로 기관이 그들의 전시장소를 방문하도록 초청장을 보낸다.

전시회에 참가하는 것은 비교적 많은 비용이 소요되지만 미래 판매의 조성, 고객과의 접촉유지, 신상품 소개, 새로운 고객의 탐색, 고정고객에 대한 판매량 확대 등 여러 가지를 기대하기 때문이다.

(4) 구매시점 광고

구매시점 광고(POP : Point Of Purchase advertising)는 호텔기업 내 영업장 입구 및 영업장 내에서 고객에게 직접 소구하는 각종 형태의 광고와 진열로서 영업장 촉진의 일환으로 실시된다. 구체적으로 윈도우 디스플레이, 카운터나 고객이 쉽게 볼 수 있는 공간에 상품에 대한 내용을 소개하는 팸플릿, 식탁 위의 텐트 카드(tent card) 등을 들 수 있다.

POP 광고는 소비자의 구매시점에서 구매행동을 유발하는 촉진수단으로 흔히 충동구매(impulsive buying)와 그들의 정서적·감정적 및 심리적 구매욕구를 유발하는 대소비자 촉진수단이다.

(5) 교육훈련 세미나 프로그램

호텔기업의 고객을 접촉하는 종업원이나 판매대리점 관련자들을 대상으로 경영 합리화나 세일즈맨십의 향상을 목적으로 주로 이루어진다. 특히, 가격이 비싸거나 상품이나 서비스의 고유한 특성을 강조해야 할 경우에 매우 효과가 있다. 교육 및 훈련방법으로는 교육자료의 우송, 본사 내 교육, 전문기관 의뢰 등이 있다.

관광 관련 기업들은 항공사, 여행도매업자, 유람선사, 관광지 마케팅 담당자 등이 이들을 위한 세미나, 워크숍, 리셉션(reception), 전문교육 프로그램을 기획 및 지원하고, 여행중개업자에 대한 교육훈련에 많은 비용을 투자한다. 이것은 교육훈련을 통해 여행대행사가 고객에게 서비스를 판매할 때보다 자세하고 정확한 정보를 제공할 수 있게 하기 위해서이다.

(6) 시청각자료 제공

호텔기업 서비스는 유형상품에 무형적 서비스를 포함하고 있기 때문에 현장판매 시 여러 가지 문제점을 유발시킬 수 있다. 즉 호텔기업의 서비스 판매원은 유형의 상품을 제시할 수가 없으므로 시연해 보일 수가 없다.

따라서 시청각자료는 이들이 예상고객들에게 자신이 소속한 기업의 서비스의 내용과 질을 이해시키는 데 매우 효과적인 수단이 된다. 사진・슬라이드・비디오테이프 등을 제작・배포하여 판매촉진 활동에 보조수단으로 활용하고 있다.

(7) 쿠 폰

쿠폰(coupon)은 특정 상품이나 서비스를 구입할 경우에 구매자가 그 증서를 발부하여 그 소지자가 일정한 상품이나 서비스를 구매할 때 소정의 할인혜택을 받을 수 있도록 하는 증명서이다.

이는 사람들이 상품이나 서비스를 구매하도록 유도하는 방법으로서 견본품 다음으로 효과가 있다고 한다.

쿠폰은 우편・잡지・신문・상품포장・브로슈어 등을 통해 전달되거나 고객에게 직접 전달된다. 쿠폰은 성수기 상품의 판매 고양에 효과적이고, 신상품의 조기사용을 유발할 때에도 효과적이다. 호텔기업에서 이용되는 쿠폰은 주로 자체에서 발급된다.

요즘에는 관련 업계와 업무를 제휴하여 공동으로 판매촉진 활동을 하는 경우가 증가하고 있다. 예를 들면 호텔과 항공사 간 호텔 회원이나 항공사 회원 등 특정한 고객을 위해 판매촉진을 할 경우 호텔에서는 객실과 식음료 등을 할인하고, 항공사에서는 항공료를 할인하여 서비스를 제공하는 쿠폰을 발행하기도 한다. 또한 호텔에서는 투숙자에게 부대시설이나 식음료 판매촉진을 위해 각종 할인쿠폰이나 무료쿠폰을 제공하기도 한다.

〈표 7-8〉은 호텔회원을 위한 무료쿠폰 내용을 보여주고 있다.

표 7-8 호텔 쿠폰

WITH OUR COMPLIMENTS

We are pleased to offer Gold members of MERIDEN exceptional value when staying with Forte and Meridien Hotels & Resorts.

- Complimentary upgrade, subject to availability at time of check-in.
- Complimentary entrance into our Health Club at selected Hotels.
- Complimentary daily breakfast at UK and London hotels.
- No additional charge for second person sharing same room.

Name of Guest: ____________________

Membership No. : ____________________

Reservation : Le Meridien Seoul Booking Centre (02) 3789 -6352

(8) 가격인하

정가인하(off list)라고도 하며, 일정기간 동안 구매된 상품이나 서비스에 대하여 정가에서 직접 할인해주는 것을 의미한다. 이는 흔히 특정 서비스(특정 메뉴, 특정 항공료 등), 목표시장(사업목적 여행자, 노인, 어린이 등), 지리적 영역 또는 시기 등에 따라 제한을 두기도 한다. 또한 가격인하(price off)는 쉽게 채택할 수는 있으나 자칫하면 가격경쟁을 유발할 위험이 있다. 따라서 가격인하는 단독적으로 적용하기보다 다른 촉진 믹스 일부로 이용하는 것이 효과적이다.

그리고 가격인하는 새로운 서비스 도입 시나 광범위한 지역에서 단기에 산발적으로 이용할 경우에 효과가 높다. 특히, 호텔기업의 상품이나 서비스는 저장이 불가능하다는 특징이 있기 때문에 당일에 판매를 완료하기 위한 노력으로 수요의 상황에 따라 가격을 인하하여 판매하는 경우가 많다.

(9) 경 품

경품(premium)은 상품이나 서비스 구입을 유인 또는 자극시키거나 그 보상으로서 특정 상품 또는 서비스와는 별도의 상품 서비스를 구매액에 연결시켜 제공하는 판매촉진 수단이다.

일반적으로 호텔기업에서 경품으로 이용되는 판매상품은 객실과 부대시설의 조합으로 구성되는 경우가 대부분이다. 경품 조건의 판매는 자극이 강한 즉효적 판촉수단이므로 경품을 중단하면 효과의 지속을 기대하기 힘들며, 매력적인 경품 개발이 힘들고, 소비자의 반발 혹은 정부규제가 많아 이용에 있어 신중을 기해야 한다. 예를 들면 특정한 기간에 객실상품을 구입하면 헬스클럽이나 수영장을 무료로 사용할 수 있다거나 아침식사를 무료로 제공하는 경우가 있다.

(10) 경연대회 · 추첨 · 게임

경연대회(contest)와 추첨 및 게임은 고객이나 중간상 또는 판매원이 현금·여행·선물 등의 행운을 잡을 수 있는 기회를 부여하는 것이다.

경연대회는 광고나 상품기획에 소비자를 참여시키는 방법으로서, 호텔 뉴스레터에 상품이나 서비스에 관련된 문제를 제시하여 고객들의 참여를 유도하는 것이다.

추첨(sweepstakes)은 서비스를 구매하는 고객 이름과 주소를 제출받아 제비뽑기를 실시하는 것이다.

게임은 특정한 게임자료에 의하는데, 예컨대 요리대회, 빨리 먹기(마시기) 대회, 재료 알아맞히기 등이 여기에 해당된다.

(11) 리베이트

리베이트(rebate)는 흔히 항공사나 여행사가 판매대리점 등을 통한 판매촉진의 수단으로서 판매업자 또는 사용자에 대해 일정기간의 거래액(량)을 산출기간으로 하여 가격을 변경하지 않고, 일정기간 경과 후에 지불금액의 일부를 일정비율로 환불해주는 방법으로 가장 전형적인 판매점 촉진수단 중의 하나이다.

구매량을 기준으로 하는 수량 리베이트, 목표달성 리베이트, 성수기 이전의 구매자에 대한 계절 리베이트, 협조적인 거래처에게 지불되는 지불 리베이트 등의 유형이 있다.

5 성공적인 판매촉진 관리

호텔기업의 영업을 효율적으로 관리하고, 자기업의 상품이나 서비스를 외부의 고객에게 알리고, 구매의욕을 불러일으켜 매출로 연결시키기 위해서는 여러 가지 방법이 있겠으나 성공적인 판매촉진을 위한 판매촉진은 다음과 같은 단계를 거쳐야 한다.

(1) 목표시장 선정

호텔기업 마케팅 담당자는 영업실적을 수시로 분석하고 해석하여 그 결과에 따라 전략적 대책을 마련하고, 구체적인 행동계획을 수립해야 한다. 마케팅 활동 분석결과에 따라 어느 시장은 판매촉진 활동을 통한 유인전략을 구사할 필요가 있을 것이다.

이와 같이 판매촉진 활동을 적용할 목표시장을 정확히 규정할 필요가 있다. 목표시장을 정함으로써 정확한 진단과 건강한 시장으로 전환시킬 수 있는 적절한 판촉수단이 결정되기 때문이다.

(2) 목적의 구체화

1) 세부목적

판매촉진을 수행하기 위해서는 구체적이고 정확한 행동계획과 달성하고자 하는 목표가 수립되어야 한다. 목적이 구체적으로 수립되면 성취하고자 하는 판촉활동 방향이 정확히 설정되기 때문이다.

2) 기대효과

달성하고자 하는 목적에 따라 판촉활동의 수행으로 인해 얻은 효과를 측정하기 위한 기대효과가 설정되어야 한다. 이러한 것들은 마케팅 책임자나 최고경영자가 의사결정을 하는 데 많은 도움이 되기도 한다. 한편 판촉활동을 종료하였을 경우에도 그 결과를 평가할 수 있는 자료로도 이용될 수 있다.

(3) 촉진수단 선정

판촉수단의 장・단점과 시장 상황에 따라 그 상황에 가장 적합한 방법을 선정하는 것으로 이러한 판매촉진 수단은 많은 경험을 필요로 하는 것이다. 또한 가장 효과적인 촉진 수단을 선정하기 위해서는 맨 먼저 시장을 정확하게 파악하고 있어야 한다.

(4) 아이디어에 대한 의견수렴

어떤 업무를 수행하기 위해서는 수많은 아이디어가 있을 수 있으나 시장상황에 가장 효과적으로 적용될 수 있는 아이디어를 수집하여 가장 적합한 아이디어들을 선정할 필요가 있기 때문에 목표시장의 공략에 필요한 각종 판촉수단에 관한 모든 잠재 아이디어를 동원한 후 가장 적합한 방법을 선정하도록 해야 한다. 이때 신중히 고려해야 할 사항은 판촉활동을 하기 위한 비용과 상품의 원가이다.

(5) 촉진주제 선정

촉진활동을 하는 데 있어서 활동 주제를 선정하는 것은 매우 중요하다. 촉진을 위한 주제선정은 창조성이 강하고, 호텔의 내부고객인 종업원이나 외부고객이 모두 관심을 끌 수 있는 내용과 형태로 선정되어야 한다.

주제를 선정할 경우 고려해야 할 사항은 다음과 같다.

- 촉진 카피 라인(copy line), 또는 태그 라인(tag line)
- 잠재고객의 관심을 끌 수 있어야 한다.
- 촉진 주제는 기업의 내·외부에 사용이 가능해야 한다. 즉, 외부에는 영업적인 측면이고, 내부는 종업원의 흥미와 사기를 불러일으킬 수 있는 내용이어야 한다.
- 촉진의 내용이 기업의 상품이나 서비스의 개념을 포함하고 있어야 한다.

(6) 촉진예산 수립

촉진활동을 수행하기 위해서는 반드시 내·외부의 비용을 포함한 예상되는 총비용이 산출되어 사전에 조달되도록 해야 한다. 이와 같은 예산은 고객의 참여 정도에 따라 여러 수준으로 원가와 매출에 영향을 미치게 된다.

만약 촉진활동에 대한 예산이 충분히 확보되어 있지 않으면 촉진활동을 하는 데 많은 제약을 받을 수 있으며, 반대로 부진한 매출창출에 비교하여 과다한 예산을 책정하였다면 비효율적인 활동이 될 것이다.

따라서 촉진예산은 전년도의 촉진예산에 얼마의 예산을 가감하여 결정하는 방법을 지양하고, 순수하게 계획된 촉진활동을 위한 방법으로 책정해야 한다. 이와 같은 예산책정 방법을 '제로베이스 예산책정(zero-based budgeting)'[37]이라고 한다.

---

37) 제로베이스 예산책정이란 과거의 행사에 인플레이션을 고려하여 예산을 관례적으로 책정하는 전통적인 방법과는 대조적으로 호텔기업의 마케팅 부서에서 마케팅 예산을 책정할 경우 과거의 내용을 전혀 무시하고, 예상매출을 달성하기 위하여 반드시 필요한 촉진활동을 위한 예산을 확보하는 것이다.

(7) 촉진 보조를 위한 광고 및 미디어 선정

판촉활동을 보조하기 위하여 시장상황에 따라 촉진 캠페인을 극대화하기 위한 가장 효과적인 매체를 선정하는 것이 매우 중요하다. 촉진 보조수단으로 매체를 선정하고, 구체적인 계획을 수립할 때에는 광고의 시기와 공간을 확보해야 한다.

(8) 계획표 작성

촉진을 위한 통합적인 방법으로 활동을 통제할 수 있는 구체적인 활동계획(action plan)이 요구된다. 이 계획표는 관련 부서나 개인이 해야 할 내용을 수록하기 때문에 효과적인 통제가 가능하다.

촉진을 위한 계획표를 작성하기 위해서는 철저하게 시장상황을 고려하여 신중하게 결정해야 한다.

(9) 서비스 요원 내부교육 실시

판촉활동을 실시하기 전에 모든 서비스 요원은 고객에게 판촉을 위한 캠페인(campaign) 기간 동안에 고객을 설득하여 구매를 유도하기 위해 반드시 판촉활동에 대한 목적은 물론이고 구체적인 내용을 습득해야 한다.

따라서 구체적인 행동계획이 확정되면 종업원을 대상으로 교육을 실시해야 하는데 교육내용은 대개 판촉활동 기간, 목적, 기대효과, 서비스 제공의 숙달 능이다.

(10) 촉진활동 수행

일단 판촉활동에 대한 모든 준비가 완료되면 촉진활동이 시작되는데 사전에 계획된 프로그램에 따라 고객을 대상으로 일사불란하게 계획된 촉진활동이 실시되어야 한다.

일부 기업에서는 촉진활동의 계획이 모호하여 실제로 적용하는 데 있어서 많은 혼란을 초래하는 경우도 있기 때문에 사전에 구체적인 활동계획이 수립되면 관련 부서에 촉진활동의 목적과 내용이 정확히 전달된 상태에서 실행되어야 한다.

(11) 평 가

판촉활동을 종료하고, 추구하였던 목표와 실제 내용을 분석하여 촉진활동을 통한 서비스의 개선 및 매출의 증진에 미친 영향 등을 평가한다. 아무리 치밀한 계획과 교육을 실시하더라도 미비한 점이 있게 마련이다.

촉진활동 기간 중에 발견된 부족한 점이나 향상되어야 할 서비스는 다음의 촉진활동을 위해 기록을 남긴다. 이러한 자료는 다른 상품의 촉진을 계획할 때 많은 도움이 될 것이다.

6 판매촉진 예산

판촉을 위한 예산을 확보한다는 것은 쉬운 일이 아니다. 대부분의 경영자들은 경영의 가장 기본원리로서 지출은 줄이고, 매출은 최대화시키기를 원하기 때문이다. 그러나 최근의 경쟁력이 강화되고, 공급이 수요를 초과하고 있는 시대에는 과거의 불특정 다수를 위한 촉진예산을 확보하는 것보다 올바른 고객을 대상으로 촉진활동을 강화해야 하기 때문에 상품이나 서비스에 대한 고객의 자극을 위한 판촉예산 배정이 증가하고 있는 추세이다.

일반적으로 호텔에서는 총 예상매출액의 일정한 비율로 예산을 책정하나 요즘은 과거의 정보나 관례적인 행사는 지양하고, 시장상황을 고려하여 제로베이스 예산책정 방법을 채택하고 있다.

제 4절 인적 판매

1 인적 판매 개념

인적 판매(personal selling)는 일반적으로 마케팅 믹스라고 불리는 활동으로 구성되어 있는 마케팅 활동의 일부분이다. 소비자 그룹이나 잠재소비자와 판매사원

간의 개인적인 커뮤니케이션이며, 이것은 많은 정보를 제공할 수 있고, 매우 직접적인 설득의 기능을 의미한다. 인적 판매 활동은 대중광고에 비하여 범위가 좁지만 개별적인 접촉으로 촉진 믹스 중에서 가장 효과적인 요소이다.

호텔상품 판매에서 가장 중요한 것은 인적 판매이다. 그 이유는 호텔기업의 상품은 저장이 불가능하고 무형성이라는 특성 때문에 상품을 구매할 때 고객들은 전문적인 호텔상품의 보조수단에 의존해야 한다.

즉, 고객은 호텔기업에서 생산하는 상품이나 서비스를 진열대나 진열장에서 직접 선택할 수 없기 때문에 잠재구매자는 호텔상품을 구입할 때 종업원에게 전적으로 의존하는 경우가 많다.

인적 판매는 직접대면이나 전화에 의한 구매자와 판매자 간 인적 접촉의 결과로서 발생되는 판매로 정의할 수 있다. 그러므로 인적 판매는 주문판매에서 창조적 판매에 이르기까지 그 범위가 매우 넓다.[38)]

주문판매는 고객들이 호텔상품에 대해서 익숙해져 있거나 상품에 대한 속성을 이해하고 있을 경우에 가능하다. 즉, 주문판매는 판매사원의 노력과 비용이 처음보다는 훨씬 적게 투입된다.

그러나 창조적 판매는 대부분의 고객이 호텔상품에 익숙해져 있지 않기 때문에 매우 복잡한 단계를 거쳐 판매활동이 이루어진다. 판매사원은 판매를 창조하기 위해 고객욕구를 철저히 파악해야 하며, 상황에 따라 자기업의 상품이나 서비스를 추천하고, 그것들을 구매하도록 설득하는 과정이 필요하다.

또한 인적 판매는 호텔 · 관광 판매원의 관리가 중요하다. 이에 따라서 판매원 활동목적을 설정하여 잠재고객 및 휴면고객을 찾아내고, 정보전달, 판매, 서비스 제공, 정보수집, 배분 등의 활동을 수행하여야 한다. 또한 판매원의 선발과 훈련 관리는 직무 분석, 자격요건의 결정 · 모집 · 선발 과정으로 이루어진다.

인적 판매는 프로모션 믹스(promotional mix)의 구성요소 중 가장 중요한 역할을 한다. 광고나 판매촉진 활동의 수행을 위해서는 대규모의 비용과 노력이 투입되지만 인적 판매는 호텔상품의 수요를 실질적인 구매로 전환시킬 수 있으며, 상품에 대한 메시지를 고객에게 전달하기 용이하며, 고객의 즉각적인 반응을 수렴할

38) 김성혁, 『관광마케팅론』, 대왕사, 1993, p.354.

수 있다는 장점이 있다.

[그림 7-2]는 마케팅 믹스와 촉진 믹스 간의 관계를 나타내고 있다.

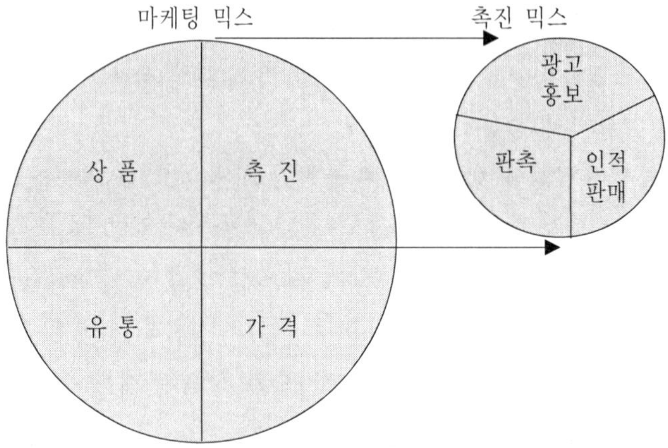

그림 7-2 마케팅 믹스에서 인적 판매의 관계[39]

2 인적 판매의 중요성

(1) 판매비용의 중요성

상품이나 서비스 판매는 고객이 직접 방문하여 판매비용의 투자 없이 구매활동이 이루어지는 경우도 있으나 대부분의 인적 판매는 활동의 범위나 정도에 따라 비용이 발생하게 마련이다. 따라서 호텔기업에서는 판촉사원들을 대상으로 판매에 대한 비용을 일정한 출장여비 규정에 따라 지급하고 있다.

일반적으로 광고는 상품이나 서비스에 관심이 없는 소비자에게도 노출되어 접할 수 있기 때문에 구매의사를 전혀 파악하지 못하는 단점이 있지만 인적 판매는 구매확률이 비교적 높은 잠재고객을 설득하기 때문에 상품구매로 연결시킬 확률이 매우 높다.

그러므로 최근에 호텔산업에서는 인적 판매에 많은 예산을 책정하여 판매

39) Robert F. Hartley, *Sales management*, Merrill Publishing Co., 1989, p.4.

의 기회를 확대하고 있다. 호텔기업 판촉부 종업원들은 새로운 고객을 창출하기도 하지만 특히 고정고객 관리에 더 많은 비중을 두고 있기 때문에 특별히 마련된 프로그램과 판촉요원의 관리능력으로 고정고객의 유지에 많은 노력을 기울이고 있다.

(2) 매출 창출

호텔기업의 기본적인 목표는 상품이나 서비스의 판매를 통하여 기업의 매출을 창출하는 것이므로 매출 없는 판매활동의 기능은 의미가 없을 것이다. 유형상품을 취급하는 일반기업에서는 특히 이러한 인적 판매의 의존도가 매우 낮은 편이나 환대산업인 호텔기업에서는 경영의 특성상 유형상품에 무형상품의 서비스를 포함하여 판매해야 하기 때문에 판매원에 의한 인적 판매의 의존도가 매우 높다고 할 수 있다.

실제로 판매원의 설명이나 고객을 대하는 태도 및 친절도 등 고객의 구매의욕에 많은 영향을 미쳐 구매 여부가 결정되는 경우가 대부분이기 때문에 판촉활동을 하는 종업원의 역할이 대단히 크다고 할 수 있다.

따라서 호텔기업에서는 인적 판매의 효과를 극대화하기 위하여 고객을 대하는 기법이나 화법을 교육훈련을 통하여 강화하고 있다.

(3) 기업 홍보

고객은 호텔기업을 방문하여 상품이나 서비스를 구매할 때 종업원의 미소, 상품에 대한 지식, 외모나 태도 등으로 그 기업의 서비스 수준을 판단하고, 기업의 이미지를 평가하기 때문에 서비스를 담당하는 종업원은 곧 기업의 홍보를 담당하고 있는 것이다. 만약 호텔기업의 서비스 요원의 태도가 불손하다거나 복장이 불결하다면 기업의 이미지가 하락함은 물론이고 서비스를 구매할 의사를 상실해버릴 것이다.

따라서 고객은 호텔기업 판촉팀원의 언행을 평가하고, 서비스 수준을 짐작하기 때문에 판촉요원의 자질 향상을 위한 각종 교육 프로그램을 마련하고, 정기적으로 전문가 교육을 시키고 있다.

판촉활동을 위하여 기업체나 단체를 일정한 계획에 의하여 방문활동을 하다보면 접촉하는 고객이나 잠재고객은 호텔의 서비스 수준을 평가하게 되고, 그 평가결과에 따라서 고객이나 잠재고객에게 호텔기업의 서비스에 대한 긍정적인 면은 더욱더 강화하고, 부정적인 면은 긍정적인 면으로 전환시킬 수 있는 기회가 되기 때문에 기업을 홍보하는 효과를 얻을 수 있다.

3 인적 판매 유형

호텔의 인적 판매 중에서 가장 대표적인 것은 전화와 고객방문으로 호텔의 기능을 알려주고, 예비고객에게 또 다른 선택의 기회를 제공하는 것이다. 전화는 광고를 통한 것보다 더 적절하게 호텔기능에 대해 잘 알려줄 수 있는 기회를 갖게 되며, 특별한 요구를 어떻게 호텔기능이 만족시켜줄 수 있는지를 개인적으로 증명할 수 있다.

전화의 기본적 유형은 사후전화·최초전화, 그리고 기습전화이다. 사후전화의 주된 목적은 호텔서비스에 대한 호감을 고객에게 일깨우고, 계속된 사업 관계를 요청하는 데 있다. 착수전화는 과거에 고객은 아니었지만 확실한 고객으로 보이는 사람에게 이루어진다. 이 전화의 목적은 생산과 서비스를 인식시키게 만들고, 어떤 시설이 제공되는가를 고객이 먼저 보도록 방문이 이루어지게 한다.

착수전화 단계에서는 예약이 거의 이루어지지 않지만, 이것은 더 나은 관계를 다지는 데 첫걸음이 된다.

기습전화는 가능한 많은 잠재고객에게 이루어지는데 주로 개인판매 전화, 방송매체를 이용한 다른 형태의 광고와 전화판매까지 포함하는 다양한 접근을 시도한다.

4 인적 판매 역할

(1) 정보원 역할

고객에게 정보를 제공함과 동시에 고객으로부터 정보를 입수하는 것을 의미한다. 판촉사원은 호텔기업을 대표하여 고객과 접촉하기 때문에 고객을 상대로 호텔상품이나 서비스에 대한 구체적인 정보를 제시할 수 있어야 한다.

호텔기업은 하루에도 수많은 고객이 방문하여 필요한 상품을 구입하고, 개인적인 서비스를 제공받는 곳이기 때문에 종업원이 고객을 접촉하는 과정에서 정보 교환이 이루어진다.

고객에 대한 가장 정확한 정보를 접할 수가 있으며, 상황에 따라서 고객에게 호텔기업의 신상품이나 영업전략에 관한 사항 등을 제공할 수 있기 때문에 호텔기업에서 근무하는 판매사원은 모두가 정보원 역할을 수행한다고 볼 수 있다.

(2) 교육자 역할

고객만족을 위한 영업활동 과정의 새로운 기법이나 서비스 또는 경영 효율화를 위한 새로운 서비스가 등장할 때에는 고객을 대상으로 새로운 상품이나 서비스에 대한 정보의 제공과 함께 고객을 이해시키기 위하여 교육시키지 않으면 안 된다.

호텔기업 접객요원은 새로운 상품의 목적이나 취지, 그리고 이용방법 등의 내용을 고객에게 설명할 수 있어야 하며, 호텔기업의 편의시설의 사용방법 등도 가르쳐주어야 한다. 이때 주의해야 할 사항은 호텔 자체 상품이나 시설 이외의 상식에 가까운 다른 서비스에 관한 내용을 이야기할 경우에는 고객도 알고 있는 경우가 있으므로 고객의 자존심을 자극하지 않도록 해야 한다.

(3) 이익 관리자 역할

서비스를 제공하는 종업원은 단지 고객이 필요로 하는 상품을 주문받아 판매하는 기능이 아니라 상품의 판매행위가 이루어졌을 경우 발생하는 이익을 고려하여 이익을 극대화할 수 있는 판매방법으로 영업관리를 해야 한다. 즉, 상품이나 서비스를 판매하였을 경우 얼마만큼의 이익을 얻을 수 있는지에 대한 것을 항상 염두에 두어야 한다.

예를 들면 서비스 요원의 판매기술 능력 여하에 따라 수익률의 차이가 있기 때문에 가능하면 이익이 많은 상품을 많이 판매하거나 구매량이나 상황에 따라 이익률을 고려하여 판매가를 조정하는 것이다.

따라서 접객요원은 항상 상품의 원가를 파악하고 판매활동에 임해야 보다 효과적으로 상품 판매에 대한 관리를 할 수가 있다.

(4) 기획자 역할

영업장에 관한 영업은 전적으로 서비스를 제공하는 종업원에 달려 있다고 해도 지나친 표현이 아니기 때문에 서비스를 제공하는 종업원은 자기가 담당하고 있는 영업장 내의 매출 증대와 고객을 만족시킬 수 있는 나름대로의 아이디어를 창출하여 보다 많은 고객을 유인할 수 있는 방안을 강구하고, 실행할 수 있도록 기획자 역할을 수행해야 한다.

따라서 경영진은 영업 활성화에 대한 기획을 입안할 경우 최일선(front line)에서 판촉을 담당하는 종업원의 목소리를 귀담아들을 필요가 있다.

(5) 컨설턴트 역할

호텔서비스 상품을 구매하기 위해 방문하는 고객에게 상품이나 서비스에 대한 정보를 제공하여 고객을 설득하고, 또한 상품이나 서비스에 문제가 발생하였을 경우 문제해결을 위한 자문(consulting) 역할을 수행해야 한다.

따라서 서비스를 담당하는 종업원은 상품에 대한 정확하고 깊이 있는 지식을 습득해야 하며, 예상되는 문제점에 대한 사항도 숙지하고 있어야 한다.

(6) 의사 결정자 역할

고객을 접촉하는 종업원은 고객 측면에서 보면 호텔서비스를 제공하는 기업을 대표하여 상품을 판매하고, 서비스를 제공하는 것이므로 고객으로부터 불만이나 상품에 대한 문제가 발생하였거나, 또는 판매 시 고객이 요구하는 사항이 기업의 영업전략과 맞지 않을 경우 현장에서 상황에 따라 즉시 의사결정을 하여 고객으로 하여금 신속한 반응으로 고객과 호텔기업 간의 신뢰를 구축할 수 있어야 한다.

일부 기업에서는 최일선에서 고객을 접촉하면서 근무하는 종업원에게 고객의 불평을 접하였을 때 신속한 처리가 요구되는 특별한 상황에 처할 경우에는 종업원이 스스로 결정하여 처리하는 권한을 위임(empowerment)하고 있다.

(7) 기업홍보 역할

고객과 접객요원과의 쌍방 커뮤니케이션(two-way communication)이 이루어지는 과정에서 서비스 판매담당 종업원은 고객에게 기업을 선전할 수 있는 절호의 기회이므로 영업장의 이미지나 프로다운 매너로 고객을 접촉하여 고객과의 긍정적인 관계를 유지해야 한다. 이러한 고객과의 긍정적인 관계는 기업 상품이나 서비스 판매활동에 있어서 고객으로부터 의사결정을 할 수 있는 시간을 단축할 수 있다.

(8) 품질 관리자 역할

호텔기업 종업원은 고객욕구에 따라 자사 상품을 적절하게 제시하고, 상품마다 특징과 장점을 파악하여 고객의 필요에 따라 최적의 상품을 추천하여 상품에 대한 부가가치를 극대화할 수 있도록 서비스 상품의 품질관리를 담당하기도 한다.

(9) 설득자 역할

고객을 무리하지 않는 범위 내에서 설득하여 구매력을 증대시키고, 가능하면 소비행동을 바꿀 수 있도록 설득하여 기업 매출을 증대시키며, 호텔상품에 대한 불평을 극소화하여 고객만족 경영을 유도해야 한다.

고객은 서비스를 제공하는 종업원의 적극적인 태도로 인하여 신뢰를 구축하면 필요 이상의 구매력을 발휘하며, 기쁜 마음으로 서비스를 구매하는 습관이 있다.

그러므로 잠재고객의 설득단계는 고객이 호텔에서 제공하고 있는 서비스의 진실성을 인식한 다음의 단계라고 할 수 있다.

(10) 서비스 제공자 역할

호텔기업 경영은 사람산업이기 때문에 소비자에게 상품을 판매하는 것 이외에 부가적으로 서비스를 제공하여 상품 자체와 부가적 상품을 포함하는 패키지 상품을 판매하는 역할을 한다.

5 판매절차

여기에서 서술되는 판매절차는 판촉부에서 근무하는 종업원이 상품 판매를 위한 각종 활동을 위해 상품이나 서비스를 보여주거나 이미 상품을 판매한 경우에 대한 일련의 과정을 살펴보기로 한다.

(1) 고객영접

호텔기업 서비스는 영접으로부터 시작되기 때문에 따뜻한 안내서비스는 고객을 편안하게 해준다. 그러므로 처음으로 호텔상품을 구매하기 위해 방문하는 고객을 차별하지 않고 정중하게 모시는 것이 대단히 중요하다.

고객영접은 원칙적으로 관련 부서에서 실시하지만 판매촉진을 위한 활동으로 판촉부 종업원이 함께 참여해야 하는 경우가 많이 있다.

(2) 상품 추천

호텔상품 구매빈도가 높은 고객은 상품 및 서비스에 대한 구매를 스스로 결정하지만 그렇지 못한 경우에는 고객 수준에 알맞은 상품 및 서비스를 추천하게 되는데 이때에는 고객의 요구를 충분히 파악한 후 신중하게 다루어야 한다.

(3) 서비스 제공

고객이 상품이나 서비스를 구매하기 위해 주문했다면 고객은 오래 기다리지 않는 속성이 있기 때문에 서비스를 신속하게, 그리고 요구한 서비스를 정확하게 제공하도록 최선의 노력을 다해야 한다. 이때 고객이 혼자일 경우에는 상황에 따라 적당히 대화의 주제를 이끌어내어 대화 상대가 되어주면 서비스 수준이 높아진다는 사실을 기억해야 한다.

예를 들면 호텔 일식당의 스시 카운터에서 음식을 주문하여 식사를 하는 고객에게 주방장이 스시 요리에 대한 이야기나 일식에 대한 최근의 동향 등을 이야기하면서 상호 간 교제의 시간이 된다면 고객이 느끼는 서비스 품질은 훨씬 향상된 수준이 되어 기대 이상의 서비스가 될 것이다.

(4) 환 송

고객을 접촉하는 종업원은 고객이 서비스를 제공받고 호텔상품을 구매하거나 서비스를 제공받고 떠날 때 최상의 기분을 유지하도록 최선의 노력을 다해야 한다. 왜냐하면 이 순간의 서비스는 반복구매의 여부를 결정하는 중요한 순간이기 때문이다.

이때 기억해야 할 사항은 고객은 항상 자신이 제공받은 서비스를 평가하는 습관이 있기 때문에 고객으로부터 서비스에 대한 의견을 접수해야 한다는 것이다. 이때 접수된 고객의 의견은 기업의 서비스 개선에 많은 도움이 될 것이다.

6 판매저항

고객접촉으로부터 서비스를 제공할 때에는 언제나 판매저항이나 불만이 발생될 수 있기 마련인데, 이러한 것들을 지혜롭게 극복해야 한다. 고객은 여러 가지 이유로 인하여 상품추천에 저항함에 따라 구매확률이 높아진다는 사실을 인식해야 한다.

일반적으로 판매저항을 극복하기 위한 방법은 다음과 같다.

- 고객의 이야기를 방해하지 않고 경청한다.
- 판매사원이 고객을 이해하고 있다는 것을 보여주기 위하여 고객의 말을 수용하면서 조심스럽게 자신의 의견을 제시한다.

• 구체적인 사실에 초점을 맞추거나 구매혜택, 또는 대체상품을 보여줌으로써 저항에 반응한다.

7 판매종결

고객에게 여러 가지 서비스 상품을 추천하여 고객의 긍정적인 반응을 얻어냈을 경우 판매사원은 그 자리에서 고객을 설득하여 판매를 종결해야 한다. 즉, 고객과 서비스 상품에 대한 혜익·특징 등 여러 가지 의견을 교환하고 주변상품의 구매에 대해서도 추천하여 고객이 긍정적으로 반응하였다면 반드시 구매항목과 구매량 등을 재확인하여 구매자와 확실한 판매를 성사시켜야 한다.

8 사후관리

판매를 종결한 다음에는 고객과의 지속적인 관계를 유지하기 위해 고객으로부터 획득한 정보를 중심으로 기업의 상품이나 서비스 등을 주기적으로 소개하거나 기업 자체에서 실시하는 각종 행사에 초대한다.

또한 고객의 구매잠재력에 따라 분류하고, 구매력이 있다고 판단되는 고객에게는 기업의 경영에 참여의식을 고취시키고, 상품이나 서비스에 대한 구매를 상기시키기 위해 기업에서 발행하는 간행물이나 뉴스레터 등을 우송하여 재구매 고객으로 전환시키도록 최선을 다해야 한다.

제 5 절 내부판매 촉진

내부판매 촉진(internal sales promotion)이란 상품이나 서비스를 구매하기 위해 방문한 고객에게 서비스를 제공하는 종업원이 프로기질을 발휘하여 고객을 감동시키기 위한 활동이다.

종업원이 고객을 감동시키기 위해서는 우선 종업원 스스로가 감동할 수 있는 환경을 조성해야 한다. 이러한 환경을 조성하기 위해서 종업원은 상품에 대한 지식을 습득해야 하고, 서비스 자질을 키워나가야 한다.

1 판매기회 증진

서비스 제공에 대한 프로정신이 부족하여 판매기회를 놓쳤을 경우 매출에 부정적인 영향을 미치고, 고객 불만족의 원인이 되기도 한다. 고객은 호텔기업을 방문했을 경우 자기가 지불해야만 하는 대가로 융숭한 대접을 기대하고 있다. 이러한 기대를 충족시켜주지 못하면 고객은 기업의 서비스 구매를 주저할 것이다.

따라서 고객을 접촉하는 종업원은 언제나 진실한 모습으로 프로다운 서비스를 제공할 수 있도록 최선의 노력을 다해야 한다. 프로의 자질을 갖춘 서비스 요원이 제공하는 서비스에 감동한 고객은 추가서비스를 기꺼이 구매할 것이다.

이와 같이 고객을 대상으로 진정한 서비스를 제공하기 위해서는 무엇보다도 내부조직의 시스템이 안정된 상태에서 경영진과 종업원 상호 간 신뢰를 바탕으로 이루어져야 한다.

이러한 신뢰는 종업원들의 사기를 증진시켜 대고객 서비스에 있어서 고객을 만족시킬 수 있는 수준의 서비스를 제공할 수 있어 결국은 판매를 증진시킬 수 있는 기회의 폭을 넓힐 수 있을 것이다.

2 고객 접객요원 교육

호텔기업 경영자는 종업원 선발 및 오리엔테이션(recruitment & orientation)을 실시하고 상품에 대한 지식을 교육해야 하며, 동기부여를 해야 하는 책임이 있다. 그러나 이와 같은 것들은 우연히 이루어지는 것이 아니고, 쉽게 이루어지는 것이 아니다.

종업원을 선발할 때에는 모든 일에 적극적이고, 서비스지향적인 성격의 소유자로서 경영이념에 합당한지를 확인해야 한다. 일단 일정한 기준에 의하여 선발된 종업원은 광범위한 교육 프로그램으로 고객지향적이고, 서비스지향적인 마인드를 중심으로 집중적으로 교육하여 프로 자질을 길러주도록 해야 한다.

(1) 상품지식

고객을 대상으로 상품을 판매하기 위해서는 무엇보다 상품과 서비스의 종류나 성격 및 특징 등 구체적인 지식을 습득해야 한다. 그렇지 않으면 고객의 요구를 충족시킬 수 없기 때문이다. 고객들은 자기가 구매하고자 하는 상품이나 서비스에 대한 내용을 충분히 파악하려는 습성이 있다.

따라서 고객들의 상품이나 서비스에 대한 문의에 언제라도 친절하게 응대하기 위해서는 상품에 대한 폭넓은 지식을 숙지하고 있어야 하겠다.

예를 들면 연회장의 경우 크기와 형태, 수용인원 등은 물론이거니와 연회의 성격에 따라 세팅되는 각종 장비 및 기물 등에 대한 지식을 습득해야 한다. 이러한 상품지식의 습득은 주로 반복적인 교육훈련에 의해서 이루어질 수 있다.

(2) 물리적 기술

상기된 상품지식은 머릿속으로 암기함으로써 쉽게 습득을 할 수 있지만 물리적 기술(physical skill)은 물리적인 방법에 의하여 가능하다. 예를 들면 호텔객실 예약을 위한 컴퓨터의 조작, 객실배정, 비상탈출 방법 등은 물리적인 연습을 통하여 숙달시킬 수 있다.

따라서 종업원의 서비스 제공 능력의 수준에 따라 현장에서 살아 있는 교육(OJT : On the Job Training)[40]을 실시해야 한다.

(3) 태 도

태도(attitude)는 쉽게 바뀌지 않는 개인의 인식이나 신념에 관련된 것이기

40) OJT란 영업장이나 서비스 제공 현장에서 실제로 판매나 서비스를 제공하면서 교육을 실시하는 것을 의미하는 것으로 이론적인 교육보다 현장감을 익힐 수 있어 훨씬 효과적이다.

때문에 다른 교육보다 어렵다. 태도는 고객에게 서비스를 제공할 때 개인행동이나 동기부여가 절대적으로 영향을 미치기 때문이다.

고객은 작은 실수는 인정을 하지만 종업원의 무책임한 행동이나 게으른 행동에 대해서는 절대로 용서하지 않는다는 것을 알아야 한다. 따라서 고객에게 적극적이고 외향적인 성격으로 대하도록 평소에 훈련을 통하여 숙달되도록 노력해야 한다.

고객들은 호텔기업의 종업원에 대한 접객태도에 대해서 자주 언급하듯이 종업원 접객태도는 호텔기업의 서비스 수준을 결정하는 주요한 요소가 되기도 한다.

(4) 수행능력

서비스를 담당하는 종업원은 고객을 대상으로 제공하고 있는 서비스에 대하여 장점이나 특징 등을 설명하여 이해시키고 확증시켜줄 수 있는 능력을 길러야 한다. 그리고 고객으로부터 불만이 발생하였을 경우에는 상황에 따라 적절히 불만을 처리할 수 있는 능력을 향상시킬 수 있는 교육을 받아야 한다.

따라서 내부판매 촉진은 호텔기업 내부에 있는 고객을 대상으로 실시하는 마케팅으로서 일단 호텔을 방문한 고객들에게 서비스와 상품에 대한 이미지를 확증시켜주기 위한 마케팅 활동이다.

3 엔터테인먼트

엔터테인먼트(entertainment)는 최근에 고객의 관심이 집중되고 있는 분야이다. 다양한 형태의 서비스와 엔터테인먼트는 고객을 쉽게 유인할 수 있는 수단이 되고 있다.

특히, 요즘에는 카페나 식당에서 라이브 음악과 함께 가수나 코미디언이 출연하여 고객이 구매하는 상품의 부가가치를 증대시킴으로써 판촉의 역할을 담당하고 있다.

이러한 부가적인 서비스를 추가함으로써 고객이 구매할 수 있는 폭을 넓힐 수 있고, 휴식을 위한 촉매제 역할을 한다.

4 기타 판매촉진 기술

상기된 여러 가지 방법의 판촉방법 외에도 호텔기업의 상품이나 서비스의 판매촉진을 위한 수단으로 기업의 브로슈어나 팸플릿 등을 이용하거나 미니 달력 또는 수첩 등을 이용하여 자사의 상품이나 서비스에 대한 정보를 전달하기도 한다.

예를 들면 호텔에서는 객실이나 식음료의 판매촉진을 위한 방법으로 식당 식탁 위의 텐트 카드(tent card), 호텔 브로슈어(hotel brochure), 미팅 플래너(meeting planner) 등을 통하여 고객들에게 구매동기를 부여하는 물리적인 방법과 종업원이 숙지하고 있는 각종 정보도 판매를 촉진할 수 있다.

제 6 절 세일즈 콜

1 세일즈 콜의 필요성

호텔기업의 판매촉진 부서의 기본업무는 거래처(accounts)를 관리하여 경쟁사로 이탈되는 비즈니스를 방지하고 경쟁사의 거래처를 자기호텔로 끌어들이는 것이다. 이와 같이 거래처를 방문하면서 수집한 여러 가지 정보나 의견을, 영업전략을 수립할 때 참고자료로 활용하기도 한다.

판촉부에서 실시하고 있는 판매촉진의 일부분인 세일즈 콜(sales call)의 목적은 일반적으로 다음과 같다.

(1) 거래처 관리

호텔상품의 구매량을 현재 수준으로 유지하거나 향상시키기 위해서는 고객과의 지속적인 관계가 매우 중요하다. 그러나 최근에는 고객 수준이 향상되고, 경쟁사 출현으로 말미암아 고객과의 지속적인 관계 유지가 쉬운 일이 아니다.

따라서 고객의 욕구를 정확히 파악하고, 고객에게 가장 합리적인 가격으로 최대의 부가가치를 제공할 수 있는 방법을 강구해야 하며, 아울러 경쟁사 활동에 대해서도 구체적인 정보를 획득하여 적절히 대처할 수 있도록 해야 하겠다.

거래처 관리방법에는 다음과 같은 것들이 있다.

- 제공받은 서비스에 대한 의견 수렴
- 거래처 내부조직 숙지
- 거래처 영업현황 파악
- 새로운 상품 소개
- 비즈니스를 위한 관계 개선
- 경쟁사 정보 획득
- 시장정보 획득

(2) 새로운 시장 개발

호텔상품은 무형성이 강하고 인적 서비스가 가미되는 경우가 대부분이기 때문에 상품 수명이 짧은 편이므로 새로운 시장에 도전하는 자세로 상품과 서비스 개발을 게을리하지 않도록 해야 한다.

새로운 관광시장 개발에는 다음과 같은 방법들이 있다.

- 시장정보 수집
- 경쟁사 정보 수집
- 호텔상품 및 서비스 소개
- 새로운 거래처 확보
- 기업 이미지 개선
- 종업원 사기 앙양

2 세일즈 콜 계획

세일즈 콜은 고객이나 잠재고객을 방문하여 서비스 상품의 판매를 촉진하는 과정이기 때문에 방문활동을 실시하기 위해서는 반드시 사전에 구체적이고 명확한 방문계획을 수립해야 한다.

세일즈 콜 계획단계에서는 거래처일 경우 방문횟수를 상품의 구매량에 따라 정하지만 반드시 구매량에 따라서 방문횟수를 정할 필요는 없다.

거래처 방문계획을 수립할 때 고려해야 할 사항은 일반적으로 다음과 같다.

(1) 방문횟수 결정

호텔기업마다 규정이 다르겠지만 일반적으로 호텔상품 구매량에 따라 등급을 결정하고, 연간계획을 수립한다. 예를 들면 호텔에서 여행사의 거래처를 객실판매 수에 따라 A, B, C, D등급으로 구분하고, 그 등급에 따라 방문횟수를 결정한다. 그러나 상황에 따라서는 매출실적에 관계없이 고객의 구매잠재력을 고려하여 방문의 빈도를 높이는 경우도 있다.

이러한 방문횟수의 결정은 마케팅 책임자와 담당자가 시장의 상황을 고려하여 효과를 극대화시킬 수 있는 방법으로 해야 한다.

(2) 방문 우선순위 결정

거래처 영업상황을 분석하여 그 결과에 따라 방문 우선순위를 결정하고, 본래의 방문계획을 유동적으로 운영한다. 영업상황 분석은 마케팅 차원에서 일정시점이나 일정기간의 거래처 영업상황을 필요에 따라 호텔 자산관리 시스템(PMS : Property Management System)을 이용하여 분석한다.

그런데 최근에는 고객을 신중하게 분석하여 호텔기업의 영업에 공헌한 만큼을 보상하는데 이것이 바로 통합마케팅 커뮤니케이션(IMAC : Integrated Marketing And Communication)을 이용한 고객관리 방법의 하나이다.

방문의 우선순위는 대개 다음과 같다.

- 거래처 고객으로부터 상품이나 서비스에 대한 불평(complaints)을 접수하였을 경우

- 거래처로부터 새로운 비즈니스의 발생으로 인하여 방문요구가 있을 경우
- 정상적으로 계획된 방문
- 시장상황에 현저한 변화의 징후가 발견되었을 경우

(3) 방문목적의 명확화

세일즈 콜을 효율적으로 실시하기 위해서는 방문 전에 방문의 목적을 정확히 설정할 필요가 있다. 그러므로 대부분 호텔기업에서는 판촉부 종업원들이 거래처를 방문하기 전에 반드시 〈표 7-9〉와 같이 방문계획서를 작성하도록 권유하고 있으며, 방문계획이 결정되면 사전약속의 절차와 방문에 필요한 것들을 준비할 것을 권고한다.

(4) 방문 시 준비사항

방문 우선순위에 따라 방문계획이 결정되면 방문에 필요한 모든 사항을 점검하고 준비하는 단계로서 세일즈 콜의 성공 여부는 준비단계에 있다 해도 과언이 아니다. 즉, 고객의 성향을 직·간접적으로 파악하고, 방문 효과를 극대화하기 위해 각종 인쇄물이나 판촉물 등을 준비한다.

거래처를 방문할 때는 다음과 같은 것들이 준비되어야 한다.

- 방문자 명함
- 거래처 영업성과 숙지
- 거래처 기업조직 파악
- 최근 구매자나 이용자 등의 내용 파악
- 필기도구
- 판촉물
- 새로운 상품 정보
- 자사 이벤트 정보
- 비주얼 장비

표 7-9 Sales Call Weekly Plan

Sales Rep. :		Date:	
Day	Account Name	Objectives	Remarks
Mon			
Tue			
Wed			
Thu			
Fri			

3 세일즈 콜 종류

세일즈 콜은 판촉부 기본업무이면서 가장 중요한 활동으로서 성공적인 방문활동은 기업의 매출 향상에 많은 영향을 미칠 수 있다. 따라서 판촉부에서 근무하는 담당자는 프로다운 판촉활동을 수행하기 위해 많은 노력을 해야 한다. 왜냐하면 거래처나 경쟁사의 거래처를 방문한다는 것은 기업을 대표해서 방문하는 것이기 때문에 고객은 판촉 담당자의 모든 언행을 기업 이미지와 관련하여 생각하기 때문이다.

판매촉진 부서의 세일즈 콜 활동에는 여러 가지 종류가 있으나 방문목적과 거래관계에 따라 다음과 같이 구분할 수 있다. 물론 세일즈 콜을 지원하는 도구로서 텔레마케팅이나 직접우편 등을 이용하여 '세일즈 리드(sales leads)'[41]를 획득하고, 그 정보를 분석한 후 방문하는 거래처 개발을 위한 방문도 있다.

(1) 방문목적에 의한 분류

세일즈 콜을 실시하기 위해서는 반드시 방문에 대한 목적을 확실하게 정해야 한다. 방문을 하는 담당자는 방문 유형을 적당히 조합하여 계획을 수립하고, 방문을 통한 판매촉진의 활동이 균형을 이룰 수 있도록 해야 한다.

기업의 판촉부 담당자에 의해서 이루어지는 고객방문의 목적은 다음과 같이 분류한다.

1) 정기방문

호텔기업의 판촉부서 담당자가 거래처(accounts) 방문계획에 따라 정기적으로 방문활동(courtesy call)을 실시하는 것으로 거래처의 거래실적이나 잠재력을 고려하여 방문계획을 수립하고, 특별한 경우가 없는 한 방문계획대로 거래처를 방문하는 활동이다. 방문할 때에는 반드시 방문시간과 날짜를 거래처의 관련자와 사전약속(pre-appointment)을 해야 하며, 상대방의 업무상황을 고려해야 한다.

---

41) 세일즈 리드란 특정 고객 또는 잠재고객이 호텔상품의 구매를 계획하고 있거나 상품구매를 위한 정보의 원천이나 상황을 일컫는 것으로 이와 같은 경우 판촉부 담당자에게 정보를 제공하여 고객방문을 통해 자호텔의 상품을 구매할 수 있도록 최선을 다해야 한다.

2) 의뢰방문

의뢰방문(call requested by customer)은 거래처에서 상품의 구매나 서비스 이용에 관하여 문의를 하거나 잠재고객이 기업의 상품이나 서비스를 구매하기 위하여 방문을 의뢰하는 것이다.

의뢰를 받으면 상황을 판단하여 예상되는 서비스 자료를 준비하고, 치밀한 계획하에 신속하게 방문이 이루어지도록 해야 하는데 그 이유는 거래처는 경쟁사와도 거래를 하고 있다는 사실을 항상 염두에 두어야 되기 때문이다.

3) 촉진방문

촉진방문(promotional call)이란 부정기적인 판촉활동이면서 기업의 판매 촉진 수단으로 기존에 약정된 거래조건 이외의 촉진활동이다. 새로운 상품이나 서비스를 거래처에 소개하기 위해 방문하거나 경쟁사 거래처의 유인을 목적으로 하는 특별한 판촉활동이다.

(2) 거래에 의한 분류

1) 거래처 방문

일정한 거래조건으로 계약을 체결하고, 일정한 기간 동안 서비스를 제공하는 거래처를 방문(sales call for account)하는 것으로 방문목적은 상술한 바와 같다.

거래처 관리를 소홀히 하면 고객은 경쟁기업과 거래할 수 있는 기회를 제공하는 것이기 때문에 거래처의 담당이 되면 정기적인 방문과 특별한 목적을 위한 비정기적인 방문을 실시하여 자기업의 현재 제공되는 서비스에 대한 의견을 수렴하여 지속적으로 향상된 서비스를 제공하도록 노력해야 한다.

판촉부의 거래처 담당자는 거래처의 모든 것을 관리하고 있기 때문에 거래처 방문객의 이동상황을 수시로 확인하여 경쟁사로 빼앗기지 않도록 최선의 노력을 다해야 한다.

2) 신규 거래처 방문

신규시장의 개발을 위하여 입수한 정보를 분석하고, 그 결과에 따라 방문(sales call for new customer)을 하는 경우와 세일즈 블리츠(sales blitz)와 같이 무차별적으로 특정한 지역을 동시다발적으로 방문을 실시하는 경우가 있으나, 거래처가 아닌 잠재고객을 방문하여 단시일 내에 비즈니스를 기대할 수 없다.

여러 차례 방문을 하고 의사결정자를 초청하여 기업의 서비스와 시설을 소개함으로써 신뢰를 구축할 수 있는 상황이 되어야 비로소 비즈니스가 연결되기 때문에 너무 서두르는 것은 금물이다.

4 세일즈 콜 절차

호텔상품을 자주 구매하거나 이용하는 고객은 주로 사회적으로 안정되었거나 기업을 경영하는 사람인 경우가 대부분이기 때문에 방문을 계획할 때에는 신중을 기해야 하고, 상황에 따라 능동적으로 대처해야 한다.

세일즈 콜은 판촉부 종업원이면 반드시 실시해야 하는 활동이지만 고객을 방문한다는 것은 생각보다 어렵기 때문에 어느 정도의 근무경력으로 일정한 수준 이상의 경력을 쌓은 후 방문활동을 실시해야 한다. 그렇지 않으면 호텔기업을 대표하여 고객을 방문하므로 판촉사원의 사소한 실수나 미숙함이 있을 경우에는 방문목적에 역효과를 초래할 수 있기 때문이다.

(1) 방문계획 수립

호텔기업의 영업전략에 따라 전술한 바와 같이 방문계획을 수립하는 데 교통의 혼잡을 고려하고 방문의 효율성을 위하여 지역을 구분하는 것이 바람직하다.

방문계획을 수립하면 판촉부 담당자는 관련 부서의 담당자들에게 방문계획을 통보하여 방문치에 특별한 사항이 있는지를 점검하여 고객 질문에 적절히 응대할 수 있도록 한다.

(2) 방문약속

1) 거래처

거래처인 경우는 정기적으로 접촉하는 담당자가 있기 때문에 사전에 방문목적을 전달하면 쉽게 방문약속을 할 수 있다. 그러나 종종 최고경영자나 상사가 동행할 경우 거래처 사장이나 간부의 방문을 주선해야 하기 때문에 방문약속을 할 경우 구체적인 방문계획을 전달해야 한다.

2) 신규고객

신규고객을 접촉하여 방문약속을 한다는 것은 매우 어려운 일이다. 왜냐하면 현재 신규고객은 경쟁사 상품을 구매하거나 서비스를 이용하고 있을지도 모르기 때문이다. 따라서 이러한 장벽을 넘고 약속을 한다는 것은 어렵기 때문에 능숙한 기교가 필요하다.

이러한 경우 약속은 전화나 서신을 이용하는 경우가 많으나 보통 전화를 이용하는 방법이 일반적이다. 무엇보다 중요한 것은 전혀 거래관계가 없었다고 하여 고객과 사전약속을 하지 않고 방문해서는 안 된다는 점이다.

(3) 거래처의 정보 파악(새로운 고객)

신규고객을 처음 방문한다는 것은 민감한 사안이므로 사무실 관련자와 상담을 부드럽게 하기 위해서는 다음과 같이 소속기업의 조직과 의사결정자, 그리고 영업에 관한 사항을 파악해야 한다.

- 기업 조직(firm's organization)
- 의사결정자(decision maker)
- 취급업무(products)
- 접촉자(contact person)
- 호텔상품 구매량(production)
- 경쟁사 관계(relationship with competitor)

(4) 방 문

고객을 방문할 경우에는 거래처에 반드시 약속시간보다 일찍 도착하여 용무를 살피고, 사무실 관련자에게 방문사실을 전한다. 이때 만약 비서가 안내를 하는 사무실이라면 조그마한 선물을 준비하는 것도 방문을 부드럽게 하는 방법의 하나이다.

특히, 신규고객을 방문할 경우에는 비서가 제공하는 정보가 성공적인 방문에 중요한 단서 역할을 하는 경우도 있다. 또한 고객과의 부드러운 대화를 위해 최근의 시사성 있는 내용이나 날씨 등으로 화제를 이어간다.

보통 판촉담당자가 거래처나 새로운 고객을 방문할 경우의 주의사항은 다음과 같다.

- 사무실 도착 전에 화장실에서 흐트러져 있는 머리를 빗으로 빗고, 옷매무새를 살핀다.
- 식사 후에 곧 바로 방문해야 할 경우에는 화장실에서 물양치를 하고, 치아를 점검한다.
- 명함이 주머니에 있는지를 확인한다.
- 필기구와 메모지를 다시 한 번 점검한다.
- 고객의 정확한 성함과 직책을 확인한다.
- 사무실에 도착하면 방문약속 내용을 명확하게 전달하여 고객과 만날 수 있도록 의뢰한다.
- 만약 고객의 사정으로 약속시간에 부재중이면 예상되는 귀사시간을 관련 직원에게 물어보고, 늦어지면 상황에 따라 재방문 계획을 결정한다.
- 고객 사무실로 안내되었을 경우에는 정중히 인사말을 건네고, 고객의 안내에 따라 착석한다.
- 처음 방문하는 고객일 경우에는 정중히 명함을 교환한다. 이때 명함이 교환되고 나면 고객 명함이 구겨지지 않도록 조심스럽게 탁자에 올려놓고 직함과 성함을 암기한다. 이때 고객 앞에서 고객으로부터 받은 명함에 날짜를 기록하거나 메모를 해서는 안 된다.

(5) 상 담

고객 사무실로 안내되어 인사를 나누고 착석한 다음에는 분위기에 알맞은 화제와 함께 상담이 시작되는데 방문목적에 따라 상담내용이 달라지겠지만 고객의 의중을 살펴가면서 상담을 실시해야 한다.

이때 대화를 원만하게 이어가기 위해서는 단답형 질문이나 폐쇄형 질문(closed question)은 대화를 단절할 수 있으므로 가능하면 개방형 질문(open question)을 유도하면서 상대의 정보를 획득할 수 있도록 한다.

상담할 때에는 다음과 같은 사항에 주의를 해야 한다.

- 상대방이 대답하기 곤란한 질문은 피해야 하고, 가능하면 간접적인 질문으로 정보를 얻도록 해야 한다. 예를 들면 사생활에 관련된 내용, 회사의 영업전략상 비밀스러운 내용, 경쟁사에 관한 직접적인 질문 등이다.
- 고객이 업무가 바쁜 것같이 느껴지면 방문목적과 관련 없는 내용의 대화는 피하는 것이 바람직하다.
- 상담 중 고객이 쉽게 이해할 수 있도록 시각적인 자료를 제시하면서 대화를 이어간다.
- 상담 중 이동전화가 울리지 않도록 스위치를 끈다.
- 적당한 시간에 고객이 자사를 방문하여 호텔 편의시설을 답사하거나 상품을 제공받을 수 있도록 초청한다.
- 상담을 종료할 때에는 상담 중에 교환된 내용을 다시 반복하여 고객에게 확인시킨다.
- 고객의 사무실을 나올 때는 미리 가지고간 자사가 제작한 판촉물(give-away)을 건네고 사무실을 나온다.

(6) 보고서 작성 및 사후관리

세일즈 콜을 실시하고 난 다음에는 반드시 주요한 상담내용을 기록으로 남겨두어 필요할 경우 후속조치를 취해야 한다. 과거에는 파일(file)에 직접 기록하여 관리했지만 최근에는 대부분의 호텔기업들이 자체 컴퓨터 시스템을 이용하여 방문내용을 입력하고 관리하는 경우가 증가하고 있다.

컴퓨터 시스템을 이용하여 고객관리를 하면 데이터 조작에 의해 방문계획을 출력할 수 있고, 사후관리 사항도 자동적으로 출력되어 효율적인 관리를 할 수 있다. 고객방문을 마친 후의 사후관리는 고객과의 지속적인 관계를 유지하는 데 매우 중요한 역할을 하기 때문에 신중히 처리해야 한다.

유능한 세일즈맨은 세일즈 콜을 마치고 고객으로부터 청취한 내용을 철저히 분석하여 사소한 내용이라도 빠뜨리지 않고 처리하여 고객과의 관계를 더욱 강화한다.

제 7 절 세일즈 블리츠

세일즈 블리츠(sales blitz)는 영업에 관련이 있으나 판촉부서의 종업원이 정상적으로 관리하지 못한 잠재고객을 방문하는 판촉활동으로서 본래의 의미는 "사전계획 없이 특정한 지역이나 시장을 선정하여 무차별적으로 방문하는 것"이었다.

요즘에는 이러한 개념을 벗어나 지역이나 시장을 선정하여 잠재고객에 대한 기본적인 정보를 사전에 입수하여 사전약속을 하고, 방문활동을 하기도 한다.

도심의 대규모 빌딩에 입주해 있는 잠재고객을 관리하기란 쉽지 않다. 따라서 이러한 활동은 세일즈 블리츠 개념을 적용하여 일정한 기간에 동시다발적인 방문으로 신규고객을 발굴하기 위한 활동으로도 이용되고 있다.

1 세일즈 블리츠 목적

세일즈 블리츠는 정해진 기간에 가능하면 많은 곳을 방문하여 신규시장을 발굴하는 것이다.

따라서 세일즈 블리츠의 주요 목적은 다음과 같다.

(1) 시장상황 파악

짧은 기간 내에 일정한 지역을 사전계획에 의거하여 가능하면 많은 고객과 접촉해야 하기 때문에 현재의 시장을 정확히 이해할 수 있고, 이미 수립된 영업전략과 비교하고 시장의 현 위치를 파악하여 필요하면 전략을 수정하거나 보강하기도 한다.

왜냐하면 세일즈 블리츠 대상은 주로 경쟁사의 거래처이거나 판촉부의 노력이 미치지 못했던 고객이기 때문에 기존 거래처에서 획득하지 못했던 여러 가지 다양한 정보를 얻을 수가 있다.

(2) 신규 거래처 확보

세일즈 블리츠는 거래처보다 신규 기업체나 사무실을 방문하기 때문에 경쟁사 거래처일지라도 적당한 거래조건과 원만한 인간관계를 유지한다면 자기업의 새로운 거래처로 전환시킬 수가 있다.

실제로 현장에서의 경험에 의하면 이러한 활동으로 인하여 경쟁사 고객이 자사의 고정고객이 되는 경우가 많이 있다. 이와 같은 활동으로 거래처를 확보하는 것은 경쟁사끼리의 파격적인 거래조건 제시 등으로 인하여 때로는 부작용을 일으키기도 한다.

(3) 판촉부 담당자 동기부여

세일즈 블리츠는 전혀 방문을 해보지 못한 곳을 방문하는 곳이 많고, 세일즈 블리츠 활동 결과로 새로운 비즈니스를 창조할 수 있는 잠재고객 확보 기회가 많기 때문에 성취욕구의 충족과 함께 판촉부 담당자에게 동기를 부여할 수 있다.

(4) 효과적인 팀워크 구축

세일즈 블리츠는 동시에 많은 인원이 팀을 구성하여 실시하고, 필요할 경우 영업과 관련된 부서의 종업원을 선발하여 동행함으로써 효과를 높일 수 있으며, 가능하면 많은 종업원이 동시다발적으로 특정 지역을 샅샅이 방문하는 활동이기 때문에 종업원끼리의 팀워크가 구성되어 종업원간, 또는 조직간의 단합을 강화할 수 있다.

만약 타부서의 고객 접객원이 세일즈 블리츠에 합류할 경우에는 세일즈 블리츠에 대한 정확한 이해와 목표, 그리고 방문에 관한 기본적인 기법을 사전에 교육해야 한다.

2 세일즈 블리츠 계획

세일즈 블리츠가 잘 수행되기 위해서는 사전준비가 무엇보다 철저히 이루어져야 한다. 따라서 세일즈 블리츠를 준비하는 담당자는 효율적인 운영을 위해 방문하고자 하는 잠재거래처의 정보를 입수하여 방문일정을 수립하고, 추가로 입수하지 못한 곳은 지역별로 나누어 무차별적으로 방문하는 계획을 수립한다.

3 세일즈 블리츠 절차

(1) 활동목표 정의

세일즈 블리츠에 참여하는 종업원이 정확한 목표를 이해하고, 세일즈 블리츠를 실시하고 난 후의 기대효과를 숙지함으로써 활동에 대비한 효율적인 준비작업이 이루어질 수가 있다.

따라서 마케팅 담당자는 세일즈 블리츠를 실시해야 하는 이유와 목적에 대한 교육을 사전에 실시해야 한다.

(2) 활동계획 수립

세일즈 블리츠의 활동목표가 정해지면 세부적으로 활동계획(action plan)과 지침을 포함한 구체적인 내용의 계획을 수립해야 한다. 일반적인 세일즈 콜과 성격이 다르기 때문에 인원 구성에서부터 세일즈 블리츠 활동을 실시할 때 잠재고객들에게 전달할 메시지나 보조 판촉물 등을 철저히 준비할 수 있는 활동계획을 수립한다.

(3) 팀구성 및 판촉물 준비

세일즈 블리츠는 동시다발적으로 실시하는 판촉활동이기 때문에 동시에 많은 인원이 투입되어 짧은 기간에 소기의 목적을 달성하려는 활동이다. 그러므로 경우에 따라서는 고객을 접촉하는 부서 종업원의 지원으로 팀을 구성하기도 하는데 이러한 경우에는 사전에 판촉 전문요원과 함께 팀을 구성하는 것이 효과적이다.

접객부서 종업원이 세일즈 블리츠를 지원할 경우의 장점으로는 접객부서의 종업원이 잠재고객을 방문함으로써 고객을 이해할 수 있는 기회를 가질 수 있으며, 또한 판촉부 종업원이 고객을 유치하는 데 있어서 어떠한 절차를 거쳐서 하나의 고객을 유치하기 위해 얼마나 많은 노력이 필요한가를 이해할 수 있다.

그리고 사전에 세일즈 블리츠에 필요한 판촉물이나 인쇄물 등을 준비해야 하는데 그 내용은 대개 다음과 같은 것들이 있다.

- 브로슈어(hotel brochure)
- 질문서(questionnaire)
- 촉진상품(promotional products)
- 판촉물(hotel give-away)
- 비주얼 장비(visual equipment)
- 기타 기업에 관한 인쇄물(printing materials)
- 명함(business card)
- 보고서(report form)

(4) 교 육

세일즈 블리츠를 효과적이고 효율적으로 실시하기 위해서는 무엇보다 사전교육을 통한 방문기법의 숙지 등이 절대적으로 필요하기 때문에 사전교육이 보다 철저히 이루어져야 한다. 방문 시에 프로다운 기질을 발휘하기 위해서는 실제상황을 가상한 역할연기(role play)를 실시하여 방문 시의 두려움을 제거해야 한다.

왜냐하면 오늘날과 같은 시대에 본연의 업무 이외의 용무로 방문객을 맞이한다는 것은 매우 어려운 것이다. 즉, 상대방이 관심을 두지 않는 용무로 방문하는 사람을 처음부터 반겨주지 않기 때문이다.

이러한 장벽을 제거하기 위해서는 많은 교육훈련과 실전경험이 필요하다고 하겠다. 즉 상황에 따라 그 분위기에 알맞은 행동을 할 수 있는 기법을 습득해야 하기 때문이다.

(5) 예산 확보

어떠한 행사나 판촉활동을 하기 위해서는 반드시 그에 수반하는 것이 예산이다. 특히, 세일즈 블리츠는 짧은 기간 동안 동시에 많은 인원이 투입되기 때문에 많은 예산이 소요된다.

따라서 세일즈 블리츠의 계획이 수립되면 활동항목마다 필요한 예상비용을 산출하여 확보해야 한다. 이때 예산을 각 팀마다 분배할 경우에는 하루에 필요한 비용을 매일 팀장이 분배하는 방법과 세일즈 블리츠 기간에 필요한 비용을 각 팀에게 배분하는 방법이 있다.

세일즈 블리츠 활동을 위한 예산의 주요 항목은 다음과 같다.

① 숙박비(accommodation)

원거리 지역을 방문할 경우 일정한 기간을 숙박해야 하기 때문에 이에 대한 비용이 필요하다.

② 교통비(transportation)

과거에는 택시나 일반 대중교통을 이용하였기 때문에 일급으로 지급이 되었으나 요즘은 거의가 승용차를 이용하는 추세이다.

③ 식대(meals)

식대는 세일즈 블리츠의 형태에 따라 기업의 규정대로 지급이 된다.

④ 선물비(gift)

반드시 필요한 항목은 아니지만 방문자의 정보에 따라 때로는 특별한 선물을 마련해야 하는 경우도 있다.

⑤ 문구대(stationary)

기업에 대한 프리젠테이션(presentation)을 할 경우 그 효과를 극대화하기 위하여 문구가 필요한 경우가 있다.

⑥ 접대비(entertainment)

기대되는 구매량이 많은 잠재고객일 경우 상황에 따라 접대를 해야 할 경우가 있다. 예를 들면 방문시간이 식사시간과 겹칠 경우나 진지한 내용으로 상담시간이 길어질 경우에는 식사를 하면서 상담시간을 연장시켜 많은 정보를 입수해야 한다.

⑦ 기 타

전화나 세탁 등의 기타 경비

(6) 실 시

세일즈 블리츠의 계획대로 활동을 실시하는 데에는 반드시 처음의 계획대로 이루어지지 않는다. 왜냐하면 방문지의 상황이 바뀌거나 예상하지 못했던 상황이 발생하게 마련이므로 틀에 박힌 형태의 세일즈 콜보다 유동적인 상황에 적절히 대처하는 능력이 필요하다.

(7) 보고서 작성 및 사후관리

판촉활동을 하는 사람은 반드시 방문에 대한 결과를 보고서에 작성하여 상사에게 보고하고, 방문고객에 대한 문의나 요청사항 및 반대의견 등을 사후관리(follow-up)하도록 해야 한다.

표 7-10 세일즈 블리츠 보고서 양식

Date		Sales Rep.	
Customer Name		Contact Person	
Contact No		FAX No.	
Address			
Expected Production per Year :			
Competitor 1 :	Competitor 2 :	Competitor 3 :	Competitor 4 :
Comments :			
Follow-up :			

표 7-11 Questionnaire

Questionnaire

1. Does your company have and business connections in ○○○?

2. Which service or product have you purchased or used before?

3. Have you handled incentive or meeting tour before?

4. Do you have a plan for incentive or meeting in ○○○?
   if yes, which hotels are considered?

5. When are you going to ○○○ and stay with us?

6. Would you like to have any information about ○○○ hotel or any specific hotel?

Follow-up and additional comments:

제Ⅲ부

호텔마케팅의 응용

제 8 장

통합마케팅

제 1 절 통합마케팅의 필요성

전통적인 마케팅에는 고객을 평균화하여 동일한 수준의 가치선상에서 대우하였기 때문에 호텔기업의 고정고객 대우가 공정하게 이루어지지 못했다. 이러한 불균형적인 마케팅 활동을 과학적이고 체계적인 방법으로 개선하고, 마케팅 비용의 투자에 대한 회수율을 극대화하기 위해 종합적인 관리가 필요하다는 것을 인식하고 있기 때문에 대부분의 호텔기업에서는 통합마케팅을 서둘러 도입하고자 마케팅 시스템 환경을 변화시키고 있다.

그러나 무엇보다 중요한 것은 마케팅 환경의 변화에 따라 최고경영자들의 사고가 합리적으로 변화해야 한다는 것이 전제되어야 한다. 최고경영자가 이러한 시스템의 고객관리를 이해하지 못한다면 통합마케팅 시스템 적용이 불가능하거나 많은 어려움이 뒤따르기 때문이다.

1 시장의 변화

과거 시장은 특정한 기업이 주도하였기 때문에 고객이 상품구매나 서비스를 제공받는 데 있어서 선택의 폭이 매우 적었으며, 고객은 호텔기업이 생산·판매하는 상품이나 서비스를 정확하게 이해하지 못하였기 때문에 서비스에 대한 평가를 올바로 이해하지 못했다.

그러나 국제화 단계를 지나 세계화를 지향하고 있는 요즘에는 상거래를 위한 외국인의 왕래가 빈번해지고, 노동시간 단축과 더불어 관광의 욕구로 인한 관광객 이동은 많은 경쟁자를 창출하였기 때문에 호텔기업의 서비스 및 경영 형태를 다변화시키지 않으면 경쟁력이 약화되어 살아남을 수 없게 되었다.

또한 고객은 점차 특정인들이 아닌 일반대중들까지도 국제적 감각의 서비스를 이해하고, 나름대로의 욕구를 충족시키기 위한 요구사항도 다양해졌기 때문에 고정고객과 지속적인 관계를 유지하기 위해서는 상품이나 서비스를 구매하는 정도에 비례하여 보상을 해주어야 한다.

이와 같이 시장은 급속도로 변화하여 고객을 유인하기 위해서는 독특한 서비스를 개발하여 제시하고, 주변 혜익과 함께 고객의 마음을 긍정적인 차원으로 변화시켜야만 하는 시장으로 변화하고 있다.

2 전통적 마케팅과 현대적 마케팅

전통적인 마케팅은 상품의 생산자 또는 서비스 제공자가 시장을 주도하던 시대에 판매 및 촉진의 수단으로 판매량을 통한 이익으로 기업의 목표를 달성하였다. 그러나 현대적 마케팅은 통합적인 마케팅을 매개로 고객의 만족을 통한 이익창출로서 기업의 목표를 달성하기 위한 마케팅 시스템(marketing system)으로 변화하였다.

따라서 기업의 주목적인 이익창출은 판매지향적이 아니라 고객이 먼저 만족할 수 있는 수준의 서비스를 제공해야 한다. 고객을 만족시키기 위한 전제조건은 우선 고객을 합리적으로 대우해주는 데서 출발하기 때문에 고객에 대한 관계설정을 위한 다각적인 노력이 필요하다.

이와 같은 내용을 도식화하면 [그림 8-1]과 같다.

제 2 절 통합마케팅의 커뮤니케이션 사이클

통합마케팅의 커뮤니케이션 사이클(IMAC : Integrated Marketing Communication Cycle)이란 고객가치를 평균적인 수준으로 판단하여 마케팅 활동을 실시하는 것이 아니라 전체 고객의 소비행동에 따라 가치를 부여하고, 그 가치에 따라 적정한 방법으로 보상하기 위한 시스템이다. 즉 고객을 차별화하여 기업매출에 기여도가 큰 고객은 그에 상응하는 마케팅 비용을 투자하여 대우를 해주기 위한 제도이다.

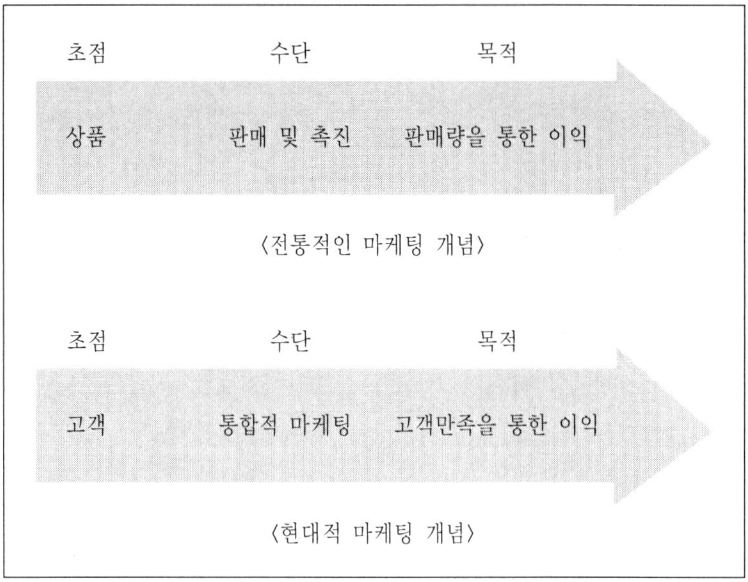

그림 8-1 전통적 · 현대적 마케팅의 비교[42)]

기업의 영업매출은 소수(약 20%)의 고객이 전체 매출의 대부분(약 80%)을 차지하는 것이 일반적인 매출창출의 구조이기 때문에 이 소수의 고객을 철저하게 관리하여 지속적으로 매출을 창출하기 위한 방안이다.

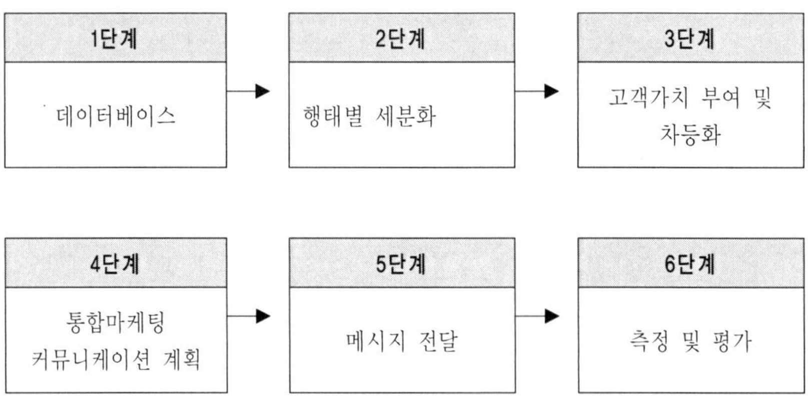

그림 8-2 IMAC 사이클

42) P. Kotler, *Marketing Management*, 7th ed, N.J.: Englewood, Prentice-Hall, 1991, p.17.

1 데이터베이스

통합적 마케팅 커뮤니케이션을 효과적으로 수행하기 위해서는 우선 고객정보의 원천인 데이터베이스(database) 확보가 필수적이다. 이러한 정보를 수집한 다음 이용목적에 따라 분류 및 분석하여 고객의 구매행동을 파악하고, 그에 알맞은 마케팅 기법을 적용할 수 있다. 따라서 마케팅 부서의 데이터베이스는 모든 마케팅 활동의 기본이 되기 때문에 가장 최신화된 정보를 보존해야 한다.

데이터베이스는 다음과 같이 유용하게 이용될 수 있다. 호텔기업의 대고객 마케팅 활동에 있어서 데이터베이스의 중요성은 아무리 강조해도 지나치지 않다.

예를 들면 과거에 특정 호텔을 이용했던 고객이 다시 그 호텔을 찾았을 경우 그 고객의 정보가 기업의 자체 컴퓨터 시스템에 입력이 되어 있다면 입력된 정보를 참고로 하여 고객이 선호하는 객실을 배정하고, 기타의 개인적 정보를 이용하여 고객을 만족시킬 수 있을 뿐만 아니라 서비스 수준에 따라 고객을 감동시킬 수 있는 원동력이 될 것이다. 또한 고객이 호텔에서 제공하는 침대의 베개에 알레르기(allergy)가 있었다면 대체품(alternative products)을 비치하여 고객을 감동시킬 수 있을 것이다.

그리고 과거에 고객으로부터 발생했던 불평의 내용과 처리결과를 입력시킬 수 있기 때문에 상품이나 서비스를 재구매할 경우 고객을 보다 치밀하고 체계적으로 관리하여 고객의 마음을 긍정적으로 변화시킬 수 있을 것이다.

(1) 기대 이상의 서비스 제공 가능

고객의 욕구는 다양해지고, 서비스에 대한 기대수준이 향상되고 있다. 따라서 고객이 기대하고 있는 서비스를 데이터베이스 분석에 의해 파악할 수 있기 때문에 파악된 고객의 기대에 부응하는 이상의 수준으로 서비스를 제공할 수 있는 시스템을 구축할 수 있다.

예를 들면 호텔기업에서 고객에 대한 과거 정보를 파악한 결과 고객이 사용하는 객실 온도가 항상 25~27℃를 유지하기를 원한다면 고객이 투숙하기 전에 배정된 객실의 실내온도를 원하는 온도 범위로 유지하여 고객의 기대수준을 맞출 수가 있다.

(2) 고객정보 전달과 종업원 의견 수렴의 제도화

영업현장에서 고객을 접객하는 종업원은 면전에서 서비스를 제공하기 때문에 고객의 정보를 가장 많이 피부로 느낄 수 있으므로 종업원이 파악한 고객정보와 서비스를 나름대로 향상시킬 수 있는 의견을 수렴할 수 있다.

따라서 호텔 마케팅 부서의 고객관리 담당자는 정기적으로 접객요원(contact personnel)들로부터 고객정보를 수집하여 최신화시키고, 필요할 경우에는 관련 부서에 특기사항을 통보하여 특별 관리하도록 하는 시스템을 구축하기도 한다. 그러나 이러한 제도가 정착되기 위해서는 직장 내 조직이 수직간, 또는 수평 간의 의사소통이 원활하게 이루어져야 가능하다.

(3) 커뮤니케이션 관련성(relevance) 획득

통합마케팅 커뮤니케이션 사이클의 맨 처음 단계인 데이터베이스는 가장 기초가 되는 것으로 고객 데이터는 항상 최신화된 상태에서 유지 보전되어야 하며, 그와 같은 정보는 고객관리의 중요한 단서를 제공한다. 만약 고객 데이터가 최신화되지 않은 상태에서 보전되고 있다면 그 데이터는 오히려 고객을 불쾌하게 할 수도 있기 때문에 주의 깊게 관리해야 한다.

예를 들어 특정 호텔을 자주 이용하는 고객에게 해당호텔에서 발행되는 뉴스레터나 홍보물을 보낼 경우 근무처나 직책이 이미 바뀌었는데도 불구하고 과거 정보를 이용하여 보냈다면 그 고객은 호텔을 부정적으로 생각할 것이다.

마케터가 고객으로부터 수집하여 관리할 수 있는 정보들은 대개 다음과 같다.

- 가장 많은 이익을 주는 고객
- 이익을 주는 정도에 따른 고객별 보상비용
- 이익을 주는 고객과의 커뮤니케이션 방법
- 투자 수익률 추적
- 세분시장별 이익률 관리
- 세분시장별 이익률에 따른 마케팅 비용 배분
- 공헌도가 많은 고객에 대한 투자와 관리

2 소비행태별 세분화

고객행태별 세분화(behavioral segmentation)는 상품의 구매빈도가 높거나 서비스를 자주 이용하는 고객들은 구입하는 행태가 다르고, 서비스나 상품의 구입량이 다르기 마련이다. 과거에는 고객을 구입량에 따라 차별하지 않고 평균적으로 대우하였기 때문에 고정고객으로부터 불만의 요인이 되었다. 이러한 불만을 제거하고 동질의 시장끼리 세분하여 효율적으로 관리하기 위한 수단인 것이다. 즉, 일정한 기간의 구매액을 분석하여 구매액 정도에 따라 서비스나 할인율 등이 차별화되어 적용되어야 한다는 것이다.

따라서 고객의 상품이나 서비스 구입행태 및 구입량에 따라 차등하여 대우해야 하기 때문에 고객 데이터베이스를 분석한 결과는 다음과 같은 여러 가지 목적으로 이용된다.

(1) 구매행동에 따른 고객 분류

상기 내용과 마찬가지로 마케팅 비용을 합리적으로 분배하기 위해 기업에 기여한 정도에 따라 고객을 분류하는 것이다.

- 마케터는 고객에게 가치를 부여하기 위하여 고객의 중요도를 파악한다.
- 고객가치에 따라 투입할 비용을 결정한다.
- 구매행위를 측정 가능한 숫자로 나타내기 때문에 투자수익률을 결정할 수 있다.

(2) 구매행위에 대한 마케팅 보고서의 기초자료

- 고객이 호텔상품의 구매나 사용빈도 및 횟수를 측정한다.
- 1회당 구매하는 구입량을 측정한다.
- 선호하는 상품이나 서비스 파악
- 예약자 파악

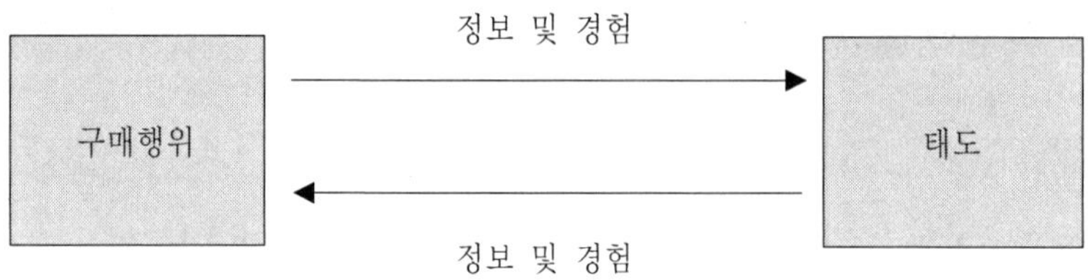

그림 8-3 커뮤니케이션의 통합마케팅 순환모델

3 고객가치 부여 및 차등화

모든 고객은 제공받는 서비스나 상품이 다르고, 방문목적 및 구입량이 다르기 때문에 동일하게 창조되지 않는다. 바꾸어 말하면 호텔상품을 구매하는 모든 고객이 그 기업에 동일한 가치를 제공하지 않는다는 것이다.

이와 같이 "대부분의 고객이나 모든 고객"의 개념을 탈피하여 고객을 개인별로 차별화된, 일정한 가치를 부여할 필요가 있다. 즉, 고객이 구매하는 양에 따라서 고객에게 가치를 부여하고, 그 가치에 따라 차등화(prioritation)한다는 개념이다.

따라서 고객별 수익률을 파악하기 위해 마케터는 기업에서 구입한 상품이나 서비스의 총매출을 고객별로 산출하여 가치 정도(rating for valuation)를 등급별로 구분한다. 결과적으로 이와 같은 고객별 가치부여는 투입해야 할 노력의 목표를 결정할 수 있다.

4 통합마케팅 커뮤니케이션 계획

통합마케팅 계획(IMAC plan)은 모든 통합마케팅 커뮤니케이션 구성요소의 기본이 되는 것으로 호텔기업의 판매량이나 객실점유율(room occupancy rate), 평균객실료(average room rate), 시장점유율(market share) 등이나 항공사의 좌석점유율(load factor), 결항률, 평균요금(average airfare) 등의 일반적인 마케팅 정보 수준 이상의 개별고객의 정보를 기준으로 접근해야 한다.

(1) 고객화 계획 과정

고객화 계획 과정(customized planning process)에서는 고객의 개성과 처해 있는 환경, 교육수준 및 문화수준 등에 따라 계획이 수립되어야 하며, 그 과정에서는 다음과 같은 요소를 고려해야 한다.

- 라이프타임 가치(lifetime value)
- 수입 유출(customer income flows)
- 수입 관리(management of income flows)

(2) 마케팅 목표 설정

마케팅 활동에 대한 정확한 목표가 설정되어야 그로 인한 수익률을 추정할 수 있기 때문에 IMAC의 계획과정에서는 효과적인 사이클링을 위하여 마케팅에 대한 투자수익률(ROI : Return On Investment)을 고려해야 한다.

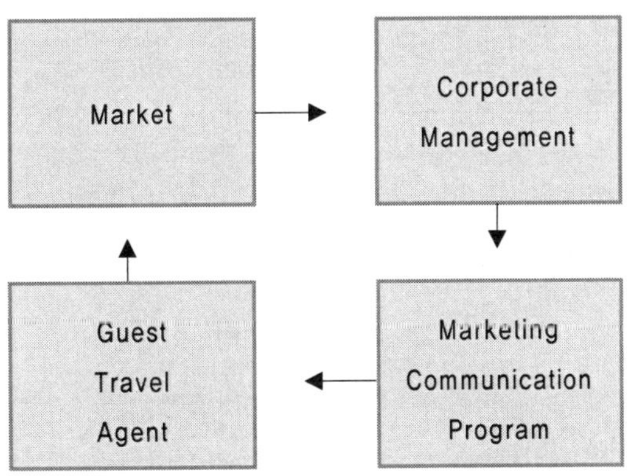

그림 8-4 IMAC 계획의 사이클

(3) 계획의 원칙

통합마케팅 계획을 위한 원칙은 모든 상품이나 기업 이미지를 기업 입장이 아니라 고객의 입장에서 보아야 한다는 것이다.

1) 브랜드

기업 입장에서 보면 브랜드는 기업 소유이지만 마케팅 관점에서 보면 브랜드는 기업 소유가 아니라 절대적으로 고객의 소유이기 때문에 고객 마음속에 존재하는 것이다. 브랜드는 구매결정에 있어서 고객이 브랜드의 호의 여부에 의하여 가치를 나타낸다.

2) 브랜드 접촉 개념

고객이 브랜드와 함께 접촉(concept of brand contacts) 한다는 의미는 호텔기업의 구매에 영향을 미칠 수 있는 잠재적인 기회로 볼 수 있다. 따라서 고객이나 잠재고객으로부터 호텔이 추구하는 마케팅 커뮤니케이션 믹스의 구성으로 접촉하는 모든 방법을 파악해야 한다. 이러한 개념으로 미루어볼 때 호텔기업의 모든 마케팅 활동은 커뮤니케이션 활동이며, 또한 모든 커뮤니케이션 활동은 마케팅 활동인 것이다.

5 메시지 전달

호텔기업의 마케팅 전략을 중심으로 대소비자에게 전달하는 데 있어서 통합마케팅 커뮤니케이션에서의 메시지 전달 시스템(message delivery system)은 전체 시장을 세분하지 않고, 평균하여 메시지를 전달하던 전통적인 미디어를 이용한 것과는 구별되는 것으로 보다 구체적이고 정확한 정보를 적시에 대상 관련자에게 전달하는 시스템을 의미한다.

즉 전통적인 방법은 불특정 다수를 대상으로 메시지 전달에 많은 비용을 투자하고도 높은 전달효율을 기대할 수 없었으나 통합마케팅 커뮤니케이션 개념과 함께 실행되는 메시지 전달은 메시지 수신자가 정해져 있다는 특징이 있기 때문에 마케팅 비용을 특정인에게 사용하여 투자를 고객의 가치수준에 따라 배분할 수 있다.

6 측정 · 평가

고객을 상술한 바와 같은 이유로 세분하기 위해 측정(measurement) 및 평가(evaluation)하는 단계로 마케팅 커뮤니케이션의 투자에 대한 통합마케팅 커뮤니케이션의 접근방법은, 첫째로, 회수하기 위해 투자하고, 둘째로, 결과를 기준으로 하여 투자되어야 하며, 저효율적인 요소를 과감히 줄여야 한다는 것이다. 즉, 고객을 철저히 분석하여 기업에 기여한 정도를 평가하고, 그 결과에 상응하는 정도의 마케팅 비용을 투입해야 한다.

예를 들어 측정의 새로운 개념으로는 시장을 세분하는 대신에 고객을 구분하고, 구매한 상품이나 서비스의 수량 대신에 구매행태의 세분된 행태의 점유(share of behavioral segment)를 측정한다.

제 3 절 고객세분화

고객세분화(customer segmentation)는 데이터베이스 분석으로 고객을 동질의 소그룹으로 나누는 것을 의미한다. 데이터베이스는 모든 고객과 잠재고객은 동일하지 않으며, 고객 구매 형태도 다르다는 것을 인식할 수 있다.

데이터베이스로부터 얻을 수 있는 가능한 세분화는 다음과 같다.

- 인구통계적 세분화(demographic segmentation)
- 소비행태별 세분화(behavioral segmentation)
- 심리적 세분화(psychological segmentation)
- 지리적 세분화(geographic segmentation)
- 혜택별 세분화(segmentation by benefits)
- 상품별 세분화(segmentation by products)
- 상품이용별 세분화(segmentation by products usage)
- 구매행태별 세분화(segmentation by purchase pattern)

제 4 절 맞춤마케팅 전개

앞에서 설명된 고객 데이터베이스나 고객세분화는 통합마케팅과 마케팅 커뮤니케이션 프로그램에 있어서 필수적인 요소이다. 즉, 맞춤마케팅(customized marketing)을 통한 통합마케팅 커뮤니케이션의 과정은 전통적인 방법인 내향적인 마케팅(inside-out marketing)[43]보다는 외향적인 마케팅(outside-in marketing)[44]과 마케팅 커뮤니케이션 계획의 수립이 전제되어야 한다.

맞춤마케팅 과정(customized marketing process)의 조건은, 첫째로, 상품이나 서비스보다는 고객에 초점을 맞추어야 하고, 둘째로, 투자와 노력에 대한 실제의 결과(투자수익률)를 얻을 수 있어야 하며, 셋째로, 고객을 중요도에 따라 선별한 다음, 넷째로, 고객의 가치는 고객의 수나 점유에 관계없이 매출액으로 측정해야 한다.

오늘날 급변하는 새로운 시장에 도전하기 위해서는 마케팅 커뮤니케이션 프로그램(marketing communication program) 개발이 시급하다고 할 수 있다. 즉 급변하는 마케팅 환경에 대처하기 위해서는 가장 합리적인 수준의 마케팅 프로그램 도입이 필요하다.

따라서 이러한 시장의 변화에 대처하기 위한 마케팅 커뮤니케이션 프로그램은 [그림 8-5]와 같은 단계를 걸쳐 이루어져야 한다.

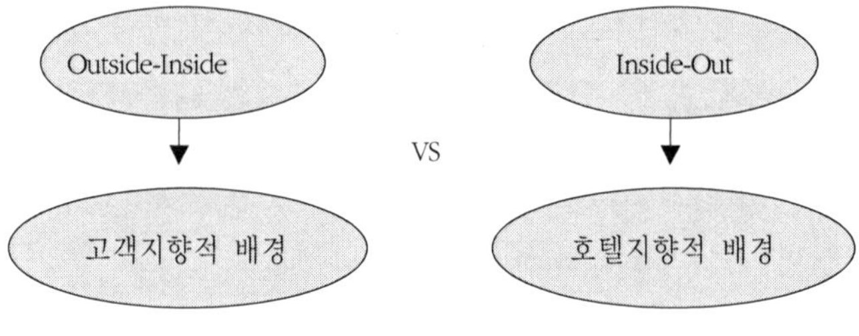

그림 8-5 Customized Planning Process

43) inside-out planning : 경영진에 의해 결정되는 조직의 목표에서 비롯되는 플래닝으로서 조직 · 브랜드 · 상품 및 서비스 등이 경영주체로부터 시작되어 고객과 함께 종결되는 마케팅 커뮤니케이션 플래닝이다.

44) outside-in planning : 고객의 차이와 문제에 의한 이해에서 비롯되는 플래닝으로서 조직 · 브랜드 · 서비스 및 상품이 고객 측면으로부터 시작되는 플래닝 과정이다.

1 영업 분석

영업 분석(business review)은 상품이나 서비스에 대한 현재 위치를 정확하게 파악하는 것으로 기존시장의 활성화, 또는 새로운 시장의 개발에 기초가 되는 원천적인 정보이다.

따라서 모든 정보는 가공하지 않은 상태로 분석이 되어야 하며, 경쟁사와 비교분석이 가능할 수 있도록 가능하면 많은 정보가 준비되어야 한다.

영업 분석에 포함되는 일반적인 사항은 다음과 같은 것들이 있다.

- 현재 고객 분석(current customer review)
- 시설과 상품 및 서비스의 분석(facilities and product review)
- 경쟁사 분석(competitive analysis)
- 서비스 평가(service evaluation)
- 잠입 분석(penetration analysis)
- 가격 평가(pricing evaluation)
- 법률 검토(legislation analysis)
- 지역사회 시스템 분석(social system evaluation)

2 데이터베이스 분석

수집된 데이터는 정보화를 위해 데이터베이스 분석(data analysis)이 실시되는데, 첫 단계에서 기업 내부의 분석을 마치면 다음은 해당기업이 보유하고 있는 현재의 고객과 미래 잠재고객의 정보를 분석한다.

정보 분석과정에서 다음과 같은 내용을 확인해야 한다.

- 추가정보가 필요한가?
- 현재 정보는 최신화되어 있는가?
- 현재 보유하고 있는 정보를 이용하여 의사결정을 할 수 있는가?

3 구매행위의 세분화

고객의 구매행위 세분화(behavioral segmentation)는 동질의 고객군을 형성하여 보다 효과적으로 관리하기 위한 마케팅 기법으로서 고객의 정보를 바탕으로 구매행위를 세분화하기 위한 영역은 일반적으로 다음과 같다.

- 고객·잠재고객의 가치(customer valuation)
- 마케팅 목표(marketing objective)
- 마케팅 프로그램(marketing program)
- 마케팅 투자(marketing investment)
- 투자회수의 예측(forecasting return on investment)
- 측정(measurement)과 리사이클(recycle)

4 구매력과 고객 가치부여

상품이나 서비스를 구매량에 따른 구매력과 고객의 가치부여(purchase dynamics and customer valuation)는 고객을 차등화하여 마케팅 예산을 배분하는데, 마케팅 계획에 있어서 중요한 것은 고객이나 잠재고객을 분류하여 등급별 가치를 부여하는 작업이라 할 수 있다.

이러한 작업은 호텔기업의 영업에 있어서 가장 이익을 많이 주는 고객의 그룹이나 최고의 고객을 찾아내는 작업이다.

5 고객·잠재고객의 브랜드 네트워크

다음 단계는 고객이나 잠재고객의 브랜드 네트워크(customer·prospect brand network)를 구축하는 것으로서 특정한 고객이나 잠재고객을 위한 마케팅 목표를 인식하기 전에 최근 그들이 호텔기업의 브랜드에 대하여 어떻게 인지하고 있는지를 파악해야 한다.

즉, 고객이나 잠재고객의 마음속에 있는 브랜드 네트워크를 이해해야 하며, 호텔기업의 브랜드 네트워크는 다음과 같은 내용을 포함하고 있어야 한다.

- 구전이나 개인 경험에 의한 태도(attitudes)
- 인지되었거나 경험에 의한 혜익(benefits)
- 자매호텔(sister hotel), 여행사, 목적지(destination) 등 관련 단체(associations)
- 상징(symbol)

6 브랜드 접촉평가

브랜드 접촉평가(brand contact audit)는 고객이 소유하고 있는 브랜드 네트워크의 정보를 어디로부터 얻는가를 파악하는 과정으로서 보통 브랜드 접촉평가를 실시하기 위해서는 다음과 같은 질문에 결론을 도출할 수 있어야 한다.

- 고객이나 잠재고객은 어디에 있는가?
- 그들의 경험이나 기대는 무엇인가?
- 브랜드는 어떻게 커뮤니케이션되고 있는가?
- 그 커뮤니케이션은 브랜드 네트워크에 어느 정도 영향을 미치는가?
- 이것이 우리가 강화하거나 변화시키려고 하는 접촉인가?

7 마케팅 목표

마케팅 목표(marketing objective)는 고객의 구매행위를 완전히 이해한 다음에 결정되는 것으로서 그 결과에 따라 목표를 증대시킬 것인지, 또는 현재 상태를 유지할 것인지를 결정하는 단계이다.

사실 마케팅 목표는 고객의 구매행태가 완전히 파악된 상태에서 수립되며, 목표를 설정할 때에는 기업의 능력이나 마케터 능력을 고려하여 충분히 달성 가능하도록 해야 한다.

8 고객 · 잠재고객의 브랜드 네트워크 변화

고객의 브랜드 네트워크 변화(customer prospect network change required)는 세분된 시장의 고객군과 변화되는 환경을 고려하여 마케팅 목표를 토대로 각 세분화된 고객의 브랜드 네트워크를 구체적으로 분석해야 하며, 마케팅 목표를 달성하기 위해서는 세분화된 고객의 브랜드 네트워크 변화가 필요한가를 검토해야 한다.

9 고객 · 잠재고객의 구매행위 목표

고객의 브랜드 네트워크가 새롭게 설정된 다음에는 구매행위에 대한 목표(customer·prospect behavioral objective)가 설정되어야 하는데, 가장 중요한 사항은 고객이나 잠재고객의 구매행위를 바탕으로 마케팅 목표를 달성하기 위한 구체적이고 정확한 세분고객의 구매행위가 명시되어야 한다. 또한 이러한 목표는 객관적인 측정이 가능하도록 구체적인 수치로 표시되어야 한다.

10 마케팅 투자

고객의 구매행위와 네트워크 변화를 성취하기 위해 어떻게 투자를 하고, 얼마나 투자할 것인가를 결정한다. 즉, 마케팅 목표를 달성하기 위해서 사용되는 투자비용을 일컫는다.

11 투자회수의 추정

마케팅 투자가 결정되면 투자된 비용의 회수기간을 추정(estimate of return on investment)하는 것을 말한다. 즉 마케팅 목표를 달성하기 위한 투자로 인하여 얻어지는 결과를 추정하는 것으로 매우 중요한 단계이다.

12 측정과 리사이클

측정(measurement)과 리사이클(recycle)은 마케팅 투자의 결과로 얻은 실제 투자 수익률을 측정하고 성공적이었다면 모든 과정을 동일하게 재실행시키고, 실패했다면 전 과정을 재검토하여 수정 후 실행시킨다.

제 5 절 사이버 마케팅

1 사이버 마케팅의 개념

마케팅이란 앞에서 살펴보았듯이 "개인과 조직의 목적을 상호 충족시켜주는 교환이 일어나도록 아이디어·상품 및 서비스에 대한 개발, 가격결정, 판매촉진 그리고 유통을 계획하고 실행하는 과정"으로 정의된다.

이러한 마케팅의 제반활동이 인터넷(internet)이라는 가상공간(cyber space)을 기반으로 일어날 때 이것을 인터넷 마케팅(internet marketing)으로 정의할 수 있다. 즉, 컴퓨터들로 연결된 가상공간에서 기업과 소비자가 서로의 목적을 충족시키기 위해 정보를 교환하고, 그 과정에서 발생하는 기업이 마케팅 관련 활동 전체를 인터넷 마케팅이라고 할 수 있다.[45] 인터넷 마케팅은 마케팅이 사이버 공간에서 이루어지기 때문에 사이버 마케팅(cyber marketing)이라고도 한다.

인터넷 마케팅은 현재 마케팅에서 활용되는 4대 매체가 가지고 있는 가장 큰 단점인 단방향 전달의 한계를 뛰어넘는 쌍방향 매체로서 이제까지 수행되어왔던 기존의 마케팅과는 다른 양상을 보여줄 수 있으며, 이는 기존의 마케팅 환경에 비해 여러 가지 이점을 제공하고 있다.

정보통신 기술의 급속한 성장 및 그와 관련된 현대산업은 경제·사회·문화·

---

45) 「인터넷을 통한 마케팅 활동」, 『기평정보』, 1997.3, p.35.

전반에 걸쳐 커다란 변화요인으로 작용하고 있다. 즉 정보혁명의 확산은 고부가가치, 저에너지 소모, 고도의 지식 축적 등을 특성으로 하는 산업구조의 개편을 유발함으로써 인터넷은 통신·컴퓨터·출판 등 정보통신 미디어 관련 기업에서만 필수적인 것이 아니라 모든 기업과 행정·교육·연구자, 나아가 모든 시민들에게까지 광범위하게 적용되고 있다.

전화와 컴퓨터 산업의 역사와 사업 형태를 살펴보면 두 가지 기술은 상당히 많은 공통적인 기반을 가지고 있다.[46] 전화와 컴퓨터의 통합(CTI : Computer Telephone Integration) 기능은 사용자의 효율을 높이고, 고객관계를 개선할 수 있는 전략도구로서의 활용 가능성을 짐작할 수 있다. 사용자 효율성 제고와 고객관계의 개선은 사업의 핵심이기도 하며, 기업 정보통신 기반의 개선은 경쟁력 향상 요인인 동시에 그 나라의 경제성장과도 밀접한 관계가 있는 것이다.

이와 같은 정보통신 기반 개선을 기업의 경쟁력 향상 도구로 활용하기 위해서는 정보를 효과적으로 응용할 수 있도록 기존기업의 조직변화가 요구된다. 정보가 기하급수적으로 증가하고, 그에 대한 접근이 용이해졌지만 정보의 급변하는 사회현상으로 그 생명력이 짧아짐에 따라 조직은 더욱 빠르게 변화해나가야 한다. 즉, 더 많은 정보를 습득하고, 신속하게 그 의미를 파악하며, 새로운 통찰력이 있어야만 조직원들이 경쟁사에 앞서 행동을 취할 수 있기 때문이다.

컴퓨터 혁명은 전 세계 경제에 큰 영향을 미치고 있다. 기업은 큰 경제적 부담없이 인터넷을 활용하여 기업 이미지 제고와 고객관리, 고객서비스, 그리고 상품이나 서비스를 판매하기 위한 보다 다양한 방식의 마케팅 활동을 수행할 수 있게 되었다.

전 세계 컴퓨터의 발달과 네트워크 기술의 연계는 인터넷을 탄생시켰고, 인터넷의 다양한 기술 중 월드와이드웹(WWW)은 전 세계의 경제와 문화를 하나로 연결시켰다. 이러한 컴퓨터와 네트워크의 발전은 기업의 활동에 큰 영향을 미치게 되고, 기업의 마케팅 활동 또한 적절한 방안을 강구하게 되었다.

따라서 호텔기업의 경영에서도 아직은 초보 단계에 있으나 이러한 정보화시대에 알맞은 전자상거래의 프로그램으로 점포를 직접 방문하지 않고도 사이버 공

46) Russell Kay, 「통합으로 가는 길」, 『컴퓨터 매거진』, 제로원미디어(주), 1995.10, p.170.

간을 통하여 상품을 구매할 수 있는 전자상거래를 구축하고 있는 추세다.

〈표 8-1〉은 전자상거래의 형태와 그에 따른 소비자가 얻을 수 있는 이익을 설명하고 있다.

표 8-1 전자상거래 특징[47]

거래 형태	소비자의 수익
• 영업의 국제화	• 상품구매 국제화
• 경쟁력 제고	• 서비스 질 향상
• 다수고객의 개별적 욕구충족	• 다양한 선호가 반영된 상품과 서비스 향유
• 공급망 축소 또는 철폐	• 욕구에 대한 신속한 대응 향유
• 생산비용 절감	• 저렴한 상품 가격
• 새로운 영업의 기회	• 새로운 상품 및 서비스 소비

2 사이버 마케팅 전략

(1) 인터넷 마케팅 전략과 마케팅 믹스

인터넷을 마케팅의 한 수단으로 삼기 전에 현대 마케팅의 골격을 이루고 있는 마케팅 믹스에 대한 구체적인 기획이 이루어져야 한다. 일반적으로 네 가지로 구성된 마케팅 믹스는 앞 장에서 설명한 바와 같이 상품이나 서비스 품목, 가격, 배달, 그리고 촉진을 의미한다.

인터넷 마케팅을 하고자 하는 기업들은 위에서 언급된 기본개념, 즉 인터넷이라는 독특한 마케팅 환경과 현재의 시장상황에 좀 더 구체적으로 접근하여 상황에 알맞은 적절한 마케팅 믹스를 창출해내야 한다.

(2) 상품전략

마케팅에서 상품이란 고객이나 어떤 조직의 욕구를 충족시키는 것들인데 고객들은 이것을 얻기 위해 돈이나 가치 있는 재화를 제공하여야 한다. 인터

47) 이종화 · 이성봉, 『전자상거래의 국제적 논의와 대응과제』, 대외경제정책연구원, 1997.12.

넷 상에서는 상품이나 편의시설을 직접 확인할 수 없어도 그 품질이나 내용을 확인할 수 있도록 품질이 표준화되어 있거나 무형의 상품들이 대부분이다.

표 8-2 기존의 마케팅 믹스와 인터넷 마케팅 믹스 요인 비교 평가항목

믹스 요소	세부측정 항목	
	기존의 마케팅 믹스	인터넷 마케팅 믹스
상품	품질, 상표명, 서비스라인, 보증, 성능, 촉진재, 유형적 자극물 등	품질, 상표, 상품보증 여부, 상품설명 제공, 호텔 소개, 조직소개, 호텔 프로그램 안내, 호텔 객실상품 소개, 호텔 레스토랑 소개, 부대시설 소개 정보
가격	가격수준, 할인·공제, 지불조건, 고객의 인지가치, 품질·가격, 상호작용·차별화	가격의 비교 수준, 인터넷 할인의 폭 및 공제 여부, 지불조건의 다양성, 품질 대 가격비, 호텔객실 가격정보, 식음료 가격정보, 가격할인 쿠폰, 호텔 이벤트 가격정보, 호텔패키지 상품가격정보, 호텔서비스 이용료 정보, 계절별 가격정보, 단체고객 가격정보, 특별요금, 전자결제
촉진	광고, 인적 판매, 판매촉진, 홍보, 종사자, 물리적 환경, 촉진재, 유형적 자극물, 서비스 인도 과정	경품행사와 이벤트 행사, 회원가입 정보, 특화된 서비스 편의시설, 마일리지 프로그램, 사이트 색인, 부가정보 서비스, 홍보, Q&A, 불편신고, 채용정보, 부수상품의 제공 유무, 대중매체 광고의 유인력, 기후정보, e-메일, 주변 관광상품 정보제공, 호텔 이용방법 소개, 인터넷 쿠폰, 배너광고, 삽입광고
유통	입지, 접근성, 유통경로, 유통범위	접속경로, 배송의 신속성, 정확한 배달, 호텔교통편 정보제공, 호텔 약도, 주차장 약도, 호텔연계 여행사 정보제공, 인터넷 예약정보, 주변관광지 인터넷 예약정보 제공, 외국어 정보제공(영어·일어·중국어 등), 독립적 홈페이지, 체인호텔 연결

웹에 올라와 있는 모든 것은 결국 신뢰도에 달려 있다. 따라서 인터넷 상에서 상품을 판매하는 기업들은 다양한 상품 정보, 충실한 서비스, FAQ[48] 등을 제공하고 소비자에게 피드백을 받는 등 기본적인 상호작용의 구축 등을 하고 있다. 위에 상품의 특징에 따라 대화의 공간, 무인응답기 설치, 판매 후 서비스, 각종 촉진활동을 통하여 빈번하고 적극적인 상호작용을 하는 것이 바람직하다.

48) FAQ(Frequently Asked Question) : 빈번한 질문사항에 대해 미리 준비하여 개별적인 답변하는 번거로움을 피하고 이용자가 편리하게 볼 수 있도록 기업의 웹사이트에서 즉시 해결할 수 있는 일종의 데이터베이스이다.

표 8-3 전자상거래 형태[49]

거래 형태	사 례
조직간 전자상거래 (inter-organizational electronic commerce)	• e-메일을 통한 기업과 공급업자 간의 문서 수발 • 기업과 금융기관 간의 전자자금 이체 • 기업과 정부 간의 조달거래
조직 내 전자상거래 (intra-organizational electronic commerce)	• 고객주문의 조직 내 이동(work-flow system) • 정보공유(e-메일, 전자출판 등) • 홈쇼핑, 홈뱅킹, 온라인 광고 등
기업과 고객간 전자상거래 (business to customer electronic commerce)	• 교육(on-line database, news group) • 오락게임(on-demand services)

(3) 가격전략 및 결제방식

가격이란 "상품 및 서비스의 대가로 요구되는 금액이나 소비자가 소유 또는 사용하게 된 상품 및 서비스가 제공하는 이점을 교환하는 대가로 지불하는 가치의 총체"라고 할 수 있다.

궁극적으로 가격은 구매자가 원하는 것을 얻기 위해 포기하는 부분이다. 그러나 판매자에게 있어서는 가격의 의미는 다르다. 즉, 수입과 이윤을 감소시키는 비용과의 관계인 것이다.[50]

가격의 목적은 이윤 극대화, 판매 극대화, 현상유지 또는 이미지 메이킹이다. 이윤은 일반적으로 가격과 비용과의 관계에서 발생된다.

1) 가격전략

인터넷 상에서 소비자들이 판매원의 도움 없이 직접 물건을 선정하기 때문에 상품 성격이나 내용만큼 가격표시나 할인율 등을 명확하고 알기 쉽게 표시해야 한다.

인터넷 가격의 특징은 유통단계를 대폭 감소시키면서 얻게 되는 저가격 구조가 핵심이다. 대금을 지급받은 기업은 상품이나 서비스를 광고한

49) 김진수 · 김진해, 「인터넷 쇼핑몰의 성공적 구축을 위한 탐색적 연구」, 한국유통학회, 1997.7.

50) 황명택, 「사이버마케팅」, 『마케팅』, 1997.5, p.20.

내용대로 정확하게 대금 지급자에게 신속하게 전달하여야 하는바 직접 배송하거나 우편을 이용하는 방법과 택배업체를 이용하는 것이 일반적인 경향이다.

가격적인 면에서 우편이 저렴할 수 있으나 시간경쟁, 물품인도 보장 등 기업 이미지 및 기업 신용도의 관점에서 택배업체를 이용하는 경향이 우세하다. 이는 상품을 안전하고 신속하게 소비자에게 전달하기 위한 전략이며, 택배비용을 절감하기 위해서는 전문 택배업체를 선정하여 계약하는 것이 효율적이다.

표 8-4 전통적 마케팅과 인터넷 마케팅의 차이[51]

특 성	전통적 마케팅	인터넷 마케팅
유통채널	기업→도매상→소매상→소비자	기업 ↔ 소비자
거래대상 지역	일부 지역(closed clubs)	전 세계(global marketing)
마케팅 활동	구매자의 의사에 상관없는 일방적인 마케팅	쌍방향 통신을 통한 1 : 1 쌍방향 마케팅 (interactive marketing)
마케팅 전략	매스지향적 전략	쌍방향 마케팅 전략
마케팅 목표	매출의 극대화	고객만족 극대화
거래시간	제한된 영업시간	24시간
커뮤니케이션 개념	일방향적	쌍방향적
미디어 개념	보로드 캐스팅(broad casting)	내로우 캐스팅(narrow casting)
활용매체	대중매체	온라인 매체
고객대응	고객의 욕구 파악이 어렵고, 대응 지연	고객의 욕구를 신속히 포착하고 즉시 대응
판매거점	판매공간 필요	사이버 공간
주요 기반관리	경영자원 및 인력	정보(데이터베이스)

51) 박광식, 『전자상거래에서 고객만족과 관계마케팅에 미치는 영향요인』, 전남대학교 대학원 박사학위 논문, 2001, p.7.

또한 대량주문의 경우 가격을 인하해주고, 해외의 경우 지역별 가격차이를 명기하여 가격상승 요인과 배달기간을 소비자에게 인지시켜준다. 또한 유인가격(loss leader)과 묶음가격(price bundling)을 적용시키는 것도 좋은 방법이 될 것이다.

2) 인터넷 상에서의 대금결제 방식

인터넷 상에서 상품이나 서비스를 구입하고 대금을 지불하는 전자지불시스템(electronic payment system)이 없다면 송금이나 계좌이체를 이용할 수밖에 없다. 이 경우 시간과 비용이 소요되므로 인터넷 상거래의 매력은 반감될 것이다. 따라서 인터넷 상에서 상품 구입과 동시에 결제가 이루어져야 할 필요가 있다.

신용카드(credit card)를 결제수단으로 이용하는 방법은 인터넷이라는 개방 네트워크에서 카드 관련 정보(신용카드번호, 성명, 비밀번호, 유효기간 등)가 노출되어 타인이 이를 도용할 위험이 있으므로 이를 보완하기 위해 여러 가지 방법이 사용되거나 실험 중에 있다.

현재까지는 상품 판매자에게 인터넷으로 직접 카드정보를 전송하는 방법, 정보유출을 막기 위해 전화・팩스・전자우편 등을 이용하여 비밀번호를 추가로 확인하는 방법, 중개인(대부분 정보통신 관련 기업)에게 카드 관련 정보를 알려주고 계좌를 개설한 후 중개업자로부터 부여받은 ID와 비밀번호로 상품을 매매하는 방법 등이 사용되고 있다.

또한 지불과 관련하여 신용카드 정보를 암호화하여 전송함으로써 거래의 안전성을 확보하려는 방법이 연구 중에 있다. 현재는 추가로 비밀번호를 확인하는 방법이 가장 많이 사용되고 있으나 인터넷 상에서 모든 거래가 종결되는 것이 바람직하기 때문에 사용자의 편의를 고려한다면 신용카드 정보를 암호화하여 전송하는 방식이 가장 간편한 방법이 될 것이다.

고객의 입장에서 볼 때 여러 가지 형태의 전자지급 결제시스템이 있어 이용할 때마다 다른 소프트웨어를 사용한다는 것은 매우 불편한 일이다. 즉, 고객은 인터넷 접속 브라우저(browser)만으로 상품을 구매할 수 있고, 자신이 원하는 지급수단을 선택하여 지급하는 일련의 행위를 단순화하는 것을 선호할 것이다. 따라서 전자지급 결제시스템도 표준화, 또는 상호 운용이 가능하도록 개발되어야만 인터넷 전자상거래를 활성화할 수 있을 것이다.

(4) 유통전략

현재 인터넷 비즈니스는 기존시장에서 물리적 영역과 정보로 구성된 가상영역(virtual world)이라는 두 영역에서 경쟁하게 되었다. 가상영역은 가치창조의 새로운 방법이 되고 있다.

새로운 비즈니스 영역은 '마켓 스페이스(market space)'라 하여, 물리적 영역의 시장과 구별되는 것이다. 이러한 가상영역에서 생성된 시장을 '사이버 마켓(가상시장)'이라 하며, 인터넷 상에서 소비자가 상품을 선별·선택하여 구매할 수 있도록 만들어진 시장을 말한다. 이러한 사이버 마켓에서 인터넷을 통하여 상품을 판매하기 위한 전략이 바로 인터넷 유통전략이다. 인터넷 유통이 다른 유통경로와 다른 큰 차이점은 공간의 제한이 없고, 유통단계가 대폭 축소된다는 점이다. 인터넷에서는 대리점이나 백화점 같은 유형의 상점이 아니라 컴퓨터의 가상공간에서 거래가 이루어진다.

인터넷 쇼핑은 전자상거래의 정부 조달 시스템, 대기업의 구매 시스템, 기업 간의 상호 일반상거래, 소비자 대상의 상품 및 서비스 비즈니스의 네 가지 형태 중 소비자 대상의 상품 및 서비스, 비즈니스 형태인 기업과 개인 간의 상거래 활동에 포함된다.

(5) 촉진전략

기업은 고객과의 의사소통에 충실해야 하며, 이 의사소통이 계획적으로 실시되어야 한다. 효과적인 커뮤니케이션을 위해 기업들은 광고, 판매촉진, 홍보, 인적 판매에 노력을 기울이고 있다. 인터넷에서는 광고를 비롯하여 판매촉진·기업홍보·고객지원·상품정보 등의 다양한 촉진방법이 인터넷이라는 하나의 매체를 통해서 가능하다.

촉진의 기본목적이 커뮤니케이션이라고 할 때 멀티미디어를 지원하는 월드와이드웹의 쌍방향 커뮤니케이션 기능은 촉진기능으로서 상당한 장점을 가지고 있다. 이에 따라 유형·무형의 상품이나 서비스 판촉활동의 경제성과 신속성, 그리고 용이함을 제공하게 됨으로써 판촉경쟁이 점차로 심화될 것으로 예측된다.

1) 인터넷 촉진활동 유형

기업들이 월드와이드웹을 통해 촉진활동에 활용하는 데는 다음과 같은 여러 가지 유형이 있다.[52]

- 대표적인 촉진활동의 유형으로서 인터넷을 광고매체로 활용하는 것이다.
- 전 세계를 대상으로 다양한 고객에게 기업에 관한 정보를 신속·정확하게 제공함으로써 기업홍보의 매체로 활용하는 것이다.
- 단순한 상품광고뿐만 아니라 마케팅 전략에 따라서 각종 캠페인 정보 제공이나 시장조사도 가능하다.
- 고객만족 경영을 위한 도구로서의 활용이다. 고객의 불만이나 의견을 24시간 접수하여 이를 처리해주고, 소비자의 욕구를 분석·파악하여 다음 상품이나 서비스 개발에 적극 활용할 수 있는 기본자료가 된다.
- 내부 커뮤니케이션용으로 이용한다. 전종업원의 정보화 마인드를 바탕으로 기업의 이념이나 비전, 마케팅 전략을 이해하고, 소비자들에게 적절한 서비스를 제공하는 데 이용될 수 있다.

2) 광고매체로서의 인터넷

인터넷은 기존의 TV·라디오·신문·잡지에 이어 이들을 대체할 수 있는 강력한 광고도구로 급속히 성장하고 있다. 인터넷 광고는 광고를 위한 시간과 공간의 제한이 없고, 광고를 내보내는 시점을 쉽게 선택할 수 있으며, 광고의 내용 수정이 용이하고, 광고비용이 기존매체에 비해 저렴하

52) 이두희·한영주, 전게서, pp. 123~124.

며, 구매자의 참여가 가능하다는 특징을 가지고 있어서 그 발전속도는 더욱 가속화될 것으로 전망된다.

3 인터넷 마케팅의 장 · 단점

인터넷 마케팅의 특성과 각 부분별 전략에 있어 기존의 마케팅과 비교하여 인터넷 마케팅의 장·단점을 분석하여 비교하면 다음과 같다.

(1) 인터넷 마케팅의 장점

- 비용을 절감시키고, 마케팅 예산 수립에 도움을 준다.
- 시간을 절감시키고, 마케팅 활동 절차를 줄일 수 있다.
- 고객들로 하여금 구매절차를 조절하도록 허용하면서 다른 구매방법을 제시해준다.
- 정보가 풍부하며, 상호작용적이다.
- 진입장벽이 낮으며, 동등한 진입기회를 가질 수 있다. 따라서 중소기업이나 신규 점포에 유리하다.
- 시간적 제한이 없고, 공간의 제한이 없다.
- 차별화된 이용자가 존재한다.
- 적은 비용으로 무제한 정보 제공이 가능하다.
- 거시적인 측면에서 환경보호에 기여한다.

(2) 인터넷 마케팅의 단점

- 아직까지는 웹을 이용하는 소비자 군의 크기가 작아 매스마케팅에는 적합하지 않다.
- 인터넷 초기의 적은 사용자 숫자와 문자 위주의 정보전달 및 검색은 신속한 업무처리를 가능하게 하였으나 최근 들어 사용자가 폭증하고, 정보의 내용도 문자뿐만 아닌 음성·동화상 등의 멀티미디어 정보가 주종을 이루게 되면서 사용속도가 매우 불만족스러울 정도로 저하되

었다.

- 통신보안 문제가 인터넷의 적극적 이용을 가로막는 가장 큰 장애요소이다.

(3) 인터넷 쇼핑의 장점

인터넷 쇼핑몰은 일반 쇼핑에 비해 몇 가지 큰 장점을 가지고 있다.

- 인터넷 쇼핑은 주문부터 결제·배달까지 일괄처리가 가능하기 때문에 시간과 비용을 절약할 수 있다.
- 인터넷 쇼핑몰에서는 공간의 제약이 없기 때문에 방대한 양의 상품의 전시가 가능하다.
- 유통과정의 단축으로 인하여 대체적으로 가격이 저렴하다.
- 쇼핑의 편리성과 충동구매의 감소를 들 수 있다.
- 지방 거주자들도 도시와 같은 쇼핑문화를 누릴 수 있다는 장점이 있다.

4 인터넷 유통의 주요 전략

(1) 저렴한 가격

전자상거래를 위한 첫 번째 전략은 무엇보다도 가격이 저렴해야 한다는 것이다. 미국에서 전자상거래가 활발한 이유는, 사이버 마켓에는 상품가격이 타 상점보다 저렴하다는 인식이 확산됨으로써 비롯된 것이기 때문이다. 아울러 소비자가 신뢰할 수 있는 상품 품질의 수준을 가격대에 따라 유지해야 한다.

(2) 전문적 상품

특정한 분야의 호텔상품이나 서비스를 위한 각종 관련 정보를 제공하거나 고객의 욕구를 충족시킬 수 있는 전문분야의 상품이나 서비스를 취급할 수 있다.

(3) 대기업 상대 마케팅

개인을 상대로 한 판매보다는 기업을 상대한 거래에 관심을 기울여야 한다. 개인을 상대로 한 판매가 목적인 경우에는 아직도 많은 소비자들이 컴퓨터를 일상화하고 있지 않은 실정이다. 그러나 기업을 대상으로 하는 전자상거래의 전망은 더욱 밝다고 할 수 있다.

(4) 신뢰성

인터넷 쇼핑몰은 신뢰(reliability)를 얻는 것이 가장 중요하다. 인터넷은 사람들 간에 직접적인 대면이 없는 공간이기 때문에 신용카드번호나 대금을 송금하기에 아직도 불편해하는 소비자들이 많다는 사실이다.

고객의 신뢰를 얻기 위해 꾸준히 웹사이트 내용을 성실히 교체하고, 고객지원을 충실히 한다면 고객의 신뢰도를 얻는 것뿐만 아니라 구전효과도 얻을 수 있다.

(5) 세계화

인터넷을 통하여 판매하려는 상품을 확장할 때는 국내 고객들뿐만 아니라 세계의 관광시장을 겨냥하여 확장해야 한다. 국내 인터넷 사용자뿐만 아니라 전 세계 사용자가 잠재고객이기 때문이다.

(6) 상호작용성

상호작용성은 다른 매체가 갖지 못한 인터넷만이 가진 장점이며, 고객의 신뢰도를 구축할 수 있는 도구가 된다. 고객의 상품주문을 받으면 이와 동시에 주문 확인을 전자우편으로 보내고, 주문내용 처리상황을 고객이 실시간으로 확인할 수 있도록 하는 것이 예가 된다.

세계적인 화물 수송업체인 페덱스(Fedex)는 주문한 화물이 현재 어디로 이동하고 있는지를 조회할 수 있도록 함으로써 고객과의 상호작용성을 잘 활용하고 있다. 또한 사용자들이 쇼핑 사이트를 방문하고 남긴 글은 중요한 마케팅 자료로 이용된다.

제 9 장

고객관리

제1절 고객관리의 중요성
제2절 고객관리
제3절 고정고객 관리
제4절 고정고객과 수익률
제5절 고객만족
제6절 고객불평 처리
제7절 내부마케팅
제8절 호텔 관계마케팅
제9절 고객관계 관리

제 1 절 고객관리의 중요성

모든 고객을 관리할 가치가 있는 것은 아니다. 특히 호텔과 같이 고객이 다른 고객과 같은 시설을 공유해야 하는 경우 회사의 포지셔닝 전략에 부합되지 않을 수도 있기 때문이다. 즉, 창출하는 소득보다 많은 비용이 들게 하는 고객도 있다.

또한 신규고객을 한 사람 더 유치하는 데 발생하는 비용이 기존고객을 유지하는 것보다 무려 6배나 많은 비용이 투입된다는 연구에서처럼, 자본회전율이 낮은 기업에게 고정적인 시장확보에 의한 원가 경쟁력 강화에 많은 도움을 주는 등 기업의 장기적이고 효과적인 경쟁력이 될 수 있는 것이 바로 '고객충성도(customer loyalty) 강화' 전략이다.

실제로 고객만족을 통한 고객 확보율이 5%만 증가해도 이윤이 사업별로 25%에서 85%까지 증가할 수 있다는 연구가 있는데, 이것은 충성도가 높은 고객 확보는 신규고객 확보를 위해 투입해야 될 비용의 절감과 아울러 상대적으로 높은 가격임에도 불구하고 기꺼이 지불할 용의가 있는 고객이 많음을 의미한다고 할 수 있다.

또한 고객충성도가 높은 한 사람이 신규고객 다섯 사람을 확보할 수 있는 구전효과를 가져올 수 있다는 연구결과도 있다.

1 마케팅 비용 감소

상표충성도를 가진 소비자 집단이 존재하면, 사업을 운영하는 데 있어 마케팅 비용을 절감시킬 수 있다. 이것은 신규고객을 끌어들이는 것보다 기존 고객을 유지하는 것이 비용이 적게 들기 때문이다. 이것은 또한 경쟁자에게 비용적인 측면에서 시장진입의 장벽으로 작용하게 된다.

2 신규고객 유인

기존고객이 만족한다는 사실은 잠재고객에게 확신을 제공해준다. 특히, 신상품이나 구매에 위험이 따르는 상품의 경우 기존 소비자들이 그 상표를 받아들이고 있다는 사실은 시장을 개척하기 위해서는 효과적인 메시지가 될 수 있다.

3 고정고객 확보

한국관광공사 연구에 의하면 호텔기업이 새로운 고객을 유치하는 것과 기존고객을 유지하는 데 필요한 비용은 10 : 1로 나타났다. 즉, 신규고객을 유치하기 위해서는 10이라는 비용이 투입되고, 그를 지속적으로 유지하기 위해서는 1이라는 비용을 지속적으로 투입해야 된다는 것이다. 반면에 기존고객은 호텔상품을 재구매하는 고객으로 간접적·지속적으로 호텔 홍보와 판촉을 구전으로 해주는 홍보효과도 지니고 있다 할 수 있다.

고정고객은 이러한 관점에서 호텔기업에 강한 영향을 미치는 것으로 연구결과가 도출되었기 때문에 충성도가 높은 고정고객의 관리는 더욱 필요한 것이다.

제 2 절 고객관리

1 데이터베이스 마케팅

데이터베이스(database)란 상호 연관된 자료를 수집·분석·가공하여 컴퓨터 등의 정보처리 시스템에 의하여 축적 및 검색할 수 있도록 정리·통합한 정보의 집합체이다. 다른 정의는 정보처리를 위한 기본적 시스템 구성요소인 데이터의 집합으로 데이터의 종류·양·구성 및 그의 색인구조 등이 여러 목적에 이용될 수 있도록 적합하게 설계 작성된 데이터파일 군이다.[53] 즉, 데이터베이스란 정보를

53) 류주형, 김대호, 「온라인 데이터베이스의 활용에 관한 연구」, 『DB 국제학술대회(학술논문집)』, 1992,10, p.171.

모아 저장하고 관리하는 정보 집합체라고 정의할 수 있다.

최근 데이터베이스의 중요성이 확대되는 것은, 정보처리 기술과 통신기술의 융합에 의하여 그 잠재력이 폭발적으로 증대되었기 때문이며, 이와 같은 영역은 '컴퓨터 통신' 또는 '데이터 통신'이라 지칭된다. 컴퓨터 통신은 기존의 텔렉스·전신·전화 등과 통신수단들보다 한 차원 높은 혁신적인 통신수단으로서 막대한 양의 정보를 정확히 주고받을 수 있다.

각종 정보자료를 혼자서 처리하고 저장할 수 있는 컴퓨터의 기능을 통신수단으로 서로 연결함으로써 정보공유를 통해 정보자원의 통합성을 제고한다. 데이터베이스가 정보사회에서 결정적인 역할을 하는 데 컴퓨터 통신이 관건이 되고 있다.

사용자가 통신 시스템과 데이터베이스를 통하여 필요한 때에 필요한 장소에서 필요한 정보를 손쉽게 얻을 수 있게 되었다. PC 통신망, VAN 등의 고도통신망의 다원적인 결합(multidisciplinary connections)을 통해 체계적이고 다양하며 현실성 있는 정보를 필요한 장소에서 즉시 이용하는 것이 가능해졌다.

데이터베이스는 수동적인 형태일 수도 있고, [그림 9-1]과 같이 능동적인 형태로 구분을 할 수 있으나 데이터베이스는 다음과 같은 특징이 있다.

- 최고의 고객 인지
- 새로운 고객 유치
- 상품 사용에 대한 일관된 메시지 전달
- 고객의 구매결정 강화
- 교차판매(cross selling)와 감사판매 강화
- 판매촉진 전달의 향상
- 세련된 마케팅 과정
- 유통마케팅의 효과 향상
- 균형 유지
- 비밀 커뮤니케이션 유지
- 고객에 대한 개인적 서비스
- 시너지 효과(synergy effects) 제공

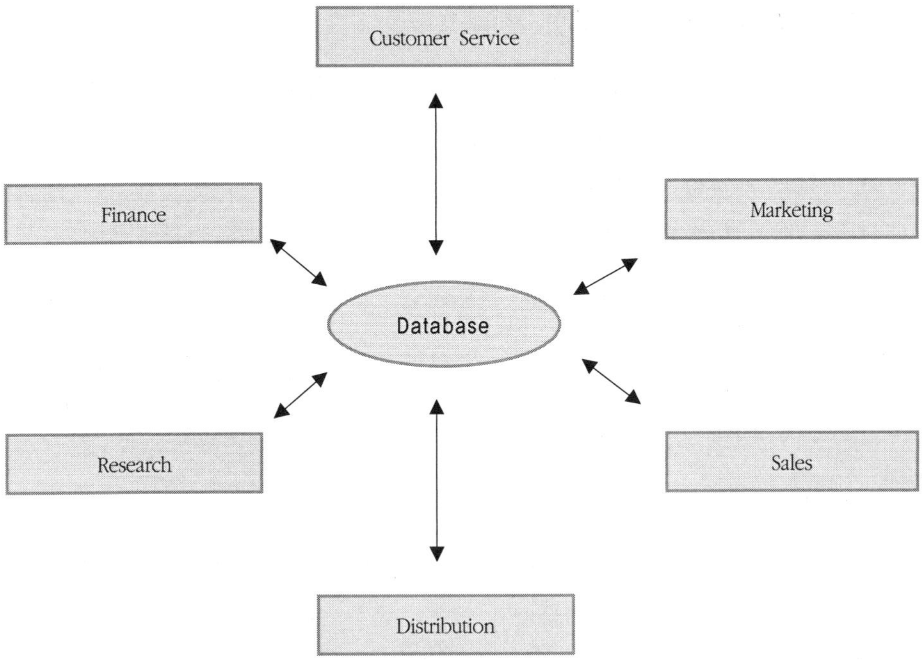

그림 9-1 데이터베이스의 전략적 투사도

따라서 데이터베이스는 정보의 시의성·공간성·편의성을 제고하며, 정보 가치 자체를 향상시켜 줄뿐만 아니라 효율성과 접근 가능성을 크게 높여놓았다.

(1) 데이터베이스 전개방법

1) 고객의 확실한 식별

고객을 식별하기 위해서는 우선 고객의 데이터베이스를 구축하는 것이 필요하고, 또한 고객에 관련된 정보를 그 데이터베이스로 투입하는 것과 그 데이터베이스를 항상 최신화하고 확장하는 것이 중요하다.

그렇지 않고 잘못된 과거 정보를 이용하면 급변하는 시장상황에 대한 전략을 수립하는 데 커다란 오류를 범하기 쉽다. 데이터베이스 마케팅은 먼저 여기에서부터 시작하지 않으면 안 된다.

2) 고객에 대한 구체적인 정보 획득

과거에는 마케팅 비용 분배에 있어서 고객의 구체적인 정보가 부족하였기 때문에 일괄적으로 균등분배를 통해 기업의 공헌도에 따른 차등적용을 할 수가 없었다.

그러나 데이터베이스 관리가 효율적으로 운영되고, 마케팅 전략 수립의 도구로 널리 이용된다. 최근에는 고객에 대한 많은 양의 정보를 확보하고 분석하여 높은 가치를 창조한다. 고객·우량고객이 누구인가를 식별하여 공헌도에 따라 그 고객에게 더 많은 마케팅 비용을 할당하는 마케팅을 전개하지 않으면 안 된다.

3) 개인적 메시지 조정

고객 한 사람 한 사람마다의 욕구나 관심은 다르다. 따라서 각 개인의 욕구와 흥미에 맞춘 메시지를 전달할 수 있는 방법을 연구하지 않으면 안 된다.

대량으로 인쇄한 브로슈어나 팸플릿을 일괄적으로 직접우편으로 보내는 것은 데이터베이스 마케팅이 아니다. 데이터베이스에서 필요한 정보를 발췌하여 고객 개개인의 흥미에 맞는 메시지를 전달하는 것이어야만 한다.

4) 고객 신뢰도 구축

항상 고객과의 접촉으로 그들의 문제를 쌍방의 대화에 의한 해결로서 기대 이상의 만족을 느낄 수 있는 신뢰를 높이고, 새롭고 살아 있는 정보를 전달하도록 노력해야 한다. 때로는 이벤트를 계획하여 고객참가형 마케팅을 전개하고, 고객과의 원만한 관계(relationship)를 유지하면서 회사에 대한 신뢰도를 구축한다.

신뢰도를 획득하면 그 고객의 라이프타임 가치(life time value)는 고객이 아닌 바로 고객이 서비스를 제공받는 회사의 것이 되며, 이로 인한 추가 주문이나 교차판매(cross selling) 전개가 가능하게 될 것이다.

이상과 같은 내용으로 실행하면 효과적인 데이터베이스 마케팅이 전개될 것이고, 장기적으로는 마케팅 비용을 절감할 수 있으며, 투자대비 효과는 급속히 상승할 것이다. 고객과의 관계가 확립되어 개별적인 서비스를 전개함으로써 경쟁사와 판매력에서 격차를 증가시킬 수도 있다.

데이터베이스 마케팅은 상품을 판매하기 위한 시스템이 아니다. 그것은 마케팅의 혁명이며, 전략이다. 그것을 확립한 기업만이 경쟁우위를 형성하게 될 것이다. 데이터베이스를 이상과 같은 목적으로 활용했을 때만 전략정보 시스템(SIS : Strategic Information System)으로서 역할 부여가 가능하다.

데이터베이스 마케팅을 하는 기업의 목적은 라이프타임 밸류를 최대화하는 데 있으며, 그것을 실현하기 위해서는 고객과의 관계를 확립하는 일이 중요한 전략이다.

(2) 데이터베이스 강점

1) 경영자 확신

과거의 경영자는 정확한 수치적 근거 없이 의사결정을 직관적으로 하는 경향이 많아 실패의 확률이 많았다. 그러나 데이터베이스를 구축하여 기업의 마케팅 전략에 대입시키면 불필요한 위험을 줄이면서 확실한 방향을 설정하여 의사결정을 할 수가 있으므로 경영자는 경영에 대한 확신을 가질 수가 있다.

따라서 최고경영자가 기업의 조직을 관리하고 사업을 번창시켜 가려면 정보를 장악하고, 그 정보가치에 따라 조직에 혼을 부여하고, 새로운 무형자원을 창조하여 경영을 이끌어야 한다.

이와 같은 최고경영자를 보통 CNO(Chief Network Officer)[54]라고 부르고 있으며, CIO(Chief Information Officer)가 정보의 수집・분류・가공과 데이터베이스화 및 경영정보 시스템(MIS : Management Information System) 구축에 맞춘 것이라면 CNO는 네트워크상에서 유통을 통한 정보 활용가치의 극대화까지 포함한 개념이다.

---

54) CNO(Chief Network Officer) : 기업의 업무를 처리하는 데 있어서 정보화시대의 상징인 컴퓨터와 네트워크에 의존하여 기업환경에 대한 이론과 실무를 총괄할 수 있는 네트워크 최고경영자를 의미한다.

2) 객관적이고 효율적인 마케팅 전개

효율적인 마케팅이란 적은 비용으로 고객만족을 극대화하는 것이라고 전제했을 때 고객만족을 극대화시키기 위한 가장 행동적인 분야는 고객을 발굴하고, 발굴한 고객과의 관계를 유지하고 데이터베이스를 구축하여 연계함으로써 고정고객화를 통해 안정적인 경영을 추구하는 것이라 할 수 있다.

따라서 고객에 대한 데이터의 분석을 통해 고객획득 마케팅(acquisition marketing)을 구축할 수가 있고, 획득한 고객에게 다양한 관심과 구매를 유발할 수 있는 진실한 정보를 제공하여 고정고객화를 유도하는 유지[55] 마케팅(retention marketing)을 실현시킬 수가 있다.

3) 수익성 · 안정성 · 성장성 추구

상술한 바와 같이 데이터베이스 마케팅은 고정고객화를 구축하고, 고객 차별화 전략을 통하여 고객욕구를 보다 현실화시켜서 세분화함으로써 기업경영 활동에 좋은 윤활유 역할을 한다.

호텔상품이나 서비스를 구매하는 고객은 개인적인 욕구에 따라 선호하는 상품이나 서비스의 형태, 선호하는 가격대, 결제방법 등을 데이터베이스화하고, 고객마다의 데이터를 이용하여 그 욕구를 최대한 충족시킬 수 있으며, 고객의 라이프타임 가치에 따라 그에 상응하는 마케팅 비용을 투입하여 기업경영의 자신감, 즉 수익성 · 안정성 · 성장성을 동시에 만족시켜주는 도구이다.

4) 고객만족 상품개발의 용이

데이터베이스를 기초로 하여 데이터의 측정 및 분석(시장 분석, 고객 분석, 상품 분석, 판매효과 분석) 등을 통해 고객이 원하는 상품을 개발하여 판매할 수 있기 때문에 시장을 세분화하고 상품을 차별화하기가 용이하다.

---

55) 한진수, 『마케팅』, 한국마케팅연구원, 2001년 8월호.

이처럼 데이터베이스의 핵심은 다양한 정보를 효과적으로 결합하여 의미 있는 결과를 도출하는 데 있다고 하겠다.

(3) 데이터베이스 마케팅의 RFM 이용

1) 현존고객

현존고객(recency)은 호텔에서 최근 이용한 고객에 대한 자료로서 인구통계적인 근거로 고객의 전체 분포를 보고 성별, 직업, 나이, 수입 정도, 결혼 유무 등을 보고 추출한다.

2) 구매빈도 수

구매빈도 수(frequency)는 호텔이용 고객이 어느 시점에서 어느 시점까지 호텔을 방문한 빈도를 일컫는다. 예를 들어 호텔에서 고객의 호텔이용 빈도인 헤비 유저(heavy user), 미디엄 유저(medium user), 라이트 유저(light user) 등으로 뽑아서 가장 최근에서 가장 오래된 순으로, 호텔이용 빈도 순서로 분류하는 방법이다.

3) 이용금액

이용금액(monetary)은 호텔의 이용고객이 연도별·월별·주별 등으로 호텔의 상품이나 서비스를 구매한 돈의 액수에 따라서 분류하는 방법이다.

2 텔레마케팅

텔레마케팅(tele marketing)이라는 용어는 1970년대에 미국에서 처음 등장하였는데 이때의 텔레마케팅의 개념은 전화로 상품구매를 권유하거나 상품에 대한 소비자들의 의견을 수집하는, 오늘날 우리나라의 통신판매 정도였다. 따라서 당시의 텔레마케팅이라는 용어는 전화(telephone)와 마케팅(marketing)의 합성어를 의미하였다.

그러나 오늘날의 텔레마케팅은 컴퓨터로 고객관리를 하고 전기·통신수단(우편·전화)을 통해 고객의 의견을 수집하거나 고객에게 필요한 정보를 제공하는 것을 의미한다. 이러한 점에서 오늘날의 텔레마케팅이라는 용어는 전기통신(telecommunication)과 마케팅(marketing)의 합성어라 하겠다.

텔레마케팅은 실생활에서 전화의 이용과 밀접하게 관련되어 있는 점을 효과적으로 활용하려는 것으로 텔레마케팅에 대한 정의를 살펴보면 다음과 같다.

벤신(Richard L. Bencin)은 텔레마케팅이란 "기업이나 상품 혹은 서비스를 촉진시키기 위해서 데이터베이스와 원격지의 의사소통을 결합·운영시키는 것[56]"으로 정의하면서, 전화라는 매체를 이용하여 여러 가지 다양한 판매활동이나 마케팅 활동을 수행하는 것으로서 이해하고 있다.

스톤(Bob Stone)과 와이만(John Wyman)은 텔레마케팅을 "고객들에게 전달되는 기업의 마케팅 커뮤니케이션 믹스를 최적화하기 위하여 경영시스템에 정보·통신기술과 정보·처리기술을 통합적·체계적으로 응용하려는 것이고, 대면접촉에 의하지 않고 인적 판매를 특징짓는 잘 계획되고, 조직 관리된 마케팅 프로그램의 일부분으로서 정보·통신기술을 활용하는 새로운 마케팅 개념[57]"이라고 정의하였다.

맥카퍼티(Thomas McCafferty)는 텔레마케팅을 "매출액을 증가시키고 원가를 절감하며, 순이익을 증가시키기 위하여 전화를 전통적인 마케팅 기법과 연결하여 판매수단으로 계획적으로 사용하는 것[58]"으로 정의하였다.

필딩(Peggy Fielding)과 드룸먼드(Gary Drummond)는 텔레마케팅이란 "상품이나 서비스에 관련된 정보를 전달하는 도구로서 전화를 이용하여 상품이나 서비스를 판매(구매)하는 것으로 오늘날에는 때때로 다른 기술이나 도구를 이용하기도 한다[59]"라고 정의하였다.

56) Richard L. Bencin, *The Marketing Revolution*, Cresheim Publications, 1985, p.114.

57) Bob Stone and John Wyman, Successful Telemarketing, NTC Business Books, 1986, pp.5~6.

58) Thomas McCafferty, *In-House Telemarketing*, Probus Publishing, 1987, p.3.

59) Peggy Fielding and Gary Drummond, *Telemarketing Fractionated,* Prentice-Hall Inc., 1991, p.3.

텔레마케팅은 보통 판매비용을 줄이고, 시간을 절약하기 위하여 비대면 접촉을 사용하는 인적 판매로 특징지어지는, 잘 계획되고 조직화되고 관리된 마케팅 프로그램의 일부로서 텔레커뮤니케이션 기술을 사용하는 새로운 마케팅 분야이다. 텔레마케팅은 마케팅 커뮤니케이션 믹스 중 일부를 대체할 수 있으며, 일부는 보완할 수 있다.

그러나 텔레마케팅의 효과를 극대화하기 위해서는 텔레마케팅을 전체 광고 및 촉진 프로그램과 조합시켜야 한다.

(1) 텔레마케팅의 기대효과

1) 판매비용 절감

방문판매원 대신에 전화를 이용하여 마케팅 활동을 전개하면 인적 판매에 의해 소요되는 비용(인건비 · 교통비 · 출장비, 기타 경비 등)을 절약할 수 있다. 따라서 텔레마케팅은 매우 경제적이고 효율적이기 때문에 전망이 무척 밝다고 하겠다.

2) 마케팅 믹스의 반응률 증대

텔레마케팅은 광고나 판매촉진 혹은 직접우편 판매방식 등의 마케팅 믹스 수단을 보완하는 역할을 함으로써 이들의 반응률(responsiveness)을 높여준다. 특히 TV나 신문과 같은 대중매체에 대대적인 광고를 한 후 소비자에게 전화를 했을 때에는 그것이 판매의 최종적인 결정으로 이어져 실질적인 효과를 얻을 수 있다.

3) 기업 이미지 제고

최첨단 미디어를 활용함으로써 기업이 혁신적이고 진취적이라는 이미지를 형성시켜준다. 특히 클로버 서비스(clover service)와 같은 착신자 요금부담 전화는 기업이나 상품의 이미지 제고에 보이지 않는 효과를 가져다주는데, 이는 그것이 비록 작고 사소한 비용이라 할지라도 소비자에게는 심리적 만족감을 주기 때문이다.

기업이 고객이나 소비자에게 무엇인가 이익을 준다는 심리적 만족감은 소비자에게 대단히 중요한 요소이다.

4) 쌍방향 커뮤니케이션

텔레마케팅은 일반 광고와 달리 고객의 반응을 직접 파악하고, 이에 대응할 수 있다는 장점을 가지고 있다.

따라서 고객과 상호작용(interaction)을 통해 융통성 있는 고객관리를 가능하게 해주는 최첨단의 마케팅 기법이라고 할 수 있다.

5) 리얼 타임(real time) 원격지 접촉

판촉사원을 파견할 수 없는 원격지에도 텔레마케팅 도구(전화·비디오텍스)가 연결되어 있으면 마케팅 활동을 수행할 수 있다.

따라서 텔레마케팅은 방문판매에 의해서는 불가능한 지역까지 상권을 확대하고 판로를 개척하는 수단이 될 수 있다.

6) 시장조사 용이

텔레마케팅은 고객에 대한 데이터베이스를 만들어 관리함으로써 보다 자세하게 고객의 취향과 특성을 파악할 수 있으며, 이는 소비자 욕구나 욕망을 파악하는 시장조사의 기능으로도 활용된다. 아울러 그렇게 함으로써 영업효율도 향상시킬 수 있다.

7) 생산성 향상

판촉을 위한 고객의 방문보다 시간과 비용이 절약되어 상품판매의 단위당 생산성을 제고할 수 있으며, 전화의 경우는 거의 소비자에게 보급되어 있으므로 광범위한 지역 고객을 확보할 수 있다.

8) 대고객 서비스 향상

고객과 지속적인 관계를 유지하면서 보다 새롭고 향상된 서비스를 제공하는 수단으로 텔레마케팅을 활용할 수 있다. 특히, 전화와 비디오텍스의 착신자 요금부담 서비스 도입은 고객의 통화료 부담을 덜어줌으로써 보다 나은 대고객 서비스를 제공할 수 있다.

(2) 텔레마케팅의 전략

텔레마케팅의 전략관리도 일반적인 마케팅의 관리과정인 경영의 순환, 즉 계획 · 실행 · 통제의 세 가지로 나타낼 수 있는데, 코틀러는 이와 같은 과정을 [그림 9-2]와 같이 나타내고 있다[60].

텔레마케팅에 있어서도 이러한 계획 · 실행 · 통제의 순환과정을 밟게 된다.

먼저 전략적 계획단계에서 목표시장 확인과 마케팅 믹스인 4P's를 구성하는 텔레마케팅 전략의 세부 부문들을 결정하는 단계는 두 가지가 있다.

목표시장(target market)의 선정은 시장세분화를 통하여 이루어지는데 텔레마케팅에서는 특히 고객 데이터베이스에 의한 시장세분화가 이루어진다. 목표시장이 결정되면 이 목표시장에 도달하기 위한 전략의 세부 부문, 즉 4P's를 결정하고, 이를 전략적으로 결합하여 텔레마케팅 프로그램을 형성한다.

전략적 계획과정이 끝나면 소비자를 대상으로 이를 실시하게 된다. 소비자는 텔레마케팅 프로그램에 주문 또는 문의 등의 반응을 보이게 되는데, 문의 반응에 대해서는 이를 판매 단서화시켜 데이터베이스에 저장한 후 재차 실시하는 판매단서 처리를 행하고, 주문에 대해서는 주문의 처리 및 발송, 고객서비스를 포함하는 거래활동을 수행한다.

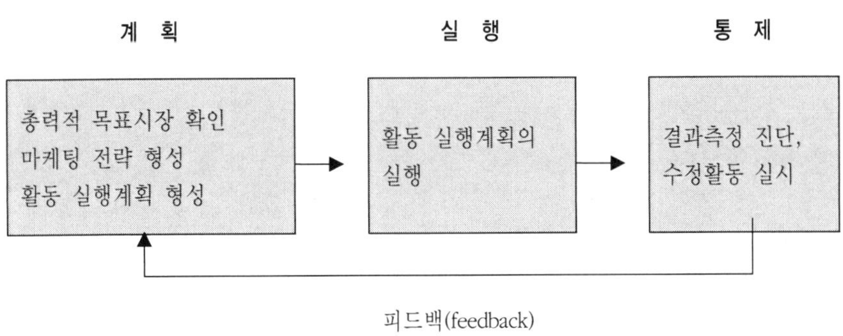

그림 9-2 마케팅 계획 · 통제 시스템

60) P. Kotler, *Marketing Management*, 5th ed., Prentice-Hall, 1984, p.99.

마지막으로, 전략적 계획의 실행과정이 어느 정도 성과를 달성했는지 평가하는 통제를 실시한다. 통제단계에서 분석된 사항은 다시 새로운 계획을 세우는 데에 이용되며, 이러한 계획·실시·통제의 과정은 조직적인 순환과정을 거치게 된다.

(3) 텔레마케팅 대행사 활용

텔레마케팅 업무를 텔레마케팅 전문 용역업체에 위탁하는 것으로서 이 방법의 가장 큰 장점은 텔레마케팅 활동의 전문성을 최대한 살릴 수 있다는 것이다.

비용 측면에서도 초기 투자비용이 들지 않으므로 단기적으로는 사내 텔레마케팅 센터보다 유리하며, 특히 작업량이 안정적이지 않고 예측할 수 없는 경우에 사용하는 것이 바람직하다.

또한 단기간 내에 많은 고객을 접촉해야 하는 기업과 판매 후 지원시스템을 운용해야 하는 기업의 경우도 이 방법을 채택함으로써 업무수행에 있어서의 전문성·숙련도·속도 등을 제고시킬 수 있다.

(4) 사내에서 대행사의 도움으로 수행하는 경우

외부 전문대행기관이 텔레마케팅 전략을 마련하여 마케팅 목표를 설정하고, 목적에 따라 원고를 작성하는 등 중요하고 전문적인 업무는 전문 대행기관의 직원들이 맡고, 다이렉트 마케팅(direct marketing)에 관한 정보나 고객 리스트 작성, 혹은 사전활동으로서의 안내장 발송과 같은 업무는 회사 내부의 인력이 맡는다.

이 경우에는 텔레마케팅 실무를 경험한 대행사의 인력을 회사 내부에서 활용함으로써 전문지식의 습득과 노하우(know-how) 이전을 기대할 수 있다.

장점은 회사 내부에서 직접 작업을 수행하므로 모든 데이터를 즉각적으로 받아볼 수 있으며, 필요에 따라 순발력 있는 결정도 취할 수 있다. 이러한 방법은 중요한 영업비밀 또는 고객명단 유출 등을 방지하기 위해 채택될 수 있다.

그러나 텔레마케팅을 수행하기 위해 컴퓨터 등의 새로운 장비를 구입해야 하고, 또 이들을 계속 관리해야 하는 것도 재정적 부담으로 작용하는 것이 단점이다.

(5) 서비스 기관의 검토사항

텔레마케팅 제도를 도입하려는 회사는 먼저 달성할 수 있는 목표가 어떠한 것들이 있는가를 살펴보아야만 한다. 회사가 6개의 달성 가능한 목표를 열거하면 다음과 같다.

1) 판매종결

- 판매
- 주문접수
- 상위상품 판매주문

2) 리 드

- 리드(lead) 창출
- 리드 선별과 요건심사 결정

3) 정보수집

- 서베이(survey)
- 조사

4) 정보제공

텔레마케팅은 통신을 통하여 고객을 접촉하고 거래에 대한 대화를 하기 때문에 상품이나 신상품 또는 기업의 정보 등을 신속하게 제공할 수 있으며, 고객의 반응을 파악할 수 있는 장점이 있다.

5) 현금흐름의 개선

- 신용체크
- 수금

6) 고객서비스

사내에 자체 텔레마케팅 센터를 설치할 것인지, 외부 서비스 기관을 이용할 것인지, 아니면 두 가지를 병행할 것인지를 결정하는 데에도 도움이 될 것이다.

다음은 대행기관이든 서비스 기관이든, 그리고 상담기관이든 간에 결정해야 할 때 도움이 될 수 있는 체크 리스트(check list)에 대해 살펴보면, 텔레마케팅 서비스 관련 기관과 접촉할 때, 당신 기업의 목표나 필요에 따라 다음 질문 중의 일부 또는 전부가 도움이 될 수 있을 것이다.

텔레마케팅 서비스 기업에 대한 질문항목은 다음과 같다.

- 종업원들은 상근하는가, 시간제인가?
- 사장의 약력은 어떠한가?
- 교육과정 절차는 어떠한가?
- 전화담당 요원들이 우리 회사의 상품 및 판매교육을 받도록 하는가?
- 우리가 시험전화를 모니터(monitor)해도 되겠는가?
- 고객회사 명단을 보고, 그중 한 회사에 전화를 걸어 그들이 회사의 서비스에 만족하고 있는지를 알아보아도 되겠는가?
- 우리 회사의 마케팅 프로그램을 조사하여 적절한 텔레마케팅 응용분야를 추천해줄 수 있겠는가? 고객회사 중 어느 회사가 이러한 서비스를 제공하겠는가?
- 우리 회사와 같은 업종의 회사에게 텔레마케팅을 해준 경험이 있는가?
- 만일 당신이 우리 회사에게 텔레마케팅을 시험해보도록 권한다면 최종적인 결론을 얻기까지 몇 개월의 시행기간이 필요하다고 하겠는가?
- 전화 상담요원과 감독자 간의 비율은 어떠한가?
- 착신호(inbound)의 처리능력은 어떠한가?
- 발신호(outbound)의 처리능력은 어떠한가?
- 당신이 고객회사를 위해 문의나 판매기록을 어떻게 유지·관리하고 있는가?
- 정보를 고객회사에게 어떤 방식으로 건네주는가? 컴퓨터에 의해서인가? 그 밖의 다른 방법에 의해서인가?
- 현재 우리 회사와 마찰이 생길 소지가 있다고 생각되는 다른 고객회사는 없는가?

제 3 절 고정고객 관리

1 고정고객 개념

1990년대 초반의 세계불황은 호텔의 경영정책을 발전・변화시켰고, 이 시기를 휴지점(break point)[61]으로 인식할 수 있다. 이는 과거의 좋은 위치(location)에서 양질의 서비스를 제공하면 성공할 것이라는 사고방식에서 벗어나 고객들의 다양한 욕구에 부응할 수 있는 여건조성이 되어야 함을 강조하게 되었다.

입지 위주의 경영방식은 내부 운영 중점이며, 효율 극대화에 주력하게 되었지만 오늘날의 호텔고객들의 요구조건이 늘어나고, 경영환경이 급변함에 따라 호텔산업에서 경쟁우위를 확보하는 것은 결코 쉬운 일이 아니다.

사람산업(people business)이라 할 수 있는 호텔산업은 인적 서비스를 사람에게 제공하는 업종으로 고객에 대한 관리 분석은 보다 훌륭한 서비스를 제공함으로써 호텔산업의 질을 높이고(사후관리), 매출증대의 효율성을 높이는 역할(사전관리)을 하고 있는데 이러한 관리를 하는 것이 고객관리[62]라고 한다. 한정된 시장에서 새로운 고객을 창출하고, 고정고객을 확보하는 것은 경쟁에서 기업이 생존하기 위한 절대적인 조건이 된다.

파레톤의 법칙에 의하면 고정고객 20%가 호텔수입 80%의 비중을 차지한다.[63] 또한 새로운 고객을 유치하기 위한 신규비용은 기존고객을 유지하고 관리하는 비용의 5~6배 정도이며, 오늘날의 고객은 매우 변덕스럽기 때문에 상표충성도(brand loyalty)가 거의 없다.[64]

---

61) 조직환경에서 일어난 획기적인 사건을 의미한다.

62) *Hotel & Restaurant*, October, 1992, p.50.

63) EIU, "Hotel Frequent Guest Programs", *Travel & Tourism Analyst*, No.1, 1995, p.84.

64) "Marketing Your Hotel : Challenges of the 90's", *The Cornell H.R.A. Quarterly*, Volume 31, No. 1, New York, May, 1990.

2 고정고객의 효율적인 관리

현대의 호텔기업의 경영에 있어서 중요한 것은 1회적 거래보다는 구매 후 지속적인 관계를 유지·발전시키는 것이 바람직한데, 그 방법은, 첫째, 불평고객관리(complaint handling management), 둘째, 서비스 보증(service assurance) 등의 방법이 있다.

전통적으로 호텔기업의 마케팅에 있어서 새로운 고객 창조만 지나치게 강조하고 있으나 초우량 서비스 기업은 고정고객을 유지하고 그 이용 횟수를 증가시키는 것을 강조한다.

예를 들면 호텔기업에는 고정고객을 관리하기 위한 방안들이 여러 가지 있으나 영업정책 및 향후 기업의 성격이나 영업정책에 따라서 다음과 같이 고객을 분류할 수 있다.

① 영업(매출)단위의 분류

식음고객, 객실고객, 연회고객, 부대사업고객

② 영업(매출)대상인 고객 성격에 의한 분류

잠재고객, 고객관리대상 고객, 회원고객(membership), 특별고객

③ 고객의 호텔 기여도에 의한 분류

일반고객, VIP고객, VVIP(Gold) 고객

(1) 재구매 고객 프로그램

재구매 고객(frequent guest)을 지속적으로 유지하고 확보하기 위하여 고객이 호텔에 투숙하는 빈도에 따라 고객에게 일정한 가치의 분배를 실현시키는 제도이다.

호텔 자체가 마케팅 차원에서 재구매 고객을 위한 프로그램을 별도로 실시하기도 하지만 호텔 자체에서뿐만이 아니고 체인호텔의 경우는 체인에 가입한 전체의 호텔로 범위를 확대하여 구매한 상품이나 서비스를 누적하여 평가하거나 다른 관련 업계와 연계한 프로그램으로 고객유치 전략을 구사하고 있다.

이러한 재구매 고객을 위한 프로그램을 통하여 매출을 향상시키고 호텔의 이미지를 개선시킬 수 있기 때문에 2중의 효과를 얻을 수 있다. 고객은 호텔 상품을 구매할 경우 특별한 경우가 없는 한 자기가 참여하고 있는 재구매 프로그램의 수혜를 위하여 이용빈도를 높이는 경향이 있다.

또한 업무를 위한 출장 기회가 많은 사람은 숙박에 대한 비용은 회사에서 부담하고, 실질적인 혜택은 본인이 제공받기 때문에 부담없이 참여할 수 있다.

〈표 9-1〉과 〈표 9-2〉는 각각 미국과 국내의 호텔이 실행하고 있는 재구매 프로그램으로서 성공적으로 운영되고 있는 제도이다.

또한 최근에는 상용고객을 위하여 호텔과 호텔 또는 호텔과 동일계열 관광업체와 프로그램을 연계하여 자호텔로 상용고객을 적극적으로 유인하는 마케팅 활동을 도입하고 있다.

항공사에서도 경쟁력을 높이기 위해 자사 항공사를 이용하는 고객의 고정고객화를 위해 항공사와 연계되어 있는 관련 기업과의 서비스 제휴를 통하여 고객들에게 많은 혜택을 주고자 노력하고 있으며, 이용빈도와 구매량에 따라 무료로 서비스를 제공하는 프로그램으로 고객과의 지속적인 관계를 유지하고 있다.

표 9-1 호텔기업의 고정고객 확보 방안[65)]

주요 경쟁방법	내 용
주요고객 우대	자주 찾는 숙박객에게 특권과 자유여행 기회를 주는 특별우대 계획
전략적 제휴	광고와 마케팅, 고객유치를 위한 제휴
컴퓨터 예약 시스템	홀리데인 인이 처음 개발한 항공예약 시스템과 유사한 것으로 객실당 수익을 극대화하는 가격으로 객실을 마련하고, 고객과 여행사가 적당한 가격에서 원하는 숙박을 하도록 도와주는 계획
휴대비품	예약고객에게 제공하는 상품과 서비스로서 일반적으로 화장품과 룸서비스를 포함함
차별화	고객의 필요에 따라 객실과 서비스의 등급을 구분하여 상품을 제공함
기술혁신	호텔이 제공하는 상품과 서비스를 개선하려는 방법. 예를 들면 커뮤니케이션 시스템, 경영을 위한 의사결정 시스템, 회계서비스, 안전보호 계획, 에너지와 자연보호 계획, 자동화된 체크인·체크아웃 서비스 등이 포함됨
특정 지역 마케팅	특정 시장을 집중적으로 공략할 계획으로 그 시장에 특정 상품과 서비스를 강조함
가격정책	일반적으로 할인과 수입관리임(주문 전달을 기준으로 객실당 수입을 최대화함)
서비스 품질관리	종합적 품질관리(TQM), 연속과정 개선 등의 기술로 서비스 질을 향상시키려는 제도
여행사와 협력	사업규모를 확대하기 위해 여행사와의 관계를 개선하려는 방법으로 여행사에 대한 보상과 유인책이 포함된다.
고정고객을 위한 특별서비스	자주 찾는 숙박객을 위한 계획을 차별화한 것으로 호텔의 체크인·체크아웃의 자동화, 특정 배석, 라운지, 상품 할인과 같은 특성이 있으며, 전체적으로 향상된 선택권과 모든 상품의 서비스 품질을 향상시킴.
비즈니스 서비스	비즈니스 여행자들의 욕구를 충족하기 위한 방법. 폭넓은 통신 서비스뿐만 아니라 호텔이나 객실의 다양한 비즈니스 서비스를 포함함
데이터베이스 관리	고객의 성향을 완전히 검색할 수 있는 기술적 능력을 이용한 방법. 검색된 정보는 현재 호텔에서 이용하는 다른 모든 정보시스템과 통합되고 있음
직접적 고객 마케팅	빠른 정보처리와 진보된 기술을 통하여 데이터베이스 마케팅 계획으로 얻은 정보를 이용하여 고객에게 직접적으로 거래할 수 있음. 많은 여행자들이 스스로 인터넷을 통하여 여행계획을 세움으로써 더욱 보편화됨

65) 국제호텔&레스토랑협회(International Hotel & Restaurant Association), 1995. 국제 호텔회사의 경쟁방법 중 고객확보와 관련된 방법만 논자가 재작성함.

표 9-2 상용고객제도의 혜택 비교(미국)

호텔명	Best Western	Hilton	Holiday Inn	Hyatt	Marriott	Sheraton
카드명	Gold Crown Club	H. Hnors	Priority Club	Gold Passport	Hnored Guest Award	ITT Sheraton Club
가입비	×	×	○	×	×	×
제휴카드	○	○	○	○	○	○
마일리지	○	○	○	○	○	○
포인트 객실기준	1포인트 $1당	10포인트 $1당	1포인트 $1당	5포인트 $1당	10포인트 $1당	2클럽마일 $1당
적용업장 및 서비스	객실	객실, 바, 식음료, 전화, 기타 서비스	객실	객실, 바, 식음료, 전화, 기타 서비스, 렌터카, 항공권	객실, 바, 식음료, 전화, 기타 서비스	객실, 바, 식음료, 기타 서비스, 전화, 영화티켓
누적포인트에 따른 혜택	주말 무료 숙박권, 여행패키지 항공여행권	주말객실 50%, 렌터카, 상품, 이벤트 초대, 여행	여행가방 증정, 렌터카, 상품, 여행	객실할인, 객실 업그레이드, 상품, 여행, 식사	주말객실 50%, 렌터카, 여행	상품, 현금, 객실 업그레이드 상품, 여행, 항공, 렌터카
기 타 서비스	객실 업그레이드 수표, 현금 교환 헬스클럽 이용 선물 제공 커피 무료 제공 체크인·아웃 대기 예약 우선권 콘티넨탈 조식	수표, 현금 교환 헬스클럽 이용 선물 제공 커피 무료제공 체크인·아웃 대기 예약 우선권 동반자 무료 투숙 배우자와 공동 이용	객실 입그레이드 수표, 현금교환 체크인·아웃 대기 렌터카 할인 늦은 체크아웃 동반자 무료 투숙 객실할인	객실 업그레이드 수표, 현금교환 헬스클럽 이용 선물 제공 커피 무료 제공 체크인·아웃 대기 렌터카 할인 동반자 무료 투숙	객실 업그레이드 수표, 현금 교환 헬스클럽 이용 선물 제공 커피 무료 제공 체크인·아웃 대기 예약 우선권 렌터카 할인	객실 업그레이드 커피 무료 제공 체크인·아웃대기 늦은 체크아웃

표 9-3 상용(객실) 고객제도의 혜택 비교(국내)

호텔명	H호텔	I호텔	Y호텔	S호텔	G호텔	L호텔
카드명	Hilton Executive Club	Six Continental Club	Gold Passport	Shilla Club Int'l	Westin Premier	VIP
가입비	($150)	($100/$25)	×	×	×	×
포인트 제 도	×	○	○	×	○	○
마일리지	×	×	○	×	○	×
포인트	×	×	$1당 5점	×	1일 1000점 1회 500마일	10만 원당 1점
적용업장 및 서 비 스	×	×	객실,전화, 바, 식음료 렌터카, 항공권 기타 서비스	×	객실	객실
포인트 누적에 따른 혜택	×	와인, 꽃, 과일, 객실 업그레이드	객실 할인, 업그레이드, 상 품, 여행, 식사	×	객실 업그레이드	객실 업그레이드
서비스	전용 체크인 데스크, 빠른 체크인, 예약우선권,룸 업그레이드, 출발·도착시 간 연장, 동반자 무료 투숙 헬스클럽 무 료, 환영선물, 비즈니스·서 비스 원하는 객실 결정	전용 체크인 데스크, 빠른 체크인, 예약우선권, 룸 업그레이드, 출발·도착시 간 연장, 동반자 무료 투숙, 헬스클럽 무료, 환영선물, VIPD 영접, 수표현금 교환	빠른 체크인, 룸 업그레이드, 출발시간 연장, 헬스클럽 무료 환영선물, 비즈니스 서비스, 무료 신문, 무료 커피	전용 체크인 데스크, 예약우선권, 출발·도착 시간 연장, 헬스클럽 무료, 환영선물	아침식사 제공, 예약보장, 보너스	×
할 인	×	×	객실, 세탁소, 베이커리, 렌터카	객실, 면세점, 세탁소, 디스코테크	×	

(2) 회원제

호텔기업의 회원제(membership)는 1980년대 미국에서 시작되었다. 객실점유율이 하락하자 낮은 점유율과 낮은 호텔 이익률을 타개하기 위해 호텔체인들은 항공사를 모델로 한 상용고객 제도를 도입하였는데, 홀리데이 인(Holiday Inn)이 상용고객 제도인 '프라이어러티 클럽(Priority Club)'을 개발한 것을 효시로 볼 수 있으나 실용화는 되지 않았고, 그 후에 힐튼(Hilton), 하얏트(Hyatt), 메리어트(Marriott)가 상용고객 제도를 실시하였다.

국내에서는 호텔회원 제도의 효시는 1980년 신라호텔에서 도입한 '신라클럽 인터내셔널'이었으며, 1983년에 전 세계 하얏트 체인호텔을 대상으로 시작한 '골드 패스포트(Gold Passport)' 회원제를 도입한 하얏트 리젠시 서울(현재의 그랜드 하얏트 서울)이 뒤를 이었다. 그 후 1990년대에 들어서 본격적으로 각 호텔마다 회원제도를 도입하여 운영하고 있다.

호텔회원 제도는 신용카드와 유사한 개념을 가지고 있으며, 최근에는 회원제도와 신용카드를 묶은 제휴카드가 발행되고 있다. 호텔의 회원카드는 신용카드와 같이 할부구매나 지불능력의 기능을 가지고 있지는 않지만 신용카드와 마찬가지로 일정한 자격요건을 갖춘 일반인을 대상으로 발급되기 때문에 신분표시의 기능을 가지며, 또한 회원에 대한 정보를 가지고 있으므로 알맞은 정보를 선택하여 호텔에서 유용하게 사용할 수 있다.

이러한 형태의 회원제는 호텔기업의 경우 다음과 같은 종류가 있다.

1) 상용고객 제도

상용고객 제도의 대상은 객실을 반복적으로 이용하는 고객이다. 호텔마다 운영하는 형태는 다르지만 주대상이 사업 여행자이므로 비즈니스에 편리한 서비스나 객실에 관련된 서비스를 혜택으로 제공한다. 경우에 따라서는 항공사와 프로그램을 연계하여 고객의 희망에 따라 호텔에 대한 누적포인트 제도나 항공사의 마일리지를 제공함으로써 상표충성도를 유발시키기도 한다.

2) 식음료 회원제도

식음료 회원제도는 호텔의 식음료 업장을 주로 이용하는 내국인이나 국내에 거주하는 외국인을 대상으로 한다. 국내호텔에서는 1990년대 롯데호텔에서 그 효시를 찾아볼 수 있으며, 그 후에 각 호텔로 파급되었다. 주요 대상은 기업체의 간부, 전문직 종사자, 정부의 관료, 거주국 공관원, 사회단체의 간부 및 회원, 종교단체, 식음료 부대사업을 지속적으로 이용하는 고객, 중상류 이상의 계층에 속하는 사람들이 그 대상으로 포함되어 있다.

최근에는 마케팅 수단의 하나로 대부분 호텔에서는 이러한 제도를 도입하여 관련 업종의 서비스와 연계한 프로그램으로 고객을 유치하고 있는데 회원 모집은 대개 일정한 수수료를 공제하는 조건으로 외부의 전문 용역회사에 의해서 실시되고 있다.

식음료 회원제도는 대개 연회원을 원칙으로 하고, 소정의 연회비를 납부하고 연회원 자격을 얻는다. 요즘 호텔 식음료 회원 프로그램은 객실을 비롯하여 다양한 부가서비스로 고객을 유치하고 있다.

3) 스포츠클럽 회원제도

체련장 · 사우나 · 수영장 · 에어로빅, 그 외에 식음료 업장, 이 · 미용실, 세탁소, 베이커리 등 호텔 내의 각종 부대시설 이용 시 가족이 같이 이용할 수도 있으며, 할인 혜택을 받게 된다. 가입비가 타회원 제도 가입비보다 월등히 비싸고, 평생회원제 형태로 운영된다. 회원은 호텔에서 수용할 수 있는 적정수의 회원만 가입을 시키고, 탈퇴할 경우에는 가입비를 돌려준다.

여가시간이 증가하고 실질소득이 증대함으로써 자기자신의 건강관리에 많은 관심을 기울이기 때문에 도심지 유명호텔에서는 이러한 고객의 욕구충족을 위하여 스포츠클럽을 신설 또는 개 · 보수를 하여 운영하고 있지만 공급보다 수요가 많아 모든 고객을 수용할 수 없는 상태이다. 또한 호텔 스포츠클럽에서는 전문인을 고용하여 과학적인 방법으로 회원의 건강을 관리해주고 있기 때문에 유명호텔의 스포츠클럽 가입비는 수천만

원을 넘고 있다.

따라서 앞으로는 호텔의 부대시설 중 건강에 관련된 회원제도가 매출 증진에 효자노릇을 할 것으로 전망된다.

4) 비서 회원제도

각 기업체들은 대부분 해외에서 찾아오는 비즈니스 고객을 유치하게 되는데, 이들의 일정표에 따라서 국내의 자사나 계열회사 등에게 예약을 위임한다. 이 경우 지속적인 판매망을 구축하기 위해 호텔기업에서는 기업체 간의 특별히 할인된 요금을 적용하게 되는데 이를 '커머셜 어카운트(commercial account)'라고 하며, 기업체에서 예약을 담당하는 비서들을 대상으로 하여 특별한 혜택을 주는 것이다.

즉 기업체에 관련하여 방문하는 고객을 대신해서 호텔을 예약해주고, 실질적인 혜택은 예약을 대신해준 비서가 제공받기 때문에 예약을 담당하는 비서들을 중심으로 적극적으로 운영되고 있다.

이 제도의 시초는 1978년 하얏트 호텔의 '프라이비트 라인(private line)'이다. 회원들 각자에게는 고유한 번호가 부여되고, 실적에 따라서 포상을 하며, 각종 교양강좌나 파티 등의 다양한 행사에 초대되고, 정기간행물을 발행하여 각종 정보를 교환하며, 판촉활동에 이용하고 있다.

최근에는 이러한 제도가 크게 성공을 거두어 비서들만을 위한 자매호텔의 시찰여행(familiarization tour)이나 특별한 모임으로 친목을 다지고 있다.

5) 면세점 회원제도

호텔에서 운영하고 있는 면세점 이용객들을 위한 제도로 가입비는 무료이며, 면세품 구입 시 할인을 제공하고 각종 홍보물·우편물을 발송한다.

6) 여성문화교실 회원제도

여성들을 위한 각종의 이벤트를 개발하여 특별한 프로그램에 초대하고, 각종 혜택을 제공하여 여성고객을 적극적으로 유치하는 제도이다.

제 4 절 고정고객과 수익률

수익률(yield rate)은 곧 판매 가능 상품에 대한 판매된 상품의 비율을 말한다. 수익성 관리 시스템(yield management system)은 미국에서 시작된 관리기법으로 1980년대 초 항공요금의 규제철폐에 따른 항공사의 생존전략으로 미국항공사(American Airlines)에서 최초로 시작하였으며, 호텔체인에서는 홀리데이 인(Holiday Inn)에서 최초로 도입하였다. 이 책에서는 호텔기업을 중심으로 고정고객의 수익률을 살펴보도록 한다.

수익성 관리 시스템은 다음 사항에 대한 효율적인 관리를 통해 호텔의 객실점유율 및 매출신장에 기여할 수 있다.

- 호텔에 맞는 최적 요금구조 확립
- 특정일에 대한 예약 및 판매객실 수 또는 체재일수의 통제
- 예약 패턴 및 형태에 따른 특정일의 객실 재고관리(room inventory control)의 필요 유무 결정
- 여행도매업체 및 단체에 대한 적절한 요금 결정
- 고객에 적합한 객실 및 객실요금 제공
- 예약담당자에 체계적인 재량권 부여를 통해 효과적인 판매 담당자로 양성

항공사뿐만 아니라 호텔에서도 수익관리 시스템을 통한 최대목표는 최소의 비용으로 최대의 효과, 즉 매출을 증대시키는 것이라 할 수 있는데(maximize revenue with what you have) 이는 과거의 데이터[수요치 통계, 취소, 노쇼(no-show) 경향]가 바탕이 되어야 한다.

수익률을 구하는 공식은 다음과 같다.

$$\text{수익률(yield) \%} = \frac{\text{실현수익 총액(revenue realized)}}{\text{잠재수익 총액(revenue potential)}} \times 100\%$$

호텔기업 최고경영진은 전반적으로 경기가 하락하게 되면 객실점유율(room occupancy rate)에 신경을 곤두세우게 되며, 경기가 상승세를 타고 안정권에 진입하게 되면 객실점유율은 자동적으로 상승곡선을 나타내게 되므로 평균객실료(average room rate)에 관심을 가지게 된다. 그러나 어느 상황이든 간에 중요한 것은 얼마만큼의 수익률을 올리느냐에 있다.

〈표 9-4〉는 300개의 객실을 보유한 호텔에서 가상적으로 각기 다른 객실점유율 및 평균객실료에 따른 수익률을 비교한 것이다.

〈표 9-4〉의 가상도표에서 보여주는 것은 평균객실료보다는 객실점유율을 중요시한 G의 경우와 객실점유율보다는 높은 평균객실료에 중점을 둔 A의 경우와 그 중간에 대략 비슷한 중점을 둔 각각의 7개 경우 모두 결국 동일한 매출액과 동일한 수익률을 기록했다는 점이다.

사례 A를 선호하는 경우는 판매객실 수가 상대적으로 적으므로 청소·난방 등 관리비용이 적게 투입된다고 할 수 있겠고, 사례 G를 선호하는 경우는 낮은 가격에 판매했지만 부수적인 수입이 예상된다고 할 수 있으며, 통계에 예민한 사람은 중간치를 선호할 수 있을 것이다. 그러나 어느 경우에도 수익성이 같다는 것을 명심해야 한다. 물론 가상의 비교지만 호텔의 경영진은 객실점유율이나 평균객실료의 인상보다 중요한 것은 수익률을 증대시키는 데 더욱 중점을 두어야 한다는 것이다.

수익률 관리의 개념은 위에서 언급한 바와 같이 1988년 항공산업에서 호텔산업으로 도입된 것으로 중앙컴퓨터 시스템을 통하여 하루에 8만 번까지 가격이 변동되는 자동식 가격변경 방식이다.

이 시스템하에서 할인율은 수요의 변동 및 예약상황에 따라 다르게 적용된다. 즉 호텔고객들은 그들의 예약 시점에 따라 같은 객실에 대하여 다른 객실요금을 지불한다. 가격은 매일, 그리고 시간 단위로 변하여 예정객실 투숙일의 수요상황이 모든 가격을 조절하는 것이다.

따라서 이 시스템은 수요예측 기능까지 구비하고 있는데 일반적인 근거자료는 과거의 수요상황에 대한 자료이며, 위에서 언급되었던 수요상황 이외에도 세분시장에 따라 예약 우선순위 및 가격이 다르게 책정되어 있다.

표 9-4 수익률 산출표

Case	Room Sold	Occupancy	A/Rate	Room Rev.	Yield
A	160	53.3	100.00	$16,000	53.%
B	180	60.0	88.88	$16,000	53.%
C	220	73.3	72.72	$16,000	53.%
D	240	80.0	66.66	$16,000	53.%
E	260	86.6	61.53	$16,000	53.%
F	280	93.3	57.14	$16,000	53.%
G	300	100.0	53.33	$16,000	53.%

판매수익 증대, 이익의 극대화, 세분시장 효율성 향상, 상품 포트폴리오(product portfolio) 전략 강화, 수요 안정화 등 무수한 장점을 가지고 있으나 같은 등급의 객실을 구매하지만 사전에 예약을 하지 않았거나 도착일에 근접하여 예약하게 되는 고객이 상대적으로 높은 가격을 지불해야 하는 상황이 발생하게 되어 대고객 서비스에 단점으로 작용할 수 있다.

수익률을 높이기 위해서는 궁극적으로 객실 수요와 공급에 따른 상황변화에 맞추어 고객 수요가 증가할 경우에는 객실요금의 고가격 정책을 고수하고, 수요 하락 시에는 저가격 정책으로 유연하고 신속한 대응을 하고, 이를 위해 수요예측(forecasting), 체재 및 절차 개선(improving system and procedure), 전략 및 전술계획 수립(developing strategic and tactical plans), 그리고 피드백 시스템(feedback system)의 구축이 필요하다.

이를 간단히 설명하면 다음과 같다.

1 수요예측

수익률 관리의 효율성을 최대화하기 위해서는 매일매일 객실수요의 정확한 파악이 필요하다. 대부분의 호텔은 60일에서 90일의 미래를 내다보고 예측하지만 이는 호텔의 시장성격(convention hotel, tour group hotel, FIT focused hotel 등)에 따라 바뀔 수 있으므로 단체고객과 개별고객의 예약성향에 대한 내용을 정확히 파악해야 한다. 단체고객은 객실점유율의 증대에, 그리고 개별고객은 평균 객실료 증대에 기여할 것이다.

따라서 미래의 불확실한 단체고객의 예약은 반드시 심사숙고해야 하며, 잘 준비된 시스템으로 효과적인 결정을 내릴 수 있게 된다.

2 체제 및 절차의 개선

수익 극대화를 보조하기 위해서 영업방침 및 절차를 설정하고, 종업원을 교육시켜 수요예측의 이점을 최대한 활용하는 것이 바람직하다. 이윤을 증대시키기 위한 사항들 중에 수요가 높을 경우에는 단체 지양, 최소 숙박일(minimum length of stay) 설정, 객실료 관리(room rate management) 등이 필요하며, 수요가 낮을 경우에는 예약담당에게 특별 할인요금 적용 허용, 기업 및 여행사 대상의 판촉활동 강화, 저렴하고 매력적인 패키지 제작 등이 필요하다.

그러나 호텔 이익만을 고려한 나머지 수익률 관리의 이론적인 측면만을 강조하면 고객의 욕구를 무시하는 내향적인 사고방식(inside-out thinking)의 마케팅 전략이 될 수 있기 때문에 신중하게 고려해야 한다. 수익률 관리는 특성상 수요가 공급을 초과하는 시장에서 적용할 수 있는 기법이다.

3 전략 및 전술

고객의 수요변동에 신속하게 대응할 수 있는 전술적인 지원을 얻을 수 있는 응집력 있는 경영전략 수립 및 상호 관련 부서 간의 업무적인 협조, 그리고 이해를 통한 신중한 전략 및 결정이 필요하다.

4 피드백

실적 결과에 대한 체계적이고 합리적인 평가와 종업인들에게 이러한 내용에 대한 정보전달이 필요하다. 해당업무와 직·간접적으로 관련된 사항을 구체적이고 정기적으로 피드백해 줌으로써 종업원들에게 수익률 제고에 지속적으로 노력하도록 장려하고, 업무 중요도에 따라 처리해야 할 업무의 우선순위를 설정해주며, 이익관리 기법의 활용을 가능하게 해준다.

수익성 관리 프로그램(yield management program)이 원활하게 실시되기 위해서는 다음과 같은 사항이 필요하다.

(1) 예약 형태

호텔이 위치하고 있는 지역의 고유한 특성이 있고, 이러한 특성에 의해서 호텔의 영업은 상당한 영향을 받기 마련이므로 호텔에서는 철저하게 지역에서 일어나는 여러 가지 상황과 각종 행사계획에 대하여 사전에 정보를 입수하여 숙지하고 있어야 한다.

지역 특성을 이해하기 위해서는 주변 경쟁호텔의 과거 객실점유율, 식음료 판매액, 그리고 사회적·문화적인 환경요소 등에 대하여 분석할 필요가 있다. 행사가 실시되는 날짜, 그리고 그 지역이 관광지라고 하면 성수기와 비수기, 행사기간 등의 다양한 요소에 대한 사전정보를 입수하여 이에 따라 예약상황 및 예측을 조절해야 한다.

(2) 시장구성별 예약 형태

호텔을 이용하는 고객을 분석하여 시장을 세분하고, 호텔을 이용하는 목적에 따라 고객을 분류하여 관리할 필요가 있다. 또한 예약을 하는 고객이 주로 이용하는 예약시스템을 파악하고, 예약의 목적을 파악한 후 그 데이터를 바탕으로 예약의 흐름과 주기에 대한 정보를 확보해야 한다.

따라서 요즘에는 고객의 예약 형태를 호텔 전산시스템을 이용하여 관리목적에 적합한 형태로 분석하여 고객의 요구와 필요를 파악함으로써 보다 성숙되고 효율적인 고객관리를 하고 있다.

(3) 초과예약 정책

수익률 관리의 일환으로 객실의 매출을 극대화하기 위해 초과예약(over booking)을 접수해야 할 경우 과거의 데이터를 고려하여 어느 정도의 비율로 접수해야 한다. 이러한 이유로 초과예약을 접수하기 위해서는 고객의 불편을 최소화하기 위한 절차 및 정책에 대한 정보가 절대적으로 필요하다.

초과예약의 목적은 예약한 고객의 예약취소나 노쇼(no-show) 등으로 인하여 만실을 채우지 못할 경우를 예상하여 판매 가능한 수보다 일정한 비율(보통 2~5%)을 초과한 수의 고객을 접수하는 것이다.

(4) 가격변화 효과

수익성 관리 프로그램의 특징은 같은 등급의 객실일지라도 예약하는 시점에 따라 가격에 차이를 주게 되는 것이다. 따라서 가격의 변화가 미치는 효과에 대한 자료가 필요하다.

(5) 우수한 전산시스템(PMS with CRS)

효율적인 수익성 관리 프로그램을 운영하기 위해서는 호텔기업의 전산시스템과 중앙 예약시스템(CRS : Central Reservation System)과의 실시간(real time) 교류가 가능해야만 한다.

제 5 절 고객만족

최근 대부분 호텔기업에서는 자사가 제공하고 있는 상품이나 서비스를 판매하기 위해서는 치열한 경쟁환경을 극복하고, 가능하면 기존의 고객을 많이 확보해야 하며, 효율적인 마케팅 활동을 수행할 수 있기 때문에 고객의 불평을 최소화하고, 기대 이상의 수준으로 서비스를 제공하기 위한 다양한 기법을 도입하고 있다.

1 고객만족 개념

고객만족(customer satisfaction)이란 "고객이 상품 또는 서비스에 대해 원하는 것을 기대 이상으로 충족시켜 감동시킴으로써 재구매율을 높이고, 그 상품 또는 서비스에 대한 선호도가 지속되도록 하는 상태"를 말한다.

과거 마케팅 활동의 평가기준은 대부분 호텔상품의 매출액에 따라 성공 여부를 결정하였으나 최근에 점점 격심해지는 경영환경에서는 판매로 인한 매출액보다는 고객만족을 통하여 마케팅 결과를 평가하는 시대로 전환시켰다. 또한 기업우선의 경영에서 고객우선시대로 바뀌어가고 있으며, 고객 권리가 한층 강화되고 있는 상황으로 기업환경이 변하고 있다.

따라서 고객만족도를 높이는 것은 고정고객층 이탈방지를 통해 안정적 기업이익을 확보하는 발판이기 때문에 기업은 고객 제일주의 경영방식으로 경영조직을 개편하고, 이에 맞는 기업문화의 풍토가 정착되어야 하겠다.

이러한 기업문화의 변화를 바탕으로 고객을 만족시키기 위한 경영활동으로서 고객만족 경영(customer satisfaction management)이 활발하게 진행되고 있다. 고객만족 경영이란 기업이 제공하는 상품, 기업 이미지 등에 대하여 고객만족을 얻기 위해 정기적이고 지속적으로 만족도를 조사하고, 그 결과에 기초해서 불만족스러운 점을 신속히 개선하여 고객만족을 제공하는 활동이다.

[그림 9-3]에서 보여주고 있는 것처럼 기업이익을 우선으로 하는 조직에서는 고객 위에 현장종업원이 있고, 조직의 상위개념으로서 상부에 현장관리층, 중간관리층과 최고경영자층으로 구성되어 전형적인 관료조직과 같은 형태를 취하고 있다. 그러나 고객만족을 우선으로 하는 조직에서는 반대의 개념으로 고객을 접촉하는 종업원이 가장 상부에 위치하고, 나머지 관리층은 현장종업원이 고객을 만족시키기 위해 지원하는 형태의 조직이다.

2 고객만족의 주요소

고객을 만족시키기 위한 중요한 요소를 살펴보면 과거에는 호텔상품 가치를 존중하는 형태로서 품질, 편의시설의 안락함, 가격 등으로 품질이 좋고, 가격이 싸면 고객은 만족하였다.

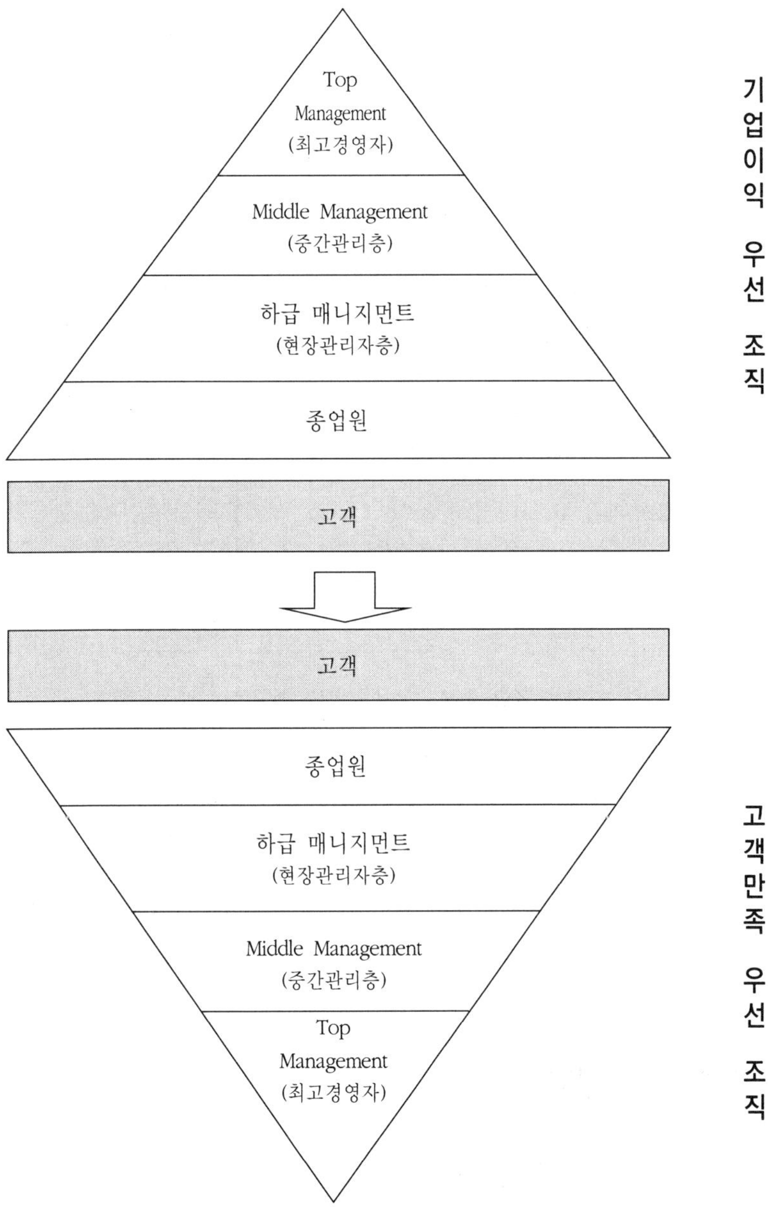

그림 9-3 기업조직 변화

그러나 현대의 고객은 물질적 측면뿐만 아니라 상품가치로서의 서비스와 친절성 등을 중시하는 경향이 있으며, 구매 시 점포 분위기와 판매원의 매너 등에 관심을 갖게 됨으로써 점점 서비스가 차지하는 비중이 높아지고 있다.

판매하는 호텔상품에 대한 내용은 기업 간의 격차가 거의 없어져 고객만족의 중요도가 서비스로 옮겨지고 있다.

따라서 고객만족 주요소로서는 [그림 9-4]와 같이 상품과 서비스의 직접적인 요소와 간접적인 요소인 기업 이미지 등으로 나눌 수 있다.

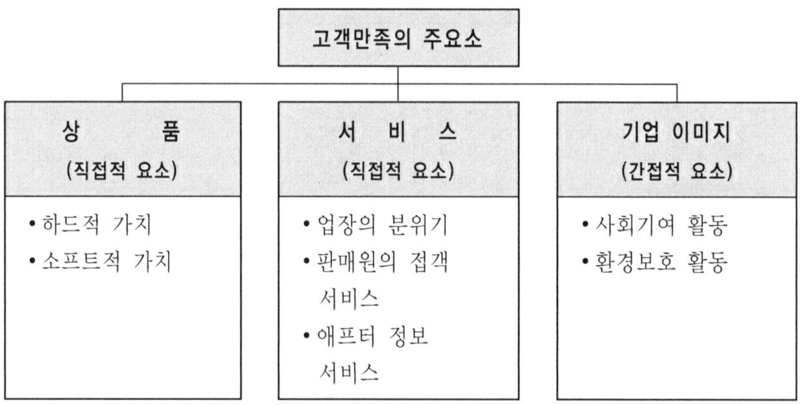

그림 9-4 고객만족의 주요소

호텔기업 이미지와 관련하여 특히 관광지의 경우 위치하고 있는 지역에서 편의시설의 개방, 자선쇼, 봉사활동 등 이른바 지역밀착형 전략으로 지역에 공헌하고 있다는 이미지를 부각시키면서 지역주민이 자랑스럽게 여기는 인상을 심어주는 데서부터 고객만족의 토대가 이루어진다.

3 고객의 기대 파악

고객만족도는 고객 상품과 서비스에 관한 사전 기대와 실제로 그 상품과 서비스를 이용한 사용 실감의 상대관계에 있기 때문에 고객만족도를 향상시키는 데는 고객 사전 기대 이상의 상품과 서비스를 지속적으로 제공해야 한다.

따라서 고객의 사전 기대를 정확히 파악하여 그 결과에 따라 고객과의 접점에서 근무하는 종업원들을 통하여 기대하는 품질이나 서비스의 제공이 요구된다. 또한 고객만족의 향상을 위해서는 신속한 대응이 바람직하며, 이것을 실현하기 위한 중요 요인은 종업원에 대한 권한이양(employee empowerment)이라 할 수 있다.

고객의 기대는 빠르게 변하고 있다. 통신수단의 발달로 인하여 고객은 상품이나 서비스에 대한 정보를 수시로 접할 수 있기 때문에 본인이 직접 경험했거나 또는 소문을 통하여 간접경험을 했을 경우 그와 동일한 수준의 서비스를 인지하고 있으며, 기대하고 있다는 것을 알아야 한다.

이와 관련하여 미국의 경영 컨설턴트인 알브레히트(Albrecht)는 "고객의 기대는 진화한다(Customer expectation's are progressive)"고 말하였다. 즉, [그림 9-5]처럼 고객의 빠른 기대감에 대응하여 서비스 개선이 뒤따르지 못한다면 만족이 불만족으로 변하고 시간이 경과할수록 불만족이 점점 커진다는 것이다.

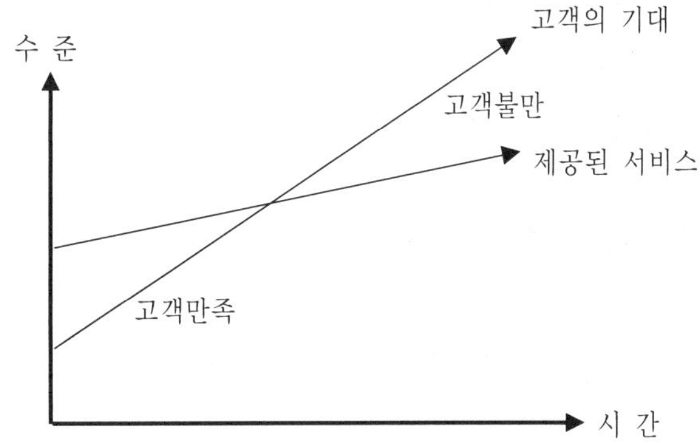

그림 9-5 시간에 따른 고객기대의 변화

4 서비스 공급자와 유통업자 연대

고객만족도는 상품과 서비스의 조합과 직접적인 관계가 있으므로 아무리 호텔상품이나 서비스가 좋아도 부가적인 서비스가 나쁘면 고객을 만족시킬 수가 없다. 즉, 호텔상품 제공자가 아무리 양질의 상품이나 서비스를 생산하기 위하여 노력해도 고객과의 접점에서 판매시점 관계가 나쁘면 상품이나 서비스는 잘 팔리지 않을 것이다.

따라서 관리자는 문제점을 파악하고, 유통업자를 호텔기업의 고객만족 전략에 합당하도록 수정 보완하여 지도하고, 지원해야 한다.

제 6 절 고객불평 처리

호텔기업은 종업원 실수나 영업시스템이 잘못되면 고객의 불평·불만으로 이어질 경우가 많다. 고객 한 사람이 불평하면 여러 사람에게 말을 옮기는 경향이 있으므로 호텔기업의 종업원은 고객의 불평·불만을 신속하고 슬기롭게 처리할 수 있는 자질을 길러야 한다.

고객이 종업원들로부터 받은 불만족한 서비스에 불평을 하지 않고 돌아가면 그 호텔기업의 서비스를 재구매하지 않고, 경쟁기업 서비스를 구매하는 경향이 있다는 사실을 명심해야 한다.

그러나 서비스에 대한 불만을 종업원에게 이야기할 때에는 재구매확률이 대단히 높다는 것을 의미하며, 오히려 이와 같은 불평·불만이 원만하게 처리된다면 호텔기업과 그 고객은 더 가까운 관계를 유지할 수 있다.

1 불평의 정의

불평(complaints)은 고객이 호텔기업 내의 매장을 방문하여 상품이나 서비스를 구매하는 과정에서, 또는 구매한 상품이나 서비스에 대한 품질, 서비스 및 불량 등으로 인하여 기업 측에 제기하는 불만을 의미하는 것으로 호텔기업에서는 이러한 고객의 불평을 최대한 줄이고, 불만이 접수되었을 경우에는 반드시 고객이 만족할 만한 수준이 될 수 있도록 적당한 조치를 취해야 한다.

최선을 다하여 고객불만을 처리해준 호텔기업이나 관광지는 신뢰도가 높아져 결국 기존고객은 물론이거니와 다른 잠재고객에게도 긍정적인 영향을 미쳐 지속적인 관계로 이어질 수가 있다.

따라서 기업마다 고객으로부터의 불평을 신속하고 정직하게 처리하도록 최선을 다해야 한다.

2 불평 발생원인

고객불만은 일반적으로 종업원의 실수나 착오로 인하여 발생하는 경우와 고객이 실수를 하여 발생하는 경우가 있는데 호텔기업의 영업장에서 고객의 불만은 아주 사소한 것에서부터 출발한다.

즉 종업원의 상품지식 결여, 고객 대응태도, 배달약속 지연, 편의시설이나 상품의 불량, 무리한 판매권유 등의 이유로 인하여 발생한다. 이러한 불만족한 서비스는 호텔기업의 이미지에 많은 영향을 미치기 때문에 대고객 서비스는 신중히 다루어져야 한다.

고객의 불만을 유형별로 살펴보면 다음과 같다.

(1) 종업원 실수로 발생하는 불만

대부분 호텔기업 영업장에서 고객에게 서비스를 제공하는 종업원의 실수나 착오로 인하여 빈번하게 발생하며, 그 발생동기는 다음과 같은 것들이 있다.

1) 상품지식 결여

호텔기업을 방문하는 고객은 영업장 종업원이 상품이나 서비스에 대해서 전문적인 지식을 갖고 있다고 기대하고 있기 때문에 영업장 종업원의 상품에 대한 정보부족으로 인하여 고객의 문의에 시원스럽게 대답을 하지 못하거나 잘못된 정보를 제공하여 문제를 발생시켰을 경우 고객은 불만을 가질 수 있다. 그리고 대부분 고객은 상품을 구매하기 전에 상품에 대한 기본적인 정보는 갖고 있기 때문에 상품에 대한 보다 전문적인 지식을 요구할 때가 많다.

따라서 판매사원은 매장에서 취급하고 있는 정보나 그 상품에 관련된 구체적인 정보를 숙지한 상태에서 고객들로부터 상품에 대한 문의에 적절히 정보를 제공하여 만족한 상태에서 상품의 구매를 선택할 수 있도록 해야 한다.

2) 고객에 대한 무성의한 태도

영업장을 방문한 고객에게 무성의한 언행을 구사하거나 일방적인 무시 등 개인적인 프라이버시(privacy)를 침해할 경우 고객을 화나게 할 수 있다. 고객은 심리적으로 상품을 구매할 때에는 상품 그 자체뿐만이 아니고 종업원 에티켓(etiquette)이나 친절 등을 함께 고려하기 때문에 종업원은 깨끗한 유니폼을 착용하고 근무해야 하며, 방문고객이 비록 상품이나 서비스를 구매하지 않을지라도 언제나 구매한 고객과 동일하게 예의를 갖추어야 한다.

예를 들면, 고객이 저가격 상품이나 서비스를 요구한다고 해서 관심을 다른 데로 돌리거나 무시하면 안 된다. 따라서 고객의 프라이버시에 관한 언행을 피하고, 모든 고객을 차별하지 않고 평등하게 취급하고 친절을 베풀어야 하겠다.

일반적으로 영업장에서 고객의 불평을 야기할 수 있는 종업원의 태도는 다음과 같다.

- 고객감정에 대한 배려 부족
- 서비스 정신의 결여
- 잘못된 화법

잘못된 화법의 예

저희 호텔의 체크인 서비스는 하자가 절대 없습니다.

이런 경우는 손님이 처음입니다.

이런 식으로 취급하는 것은 말이 안 됩니다.

호텔 룸서비스 이용 방법을 모르고 계셨습니까?

불평하는 고객과의 대화는 언제나 수용하는 자세로 적극적으로 개입해야 한다. 즉 "손님 죄송합니다, 환불보다는 추가서비스를 해드리면 어떻겠습니까?" 등의 대화로 고객의 마음을 달래면서 겸허한 마음으로 문제를 해결하도록 노력해야 한다.

3) 상품관리 소홀

일반적으로 특성상 호텔기업의 상품의 표준화는 매우 어렵지만 어느 정도 합리적인 관리로 일관성을 유지하거나 상황에 따라 유동적으로 대처해야 하지만 부주의로 인해 상품을 손상시킬 경우가 있고, 관리소홀로 인해 상품 본래 형태를 유지하지 못하거나 색상이 변질된 상품이 진열되어 판매될 경우도 있다. 이러한 상품을 점검하지 않고 고객에게 판매했을 경우 고객으로부터 불만을 발생시킬 수 있다.

4) 약속지연 및 불이행

고객은 종업원의 약속을 기업 대표로 인정하고 약속이행을 기대하기 때문에 고객과 약속한 내용에 대해서는 철저히 이행해야 한다. 고객이 원하는 상품이나 서비스를 예약했을 경우 예약한 내용과 날짜를 정확하게 지키지 않고, 지연시키거나 이행하지 못하였을 때 고객으로 하여금 불만을 초래할 수 있다.

만약 특별한 이유로 인해 고객과 약속을 지키지 못할 경우에는 반드시 사전에 고객과 접촉하여 동의를 받도록 해야 한다.

5) 무리한 판매 권유

영업장 종업원은 자신들의 매출목표를 달성하기 위해, 때로는 고객이 원하지도 않는 상품이나 서비스를 추천하고, 무리하게 설득하여 고객으로부터 불만을 유발시킬 수 있다.

따라서 종업원은 이와 같은 무리한 강매를 유도하기보다는 고객에게 상품의 유용성이나 효용가치를 논리적으로 설명하여 스스로 구매욕구가 발생될 수 있도록 고차원적으로 설득해야 한다.

6) 일처리 미숙

아직 업무처리가 서툴러 상품이나 서비스 구입 후 계산서 처리시간이 늦거나 틀리거나, 혹은 미숙한 정보, 거스름돈의 착오 등은 불만을 발생시킬 수 있다.

따라서 종업원을 영업장에 투입하기 위해서는 적당한 이론교육을 토대로 지속적인 현장교육 훈련을 통하여 능숙한 업무 처리를 할 수 있는 자질을 갖추도록 해야 한다.

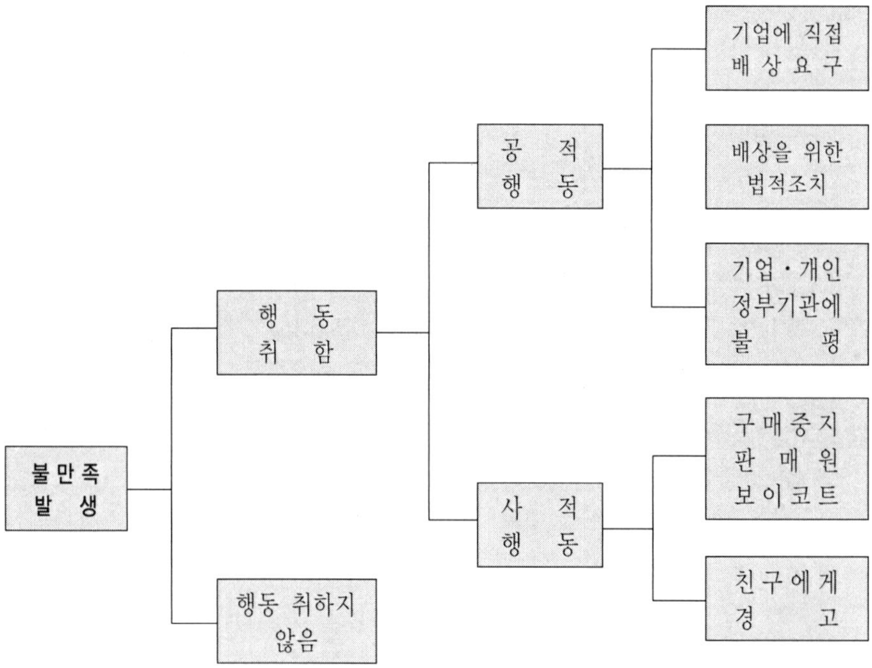

그림 9-6 불만족 처리방법

(2) 고객 실수에 의해 발생하는 불만

종업원 실수나 호텔기업의 제도적인 불합리성 때문이 아니고 고객 실수로 인해 불만이 발생하였을 경우라도 고객 프라이버시를 자극하지 않는 범위 내에서 불만 내용을 고객이 충분히 납득할 수 있도록 설명하여 이해시켜야 한다. 이때 주의해야 할 점은 고객에게 일방적으로 실수를 시인하도록 강요하면 오히려 반감을 불러일으킬 소지가 있으므로 겸손한 마음으로 간접적인 방법으로 고객을 설득시키면서 응대하는 것이 중요하다.

1) 기억 착오

고객과 영업장 종업원과 약속내용을 착각하였거나 상품이나 서비스의 잘못된 정보의 기억으로 인하여 발생하는 경우에도 고객의 입장을 고려하여 겸손한 자세로 납득을 시키도록 노력해야 한다. 일부 고객은 고의로 상품 정보를 잘못 전해들은 것으로 종업원을 곤란하게 하는 경우도 있으나 어떠한 경우일지라도 화를 내지 말고, 침착하게 고객을 응대해야 한다는 것을 명심해야 한다.

2) 상품에 대한 잘못된 인식

상품에 대한 잘못된 인식으로 인한 고객의 오해나 고객이 상품에 대한 정보를 판매사원으로부터 전해 듣고 구매 당시에는 모든 것을 동의하였으나 주변의 조언이나 마음의 변화로 인하여 구매한 상품의 질이나 조건 등에 문제를 제기하는 경우로서 충동구매로 상품을 구매했을 경우가 종종 발생되기도 한다. 이러한 경우에도 상품에 손상이나 변질 등의 특별한 경우가 없는 한 소탐대실이 되지 않도록 고객의 요구에 최선을 다해야 한다.

3) 상품할인을 위한 고의성

빈번하게 발생되는 것은 아니지만 종종 고객이 고의적으로 잘못된 점을 부각시켜 환불을 요구하거나 종업원에 대한 서비스 태도를 고의적으로 지적하여 교환, 또는 할인을 요구하는 경우가 있다.

이런 경우 만약 종업원이 처리하기 어려운 상황이라면 즉각적으로 상사에게 보고하여 적당한 조치가 이루어지도록 해야 한다.

3 불평 처리방법

불평에 대하여 최근에 연구된 결과에 의하면 한 기업이나 영업장에서 불만족하면 그 고객이 10명 이상의 다른 주위사람에게 기업이나 업장에 대한 부정적인 영향을 미쳐 이미지를 손상시킨다고 한다. 그리고 불만을 갖고 있으면서 그 내용을 언급하지 않는 고객은 재구매 확률이 현저히 감소한다.

한편, 고객불만을 만족수준에 가깝게 처리하였다면 그 고객은 향후 더욱 밀접한 관계를 유지할 수 있는 단골고객으로 전환된다는 사실도 인지해야 한다.

따라서 호텔기업 종업원이나 간부사원은 고객들의 불만에 대하여 회피하지 말고, 적극적인 자세로 성의를 다해 고객과의 관계를 돈독히 해야 한다. 고객으로부터 불만이 접수되면 우선 불만에 대한 원인을 정확히 파악해야 하며, 차분한 상태로 해결의 실마리를 찾아야 한다.

고객불평에 대한 처리방법을 단계별로 살펴보면 다음과 같다.

(1) 경 청

고객이 화가 난 상태에서는 종업원에게 분풀이를 하므로 종업원은 고객이 화가 가라앉을 때까지 불평에 대한 이야기를 들어주고, 필요하면 메모를 한다. 만약, 이야기 도중에 방해를 하면 고객이 이야기를 다 하지 않고 중간에 그치기 때문이다.

(2) 정중한 사과

이때 사과는 여러 번 반복해서 하지 않고 한두 번만 하도록 한다. 왜냐하면 고객에게 여러 사람이 여러 번 반복하여 사과하면 그에 대한 보상을 요구하기 때문이다.

(3) 관 심

고객에게 내가 그런 경우에 처했더라도 화가 났을 것이라는 동정과 함께 마음에서 우러나오는 관심을 표명한다.

(4) 감사의 말

고객은 자신이 화를 내면서 불평을 터뜨렸기 때문에 종업원이 감사의 뜻을 전하면 대부분 화를 누그러뜨린다.

(5) 별도 장소로 안내

고객이 불평을 계속하면 주위에 있는 고객에게 부정적인 영향을 미치므로 가능하면 사무실이나 조용한 곳으로 안내한다.

(6) 특별대우

불평에 대한 상황을 사실에 입각하여 처리하고, 귀빈대우를 하고, 필요하면 무료로 서비스를 제공한다.

(7) 일반적인 불평 제기

흔히 발생하기 쉬운 고객의 불평에 대해서는 사소한 불평으로 인하여 문제를 악화시키지 않도록 영업장이나 상담실에서 즉시 처리한다.

처리절차는 [그림 9-7]과 같이 해당 영업장을 방문하여 불평하는 경우와 [그림 9-8]과 같이 상담실을 방문하여 불평을 제기하는 경우로 구분할 수 있다.

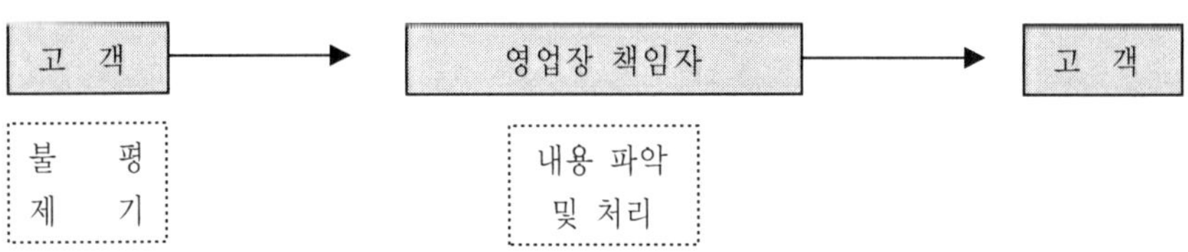

그림 9-7 영업장에서 불만 제기 및 처리절차

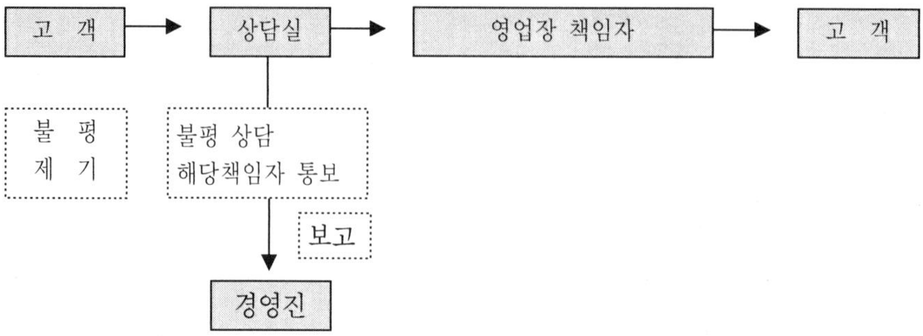

그림 9-8 상담실에서 불만 제기 및 처리절차

(8) 중요한 불평 제기

상담실을 통한 강력한 불평 제기로 경미한 불평의 처리와 마찬가지로 가장 합리적인 방법으로 고객이 납득할 수 있는 수준으로 영업장에서 규정하고 있는 내용을 바탕으로 불만의 상황을 고려하여 소속 팀장 주도하에 신속하게 처리를 하도록 해야 한다.

처리절차는 영업장의 특성에 따라 다르겠지만 보통 [그림 9-9]와 같다.

(9) 인터넷을 통한 불평 제기

컴퓨터 시스템을 통한 통신의 급격한 보급으로 인하여 전자메일(e-mail)을 이용하여 고객불평을 제기하는 경우도 점점 늘어나고 있는 추세이다. 이러한 경우에도 불평 내용을 즉각적으로 처리하여 불만이 확산되지 않도록 최선을 다해야 한다.

[그림 9-10]은 인터넷을 통한 불평에 대한 처리절차를 보여주고 있다.

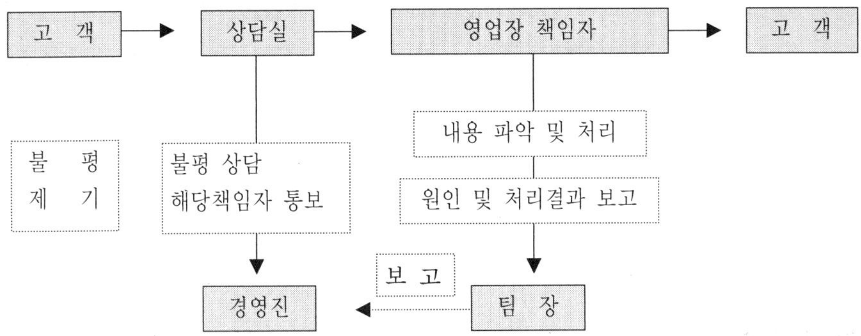

그림 9-9 중요한 불만 처리절차

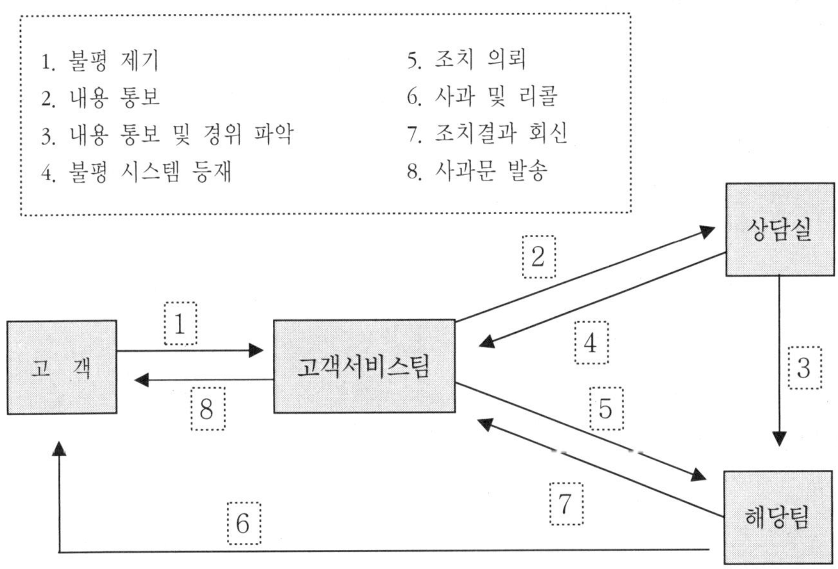

그림 9-10 인터넷을 통한 불평 제기 및 처리절차

4 불평 예방법

불평이 발생하면 최선을 다하여 고객의 불만을 해소시키도록 노력해야 하지만 그보다 중요한 것은 불평이나 불만이 발생하지 않도록 사전에 예방할 수 있는 전략이다. 왜냐하면 고객으로부터 불만이 발생하였을 경우 들어가는 노력이나 비용은 사전에 예방하기 위하여 투입되는 그것보다 더 크다는 것을 인식해야 한다.

따라서 고객을 접하는 모든 영업장의 종업원은 고객으로 하여금 불평을 야기할 가능성이 있는 잠재적인 문제를 제거하는 데 심혈을 기울여야 하겠다.

제 7 절 내부마케팅

1 내부마케팅의 정의

내부마케팅(internal marketing)은 서비스 기업의 종업원을 대상으로 한 내부지향적 마케팅 활동이다. 과거의 마케팅은 최고경영자나 마케팅 관리자들의 외부시장에 대한 일련의 활동을 의미하였으며, 마케팅 조사를 비롯하여 마케팅 믹스에 의한 포지셔닝 전략은 모두 외부고객에 초점을 맞추어왔다.

마케팅의 중심적 개념인 고객지향은 실로 기업 외의 고객지향이었다. 이에 비하여 내부지향적 내부마케팅에서 중심적 개념인 고객지향은 외부고객을 중심으로 하고 있으며, 내부고객을 중심으로 한 마케팅 조사 및 전략은 기업내부의 고객을 대상으로 하고 있고, 그들 내부고객(특히 서비스 기업인 백화점의 판매원)을 동기부여하기 위하여 계획·실시된다.

전통적으로 서비스업은 노동집약적이었으나 최근에는 자본집약적이며, 장비집약적인 서비스업도 많아지고 있다. 대부분의 서비스의 창출과 배달은 상품에 의해서가 아니라 고객과 판매원 간의 인간활동에 의해서 이루어진다.

서비스업에서 경영자는 종업원의 태도가 고객에게 긍정적으로 취해지기를 기대한다면 고객과 종업원에게 긍정적인 면을 갖고 있어야 한다. 그리고 종업원은 마치 고객이 어떤 기업을 선택하고 바꾸는 것을 결정하는 것처럼 고용주를 선택한다.

전통적인 마케팅 활동은 내부마케팅을 적용하는 데 있어 협의의 개념이기 때문에 내부마케팅의 범위확대를 주장했으며, 유효한 내부마케팅을 위해서는 고객지향적 세일즈 마인드를 가진 종업원이 필요하다고 강조하였다.

즉, 내부마케팅은 기업의 마케팅 부서뿐만이 아니라 모든 부서의 업무기능이 고객지향의 통합적인 업무수행 활동이 되어야 한다는 것이다.

따라서 내부마케팅은 외부시장 이전에 내부시장으로서, 종업원 역할의 중요성을 강조하는 경영이념으로서, 또한 그것을 실현하는 수단의 집합으로서 보는 것이다.

고객을 위한 편익 제공은 경영자나 일반사원의 입안과 서비스를 제공하는 고객과의 접점에서 근무하는 종업원의 협력작업에 의해 행해진다. 그러므로 최고경영자나 관리자들은 고객과 접촉하는 종업원을 제1차 고객으로서 인식하고, 그들에게 포지셔닝 전략을 수립해야 한다. 이것은 전통적인 마케팅 믹스에 새로운 관리요인인 현장판매원(contact personnel)을 추가하는 것이다.

내부마케팅의 특성은 태도관리와 커뮤니케이션 관리의 양측면이 함께 필요하기 때문에 내부고객과 외부고객에 대해 좋은 서비스를 제공하는 것은 물론 기업문화인 기업 내 서비스 문화의 개발이 중요하다.

기업문화가 정착되기 위해서는, 첫째로, 일단 서비스 문화가 확립되면 적극적으로 이를 유지해야만 한다. 그렇지 않으면 종업원의 태도나 기업 내 규범이 쉽게 이전의 사고방식으로 돌아가게 되어 다시 기술적 효율성이 주된 원칙이 된다.

둘째로, 고객의 접점에 있는 종업원에게 새로운 서비스 마케팅 활동에 대한 범위와 전략 등 올바른 서비스 활동을 수행할 수 있도록 충분히 이해시키는 교육의 과정이다.

내부마케팅의 목적은 현장의 종업원에게 충분히 동기를 부여시키고, 고객지향적인 서비스를 제공하는 요원으로 개발하는 데 있다. 이러한 목적을 달성하기 위하여 인사부서를 포함한 지원부서·영업부서 등 여러 부문관계를 마케팅 부서에서 고객지향적인 기능의 입장에서 가장 효율적으로 조정하는 역할을 실시하여 경영자는 물론이거니와 서비스를 제공하는 종업원의 상호 간에 세일즈 마인드가 형성되도록 기업의 내부환경을 구축하지 않으면 안 된다.

이와 같이 서비스 기업에서 내부마케팅의 도입이 절실히 요구되는 것은 서비스 조직의 마케팅 특성상 서비스가 본질적으로 무형적이므로 서비스를 구매하기 전에는 이를 상세히 열거할 수가 없기 때문이다. 그러므로 외부고객의 욕구를 충족시키려면 고객의 구매행동 관점에서 고객만족 과정을 보아야 한다.

서비스를 전달하는 내부고객마다 독특하고 다양한 서비스 품질을 생산하고, 또한 고객이 지각하는 서비스의 품질이 다면적이기 때문에 인적·물적 환경요인과 상호작용을 하면서 산출되기 때문에 서비스 기업은 실제고객과의 접촉 이전에 고객지향적인 종업원을 양성하고 유지하는 일이 무엇보다 중요해진다.

그러므로 고객의 신뢰 형성과 종업원의 동기 부여를 위하여 기업 내의 종업원 교육훈련을 통해서 종업원의 서비스 수행 능력, 직무의 정확한 이해와 상황변화에 대한 적절한 대처능력을 습득하여 현재고객이나 잠재고객과 우호적 관계를 유지하는 것이 결정적인 관건이 되므로 내부마케팅이 서비스 기업에서는 절대적으로 필요한 것이다.

결론적으로 서비스 기업에서의 내부마케팅은 내부고객인 종업원의 태도를 향상시킴으로 해서 종업원의 욕구충족을 통한 서비스의 품질을 높은 수준으로 유지하여 기업의 목표를 달성하고자 하는 것이다.

2 내 · 외부 고객통합 서비스

종업원인 내부고객과 사외의 외부고객을 개념적인 구분은 할 수 있지만 별도의 요소로 생각한다면 서비스의 원활한 흐름을 기대할 수가 없다. 종업원과 고객 간의 유기적인 관계의 유지가 전제되어야 고객만족을 이룰 수 있기 때문이다. 따라서 가치생산 고객, 가치전달 고객, 가치사용 고객은 모두가 고객이라는 하나의 시스템 내에서 서로 고객이 되는 것이다.

내·외부 고객들에게 좋은 서비스를 제공하는 가장 중요한 이유는 우리 자신을 기분 좋게 만들기 때문이다. 우리 자신이 행한 서비스 행동이 보상을 가져다주거나, 또는 손실을 피하게 해주는 것이다. 그리고 내·외부 고객에게 좋은 서비스를 제공하면 업무의 종류가 무엇이든 간에 관계없이 좋은 서비스를 제공하는 사람은 그들이 속한 조직이 보상에 추가하여 심리적인 이득을 본다.

만일 우리가 자신의 직무에 만족스러워하지 않고 있거나 실망하고 있다면 우리가 제공하고 있는 서비스를 한번 객관적으로 검토해보아야 한다. 대부분의 경우에 우리가 업무로부터 느끼는 만족수준은 내·외부 고객이 우리를 상대하면서 느끼는 만족수준을 그대로 반영하기 때문이다. 열악한 서비스를 제공하는 것은 우리 스스로를 혹독하게 다루는 것과 마찬가지라고 할 수 있을 것이다.

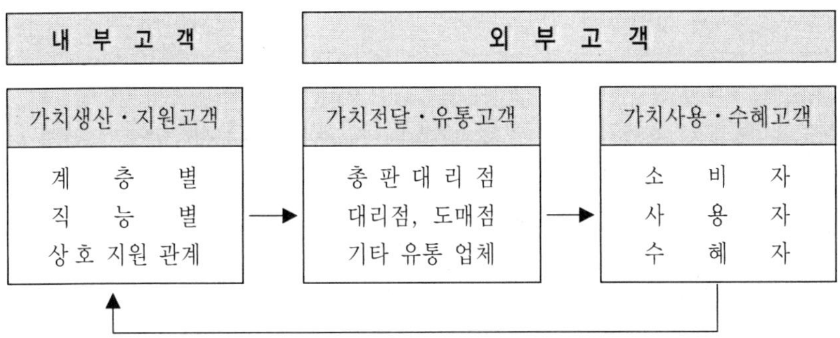

그림 9-11 내부고객과 외부고객 서비스 순환도[66]

3 내부마케팅 실행요소

내부마케팅은 욕구를 만족시키는 직무상품을 통해 우수한 종업원을 모집하고 개발하며 동기를 부여하고 유지시키는 것이다. 즉, 내부마케팅은 종업원을 고객으로 대우함을 기본철학으로 삼고 있다. 따라서 종업원을 내부고객으로 간주하여 대우하기 위해서는 기업의 철학에 합당하고 자질을 갖춘 종업원을 선발하고, 일단 선발이 되었다면 철저하게 내부고객으로서의 혜익을 받을 수 있는 제도적인 장치에 의한 지원이 필요하다.

호텔기업의 내부마케팅을 위한 실행요소는 다음과 같이 제시될 수 있다.

- 적성에 맞고 재능을 갖춘 종업원을 채용하는 것이다. 서비스를 실행하는 최고의 사람을 고용하는 것은 서비스 마케팅의 핵심요인으로 제공하는 서비스에 적합한 재능이나 적성을 갖춘 종업원을 선발·모집하는 것이 무엇

66) 최동열, 『관광서비스론』, 기문사, 1998, p.49.

보다도 중요하다.

- 내부마케팅 실행에서 종업원들이 그들의 직장에 목적과 의미를 부여할 수 있도록 비전을 제공해준다.
- 서비스 역할을 훌륭하게 수행하는 데 필요한 기술과 능력을 갖출 수 있도록 일정한 절차에 따라서 교육을 실시한다.
- 팀 플레이(team play)를 훈련시키고, 성공의 결과를 함께 누릴 수 있도록 이익을 구체적으로 분배한다.
- 근무에 관한 표준화된 매뉴얼을 효과적으로 수행하기 위해 일정한 자유재량권을 부여해준다.
- 고객에게 제공된 서비스의 평가에 따른 적절한 보상이 주어지도록 함으로써 긍정적인 업무능력을 강화시켜나간다.
- 고객의 요구를 이해하고 만족시키기 위해 먼저 직무상품을 판매하는 종업원을 내부고객으로 대하고, 상품 디자인 결정의 기초로 활용한다.

그러므로 내부마케팅은 고객을 대하는 종업원들의 교육수준과 급여수준에 따라 직무의 동기수준과 직무만족 여부, 이직률 등에 영향을 미치고, 결과적으로 고객들의 만족과 불만족 수준을 결정하게 된다. 그리고 마케팅 담당자는 종업원 시장을 세분화하기 위하여 세분시장을 선정하고, 그 시장을 유인하기 위한 마케팅 믹스를 개발하면서 가장 우수한 마케팅 조사기술을 사용할 수 있다.

종업원을 대상으로 한 마케팅 믹스로 직무, 급료, 복지, 위치, 교통, 주차, 업무시간, 무형의 보상 등을 제시하고 있다. 왜냐하면 종업원으로 이루어진 내부조직이 고객과의 관계에서 조직의 효율성과 고객만족을 유도할 수 있기 때문이다.

[그림 9-12]는 이러한 고객과 종업원 및 조직 간의 서비스 조우(service encounter)에 대한 관계를 나타내고 있다.

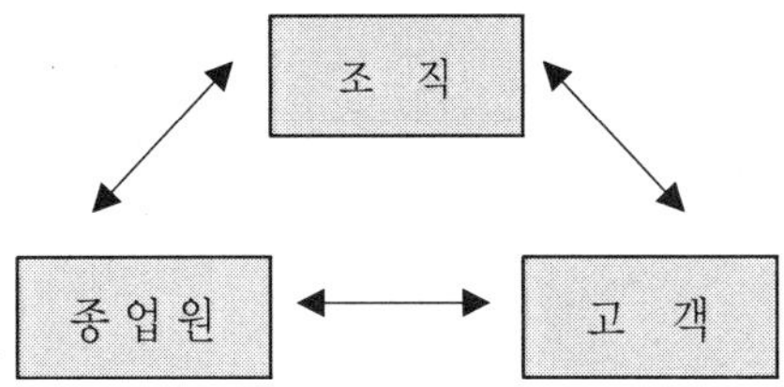

그림 9-12 서비스 조우의 삼각형

일부 서비스 기업들은 프런트 라인(front line)에서 근무하는 모든 종업원들의 마케팅 역할의 인식과 서비스 대인접촉의 이해를 반영하는 훈련을 통하여 침체현상을 피해왔다. 즉, 서비스 대인접촉의 효과적 경영은 불만족스러운 서비스, 또는 고도로 만족스러운 서비스를 제공하는 종업원의 행동을 이해하고, 적절한 교육과 보상을 통해 동기를 부여하여 내부고객인 종업원들의 욕구를 만족시켜 외부고객의 욕구를 만족시키는 능력을 향상시켜야 한다.

이와 같이 고객만족이라는 서비스 조직의 경영목표를 달성하기 위해서는 내부마케팅 활동이 선행되어야 하며, 그 실행요소로 선발·교육훈련·보상·동기부여 등의 요인이 필요하다.

라피크(Rafiq)와 아메드(Ahmed)[2000]는 내부마케팅의 정확한 개념에 대한 혼란을 지적하고, 기존의 연구를 통합·확장하여 "내부마케팅의 단계를 종사원 만족단계, 고객지향적 단계, 전략수행과 변화관리 단계의 세 가지 단계"로 구분하였는데, 종사원 만족 단계는 충성고객을 확보하기 위하여 만족한 종사원을 확보해야 한다는 것이고, 고객지향적 단계는 구매자와 판매자의 관계가 고객의 서비스 구매 결정에 영향을 주고 마케팅 기회를 제공한다는 것이다. 따라서 고객접촉 종사원에게 동기를 부여하고, 고객과 직접적으로 대면하는 종사원과 기업의 지원관리자 간에는 좋은 협조관계가 유지되어야 한다.

마지막은 전략수행과 변화관리 단계로, 기업전략 달성에 있어 내부마케팅의 역할이 강조된다. 즉, 내부마케팅 전략이 보다 효과적으로 수행될수록 내부갈등은 감소되고, 내부 커뮤니케이션의 필요성이 증대될 것이다.

이러한 전략은 서비스 조직뿐만 아니라 어떠한 조직 유형에서도 적용되어야 한다고 제안하였다.

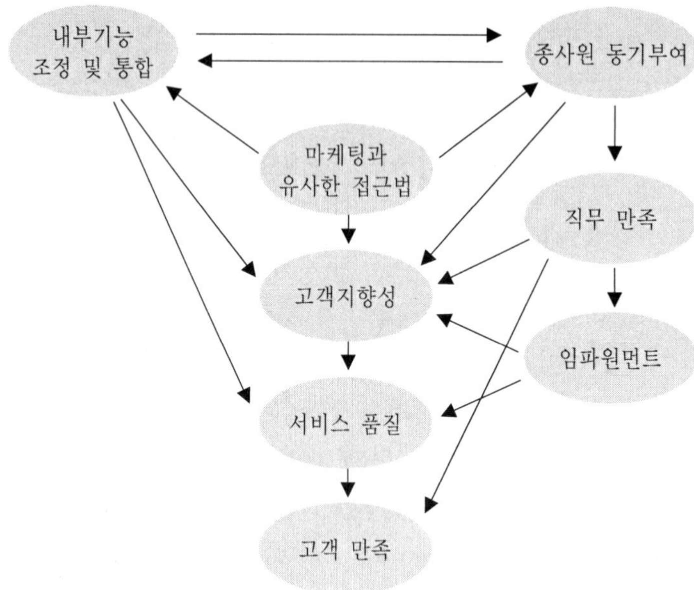

그림 9-13 라피크와 아메드의 서비스 내부마케팅 모델[67)]

리츠칼튼 호텔의 인터널 마케팅 교육사례

(1) New Employee Orientation(신입사원 오리엔테이션)

이 과정은 리츠칼튼 가족의 일원으로서 원활한 업무를 수행할 수 있도록 돕기 위해 준비된 것이다. 리츠칼튼의 모든 직원은 업무를 시작하기 전에 반드시 2일 과정인 이 교육에 참가하여야 하며, 다음과 같은 내용들이 다루어진다.

- 리츠칼튼의 역사
- 리츠칼튼의 가치와 철학, 즉 골드 스탠더드
- 기업문화와 비전
- 리츠칼튼 서비스 스탠다드
- 각 부서 소개와 상품지식
- 기물과 린넨, 유니폼 관리

67) Mohammed Rafiq and P.K. Ahmed(2000), "Advances in the Internal Marketing Concept: Definition, Synthesis and Extension", *Journal of Services Marketing*, Vol. 14 No. 6, p.455

• 고객만족과 총체적 품질 경영
• 안전과 화재예방 교육
• 복리후생, 인사제도

2일 과정 동안 총지배인을 비롯한 임원진, 그리고 각 부서의 부서장이 직접 참석하여 호텔과 자신의 부서에 대한 소개를 하고 질문을 받는다. 오리엔테이션이 끝나면 신입사원이 근무하게 될 부서의 부서장 또는 부서 교육자와 만나서 업무를 수행하는데, 필요한 안내를 받고 이때부터 교육수료 과정(training certification process)이 시작된다.

(2) Day 21 Orientation(21일 후 오리엔테이션)

신입사원 오리엔테이션 후 21일이 지나면 모든 신입사원은 'Day 21 Orientation'이라는 과정에 참석한다. 이것은 신입사원들에게 골드 스탠더드를 상기시켜 강화하고, 그들의 만족도를 평가하기 위한 자리이다. 즉, 신입사원이 교육팀장과 함께 21일 동안 근무한 느낌과 교육과정의 질, 동료들과의 관계, 골드 스탠더드의 실천상황 등을 이야기하는 것이다.

이 자리에는 총지배인이 참석하여 의견과 생각을 함께 나누고 질문을 받는다. 그리고 이 자리에서 나온 제안사항 등은 교육팀장이 임원진에게 전달하며, 인사총무부에서 참석하여 복리후생과 인사제도 등에 대하여 설명하고 질문을 받는다. 또한 이 시간에는 리츠칼튼의 역사와 철학, 상품지식, 서비스 스탠더드 등에 대한 신입사원의 인지도를 측정하기 위하여 시험이 실시된다.

(3) Training Certification Process(교육수료 과정)

모든 직원이 고객에게 리츠칼튼 스탠더드에 부합되는 전문적이고 일관성 있는 서비스를 제공하기 위하여 만들어진 교육과정이다. 이 과정은 직원들을 효과적이고 체계적으로 교육하고, 그들의 업무능력을 측정하기 위하여 시행되고 있으며, 리츠칼튼에서 근무하는 모든 직원은 이 과정을 통하여 일정 수준 이상의 리츠칼튼 철학, 상품지식, 직무능력, 그리고 안전에 관한 지식을 습득하여야만 직원으로서 근무가 가능하다.

2일 과정의 신입사원 오리엔테이션을 성공적으로 마친 직원은 21일 동안 각 부서의 교육훈련 계획(training plan)에 따라 부서 교육자의 주관하에 다음과 같이 직무와 안전교육을 받게 된다.

① 직무교육

각 부서에 비치되어 있는 'Training Certification Manual'을 기초로 하여 직무교육이 이루어진다. 이 매뉴얼에는 각 부서의 업무에 대한 구체적인 설명이 사진 등 자료와 함께 서술되어 있으며, 업무와 병행하여 교육함으로써 현장감 있는 실질적인 교육이 이루어질 수 있다.

② 안전교육

각 부서에 비치되어 있는 'Loss Prevention Guidebook'을 기초로 하여 안전교육이 이루어진다. 이 매뉴얼에는 △산업안전보건법 개요, △호텔 안전관리 조직도, △JSA(Job Safety Analysis), △사고발생 시 보고절차, △사고발생 경위보고서, 안전보건 교육확인서와 같은 내용들이 수록되어 있다.

이 두 분야의 교육이 완료되어 소정의 시험을 통과하고, 'Day 21 Orientation'에서 리츠칼튼의 역사와 철학, 상품지식에 대한 교육과정도 성공적으로 마치면 교육수료 과정이 끝나고 교육수료증을 받게 되는데, 이것은 실질적으로 리츠칼튼 가족이 되었다는 확인서이다.

위의 교육수료 과정과 동일한 내용의 교육과정은 1년 이상 근무한 직원들에게도 이루어진다. 즉, Annual Training Re-Certification Calendar에 따라 모든 부서에서는 1개월 동안 리츠칼튼 철학과 상품지식·직무·안전에 관한 교육을 실시하고, 일정 수준 이상의 평가를 받아야만 직원으로서 계속 근무할 수 있다.

이 과정의 목적은 다음과 같다.

- 리츠칼튼 철학과 가치, 즉 골드 스탠더드의 강화
- 각각의 직원들의 직무지식과 기술, 서비스 마인드 재교육
- 문제점·결함의 제거와 근무 효율성 향상
- 부서장과 부서 교육자가 더욱 효율적이고 정확한 업무 절차를 위하여 각 부서의 Job Description을 검토할 기회 제공
- 회사의 목표인 '상품과 이익 우위' 달성

(4) Total Quality Management Training(총체적 품질경영 교육)

리츠칼튼은 1983년 리츠칼튼 호텔 컴퍼니(The Ritz-Carlton Hotel Company) 설립 이후로 품질의 중요성을 인식하여왔으며, TQM(Total Quality Management : 총체적 품질경영)을 통하여 상품과 서비스의 품질을 향상시키려는 노력을 기울여왔다.

이러한 리츠칼튼의 목표와 전략이 피라미드식 비즈니스 경영모델에도 명시되어 있다. 리츠칼튼에서는 TQM의 품질과학을 적용하기 위하여 다음의 두 가지 기준을 사용하고 있으며, 이를 바탕으로 직원들에게 품질교육을 실시하고 있다.

① 말컴 발드리지 국가 품질상(Malcolm Baldrige National Quality Award) 평가기준

리츠칼튼 호텔사는 미국 상공부가 매년 실시하며, 모든 기업이 수상하기를 갈망하는 최고 권위의 말컴 발드리지 국가 품질상을 호텔업계에서는 최초로 1992년과 1999년 2회에 걸쳐 수상하였다.

이 상의 평가기준은 다음과 같다.

- Leadership(리더십)
- Strategic Planning(전략 수립)
- Customer and Market Focus(고객과 시장중심)
- Information and Analysis(정보와 분석)
- Human Resources Development and Management(인적 자원 개발과 경영)
- Pprocess Management(과정경영)
- Business Results(영업성과)

② Green Book

이 책은 리츠칼튼 호텔사의 퀄리티(quality) 부서 부사장인 메네(Mr. Pat Mene)가 쓴 것으로, 리츠칼튼에서 추구하는 품질에 대한 개념과 정의, 품질향상을 위하여 사용되는 과정과 도구들이 나와 있는데 그중 대표적인 두 과정을 소개하면 6단계 문제해결 과정과 9단계 품질향상 과정이 있다.

(5) '성공하는 사람들의 7가지 습관' 워크숍

직원들의 인성 계발에 의한 균형감 있고 긍정적인 생활태도, 리더십과 효과적인 관리능력 함양, 업무의 효율화, 팀워크와 협조적인 업무 분위기 조성으로 인한 대고객 서비스 향상을 위하여, 한국리더십센터가 도입한 스티븐 코비 박사의 교육과정을 사내 양성과정으로 실시하고 있다.

이 3일 과정 워크숍의 내용은 △습관 1 : 주도적이 되라, △습관 2 : 목표를 확립하고 행동하라, △습관 3 : 소중한 것부터 먼저 하라, △습관 4 : 상호 이익을 모색하라, △습관 5 : 경청한 다음에 이해시켜라, △습관 6 : 시너지를 활용하라, △습관 7 : 심신을 단련하라 등이다.

(6) 화이브스타 우수직원 시상식과 해외 벤치마킹

분기마다 5명의 우수직원을 선발하여 상금과 표창패, 영예스러운 리츠칼튼 배지를 수여하고 있으며, 그중 1명에게는 아시아 지역 리츠칼튼 호텔에서 벤치마킹할 수 있는 기회를 제공한다. 이 상은 리츠칼튼 철학과 서비스 스탠더드를 모범적으로 실천하고, 동료들과 협조적인 팀워크를 이룸으로써 다른 직원들의 귀감이 되는 직원에게 주어진다.

(7) 직원만족도 조사

미국의 갤럽(Gallup Organization)사에 의뢰하여 매년 전직원의 만족도 조사를 실시하고 있다. 이 조사의 목적은 직원들이 보다 창의적이고 효과적으로 근무할 수 있는 환경을 창출하는 데 도움이 되는 정보를 파악하기 위한 것이며, 궁극적으로는 이러한 직원만족에 의하여 고객에게 보다 나은 서비스를 제공하기 위한 것이다.

문항은 크게 4가지 분야로 분류되어 있으며, 직원의 응답내용은 철저하게 비밀이 보장된다. 설문지는 갤럽사가 직접 회수하며, 분석된 결과를 리츠칼튼에게 제공하여 직원만족도 향상을 위하여 필요한 것이 무엇인지 알려준다.

(8) 고객만족도 조사

호텔 리츠칼튼 서울에서는 고객에게 제공하고 있는 서비스 품질의 수준을 보다 정확하게 측정하고 개선방향을 설정하기 위하여, 미국의 갤럽사에 의뢰하여 매달 고객의 만족도 조사를 실시하고 있다. 호텔을 이용하신 고객으로부터 리츠칼튼의 서비스 또는 시설 등에 대한 의견을 조사하여 각 업장별, 서비스 항목별로 취합·분석하여 서비스 품질 향상을 위한 자료로 활용하고 있다.

(9) 회사 내 커뮤니케이션 방법

호텔 리츠칼튼 서울에서는 조직 내 의사소통을 원활하게 하고, 직원만족과 서비스 품질 향상을 위하여 직원들의 의견을 경청하고, 최대한 정책에 반영하려고 노력하고 있다. 이를 위하여 호텔에서 시행하고 있는 방법 중 대표적인 것을 들면 다음과 같다.

① Daily Line-Up

매일 모든 부서에서 업무 시작 전에 실시하는 회의로, 회사의 전달사항을 공유하고, 격언을 음미하며, 리츠칼튼 서비스 철학을 되새기는 시간이다. 이 시간을 통하여 각 부서에서 필요한 교육도 이루어지고, 직원들의 의견과 제안도 접수된다.

② Improvement Luncheon

총지배인·부총지배인이 매월 호텔의 한 업장에 7명의 직원을 초대하여 함께 점심식사를 하면서 근무 중 불편사항과 개선이 필요한 근무환경 등에 관하여 식사하면서 의견을 나누고, 창조적 서비스 상품 개발과 서비스 품질 향상 등에 대한 발전적인 제안을 하는 시간이다. 이 시간에 거론된 의견들에 관하여 임원진에서 개선·해결 방안 등을 검토하고, 가능한 한 조속히 조치를 취할 수 있도록 하고 있다.

③ Night Owl Breakfast

분기마다 임원진과 야간근무 직원들이 아침식사를 함께 하면서 야간근무 중 불편한 사항은 없는지, 보다 향상된 고객 서비스를 위하여 필요한 것은 없는지 확인하고, 친목을 도모하는 시간이다.

④ Good Idea Program

직원들이 고객서비스 향상을 위한 아이디어를 자유롭게 회사측에 제시하는 프로그램으로서, 시간과 장소에 관계없이 좋은 의견이 생각났을 때 바로 양식에 기입하여 교육부에 제출하면 임원진과 검토한 후 타당성이 인정되면 정책에 반영하고 있다.

(10) 호텔 내 캠페인

직원들이 서로 만나면 항상 웃으면서 인사하는 것이 당연한 일상적 습관으로 인식되고 있는 호텔 리츠칼튼 서울에서는 이러한 긍정적인 분위기를 더욱 고조시켜서 대고객 서비스에서도 더욱 친절하고 친근한 분위기를 조성하기 위하여 '인사·스마일 캠페인'을 실시하고 있다.

이밖에도 여러 가지 상황과 정세의 변화에 따라 호텔에서는 직원들에게 필요한 교육과 정보를 제공함으로써 날로 높아지는 고객의 수준에 적절하게 대응하고 지속적으로 고객의 만족도를 최고 수준으로 유지할 수 있도록 하고 있다.

제 8 절 호텔 관계마케팅

1 호텔 관계마케팅 개념

관계마케팅(relationship marketing)이라는 새로운 마케팅 개념은 전통적인 마케팅의 마케팅 믹스인 4P's가 새로운 서비스와 사업 발전단계를 제대로 설명하지 못한다는 불만족으로부터 시작되었다.

이에 따라 4P's의 부족한 점을 극복하고자 서비스 마케팅에서 붐스(Booms)와 비트너(Bitner)는 사람(people), 물적 증거(physical evidence), 과정(process)이라는 세 가지의 과정으로, 코틀러(Kotler)는 공중관계(public relation), 정치적인 힘(political power)을, 그리고 주드(Judd)는 사람(people)을 추가함으로써 서비스 마케팅 활동이 가능하다고 하였다. 이것은 서비스 기업이 개인 한 사람을 대상으로 하는 연구를 통하여 소비자가 '원하는 바'를 알아내어 소비자가 원하는 상품과 서비스를 제공하는 개인적 거래관계에 초점을 맞추어야 한다는 것을 의미한다.

위와 같은 기존 마케팅의 한계로 인하여 1980년대 초반에 마케팅에서는 서비스와 생산 등 여러 분야와의 관계(relationship)를 중요시하는 관계마케팅의 개념이 등장하였다. 즉 현대 마케팅은 고객과의 상호관계와 속성변화를 고려한 관계마케팅 개념에 맞추어지게 되었다.

맥케나(Mckenna)[68]는 관계마케팅으로 고객과 기업 간의 관계가 효과적으로 이루어지기 위한 과정을 다음과 같이 설명하였다.

첫째, 고객과 기업과의 만남이 긍정적이고, 파트너로서 흥미있고, 매력적이며, 바람직하게 출발하여야 한다.

둘째, 관계 구애기간 동안 정보를 서로 공유함으로써 상대방을 알게 한다. 즉 관계에 필요한 결속이 증가되기 위해서는 양자 모두가 이해와 가치를 공유할 수 있는 구애기간이 있어야 한다.

68) Regis Mckenna, *Relationship Marketing : Successful Strategies for the Age of the Customer,* Addison-Wesley Published, Co. Inc., 1991.

셋째, 적응기간으로서 기업은 고객에게 새로운 선택대안을 제안하고, 고객의 새로운 욕구에 기업이 맞추어나가야 한다. 적응기간이 지나면 진전의 단계로 들어서 커뮤니케이션이 빈번하고, 접촉 강도가 빈번해지면 관계형성이 급속도로 진전되기 때문에 일방적인 커뮤니케이션으로서는 관계유지가 힘들어진다. 기업과 고객은 규칙적인 쌍방향 커뮤니케이션으로 관계형성을 하여야 한다.

마지막으로, 기업과 고객 관계가 성공을 이루기 위해서는 상호 간의 이익이 전제되어야 한다. 즉 불성실한 약속 이행이나 타인의 가치를 중요하게 여기지 않는 불안정한 거래는 고객과 기업의 관계를 설명하는 신뢰와 만족의 형성을 해치게 된다는 것이다.

서비스 기업인 호텔에서도 관계마케팅 개념이 도입되고 추진되는 배경[69]은 다음과 같다.

(1) 재고객 창출

시장이 성숙해짐에 따라 신규수요보다는 대체수요에 의존하게 되고, 재고객 창출이 중요시되었다. 관계마케팅 활동을 통한 재고객 및 고객의 긍정적인 구전효과가 새로운 대체수요를 창출할 수 있게 된다. 관계마케팅을 통해 만족된 고객은 지속적으로 재구매를 하며, 고정고객, 더 나아가 충성고객으로서 매출액을 증대시킨다.

(2) 경쟁우위 전략

공급이 수요보다 많고, 유통시장 개방으로 국내외 경쟁자들이 증가하여 호텔기업의 장래가 고객만족을 통한 경쟁우위 확보에 의존하게 되었다. 즉, 호텔기업의 경쟁심화로 인해 현장에서 고객과 직접적으로 접촉하는 것이 지속적 경쟁우위를 창출하는 전략적 요인으로 부상하게 되었다.

69) 송정미, 「마케팅이론 재구축에 높은 관심을 보인 일본상업협회」, 『광고정보』, 한국방송공사, 1997.7. pp.103-105.

(3) 고객욕구 다양화

고객욕구가 다양해지고 개성화됨에 따라 종래의 효율적인 서비스를 위한 표준화된 서비스 위주에서 다양한 고객의 욕구를 충족시키는 1 : 1 마케팅 개념이 도입되었다. 이에 따라 호텔기업과 고객, 그리고 서비스가 연관된 관계 마케팅이 필요하게 되었다.

(4) 정보기술

기술 및 컴퓨터의 발달로 데이터베이스의 구축이 용이해짐에 따라 호텔기업에서도 1 : 1 마케팅의 실현이 가능하게 되었다.

이와 같이 호텔 관계마케팅은 "호텔기업이 개별고객을 식별하고, 유지하며, 이들과 네트워크를 구축하고, 단기간이 아닌 장기간에 걸쳐 상호적인 교환활동을 하는 것"이라고 정의할 수 있다.

또한 호텔 관계마케팅은 "개인화되고 부가가치적인 계약을 통하여 기업과 고객 간의 상호 간 이익을 위하여 지속적으로 커뮤니케이션을 강화하기 위한 통합적인 노력"이라고도 정의할 수 있다.

2 관계마케팅 목적

관계마케팅 목적은 고객유지이다. 고객유지를 하기 위한 5가지 전략적 대안은 다음과 같다.

(1) 고객확인

데이터 분석을 통해 고객들에 관한 여러 가지를 분석·확인하는 단계이다. 호텔 웹사이트의 역할은 온라인 설문지를 사용하여 개인의 구매성향에 관한 정보를 축적하는 것이다. 웹은 호텔 웹사이트에서 고객들의 다양한 반응을 알고, 그에 대한 조치를 할 수 있다.

호텔고객의 포트폴리오는 데이터 분석 시에 만들어진다.

(2) 고객태도 수집

상품과 서비스를 향상시켜 더욱 이목을 끌게 하는 것으로 고객지향적 온라인 설문지는 자주 찾는 손님들을 주된 대상으로 서비스와 로열티 프로그램에 대한 그들의 태도를 수집할 수 있다. 호텔은 이런 정보들을 활용하여 고객의 기대를 만족, 초과하지 못하는 서비스를 개선할 수 있으며, e-메일을 사용하여 현존고객과 비활동적인 호텔고객들을 비용적인 측면에서 효율적으로 접근할 수 있다.

(3) 고객인식

기업에 대한 고객의 인식 증대를 위해 자료를 제공하는 단계로서 웹은 전략적 정보센터 역할을 한다. 새로운 상품·서비스·혜택 등에 관한 호텔의 최신 자료와 주요 대리점 목록·위치와 같은 주요 정보가 호텔 웹사이트에 게시될 수 있다. 전자 소식지도 예상고객과 애호고객들에게 발송될 수 있다. 이러한 방법으로 고객들은 상표 애호를 향상시킬 수 있는 호텔들을 알 수 있게 한다.

(4) 구매 형태 전환

고객들이 더 정기적으로 구매하고, 다른 상품을 경험해보도록 이끄는 것이다. 웹은 단골 호텔고객들에게 선전용 전자 소책자를 직접 e-메일로 보냄으로써 이 목표를 달성하도록 도와준다.

(5) 고객유지

다양한 형태의 로열티 기획을 개발하여 고객을 계속 유지하는 것이다. 호텔 로열티 기획 회원만을 위한 웹사이트를 만들어 회원들만이 볼 수 있는 잡지와 특별히 제공되는 사항들이 웹페이지에 게시될 수 있다. 즉, 다양한 고객서비스가 회원들에게만 제공되는 것이다.

예를 들어, 쉐라톤(Sheraton)의 로열티 프로그램인 쉐라톤 클럽 인터내셔널(Sheraton Club International)의 회원들은 계속해서 거래활동에 대한 정보를 얻고, 온라인으로 혜택을 받을 수도 있다.

표 9-5 고객과의 장기적인 유지를 위한 접근단계[70)]

단 계	목표 · 전략	웹 기법
1단계 확인	개인이 구매하는 것이나 원하는 것에 관한 정보 축적. 고객 프로필 작성	동기를 부여해주는 온라인 설문지
2단계 개선	고객의 기대를 만족 또는 초과하지 못하는 서비스에 대한 개선	고객지향적인 온라인 설문지, 전자우편
3단계 정보제공	브랜드 애호도를 증진시키기 위해 호텔과 로열티 기획에 관한 고객인식 증대	온라인 전자 소식지 e-메일 발송, 게시판, 온라인 정보센터 자료 갱신
4단계 유인	고객들에게 새로운 서비스·상품 등에 대한 사용과 개별접촉을 통해 더 많은 구매 설득	선전용 전자 소책자 e-메일 발송, 자동적 일괄 판매
5단계 유지	고객과의 연결을 유지·증진함을 목표로 하는 애호도 증진안 개발	로열티 기획 회원들만의 웹사이트, 온라인 회원들을 위한 잡지, 온라인 회원들만의 고객서비스

3 호텔 관계마케팅의 활동요인

(1) 고객과의 신뢰적 서비스

관계마케팅 활동에 있어서 신뢰적 서비스는 기업과 고객 간의 확실한 공평성을 더 넓히기 위해서 끊임없는 관계를 유지한다. 슈르(Schurr)와 오잔느(Ozanne)는 "신뢰는 상대방의 말이나 약속이 믿을 만하고 교환관계에서 의무를 다할 것이라는 믿음이고, 고객과 기업의 상호 간의 신뢰는 태도와 행동에 영향을 주는 것"이라 하였다.

해리스(Harris)는 "상이한 시장환경 상황에서의 고객과의 관계는 일시적인 거래가 아닌 과거의 거래상황을 추적하여 관계를 가지는 장기적 관계여야 한다"고 하였다. 그는 우호적인 구전(입소문)을 해줄 수 있는 고객들을 얻기 위하여 다음과 같이 신뢰와 신용의 심리적 요소들을 구축하도록 해야 한다고 하였다.

70) Gilbert, David C. Jan A. Powell-Perry and Widijoso, *A Study of the Hotel Industry's Application of the Internet as a Relationship Marketing Tool*, Hotel-Online, Com, pp.1-14. 1998.

- 서비스 공급자는 자신들의 행동이나 언어에 책임을 져야 한다.
- 접촉수단 및 고객들에 대한 의사소통의 내용과 고객접대 방법을 강구하고, 모든 고객에게 적용되도록 해야 한다.
- 고객을 위한 이러한 계획은 지속적으로 실행되어야 한다.

이와 같이 신뢰는 고객욕구를 충족시켜줄 수 있는 것이지 단지 서비스 공급자의 이익을 위한 것이 아니다. 신뢰성 있는 고객과의 관계는 고객들로 하여금 새로운 상품에 대한 가치를 창조한다. 모든 관계에서 장기적으로 좋은 관계 유지를 위해서는 신뢰성이 호텔기업의 핵심개념이라 볼 수 있다.

호텔에서 행해지는 신뢰적 서비스 활동은 서비스 요원의 공명정대한 서비스 분배와 태도, 예약제도에 있어서의 계약의 믿음성, 호텔 프로그램의 실효성(상용고객 우대 프로그램, 호텔 VIP 카드), 가치공유, 멤버십 제도의 고객유지 관리 등이라 할 수 있다.

(2) 고객과의 접촉서비스

호텔기업과 고객과의 접촉은 관계마케팅 활동의 중요한 상호작용으로 매우 중요하다. 이것은 특히 고객이 호텔기업에 제공하는 피드백 측면에서 중요하다. 고객접촉은 접촉빈도 강도에 영향을 받는데, 인적 관계에 기반을 둔 호텔 판매구조에서 고객과 서비스 제공자가 개인적 또는 사업상의 목적으로 교류하는 활동을 말한다.

비트너(Bitner)는 "서비스 제공자가 고객에게 서비스하는 시점(encounter)에서 고객의 전반적인 만족에 기여하게 되고, 미래에도 기업 조직과 사업에 고객이 호의적으로 기여한다"고 하였다. 즉 "기업이 고객에게 서비스 접촉을 하는 순간 서비스의 질이 신뢰를 구축하고, 고객의 충성도를 증대시켜 기업은 고객과의 깊은 유대관계를 형성한다"고 하였다.

고객접촉 강도가 약하게 되면 고객의 욕구파악이 어려워지고, 고객과의 관계의 질 형성에 영향을 미치므로 결국 만족스럽지 못한 고객은 이탈할 것이다. 고객과의 접촉은 호텔고객의 현재욕구뿐만 아니라 잠재욕구까지도 파악할 수 있는 기회가 된다. 호텔기업은 고객과의 접촉을 통하여 정보를 제공하고, 불평불만을 신속하게 처리하는 등의 적극적이며, 호의적인 대화를 통하여 구매행동을 유도할 수 있다.

고객과의 접촉을 통한 상호협력은 상호 간의 이익이 전제되어야 가능하다. 즉 상호 간의 가치를 인정해주면 신뢰를 형성하고, 새로운 관계를 형성하는데 도움이 되어 상호이익이 실현된다.

고객접촉서비스 활동을 고객과 접촉 및 대화하려는 수단, 호텔의 불평유도 전략, 불평불만 처리, 고객상담, 고객 설문카드, 고객요구의 시정 등으로 볼 수 있다.

(3) 커뮤니케이션 서비스

서비스를 고객의 요구조건에 맞추어 개발하는 것과 제공 서비스를 고객에게 좋은 서비스로 인식시키기는 매우 어렵기 때문에 고객과 서비스 전달자의 상호작용, 즉 커뮤니케이션이 고객에게 인식시키는 주요 요인이 될 것이다.

일반적으로 커뮤니케이션은 일방적 의사소통(one-sided communication)과 쌍방적 의사소통(two-sided communication)의 두 가지 형태가 있는데, 처음부터 호의적인 고객들에게는 일방적 의사소통이 효과적인 경향을 가지고 있으나 처음부터 의구심이나 적대적 감정을 가지고 있는 고객들에게는 쌍방적 의사소통이 효과적이다. 이에 따라서 항공사와 호텔에서 운영하는 로열티 프로그램(loyalty programs)은 고객과 기업 간 커뮤니케이션 활동의 하나이다.

예를 들어, 리츠칼튼 호텔은 한번 방문한 고객의 기호와 취향을 상세하게 기록한 고객기호 파일을 데이터베이스에 저장하여 고객의 재방문 시 고객맞춤 서비스를 실시하고 있다. 이 로열티 프로그램은 고객이 호텔 예약이나 투숙 시 반응하고 예측하는 서비스를 가능케 한 것으로 고객의 과거 정보나 현재의 정보를 이용하여 고객의 요구조건을 미리 파악하여 선호하는 서비스 상품이나 객실 편의용품(amenity)을 제공하고 있다. 로열티 프로그램은 전략적인 캠페인에 의해 생산된 상품들을 단골고객에게 제공함으로써 보상하고 있다.

호텔 커뮤니케이션 활동이 중요한 이유는 호텔고객 개개인에 대한 다이렉트 마케팅, 또는 1 : 1 마케팅을 통하여 고객에 대한 가치(customer value)를 추출할 수 있는 중요한 수단이다.

예를 들어 아메리칸 에어(American Air)사는 고객과의 커뮤니케이션 활동으로 고객의 평생가치를 비즈니스맨을 대상으로 산출하였는데, 미국을 두 달에 한 번 정도 왕래하는 비즈니스맨은 1년에 약 3,800달러 정도의 가치를 가지고 있으며, 평생 10만 달러의 가치가 있다고 발표하였다. 또한 고객가치가 높은 고객은 낮은 고객가치보다 레스토랑의 경우는 약 13배, 호텔의 경우는 약 15배 정도의 부가가치가 있는 것으로 나타났다.[71)]

호텔기업은 상품과 서비스를 만들어놓고 고객을 유인하는 경영보다 호텔의 정보통신을 이용하여 능동적으로 고객을 관리해야 한다. 예를 들어, 호텔 글로벌 예약시스템, 체인호텔 예약시스템, PC통신, 인터넷, 클로버 서비스 등의 다양한 방법을 통하여 커뮤니케이션 활동을 할 수 있을 것이다.

호텔의 대고객 커뮤니케이션 활동요인은 호텔 뉴스레터, 브로슈어, 다이렉트 메일, 텔레마케팅, 회원모임 관리, 고객을 위한 이벤트 개최, 종사원의 대화의 질, 정보 제공 등이 있다.

제 9 절 고객관계 관리

1 CRM 정의 및 도입배경

고객들의 다양한 욕구는 자신의 취향, 상품과 서비스, 고품질, 고가치적인 것을 선호하고 있다. 이는 고객서비스에 대해서 요구가 나날이 다양해지고, 고도화되고 있음에 따라 호텔에서 가장 중요한 고객의 충성도가 점점 저하되고 있다. 호텔에서 이탈한 고객을 다시 재이용 고객으로 만드는 데는 많은 비용이 들 것이다.

이를 극복할 수 있는 마케팅 도구로서 고객관계 관리(CRM : Customer Relationship Management)의 정의는 "고객의 이탈을 방지하여 고객의 라이프타임 가치를 효과

71) 이두희, 「One to One Marketing 적용방법」, 『마케팅』, 6월호, 1996, pp.34-35.

적이고 효율적으로 관리해서 수익성 있는 고객을 찾고, 확보하고, 유지하고, 개발하는 것"이다.

이는 단순히 고객을 만족시키는 데 국한하는 것이 아니라 고객들이 기업에 충성고객으로 전환시키는 것이 기업의 경영성과에 증대시키는 데 목적을 두고 있다. 결국 CRM은 고객이 기업에 지속적인 충성고객 관계를 구축하는 것이다.

CRM의 도입배경은 마케팅 경영자들이 전통적으로 가격·홍보·광고·유통과 같은 마케팅 도구를 가지고 새로운 고객을 획득하기 위해 노력해왔지만 지금은 고객유지와 고객관계 발전에 주의를 집중시켜 고객만족을 통한 고객충성도를 확장하는 데 관심이 집중되고 있다. 이는 고객과의 거래로부터 이익을 최대화시키는 대신에 고객의 라이프타임 가치로 옮겨가고 있다.

CRM이란 마케팅에서 완전히 새로운 개념은 아니다. 이는 마케팅 경영의 세 가지 측면에 기반을 두고 있다. 즉 고객중심, 관계마케팅, 데이터베이스 마케팅에 기초를 두고, 개인별 고객과의 관계발전과 유지에 초점을 맞춘 경영방법이다.

2 CRM 목표

호텔경영에서 마케팅은 큰 환경적인 변화를 통하여 호텔의 상품 개발, 서비스 프로그램, 정보기술의 발달 등으로 마케팅 입장에서 고객을 알아내고 시장을 알아내는 것으로 방법론이 변하고 있다. 특히 호텔의 경쟁상황은 시장점유율(market share)에서 고객점유율(customer share)로, 이는 다시 고객이 구매하는 양에 초점을 맞추는 지갑점유율(wallet share)로 이동되어가고 있다. 즉 이전의 점유율은 우선순위가 낮아지고, 고객을 통한 최대의 이윤 추구가 중요시되는 시점이다.

예를 들어 호텔에서 운영하는 버틀러(butler) 서비스, 콘시어즈(concierge) 서비스 등은 개인화된 서비스가 고급화된 것으로 한 명의 호텔고객에게 개별적이고 차별화된 서비스를 제공함으로써 고객 하나의 세그먼트로 분류하여 서비스하는 데 필요한 고객과의 관계를 맺어가는 CRM의 개념으로 넘어오고 있다.

CRM은 고객을 획득하여 유지하고, 성장시키고, 발전시키는 방향으로 진행된다. 그러나 CRM의 목표는 고객관계 관리를 통하여 경쟁우위를 점하는 것이 일반적인 사고지만 실질적으로는 이탈고객을 방지하는 것이 더욱더 중요한 목표이다. 이는 고객을 관리하는 데 있어서 서비스의 효율적인 측면은 서비스 비용을 절약하고자 하는 데 있다. 즉 고객의 이탈방지를 통하여 비용을 절감시켜서 수익성을 높이는 데 있다.

결과적으로 호텔에서는 고객유지가 매우 중요한 것은 기존고객 이탈을 방지하는 것이 훨씬 비용이 적게 들고, 효과가 크다는 것을 잘 알고 있기 때문이다. 그러나 일반적으로 호텔에서는 현재 고객을 유지하는 것보다 새로운 고객을 창출하는 데 더 많은 비용을 초래한다는 가정에 있다.

그러나 CRM은 현재의 고객과 미래고객에 대한 관리대상의 폭을 넓어지게 하는 도구인 것이다. 그래서 고객유지 전략만 나오는 것이 아니라 신규, 특히 가치가 있는 신규고객을 어떻게 창출하느냐가 CRM 목표이다.

3 CRM 기능

CRM을 하기 위해서는 정보기술적인 능력과 데이터베이스 구축을 통하여 고객의 정보를 추출하고, 고객 분석을 통해서 고객들과 1 : 1 관계를 형성해가는 것이다. 이는 통합 정보관리 및 통합 고객관리를 통하여 현고객이 필요한 욕구와 니즈(needs)를 분석하는 것이다.

CRM 기능의 분석은 호텔의 다양한 보고서와 고객들의 포트폴리오를 이용하여 고객을 위한 차별화된 서비스, 호텔상품, 영업활동, 판촉, 홍보활동 및 크로스 셀링을 하는 것이다.

또한 통합 정보관리와 통합된 고객관리 파일은 호텔시장에 대한 지식을 제공하여 고객 개개인에 대한 고객반응, 구매행위, 이용상황, 특정 고객에 대한 구체적인 행위에 따른 차별된 서비스를 제공한다. 즉 CRM을 통하여 호텔경영에 있어서 구체적인 서비스 마케팅의 이해와 호텔의 경영전략을 결정한다.

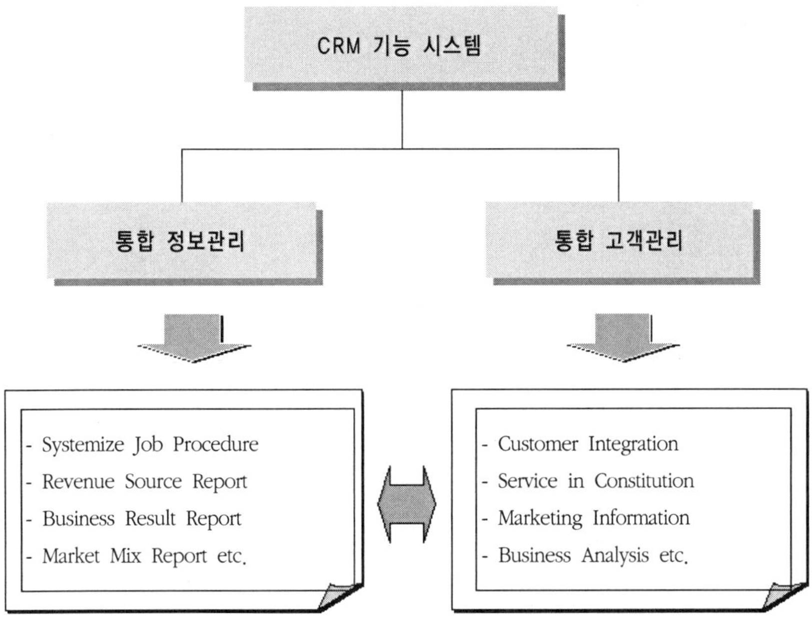

그림 9-14 R호텔 CRM 기능 예

4 CRM 데이터 마이닝

CRM을 하기 위해서는 데이터 마이닝(data mining)이 중요한데, 데이터 마이닝은 일반적으로 우선 고객속성과 고객과의 접점이력(조회횟수·조회내용·구입횟수·구입상품·구입액) 등의 분석대상 데이터가 데이터베이스 내에 숫자와 가격코드로 통합 보존하여 이용하는 것이다.

필요정보가 계약서와 영업사원의 업무순위 등 데이터베이스 외에 보존되어 있는 경우에는 그 정보들을 데이터베이스에 다시 입력해야 하는데, 이때 실제경영의 관점과 실무 및 감각에 맞는 코드체계를 만들어야 한다.

데이터 마이닝을 실제 도입할 때나 데이터 마이닝 툴을 초기 도입할 때 전사적으로 배포하여 사용하는 것보다 우선 마케팅부와 접점이 많은 영업기획부 등에 관한 파일럿 시스템을 도입하는 것이 초기 도입비용과 운용비용 면에서 바람직하다.

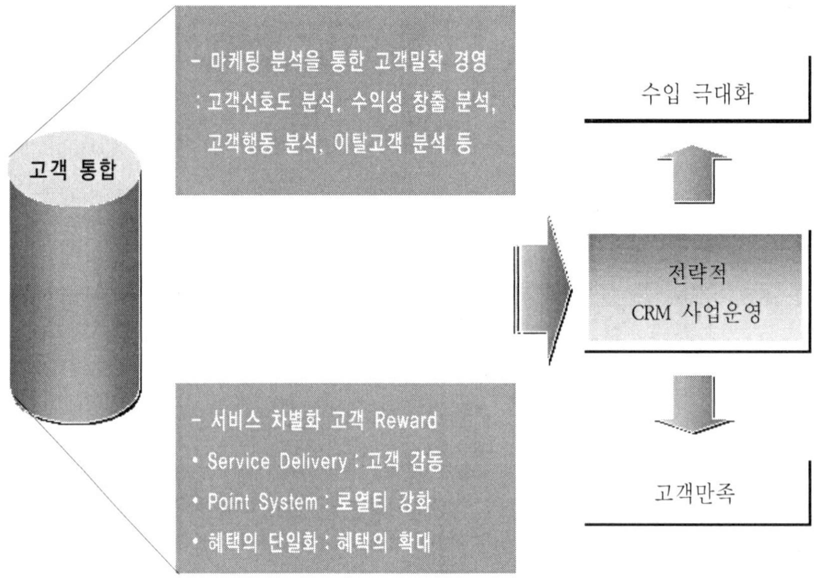

그림 9-15 R호텔 CRM 데이터 마이닝 예

또한 데이터 마이닝의 과정에서는 실무담당자의 역량이 중요하다. 즉 지식기반의 고객정보 획득의 설계능력, 계량적 모델의 구축 및 적용, 그리고 추정결과의 분석에 의한 유용한 정보의 검증능력이 필요하다.

5 CRM에서의 고객 분석

고객 데이터를 가지고 CRM의 기술을 적용할 경우 외부정보와 데이터 웨어하우스, 데이터 마이닝 등의 정보원천, 그리고 실질적 고객과 잠재적 고객의 접촉을 바탕으로 하여 시장조사를 하고, 이를 분석하여 고객과 상품을 세분화한다. 이 과정에서 판매경로의 관리가 이루어진다. 이 과정은 데이터 웨어하우스 등의 저장고로 축적되는 순환을 거듭한다.

시장조사와 분석, 고객 분류가 이루어지면, 이를 바탕으로 CRM을 계획하게 되는데, 두 가지 측면으로 마케팅 계획을 수립하게 된다. 먼저 캠페인을 계획하고 실행한 뒤 결과를 분석하여 데이터 저장고로 보내고, 다음으로는 CRM 계획단계에서 판매계획을 세우고 실행에 들어가며, 그 결과를 분석하고 결국 데이터 저장고로 보내진다.

또한, 판매계획 단계와 판매실행 후 계획 자체나 판매를 중단하게 될 경우에도 그 결과를 분석하여 데이터 저장고로 보내며, 캠페인과 판매과정 상에 발생하는 불평 관리, 정보요청 관리도 모두 데이터 저장고에 축적되게 된다.

결국, 고객과 접촉에서 벌어지는 모든 상황들이 한 저장고로 저장이 되며, 이를 바탕으로 하여 CRM의 계획을 수립하고 시행하게 되는 것이다. 또한 그 결과 분석도 축적하여 커다란 순환을 이루게 된다. 계속 순환하면서 쌓이게 되는 정보를 바탕으로 마케팅 계획을 수정해나가고, 미래 계획을 수립하게 되는 것이다.

따라서, CRM의 성공 여부는 질 좋은 데이터 축적이 중요한 역할을 한다.

표 9-6 R호텔 고객 분석 자료의 예

Search		Display		Analysis	
조회구분	순차구분	개인별	그룹별	매출 분석	고객성향 분석
• 성별 • 지역별 • 연령대별 • 카드종류별 • RFM 등급별 • 고객선호도별 • 무실적고객 • 이탈고객 • 미혼 구분	• 이름순 • 우편번호순 • 방문횟수순 • 매출실적순 • 누적포인트순 • 사용포인트순 • 생일 • 결혼기념일	• 매출 • 방문일시 • 방문업장 • 메뉴 • 방문횟수 • 누적포인트 • 사용포인트	• 매출 • 선호도 분포 • 누적포인트 • 사용포인트 등	• 월별 • 일별 • 요일별 • 시간대별 • 부문별 • 업장별 • RFM 등급별 • 카드종류별 • 성별 • 연령대별 • 지역별 • 그룹별	• 방문목적 • 선호요리 • 흡연 여부 • 선호음료 • 선호음식 • 선호좌석 • 선호객실 • 알레르기 • 주요 관심사 • 취미

Revenue Management 전략 수립
데이터베이스 마케팅
(datebase marketing)

↔

타깃별 영업전략 수립
원투원 마케팅
(one to one marketing)

6 CRM에서 e-CRM 적용

CRM에 대한 정의는 e-CRM에 대한 정의와 크게 다르지 않다. 폴 그린버그(Paul Greenburg)(2001)는 "e-CRM은 실제로 CRM의 21세기 스타일이며, e-CRM이 CRM이고, CRM은 e-CRM이 되어야 한다"[72]고 주장하고 있다. 이는 CRM을 하는 데 있어서의 IT 기술을 이용한 적용방법이므로 별 큰 차이는 없다고 간주할 수 있다.

그는 e-CRM과 CRM 사이에 철학적·방법론적·시스템적, 프로세스 기능상 차이는 미미하다고 하고, 커뮤니케이션하는 매체가 다르기 때문에 그것을 실행하는 엔진과 아키텍처(architecture)가 매우 다르다고 하였다.[73] 바로 커뮤니케이션의 매체인 인터넷의 확산이 e-CRM이라는 용어를 대두시켰다고 볼 수 있다.

(1) e-CRM 특성

e-CRM은 당연히 CRM과 의미나 목적은 같지만, 'e'가 의미하는 범위에는 Electronic(전자), Enterprise(기업), Extended(확장·광범위)를 포함한다. Electronic은 'e-메일'이나 'e-비즈니스'와 같은 의미이고, Enterprise는 CRM을 구현하는 기업들이 부서 내에서 단일화된 CRM 접근방식 및 확장성을 지닌 솔루션이 필요하다는 것이다.

그리고 Extended는 실질적으로 모든 기업들은 그들의 고객과 관련되어 있는 파트너를 가지고 있으므로 궁극적으로 CRM을 구현하고, 효율적으로 고객에게 상품을 공급하기 위해서는 파트너와의 관계가 함께 관리되어야 한다는 것을 의미한다.[74]

e-CRM이라고 언급할 때, 협의와 광의의 2가지 차원에서 정의를 내릴 수 있는데, 협의의 e-CRM에 대한 정의는 서비스·마케팅·영업 등의 프런트 오피스 중심의 의미이다. 이것은 고객과 주요한 접촉 채널인 서비스·마케팅·영업 등을 통한 고객과 직접적인 상호작용을 관리하는 데 초점이 맞추어져 있는데, 경영전략 차원에서 볼 때 협의의 e-CRM은 제공할 수 있는 다양한 기회

72) Paul Greenburg, 『디지털 시대의 CRM』, 유지원·배은영 역, 정보문화사, 2001, p.80.

73) Paul Greenberg(2001), 위의 책, p.70에서 인용.

74) KANA Software Korea, "eCRM & Case Study in Financial Service", www.kana.com

를 제대로 누릴 수 없다는 점에서 최적의 방안은 아니다.

그러나 많은 기업들이 첫 단계로 협의의 e-CRM을 구축함으로써 부가적인 혜택을 누릴 수 있고, 고객과 상호작용에서 급진적인 효과를 누릴 수 있다. 다음으로, 광의의 e-CRM은 비즈니스의 생산 및 물류 영역과 인텔리전트를 구축하려는 '분석' 영역으로 나눌 수 있는데, 전자는 고객에게 실제로 상품 및 서비스가 구축되고 전달되는 비즈니스 부분이고, 후자는 다양한 차원으로 고객에게 최상의 '업-셀링'을 제안할 수 있는 상품이 무엇인지에 대한 통찰력으로부터 의사결정하는 데 도움이 된다.[75)]

(2) 호텔 e-CRM

쉐라톤 워커힐, 호텔 신라, 웨스틴 조선, 서울 프라자 등 국내 특급호텔들은 최근 들어, e-비즈니스를 경영의 핵심전략으로 보고 있다.

호텔 CRM 도입은 고객에게 양질의 서비스를 제공하고 효율적인 호텔경영을 위해 반드시 필요하다는 발상의 전환 차원에서 이루어진 것임에 주목할 필요가 있다.[76)]

(3) e-CRM 절차

CRM을 성공적으로 수행하기 위해서는 마케팅 · 판매 · 고객관리 부분에 핵심능력을 개발하는 데 초점을 맞추어야 한다. e-CRM의 수행은 적절한 시간에 적절한 경로를 통해 적절한 사람들에게 적절한 제공을 전달하기 위해 요구되는 과정으로 순환된다.

예를 들어 마케팅−특정 워크플로 기능, 상호작용 관리 기능, 그리고 정보저장이라는 관점에서 마케팅 패키지를 시험할 수 있고, 특정한 분석을 하는 패키지의 기능을 주목할 수도 있다. 하지만, 하나의 일반적인 저장고로 합병되는 이러한 정의들과 기능들은 CRM의 진정한 힘을 발휘하게 되는데,[77)] 예를 들어 오라클의 CRM 시스템은 마케팅, 세일즈, 서비스, 계약, e-커머스, 상

75) KANA Software Korea, "e-CRM & Case Study in Financial Service", www.kana.com

76) 명승욱, 「특급호텔」, 『전자신문』, 2001.5.29. www.etimesi.com

77) Bob Thompson, "The CRM Solutions Guide", www.crmguru.com 2002.6

호작용 센터를 포함한다. 마케팅의 기능성은 온라인 마케팅, 캠페인 계획 수립, 그리고 시행뿐만 아니라 B2B 파트너 마케팅 프로모션을 위한 거래관리까지 지원한다.

표 9-7 e-CRM 절차에 따른 핵심기능[78)]

구 분	기 능
서비스	고객가치에 연결된 투자 Tiering을 통한 식별 모든 접촉포인트를 통해 얻어진 서비스 거래 소비자의 욕구에 근거한 Routing
계 획	캠페인 정의 매트릭스와 예산 보고서와 질문 계획 모델링 계획 • 서술적 분석 • 예측적 분석 • 획득 모델링 • 고객이탈 모델링 • 신용 모델링 • 고객생애가치(life time value) 모델링 • 다이내믹한 분류 테스트와 조절 그룹들
목표와 분석	고객선별(리스트 작성)(획득, 크로스 셀, 업셀, 충성도 프로그램, 보유, winback) 판촉 테스트 지속적인 마케팅 채널 선택 데이터 증대
실 행	캠페인 개시, 다이내믹 수정 자동화된 다중단계, 다중채널 실행 반복적인 웨이브 캠페인, 접촉관리 유인책에 근거한 판촉활동
판 매	텔레마케팅 통합된 접촉관리 실시간 상호작용적인 마케팅 운영접점으로부터의 피드백 판매 데이터, 제공 유형, 고객 데이터에 대한 요점 획득
평 가	반응 분석, 반응 특성, 평가점수 정제, 분류수정, 다이내믹한 예정변경, 다중채널을 통해 획득한 데이터, 캠페인 보고서에 대한 자세한 설명

78) 오라클 코리아 자료를 재정리함.

(4) 호텔기업 e-CRM 활동

호텔업계는 호텔 정보화 및 인터넷 환경 구축으로 고객서비스 강화는 물론 전자상거래를 통한 수익사업도 계획 중이며, 보다 특화된 솔루션 발굴에 힘을 쏟고 있다. 이미 몇몇 호텔은 사이버 사업을 위한 특허제출 및 아웃소싱과 제휴, 별도 법인 등을 통한 본격적인 e-비즈니스를 구성하고 있다.[79)]

특급호텔을 중심으로 불고 있는 e-비즈니스화의 바람은 호텔 홈페이지 구축에서부터 온라인 상거래 사이트 구축까지 다양하게 시도되고 있다.

현재 호텔기업 관계마케팅을 위한 인터넷 활용방법은 홈페이지 구축을 중심으로 이루어지고 있다. 1999년부터 비즈니스 고객들을 위한 IT 종합공간을 마련하기 위해 호텔 정보화 사업을 추진해오고 있는 호텔기업은 단순히 묵을 수 있는 공간을 제공하는 전통적 개념을 벗어나 비즈니스와 다양한 문화를 즐길 수 있는 장으로 변신을 추구하고 있다.

79) 이규복, 「시리즈기획 · 업종별 e-비즈니스 현황과 전략-호텔」, www.itbiz.co.kr

표 9-8 호텔기업의 주요 e-CRM활동 현황

호 텔	주요 e-CRM 활동 내용
그랜드 하얏트 서울	한글 홈페이지 운영, VR(가상현실), 시설정보 제공, 예약서비스, 연회 견적 서비스(www.grandhyattseoul.co.kr)
서울 프라자	홈페이지 내에 퀴즈·경품 이벤트(뮤지컬 티켓 증정) 개최, FAQ와 게시판 확장, VR 및 이미지 갤러리 등 콘텐츠 보강, 전자상거래 구축 (www.seoulplaza.co.kr)
부산 코모도	홈페이지 운영, 각종 동영상 강좌, 예약기능 강화, 뉴스레터 서비스 (www.commodore.co.kr)
조선호텔	홈페이지 운영, 동영상과 견적 시뮬레이션을 도입해 온라인 고객상담 기능 강화, 정보를 플래시로 제작, 호텔 브로슈어(웹), VR(www.echosunhotel.com)
리츠칼튼 서울	홈페이지 운영, VR, 인터넷 메뉴판, 테이블 매너 강좌, VOIP 시스템(인터넷으로 전화 연결)(www.ritz.co.kr)
롯데호텔	홈페이지 개편, 예약 시스템 강화, VR, 인터넷 회원제, (www.hotel.lotte.co.kr)
PIC코리아	홈페이지 개편, 온라인 회원제, 경품 이벤트(www.pic.co.kr)
클럽 메드	한글사이트 개편, 경품, 온라인 회원제인 'E-Club' 운영, 각종 이벤트 (www.clubmed.co.kr)
세종호텔	홈페이지 운영, 사이버 동호회, 홈페이지에 글을 올릴 때마다 '달란트' 제공(www.sejong.co.kr)
한화리조트	홈페이지를 통해 할인쿠폰 제공, 중앙예약 시스템 개발, 골프게임 무료 서비스, 모바일폰 정보서비스, 인터넷 결제 기능(예정), PDA 서비스 (www.hanwharesort.co.kr)
하얏트 리젠시 제주	홈페이지 운영, 온라인 허니문 이벤트, 온라인 설문 실시 (www.hyattcheju.com)
앰배서더호텔	홈페이지 운영, 무선인터넷 시스템 구축 (www.ambatel.com)
신라호텔	전자상거래 구축, 다양한 콘텐츠 제공, 커뮤니티 서비스 제공(노블리안 닷컴), 재무제표 공시(www.shilla.net)
더호텔제주	홈페이지 상에서 객실과 레스토랑 이용권 판매(전자상거래) 카텔 예약서비스 실시(www.crowneplaza.co.kr)

호텔마케팅 e-CRM[80]

인터넷이 영속적으로 호텔 및 관광산업 관련에 판촉과 유통 국면을 변화시키고 있다는 것에는 의심의 여지가 없다. 실질적으로 소수집단만이 사실상 현재 온라인으로 구매할 준비가 되어 있으나 향후 이 소수집단은 성장하고 있으며, 많은 소비자들이 정보와 의사소통을 위해 인터넷을 활용하길 원하고 있다.

여행사와 호텔기업들은 정보가 풍부한 상품(information-rich product)을 판매하고 있으며, 고객들을 끌어들이기 위해 오프라인과 e-채널의 전범위에 대해 레버리지 효과가 필요하다.

인터넷은 지리학적 또는 조직적 경계들에 대한 어떠한 장벽도 갖지 않으며, 회사들은 온라인 상의 소비자 욕구에 부합하기 위해서 파트너십과 소비자(driven product design) 상품 설계를 포함하는 새로운 사업모델을 만들어야만 할 것이다. CRM전략에 'e'를 더하고자 하는 호텔·관광기업들의 바람에 주요한 도전과 기회들이 있다.

최근 들어 인터넷 환경이 국민들의 생활 속으로 파고들면서 심화되는 기업 간 경쟁, 스마트해진 소비자 및 IT 기술의 경이로운 발전이 e-CRM을 탄생시켰다. 최근 마케팅 여론조사 기관인 TNS(테일러 넬슨 소프레스)가 한국을 비롯한 세계 37개국에서 조사한 결과, 한국의 인터넷 사용자 중 온라인 쇼핑 이용 비율은 세계 최고 수준인 31%로 1위인 미국(32%)에 이어 근소한 차이로 2위를 기록하였다.

2001년 미국호텔·모텔협회에서는 인터넷이 호텔업계에서 약 2억9백만 달러의 가치가 있음을 나타내었다(Gatty & Blalock, 2001). 이는 관광산업의 판매와 시장에 있어 인터넷이 차지하는 비중이 매우 크며, 가치 있는 마케팅 도구로서 광범위하게 인식되고 있는 증거이다.

현 국내 호텔산업의 시장환경은 새로운 호텔상품 및 서비스의 출현으로 개별적인 서비스 상품이 적어지고, 수명도 짧아져 새로운 대안의 마케팅이 필요한 시점이다. 일반적으로 호텔경영은 전통적인 오프라인 상에서 이루어져왔으나 현 인터넷 시대에서는 시간적·공간적 개념이 없는 관계로 경쟁호텔, 또는 신규호텔의 시장진입이 용이하여 시장경쟁이 매우 치열해지고 있다.

이처럼 사이버 시대에 따라 호텔고객들도 어디에서나 인터넷을 이용하여 저렴한 비용으로 원하는 호텔과 서비스를 선택할 수 있게 되었다. 이는 전형적인 호텔마케팅 전략인 마케팅 4P's 이외에 고객에게 직접 접근하여 설득할 수 있는 인터넷을 이용한 마케팅 방식이 필요하게 되었음을 알 수 있다.

이제까지의 마케팅 활동은 호텔기업이 다수의 소비자를 상대한 일방적인 커뮤니케이션에 의하였으나 정보기술의 발전은 인터넷과 같은 상호작용 커뮤니케이션 기술로 호텔기업과 고객 간의 직접적이고 상호작용적인 커뮤니케이션을 가능케 하여 기업과 소비자 간의 관계에 새로운 전기를 마련해주고 있다.

이와 같이 인터넷 마케팅은 고객이 계속해서, 혹은 주기적으로 서비스 제공을 원할 경우와 호텔서비스를 이용하는 고객이 호텔을 자율적으로 선택할 수 있는 재량권을 가지고 있을 때 그 필요성이 높아진다고 하였다. 따라서 호텔기업은 인터넷 마케팅 활동을 통하여 호텔상품 및 서비스에 대한 인식을 고양시킴은 물론 고객들이 그것을 실제로 구매하도록 하는 구매행동의 변화에 초점을 맞추어야 한다.

80) 한진수, 「호텔마케팅의 e-CRM」, 『마케팅』, 한국마케팅연구원, 2003.2.

인터넷 환경이 순조롭게 정착해가고 있는 상황에서 고효율성을 표방하는 CRM에 인터넷이라는 날개를 달면, 고객과의 관계형성 면에서 시너지 효과를 기대해볼 수 있을 것이다. e-CRM은 기존의 CRM보다 유연성 있고, 자유로우며, 장점이 많다. 체계적으로 정리된 고객의 데이터베이스는 이러한 과제를 수행하기 위한 실마리가 된다.

이러한 추세에 발맞추어 호텔기업들도 속속 그 대열에 합류하고 있는 추세이다. 국내에서는 최초로 호텔 신라가 1995년 8월 인터넷 웹서비스를 구축하면서 기업 이미지 재고를 위한 홍보는 물론 인터넷 메일을 통한 객실예약, 고객을 위한 각종 이벤트를 마련하는 등 편리한 서비스를 통해 고객을 유치하고 있다.

'IT 비즈니스'의 조사에 의하면, 각 호텔들은 1999년부터 정보시스템 구축을 위해 투자를 시작하고 있으며, 2000년부터 국내 특급호텔들은 여름 비수기를 기해 네트워크 등 각종 IT 인프라 확충과 객실 랜(LAN) 도입 및 e-비즈니스 등 대대적인 호텔정보화를 추진하였다.

e-CRM은 온라인을 이용한 고객관계 마케팅을 일컫는다. Stathclyde 대학의 Tzokas 박사는 "관계 데이터베이스가 CRM에서 중심적인 역할을 수행해오고 있다"고 하고, "CRM이란 IT가 강화된 가치 프로세스"라고 하였다. 고객관계 관리가 고객의 기본정보에 기초하여 이루어지는 것이고, 고객정보의 형성과 그것에 기초한 관계마케팅 전략의 실행이 IT 분야의 기술지원이 필수이고 보면, e-CRM과 CRM의 구분 자체가 무의미한 일인지 모른다.

즉 커뮤니케이션의 매체인 인터넷의 확산이 e-CRM이라는 용어를 대두시켰다고 볼 수 있다. 흔히, 데이터베이스 마케팅으로도 이해되는 관계마케팅은 과거, 기업이 고객을 관리할 수 있도록 기술지원을 하던 일방적 차원이었다면, 최근에 들어서는 인터넷의 급속한 확산으로 기업뿐 아니라, 고객 또한 기업에 대해 작용할 수 있는 상호 커뮤니케이션을 위한 인프라가 구축되었다고 할 수 있다.

e-CRM이 무엇인가에 대한 내용은 실질적으로 단순하다. 그것은 다음과 같은 단계들의 질문에 의문을 가지면 된다.

- 나는 당신을 압니다.
- 우리는 의사소통을 합니다.
- 당신은 나에게 당신이 무엇을 원하는지 말합니다.
- 나는 그것을 제공합니다.
- 나는 다음번에 그것을 기억합니다.
- 당신의 고객들을 확인하시오.
- 그들을 구분하시오.
- 그들과 상호 교류하시오.
- 당신의 서비스 e-CRM이 단지 또 다른 인터넷 용어 그 이상이 되게 하시오.

이는 전통적인 CRM의 목적과 기본원칙인 고객유지 대 획득, 고객 평생가치 등을 지속하는 한편, 인터넷의 상호 교류적인 특성과 인터넷 기술을 통해 이용할 수 있는 의인화에 새로운 차원을 부가하는 것이다.

또한 질문에 의한 프로세스 과정을 거친 후 e-CRM을 마케팅 전략 차원에서 인터넷 마케팅 믹스 평가항목을 개발하여 적용시켜야 효율적인 호텔의 e-CRM이 될 수 있다.

예를 들어 평가항목은 다음과 같다.

① **상품 믹스**

호텔 소개, 조직 소개, 호텔 프로그램 소개, 호텔 객실상품 소개, 호텔 레스토랑 소개, 부대시설 소개

② **가격 믹스**

호텔 객실가격 정보, 식음료 요금정보, 가격할인 쿠폰, 호텔서비스 프로그램 이용료 정보, 계절별 가격정보, 단체요금 가격정보, 특별요금, 전자결제, 인터넷 가격인하

③ **촉진 믹스**

회원가입 정보, 특화된 서비스 편의시설, 인터넷 쿠폰, e-메일, 경품행사와 이벤트, 배너광고, 삽입광고, 마일리지, 사이트 색인, 부가정보 서비스, 홍보, 기후정보, Q&A, 불편신고, 채용정보

④ **유통믹스**

호텔교통편 정보제공, 호텔약도, 주차장 약도, 인터넷 예약정보, 주변관광지 인터넷 예약정보제공, 외국어 정보제공(영어·일어·중국어 등), 독립적 홈페이지, 체인호텔 연결

이와 같이 e-CRM이란 IT가 강화된 가치 프로세스이다. 현재 및 잠재적인 세분화된 고객 층에게 이익에 초점을 맞춘 장기적인 전략이다. 고객의 우월한 가치를 전달하기 위해 고객의 목소리에 초점을 맞추고, 기업의 경쟁력의 식별과 개발 및 통합하는 프로세스이다.

인터넷 기술의 상호작용성은 마케터가 고객관계를 형성시키고자 하는 기회와 도전을 제공한다. 주요한 기회는 1 : 1이라는 토대 위에 고도로 개별화된 콘텐츠를 제공하는 능력에 달려 있다. 하지만 점진적으로 고객은 통제하에 있게 되고, 사용하려고 선택한 의사소통 경로의 범주를 가로지르는 지속적이고 개인적인 서비스를 받게 되기를 기대할 것이다. e-CRM은 호텔서비스를 성공적으로 전달하는 것을 가능하게 할 수 있다.

제10장

영업계획

호텔기업의 영업계획(business plan)은 크게 두 가지로 구분할 수 있다. 첫째는 시장상황을 고려하여 마케팅 관리자가 영업목표를 수립하고, 최고경영자의 재가를 받아 실행하는 방법(bottom up method)과, 둘째는 투자비를 고려하여 최고경영자가 영업목표를 결정하고, 그 목표를 달성하기 위한 마케팅 계획을 수립하는 방법(top down method)이다.

두 가지 방법에는 각각 장·단점이 있으나 최근에는 대부분의 기업에서 하의상달식 방법을 보완한 방법으로서 마케팅 담당자가 수립한 영업계획에 영업 의욕치를 가산하여 영업목표로 정하는 경우가 많다.

그리고 개별기업의 경우 최고경영자와 마케팅 담당자 간의 의사결정으로 단시간에 영업계획을 수립할 수 있으나 체인기업에서는 예약망의 복잡성과 마케팅 영역도 광범위하고, 체인본부의 감독하에 결정되기 때문에 의사결정 과정이 매우 복잡하다.

제 1 절 영업계획의 중요성

기사가 자동차를 운전하기 위해서는 목적지가 있어야 하듯이 기업도 영업에 대한 방침과 지침이 있어야 추구하는 목표를 달성할 수 있다. 영업계획은 영업을 하기 위해 예측되는 환경을 분석하고, 긍정적인 면은 강화를 하고 부정적인 면은 슬기롭게 대안을 강구하면서 가장 효율적인 방법으로 나아가고자 하는 것이기 때문에 주어진 조직의 틀에서 수익을 극대화하기 위해서는 합리적이고 의욕적인 영업계획이 호텔기업의 마케팅에 있어서 대단히 중요한 수단이라고 할 수 있다.

따라서 영업계획이 실현 가능성을 고려하여 합리적인 수준으로 작성되기 위해서는 주변의 많은 정보와 과학적인 기법이 필요하다.

최근에는 영업계획을 수립하기 전에 무엇보다 중요한 것은 고객을 이해하는 데서 출발해야 한다. 따라서 영업계획의 작성은 고객의 구매행동을 토대로 한 '제로 베이스 커뮤니케이션 플랜(zero-based communication planning)' 개념으로 작성되어야 한다. 즉 고객의 구매행위를 분석하여 문제점을 발견하고, 그 문제점을 해결하기 위한 전략을 토대로 하여 마케팅 계획을 수립해야 한다는 것이다.

제 2 절 판매예측

1 판매예측의 중요성

판매예측(forecasting of sales)은 호텔기업의 영업에 대한 가이드 역할을 한다. 왜냐하면 판매예상량은 원자재·노동력 및 자본력을 중심으로 한 생산계획으로부터 광고나 판매사원의 능력 개발, 서비스 개발 등의 마케팅에 이르기까지 판매예측의 내용을 구체적으로 나타내고 있기 때문이다.

이러한 판매예측은 여러 가지 통제 가능한 것과 불가능한 환경변수를 고려하여 작성되고, 최고경영자의 의지가 포함되어 있기 때문에 모든 기업의 영업에 관련된 사항은 판매예측으로부터 출발한다. 따라서 판매예측을 하기 위해서는 수집 가능한 모든 자료를 모아 철저히 분석하여 작성되어야 세부적인 활동계획을 수립할 수 있다.

그러나 판매예측은 오차가 어느 정도 존재하기 마련이다. 대게 계획 대비 실적을 5% 정도 범위의 오차를 관례적으로 인정하고 있으나 보다 정확성을 기하기 위하여 오차의 범위를 좁히는 데에는 그에 비례하는 시간·비용 및 전문가의 노력이 필요하다. 판매예측의 신뢰성에 미치는 영향요인으로는 불확실한 성장요소들, 과거 판매정보의 부족, 유행, 고객의 소비태도 변화 등이다.

2 판매에 미치는 요인

판매예측은 수동적 접근방법[(그림 10-1)]과 능동적 접근방법[(그림 10-2)]으로 구분할 수 있는데 대부분의 호텔기업에서는 판매에 대한 판매예측을 외부의 영향요인의 예상과 기업이 현재 처해 있는 상황에서 판매량을 예측하는 수동적인 접근방법을 채택하고 있다. 이와 같은 수동적 접근방법은 문제가 있다. 판매는 외부환경과 경쟁사의 상황뿐만 아니라 호텔기업 자체가 보유하고 있는 능력의 결과이기 때문이다.

〈판매에 미치는 영향〉

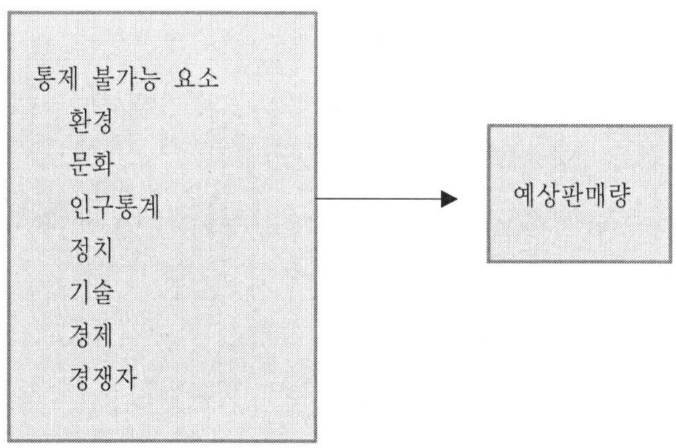

그림 10-1 판매예측의 수동적인 접근[81)]

판매는 광고, 가격정책, 상품·서비스믹스 정책 등의 기능과 마케팅 노력으로 이루어지는 것이므로 통제가 불가능한 요소(uncontrollable factors)와 가능한 요소(controllable factors)로부터 판매에 영향을 미치는 영향요인을 광범위하게 분류하는 것이 무엇보다 중요하다.

첫째로, 통제 가능한 요소는 자원의 이용 가능성을 고려한 호텔기업을 통제할 수 있는 활동의 계획과 내부영업의 환경요소로 구성되어 있다. 예를 들면 호텔 시설물의 능력, 대고객 서비스를 담당하는 종업원의 배치 전략, 경영자의 경영에

81) Robert F. Hartley, *op. cit* p.126.

〈판매에 미치는 영향〉

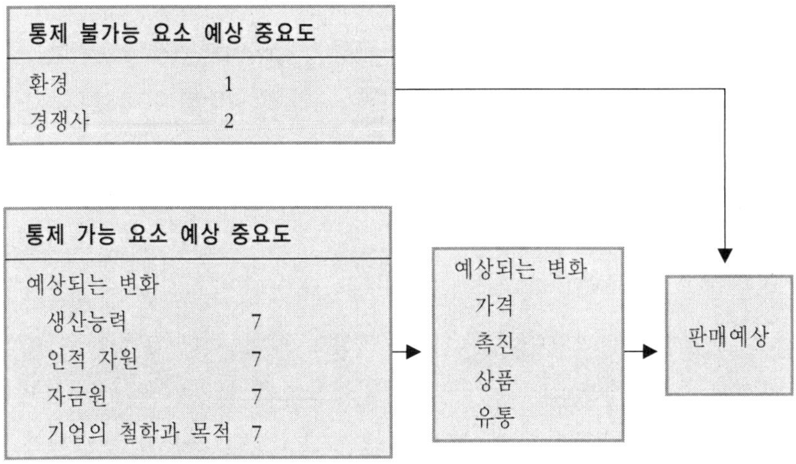

* 평점
1: 통제 불가능한 환경요소
2: 통제 불가능한 경쟁력
7: 통제 가능한 모든 투입요소

그림 10-2 판매예측의 능동적 접근[82)]

대한 확신성과 선호성, 자금력 및 경영목적 등이 될 수 있다.

둘째로, 통제 불가능한 요소는 호텔기업이 여러 가지 이유로 인하여 통제할 수 없는 상황의 요인으로 구성되어 있다. 예를 들면 문화적 환경, 인구통계적 환경, 정치적 및 경제적 환경, 경쟁사의 환경 등은 임의로 통제할 수 없는 요인들이다.

3 판매예측 절차

기업환경을 고려한 판매의 예상량은 그 구성 자체가 복잡하여 전문적인 지식이 요구되기 때문에 전문가에 의해서 작성되어야 한다. 판매예측은 주로 호텔기

82) Robert F. Hartley, *ibid*, p.126.

업의 판촉부서나 마케팅부서에서 작업이 이루어지나 필요한 경우에는 외부의 전문기관이나 경제전문가의 자문을 받아 작성되기도 한다.

일반적으로 미래의 영업환경을 분석하고, 그 결과를 근거로 판매량 계획을 수립하여 경영자의 재가를 받아 확정하지만 반대로 경영자의 판매량 요구에 맞추어 모든 전략을 수립하는 경우도 있다.

판매예측의 절차는 대개 다음과 같은 다섯 단계의 절차를 거친다.

(1) 정보수집

판매예측을 하기 위해서는 우선 주변의 영업환경, 즉 강화된 영업경쟁력, 경제의 불황, 예상되는 자원의 고갈 등의 통제 불가능한 요소와 영업활동을 효과적으로 수행하기 위해 통제 가능한 요소들의 정보를 수집해야 한다. 이때 계획된 마케팅 노력이 과거의 그것과 현저히 다르다면 판매에 대한 노력이 다른 각도에서 접근되어야 한다.

이러한 정보의 수집은 여러 분야에서 실시될 수 있는데 특히 정부에서 발표되는 지역의 개발사업이나 내부고객인 종업원을 통하여 수집하는 것이 가장 효과적이다.

(2) 판매예측 기법 적용

수집된 모든 정보나 데이터는 상황에 알맞은 기법을 적용하여 예측하는 데 있어서 구체적으로 보조역할을 해야 한다.

(3) 판매예상량의 영업적 전환

판매예측이 완료되면 상품·서비스의 믹스별 또는 부서별로 투입되는 비용과 매출을 고려하여 이익창출 부서에 배분하고, 균형을 유지하는 절차이다. 예를 들면 목표시장을 마케팅 프로그램, 상품·서비스 믹스 전략, 자금의 수요, 서비스 요원의 교육훈련 및 원자재의 재고수준 등의 영업적인 프로그램으로 전환시키는 것이다.

(4) 판매예측 감사

판매예측이 적용되는 기간에 실제로 획득한 영업현황과 계획을 비교 분석하여 달성하지 못한 부분이 발생하면 그 이유를 철저히 규명하여 대책을 강구해야 한다.

따라서 호텔기업의 마케팅부서에서는 마케팅 관리 측면에서 주기적인 분석을 통해 판매예측의 감사기능을 수행해야 한다.

(5) 판매예측 조정

판매예측의 감사결과 실질적인 영업결과와 비교하여 큰 폭의 차이를 나타냈다면 깊이 있는 분석을 실시하고, 필요하다면 본래의 판매예측을 수정 또는 보완해야 한다.

따라서 마케팅부서에서는 보통 분기별로 평가하여 차분기 판매예측을 상황에 따라 조정해야 한다.

4 판매예측 기법

판매예측 기법은 질적인 방법과 양적인 방법으로 구분할 수 있는데 대부분의 호텔기업은 정교한 통계적 기법을 이용한다. 때로는 이와 같은 통계적 기법으로부터 정확한 판매예측이 가능하고, 복잡한 수학적 공식의 세련된 적용은 이용자들에게 만족을 준다.

그러나 이러한 통계적인 판매예측 방법은 보이지 않는 주변환경을 배제하기 쉽고, 주어진 숫자의 조합으로 이루어지기 때문에 항상 영업의 예측에 정확성을 보장하지 못한다. 왜냐하면 판매예측은 경영자의 요구나 마케팅 담당자의 의욕치가 고려되어야 하기 때문이다.

(1) 질적 방법

질적 방법(qualitative method)은 주관적인 판단, 의견 또는 개인이나 단체의 육감을 포함하고 있기 때문에 주관적인 방법으로도 불리고 있으며, 그 결과는 옳고 그름을 나타내는 것보다 매우 좋음과 매우 나쁨의 범위에서 평가된다.

주관적인 판단에 의해서 이루어지는 판매예측 기법은 다음과 같은 종류가 있다.

1) 경영자 의견

경영자 또는 지역의 판매책임자는 기업 판매활동과 시장상황의 파악으로 인한 풍부한 경험에 의하여 다각도로 조합된 관점을 통합하여 육감적으로 판단하기 때문에 매우 주관적이다. 경영자 의견을 고려한 방법은 실제로 전개되는 상황을 근거로 하고 있고, 경영자의 주관적인 판단으로 이루어지기 때문에 영업예측이 신속하게 이루어질 수 있다는 장점이 있다.

그러나 대부분의 경영자는 목표시장의 지식이 부족하여 시장의 통계적 수치가 구체적으로 반영되지 못하고, 판매에 대한 의욕치가 과도하게 반영될 수 있으므로 실제로 달성하기 어려운 판매예측이 될 가능성이 높다.

2) 판매사원 의견수렴

각 분야의 고객접점에서 상품이나 서비스를 판매하는 종업원들의 의견을 수렴하고 분석하여 이루어지는 방법으로서 판매담당자로부터 의견을 수렴하여 이루어지는 방법의 장점으로는 다음과 같다.

- 시장상황에 대한 파악이 가장 현실적이다.
- 목표를 달성해야 하는 사람들로부터 판매예측이 이루어진다.
- 종업원들로부터 이루어지는 판매예측은 자신감과 책임감을 느낀다.
- 여러 사람들이 참여하기 때문에 안정되고, 비교적 정확하게 목표를 달성할 수 있다.
- 상품과 서비스 · 고객 · 판매자들을 구분함으로써 판매활동을 수행하는 데 용이하다.

그러나 판매를 담당하는 종업원의 의견을 수렴하여 결정하는 판매예측은 다음과 같은 단점이 있을 수 있다.

- 시장을 너무 낙관적이거나 비관적으로 판단하여 예측이 빗나갈 수 있다.
- 판매사원들이 달성해야 하는 판매예측이므로 비교적 쉽게 달성할

수 있는 안정된 목표를 고려한다.
- 판매사원들은 미래에 형성될 경제의 변화로 인한 시장상황을 폭넓게 이해하지 못한다.
- 판매사원은 주로 고객을 접촉하는 데 시간을 소비해야 하기 때문에 많은 시간을 요구하는 판매예측에 시간을 많이 투자하기 곤란하다.

3) 업계 관련자 의견수렴

호텔기업의 영업을 위해서는 여러 분야의 관련 기관이나 단체 또는 개인으로 구성된 조직이 포함되어 있다. 이러한 조직이나 개인은 기업의 영업에 유기적인 관계를 형성하고 있으므로 이들로부터의 의견수렴은 영업의 예측에 대단히 중요한 단서가 될 수 있다.

해당 호텔기업과 관계를 맺고 있는 호텔·여행사·항공사·이벤트회사·관광지·판매대행사(GSA)·도매업자(wholesaler) 등은 해당기업 자체에서 파악하지 못하고 있는 시장의 변화나 관련 산업들의 동정 등을 인식하는 데 많은 도움을 줄 수 있다.

4) 고객 의견수렴

호텔기업이 고객에게 제공하는 상품이나 서비스를 경험하는 고객은 경쟁사의 상품이나 서비스를 제공받을 수 있기 때문에 비교 평가가 가능하다. 그러므로 마케팅 부서에서는 주기적으로 고객을 무작위로 추출하여 리서치(research)를 실시한 결과를 영업활동에 참고하기도 하고, 영업예측을 위한 기초자료로도 이용한다. 고객 의견은 가장 현실감 있고, 직접적인 평가가 반영되기 때문에 매우 중요하다고 할 수 있다.

그러나 고객 의견은 장기적인 시장상황이나 소비행동이 고려되지 못하는 경향이 있으므로 근시안적인 측면에서 접근되기 쉽다. 따라서 고객의 의견을 중심으로 한 판매예측은 보통 3~6개월의 단시간의 목적에 이용된다.

(2) 양적 방법

오늘날 통계적 방법을 이용한 양적 기법(quantitative method)이 증가하고 있는 추세이다. 이와 같은 기법은 매우 간단한 추세 분석으로부터 전문적인 다중회귀 분석 및 수학적인 모델에 이르기까지 다양하다.

1) 추세 분석

추세 분석(projection of trend)은 과거의 실적을 토대로 해서 미래에도 동일한 추세로 전개될 것이라는 가정하에 이루어지는 것으로서 주요한 증가율 변화와 예상치 못하는 변화 등을 제외하면 비교적 정확하게 구성되는 방법이다.

만약 예측한 기간에 어떠한 예상하지 못한 변화가 전개되면 기업의 영업은 크게 성공하거나 실패의 원인이 될 것이다. 이 방법은 주로 과거의 정보로 미루어볼 때 매년 증가추세에 있는 상품이나 서비스의 분석에 이용된다. 시장이 크게 변화하지 않는 한 영업은 상품이나 서비스의 쇠퇴기까지는 성장하기 때문에 판매예측은 과거의 실적에 평균 성장률을 고려하여 결정할 수 있으나 새로운 상품은 추세를 정확하게 판단할 수 없으므로 적용하기 곤란하다.

추세 분석 방법에는 일반적인 통계적 기법으로 평균이동법(moving averages)과 지수보완법(exponential smoothing)이 있다.

① 평균이동법

과거 정보를 평균하여 증가율을 산출하고, 현재 실적에 증가율을 고려하여 산출한 결과를 말한다. 이때 과거 정보는 계절적인 변화 또는 불균형성을 제거한 것이어야 한다.

② 지수보완법

평균이동법의 불충분한 결과 내용을 보완하기 위한 것으로 과거의 평균 데이터로부터 계절적인 변화 및 불균형성을 극복하기 위해 가장 최근 정보에 가중치를 주어 분석하는 방법이다.

표 10-1 Tourism and Industry Market Trends(Hotel)

Year	2010	2011	2012	2013	2014
Arrivals No. of Arrivals(Nat'l) Growth(%) No. of Arrivals(City) Growth(%)					
Industry Room Inventory Room Supply *Room Nights *Growth # *Growth % Room Demand *Room Nights *Growth # *Growth % Industry Occupancy					
XXX & Competitor Hotel Room Inventory Room Supply *Room Nights *Growth # *Growth % Room Demand *Room Nights *Growth # *Growth % Market Occupancy					

Other Hotels					
Room Inventory					
Room Supply					
*Room Nights					
*Growth #					
*Growth %					
Room Demand					
*Room Nights					
*Growth #					
*Growth %					
Occupancy					
XXX Hotel					
Room Inventory					
Room Nights Available					
*Growth #					
*Growth %					
Room Night Sold					
*Growth #					
*Growth %					
Occupancy					
Average Rate					
Revenue/Available					
Natural Market Share					
Actual Market Share					
Revenue Market Share					

2) 상관 분석

상관 분석(correlation analysis)은 호텔기업의 영업에 관련된 정도를 세분화한 내부 또는 외부의 변수나 경쟁력 · 경제 등의 상황이 판매에 관련된 양적인 기법이다.

3) 다중회귀 분석

대부분 판매예측은 단순한 독립변수로 이루어지지 않고 수많은 변수들이 고려되어야 하기 때문에 다중회귀 분석을 이용한다. 최근에는 보다 과학적인 방법으로 판매예측을 하기 위해 컴퓨터를 이용한 시스템을 구축하여 필요한 변수만 입력하면 자동적으로 판매량이 예측되어 경영활동에 적용하고 있다.

5 효과적인 판매예측 기준

효과적인 판매예측은 주로 고려되어야 할 요인의 수에 달려 있다고 해도 지나친 표현은 아니다. 가능한 한 많은 영향요인을 분석하여 반영한다면 오차의 범위를 줄일 수 있을 것이다.

따라서 판매예측에 영향을 미치는 여러 가지의 직·간접적인 변수를 고려하여 판매예측은 보다 합리적인 수치이기 때문에 판매원이나 경영자로부터 객관성을 인정받을 수 있다.

(1) 주요 영향요인의 고려

호텔기업의 영업 증대를 위한 주요 영향요인(consideration of all key influences)들은 쉽게 파악이 되어야 하며 평가되어야 한다. 경쟁사와 자기업이 보유하고 있는 상품과 서비스, 그리고 편의시설 등의 강점과 약점을 구체적으로 분석하여 능력 및 한계점 등이 고려되어야 한다.

(2) 정확성

오차 범위를 줄이기 위하여 판매예측에서는 정확성(accuracy)이 매우 중요한 요인이다. 그러나 정확한 것일지라도 투입되는 비용이 고려되어야 한다. 투자되는 비용에 비하여 부정확한 결과가 예상된다면 소비자 리서치, 전문가의 자문 등과 같이 많은 비용이 투입되는 경우는 재고해야 할 필요가 있다.

(3) 실현 가능성

판매예측은 실현 가능한 내용으로 작성되어야 하고, 이해하기 쉽게 설명되어야 한다. 만약 전문가에 의해서 해석하기 어려운 통계적 표기방법으로 작성되었거나 너무 낙관적이거나 비관적인 예측으로 인하여 추상적인 내용으로 구성된다면 경영자들은 영업활동을 위한 가이드로 이용하지 않고 주먹구구식의 의사결정을 할 수 있으므로 현실적이고 실현 가능한 내용으로 작성되어야 한다.

(4) 지속성

판매예측은 모든 영업 관련 부서의 판매활동에 관한 지침서의 기초자료이기 때문에 기본적인 가정과 상호관계는 안정적이고 지속적이어야 한다.

(5) 유동성

예측을 위한 변수는 환경이나 조건 등의 변화로 인해 경우에 따라서 조정되어야 하고, 수정된 계획이 수립되어야 한다. 왜냐하면 판매예측을 설정할 당시에 예상되는 영향변수가 시간이 지나면서 예상하지 못한 시장환경의 변화가 있을 수 있기 때문이다. 즉 판매예측은 경직되거나 딱딱하게 작성되지 않고, 상황 변화나 잘못된 예측이 발견되었을 경우에는 즉각적으로 수정될 수 있도록 해야 한다.

호텔기업 마케팅 담당자와 경영자는 이러한 변화나 실수를 점검하기 위해서 월별 또는 분기별로 예측 대비 투입된 비용을 검토하고, 잘못된 점이 발견되거나 필요하다면 현재의 상황에 알맞도록 수정한다.

이때 예측 대비 실적을 검토할 때 예측의 방법도 같이 검토되는데 결과는 차후의 판매예측에 중요한 자료로 이용된다.

(6) 조직의 참여

결론적으로 고객접점에서 상품과 서비스를 판매하는 사람은 현장 판매사원 또는 판촉부 종업원이기 때문에 이 종업원들이 판매예측의 구성에 참여해야 내용을 쉽게 이해할 수 있고, 자긍심을 가질 수 있으며, 동기부여 계기가 된다.

그러므로 호텔기업에서는 프런트 라인(front line)에서 근무하는 종업원들을 적극적으로 참여시켜 의견을 수렴하고, 타당성 있는 요인을 반영하여 관련자들의 작품이 아니라 조직의 작품이라는 인식을 심어주어야 한다.

특히, 판매촉진 부서에서는 전체의 조직원이 참여하고 모두가 동의하도록 하여 목표를 달성하는 데 자발적인 의욕을 불러일으키도록 유도해야 한다.

제 3 절 영업계획서 작성절차

1 마케팅 환경 분석

마케팅 계획을 수립하기 위해서는 기업 자체의 분석은 물론이거니와 기업의 영업에 직접적인 영향을 미치는 지역사회 분석의 결과에 따라서 영업활동도 변화되기 때문에 대단히 중요하다. 이와 같은 마케팅 환경은 마케터가 통제 가능한 환경과 통제 불가능한 부분을 검토하여 마케팅 계획에 반영할 수 있도록 신중하게 처리해야 한다.

일반적으로 지역사회 주요 분석요소는 다음과 같다.

- 지역을 방문하기 위한 교통연계망(항공기・배・기차 등)의 분석
- 지역 내의 주요 산업(첨단산업・섬유산업・조선산업・금융산업 등)의 분석
- 지역 내의 관광매력의 분석
  - 놀거리 : 온천・카지노・놀이공원 등
  - 볼거리 : 쇼・전시회・박물관・축제행사 등
  - 먹을거리 : 전통음식・특별요리 등
- 관공서나 사회단체에서 실시하는 특별행사의 분석

4) 판매계획

호텔상품의 판매계획은 SWOT 분석[83]과 지역사회의 면밀한 분석을 통

83) SWOT 분석 : Strength, Weakness, Opportunity, Threat의 약어로서 해당 기업이 처해 있는 마케팅 환경에서의 강점과 약점 및 기회와 위협을 경쟁호텔과 비교하여 분석하는 것으로 마케팅 계획을 수립하기 전에 반드시 실시되어야 하는 분석기법이다.

하여 경쟁자의 경쟁력을 파악한 다음에는 기업이 추구하는 상품을 어떻게 판매할 것인가에 대한 판매계획을 수립해야 한다.

판매계획을 수립하기 위해서는 다음 사항이 고려되어야 한다.

- 상품판매의 유통구조
- 상품판매에 따른 판촉요원의 배치
- 판매량 쿼터(sales quarter)의 배당과 목표량 달성 시의 보상
- 광고매체의 선정 및 매체별 광고비의 안배
- 마케팅 믹스별 가격 산정
- 지사운영에 관한 사항

2 시장 분석

시장 분석(market analysis)은 예상되는 호텔기업의 영업에 영향을 미칠 수 있는 외부환경 분석을 통하여 구체적인 영역의 시장을 분석할 수 있다. 외부환경으로는 정치·경제·사회·문화 등으로서 예상되거나 진행 중인 사실(fact)을 분석하고, 그 사실의 내용이 기업의 영업에 긍정적 또는 부정적으로 미칠 것인가를 분석하여 긍정적(기회)으로 영향을 미칠 경우에는 더욱 강화를 하고, 부정적(위협)으로 영향을 미칠 것으로 예상될 경우에는 그에 상응하는 조치를 취하도록 해야 한다.

(1) 환경의 현황

각 분야별로 기업의 영업과 관련하여 예상되는 여러 가지 정보를 기술한 내용으로서 환경정보 수집은 마케팅 담당자 개인에 의해서 기술하는 것보다 환경정보에 대한 정확성과 객관성을 위하여 마케팅팀(marketing team) 의견을 정리하여 기술하도록 한다.

예를 들면 영업계획 기간 내에 지방자치단체나 정부 주도로 계획되고 있는 호텔기업 주변의 도로 확장공사나 지하철 공사, 공항의 확장공사 등의 인프라 시스템(infra system)에 관한 사항이나 외국인 관광객에 대한 '0'세율의 적용, 대통령이나 국회의원 선거 등이 될 수 있다.

(2) 기회와 위협의 분석

환경 분석을 토대로 기업의 영업에 미칠 영향을 기회(opportunities)와 위협(threats)의 측면으로 분류하여 분석한다. 예를 들면 상기된 환경의 현황 중 도로공사나 공항 확장공사는 단기적으로는 부정적이지만 장기적으로는 영업을 증진시킬 수 있는 기회의 요인이 될 것이고, 외국인 관광객에 대한 '0'세율 적용이나 각종 선거 역시 기회의 요인이 될 것이다.

표 10-2 Key Economic Indicators

Description	2010 (−2)	2011 (−1)	2012 (0)	2013 (+1)	2014 (+2)
Population *Korea *Pusan					
GDP($ Billion) Real Change					
Per Capita(%)					
Wages(% Change) *Gross *Basic					
CPI(% Change)					
Exports($ Billion) % Change					
Imports % Change					
Trade Deficit ($ Billion)					
Current A/C Balance ($ Billion)					
Exchange Rate($/W) (Year End)					
Prime Lending Rates					

(3) 대 책

예측되는 환경에 대한 내용을 기회와 위협의 분석을 토대로 기회는 더욱 강화(reinforcement)하고, 위협은 적절한 대책(possible action)을 수립하여 영업의 손실을 최소화하도록 하는 절차이다.

예를 들면 놀이공원이나 휴양지로 접근하기 위한 주변의 도로가 관광서 주도로 확장공사가 진행되고 있기 때문에 방문하는 고객에게 불편을 느낄 수 있다고 판단되면 특별수송 대책을 강구하고, 놀이공원이나 휴양지의 쾌적하고 조용한 환경, 가공되지 않은 주변환경 등의 강점을 부각시켜 특별히 잠재고객을 대상으로 적극적으로 홍보를 강화하는 계획을 수립한다.

표 10-3 환경 분석

Key Factors/ Critical Issues	1. 2. 3. 4 5.
Threats/ Opportunities	Threats 1. 2. 3. Opportunities 1. 2. 3.
Possible Actions	1. 2. 3. 4. 5.

〈표 10-2〉는 정부가 발표한 예측되는 경제지표를 나타낸 것이고, 〈표 10-3〉은 호텔기업의 영업환경을 분석하고, 그에 대한 기회와 위협을 구분하여 적

당한 대책을 강구하기 위한 지침서이다.

대부분의 기업에서는 이와 같은 환경 분석을 영업계획 전에 실시하고, 전반적인 시장상황을 고려하여 영업계획을 수립한다.

3 경쟁사 분석

경쟁기업을 분석하는 방법은 여러 가지가 있겠으나 가시적으로 경쟁사의 영업계획 측면에서 분석하여 기본적인 정보를 바탕으로 자기업과 비교 분석을 할 수 있다. 경쟁사의 장기적인 영업계획을 파악한다는 것이 쉬운 일이 아니지만 다양한 정보를 입수하여 장기적인 영업계획을 비교해야 한다.

4 과거실적 분석

과거실적 분석은 주로 외부에 공개된 정확한 자료를 토대로 자기업과 비교하여 분석을 실시한다. 과거의 실적을 분석하는 이유는 경쟁사 간의 부문별 영업순위를 기준으로 강점과 약점을 파악할 수 있기 때문이다.

과거에는 자사의 자료 공개를 꺼려하였으나 요즘에는 투명한 경쟁을 위한 마케팅 활동을 실시하기 때문에 특별한 경우가 없는 한 영업에 관한 정보를 교환하고 있다.

5 예 측

영업계획을 수립하기 위해서는 많은 과정의 정보와 영업 전반에 미칠 환경을 분석하여 작성되지만 기업의 전통적인 영업계획은 과거의 실적에 예상되는 경제성장률과 경영자의 요구를 고려하여 단순하게 작성되었다. 그러나 판매예측은 과거의 실적뿐만 아니라 영업에 미칠 여러 가지 요인을 분석한 사실을 바탕으로 작성되어야 한다.

판매예측에 대한 구체적인 내용을 다음과 같이 호텔기업을 중심으로 살펴보았다.

표 10-4 경쟁호텔 분석

Year	2010 (-2)	2011 (-1)	2012 (0)	2013 (+1)	2014 (+2)
Rooms Available					
○○○ Hotel					
Competitor 1					
Competitor 2					
Competitor 3					
Market					
% Change					
Room Sold					
○○○ Hotel					
Competitor 1					
Competitor 2					
Competitor 3					
Market					
% Change					
Room Occupancy					
○○○ Hotel					
Competitor 1					
Competitor 2					
Competitor 3					
Market					
% Change					
Average Rate					
○○○ Hotel					
Competitor 1					
Competitor 2					
Competitor 3					
Market					
% Change					

Room Yield ○○○Hotel Competitor 1 Competitor 2 Competitor 3 Market % Change					
Natural Mkt. Share ○○○ Hotel Competitor 1 Competitor 2 Competitor 3 Market					
Actual Mkt. Share ○○○ Hotel Competitor 1 Competitor 2 Competitor 3 Market					

표 10-5 Hotel Room Rate Structure

(단위 : 원)

Room Type	Superior SVC(10%) Tax(10%)	Deluxe SVC(10%) Tax(10%)	Executive SVC(10%) Tax(10%)	Jnr-Suite SVC(10%) Tax(10%)	Suite SVC(10%) Tax(10%)	E-Suite SVC(10%) Tax(10%)	P-Suite SVC(10%) Tax(10%)
Rack Rate	320,000 352,000 387,200	400,000 440,000 484,000	600,000 660,000 726,000	300,000 880,000 968,000	1,200,000 1,320,000 1,452,000	2,000,000 2,200,000 2,420,000	4,000,000 4,400,000 4,840,000
10% D/C	288,000 316,800 348,480	360,000 396,000 435,600	540,000 540,000 653,400	720,000 792,000 871,200	1,080,000 1,188,000 1,306,800	1,800,000 1,980,000 2,178,000	3,600,000 3,960,000 4,356,000
20% D/C	256,000 281,600 309,760	320,000 352,000 387,200	480,000 528,000 580,800	640,000 704,000 774,400	960,000 1,056,000 1,161,600	1,600,000 1,760,000 1,936,000	3,200,000 3,520,000 3,872,000
30% D/C	224,000 246,400 271,040	280,000 308,000 338,800	420,000 462,000 508,200	560,000 616,000 677,600	840,000 924,000 1,016,400	1,400,000 1,540,000 1,694,000	2,800,000 3,080,000 3,388,000
40% D/C	192,000 211,200 232,320	240,000 264,000 290,400	360,000 396,000 435,600	480,000 528,000 580,800	720,000 792,000 871,200	1,200,000 1,320,000 1,452,000	2,400,000 2,640,000 2,904,000
50% D/C	160,000 176,000 193,600	200,000 220,000 242,000	300,000 330,000 363,000	400,000 440,000 484,000	600,000 660,000 726,000	1,000,000 1,100,000 1,210,000	2,000,000 2,200,000 2,420,000
Corp.	272,000 299,000 292,120	340,000 374,000 411,400	510,000 561,000 617,100	680,000 748,000 822,800	1,020,000 1,122,000 1,234,200	1,700,000 1,870,000 2,057,000	3,400,000 3,740,000 4,114,000
Pref.	240,000 264,000 290,400	300,000 330,000 363,000	450,000 495,000 544,500	600,000 660,000 726,000	900,000 990,000 1,098,000	1,500,000 1,650,000 1,815,000	3,000,000 3,300,000 3,630,000

(1) 객 실

과거에는 수작업을 통하여 전년도 실적을 기준으로 적당히 추가하여 작성하였으나 요즘은 컴퓨터 시스템이 도입되어 하나의 마켓 믹스(market mix)가 변화하면 다른 변수의 변화를 즉시 알아볼 수가 있으며, 수정 및 조정이 용이해졌다.

객실영업 계획은 크게 객실점유율을 결정하는 판매객실 수와 평균객실료의 두 부분으로 구분할 수 있다. 즉, 객실점유율과 평균객실료는 마케팅력을 측정할 수 있는 기초자료이다.

1) 판매객실 수

객실 예상판매량은 과거의 실적과 시장상황을 바탕으로 마케팅력(marketing power)을 고려하여 세분시장(market segment)별로 판매예상량을 작성한다. 객실의 예상판매량을 작성하기 위해서는 과거의 자료를 참고해야 하지만 무엇보다 중요한 것은 환경 분석과 호텔의 마케팅력을 우선적으로 고려하여 작성해야 한다.

2) 객실요금

객실요금은 객실의 형태에 따라 요금이 다르기 때문에 세분시장별[84]로 평균객실료를 추정하여 예측하는데 무엇보다 평균 객실요금은 판매정책에 따라 많은 영향을 미칠 수 있으며, 유동적이기 때문에 수익률 관리나 객실료 할인규정 등의 특별한 관리가 필요하다.

(2) 식음료

식음료 부문의 판매예측은 업장별·메뉴별로 작성되어야 하기 때문에 매우 복잡하다. 따라서 식음료 팀장은 우선 고객이 선호하는 메뉴를 작성해야 한다. 식음료는 식자재의 원가가 차지하는 부분이 상당히 높기 때문에 원가 개념이 확실히 고려되어야 한다.

---

84) 호텔기업의 세분시장(market segment)은 크게 개인고객(FIT)과 단체고객(GIT)으로 구분할 수 있고, 개인고객은 워크인(walk-ins), 상용고객, 레저고객, 패키지(package) 등이고, 단체고객은 비즈니스 그룹과 레저 그룹 등으로 분류할 수 있다.

1) 식 사

식사 판매예측은 영업계획 기간에 판매할 메뉴가 우선적으로 결정되어야 하기 때문에 우선 경쟁자의 마케팅 전략 파악과 시장조사(market research)를 실시해야 한다. 식당에서 판매하기 위한 메뉴가 결정되면 식당별로 식자재 공급계획과 원가를 산출하고, 판매량과 가격을 결정한다.

2) 음 료

음료 역시 고객의 구매행동을 철저하게 분석하여 문제점이 발견되면 해결을 위한 대책을 강구하고, 고객이 선호하는 메뉴나 특별히 개발된 상품은 시장 분석을 토대로 가격과 수량을 결정한다.

(3) 광고비

호텔 광고비 책정방법은 앞에서도 설명한 바 있으나 일반적으로 부문별 예상매출액을 기준으로 책정한다. 부문별 구체적인 광고계획을 수립하고, 그 항목에 필요한 광고비를 배당하여 미리 예산을 확보한다. 부문별 광고예산이 확보되지 않은 상태에서는 예산집행에 많은 어려움이 따르기 때문이다.

체인호텔의 경우 단독 경영호텔보다 본부나 자매호텔에서 여러 가지 형태로 광고를 지원하므로 매출액 대비 광고비의 비율이 낮은 편이나 단독 경영호텔의 경우 자체에서 시장점유율을 유지하기 위한 모든 광고를 실시해야 하므로 광고비의 비율이 높은 편이다.

일단 광고비가 확보되면 확보된 광고예산을 시장환경의 변화에 따라 적절히 실현시키고, 반드시 광고에 대한 효과를 측정하도록 해야 한다.

〈표 10-6〉은 체인호텔의 광고예산 내역서를 나타낸 것으로 지방과 국내를 구분하고 외국의 광고는 수혜 호텔들이 균등하게 배분하여 지불하는 형태의 예산을 나타내고 있다.

표 10-6 Advertising Budget

(단위 : 미국달러)

Year	2011	2012	2013
Rooms Advertising			
Out of Market			
Individual			
Shared			
Production Cost			
Total Out of Market			
Local/In-Country			
Individual			
Shared			
Production Cost			
Total Out of Market			
Contribution to Div. Mar. Center			
(Media & Production)			
Total Rooms Advertising			
% of Rooms Revenue			
Food & Beverage Advertising			
Korean Restaurant			
Japanese Restaurant			
Western Restaurant			
Cafe			
Entertainment Center			
Production Cost			
Total Rooms Advertising			
% of Rooms Revenue			
Others			
Production Cost			
Total Others			
% of Hotel Revenue			
Total Advertising			
% of Hotel Revenue			

(4) 주요 판촉행사 계획

주요 판촉행사를 실시하기 위해서는 예산이 소요되고, 준비사항이 많기 때문에 연중 판촉행사 계획을 월별로 구체적인 내용과 함께 수립해야 한다. 즉 영업계획을 중심으로 부문별로 목표를 달성하기 위한 판매촉진 계획을 구체적인 근거를 바탕으로 수립해야 한다.

〈표 10-7〉은 휴양지 호텔의 주요한 판촉행사 계획을 나타내고 있다.

6 영업계획서 통합

부문별 영업계획과 비용을 작성하고 나면 예상되는 총매출액과 총비용을 조합하여 영업이익(GOP : Gross Operational Profit)을 산출하고, 최종적으로 경영진으로부터 조정작업을 거쳐 영업계획을 확정한다. 그러나 영업계획을 확정하기 위해 각 부서에서 작성한 계획서의 자료를 통합하는 것은 쉬운 작업이 아니기 때문에 구체적인 증거자료를 확보해야 한다.

또한 목표달성을 위해 각 관련 부서 담당자들을 대상으로 예측되는 영업환경을 바탕으로 영업계획에 대한 모든 것을 이해시키고, 예상목표를 달성하기 위한 구체적인 활동과 방향을 주지시킨다.

7 영업계획 통제 및 평가

마케팅 계획에 의하여 목표가 정해지면 마케팅 환경의 변화에 따라 실행과정에서 여러 가지 어려운 점이 있겠지만 마케팅 관리자는 기업조직 내의 가능한 수단을 이용하여 목표를 달성하도록 최선의 노력을 해야 한다.

만약 영업계획을 수립하는 데 막대한 시간과 노력을 투자하여 수립하였으나 현실적인 영업활동에 고려하지 않고 재고하지 않으면 영업전략의 방향이 흔들릴 수 있기 때문에 마케팅 계획이 영업활동에 적용되지 않을 수도 있다.

표 10-7 연중 판촉행사 계획

Description	Jan	Feb	Mar	Apr	May	Jun	Ju	Aug	Sep	Oct	Nov	Dec	Budget
Sales Trip													
*Japan													
*Hong Kong													
*USA													
*Selling Technique													
*Sales Blitz													
*In-Country													
Sub-Total													
Mailing													
*News Letter													
*Package Flyer													
*X-Mas Card													
*Worldwide													
*Others													
Sub-Total													
Collaterals for F&B													
*Hotel News Letter													
*Others													
Sub-Total													
Collaterals for Rooms													
*Room Tariff Sheet													
*Honeymoon Coupon													
*Sales Kit													
*Fact Sheet													
*Hotel Brochure													
*Packages													
*Others													
Sub-Total													
Promotion													
*Giveaway													
*Fam Tour													
*Top Account Party													
*Golf Tournament													
*Overseas Trip													
*Ski Trip for Members													
*Monthly Reception													
*Chef's Table													
*Birthday Cake													
*Calendar													
*X-Mas Card													
*Others													
Sub-Total													
Grand Total													

과거에는 일부의 기업에서 영업계획을 수립하여 부서 캐비닛에 마치 바이블(bible)처럼 보관하는 경우도 있었다.

따라서 최고경영자와 마케팅팀장은 수시로 영업실적과 마케팅 활동을 점검하고, 그 결과에 따라 실행방법이나 방향을 조정하는 특별한 시스템을 구축하기 위해서는 사안에 따라 정기적, 또는 비정기적으로 회의를 개최해야 한다.

호텔기업을 중심으로 그 통제시스템을 살펴보면 다음과 같다.

(1) 판촉회의

판촉회의(sales meeting)란 마케팅 관리자들이 모여 일정기간의 판매현황과 시장 분석, 마케팅 활동과 제공된 서비스에 대한 고객의 반응, 그리고 경쟁사 마케팅 활동 등에 대한 분석을 통해 향후 대응방법과 마케팅 활동의 구체적인 판매촉진 방법 등을 논의하는 회의로서 고정고객 유지와 새로운 고객 유치전략 수립에 대단히 중요한 회의이다.

1) 참석범위

참석범위는 상황에 따라 달라질 수 있으나 보통 대규모 조직에서는 판촉과 영업을 담당하는 관련자들이 모여 관심사를 토론한다. 회의는 보통 매월 1~2회 정도 실시한다.

- 최고경영자
- 마케팅 이사
- 판촉부장
- 홍보부장
- 영업장 팀장
- 예약팀장
- 판촉부 직원
- 각 지역 판촉 사무실의 지사장

2) 회의안건

회의안건(meeting agenda)은 회의가 개최되기 전에 반드시 공시하여 관련 부서에서 필요한 자료 및 의견을 준비할 수 있도록 한다. 안건은 보통 영업과 판촉에 관련된 내용으로 한정한다.

예를 들면 다음과 같은 안건이 있다.

- 연휴기간의 영업 증진을 목표로 한 판매촉진 전략
- 대규모 행사로 인한 객실 및 식음료업장의 대책
- 새로운 판매촉진 활동의 토의
- 향후 판촉활동의 방향
- 계획 대비 실적 검토 및 향후 대책
- 경쟁사 분석
- 시장 분석(거래처 포함)
- 뉴스 릴리스 브리핑
- 광고 스케줄

3) 준비자료

- 전월 영업실적 및 계획
- 익월 영업계획
- 광고 스케줄
- 경쟁사 영업 실적
- 뉴스 릴리스 자료
- 대형행사 예약현황
- 단체예약 및 VIP 예약현황
- 판촉 스케줄
- 비주얼 장비(visual equipment)
- 다과

4) 진행순서

판촉회의는 팀제로 운영되는 호텔기업의 경우 다음과 같이 진행된다.

- 회의록 검토 및 진행사항 점검 : 마케팅팀장, 판촉팀장
- 영업실적 보고 및 대책 : 객실팀장, 식음료부장
- 판촉활동 보고 및 평가 : 판촉팀장, 판촉부 담당자
- 거래처 동향 보고 : 판촉부 담당자
- 홍보활동 보고 및 평가 : 홍보팀장
- 예약현황 보고 : 예약팀장
- 대규모 행사의 보고, 대책수립 : 예약팀장
- 경쟁사 현황보고 : 판촉부 팀장

(2) 매출회의

매출회의(revenue meeting)란 실제적인 영업을 담당하는 식음료 부서장과 객실 부서장, 그리고 예약담당자와 마케팅 부서장이 참여하여 시장변화에 따른 대책을 마련하고, 수요 변동을 고려하여 탄력적인 가격 적용으로 객실점유율을 높이고, 식음료업장의 이용객을 늘려 매출액을 극대화시키기 위한 회의이다.

예를 들면 객실수요가 공급을 초과할 경우 계약된 객실 블럭(room block)을 재점검하고, 단체여행객의 객실보다는 재구매 고객이나 개인고객을 우선으로 하여 예약을 접수하도록 조치를 취한다. 회의 횟수는 보통 매주 1회 정도가 적당하다.

(3) 수익률 회의

수익률 회의(yield meeting)란 호텔 특성상 호텔상품은 저장할 수 없기 때문에 당일 판매하지 못하면 소멸되는 상품이므로 시장수요에 따라 차등가격을 적용하여 이익률을 극대화하기 위한 회의로서 대개 마케팅 부서장과 식음료 부서장, 그리고 객실 부서장이 참석한다.

표 10-8 판촉회의를 위한 안건에 관한 메모(호텔)

Date: August 24, 2012

Attn: Director of Rooms
Director of F&B

From: Director of Marketing

Please be informed that the Sales Meeting for March will be held as following schedule.

1. Date & Time: 10:00 - 11:00 September 4, 2012(Tue)
2. Venue: Board Room
3. Agenda:
   - To review previews sales meeting minutes
   - To review business results for August 2012
   - To review Top Account
   - To finalize Honeymoon Package for summer season
   - To outlook business for March
   - To review competitors' marketing strategies
   - Others

Looking forward to seeing you all there.

With best regards,

예를 들면 객실부서에서는 객실점유율이나 평균객실료 중 어느 한쪽만을 증대시키기 위하여 노력하는 것이 아니고 객실점유율이나 평균객실료를 동시에 높여 이익률을 증대시키기 위한 방법을 사용한다.

특정한 기간의 탄력적인 가격은 과거의 자료 분석 결과와 예측되는 환경을 고려하여 결정하고, 주로 호텔 컴퓨터 예약망을 통하여 공시한다. 마케팅 관리자는 호텔기업의 영업실적을 평가하는 주요 측정치가 바로 수익률이므로 항상 주의 깊게 다루어야 하는 항목이다.

(4) 예약통제

예약통제(reservation control)란 수요가 많은 시기에는 할인 없이 선별하여 예약을 받지만 반대로 수요가 저조한 시기에는 관련 부서나 호텔과 계약된 협력업체들(기업체·여행사·항공사·예약지점망·GSA 등)에게 알려 우선적으로 저조한 예약일에 상품을 판매하도록 하고, 판촉부서에서는 예약부서 예약현황과 과거실적을 분석하여 특별할인 기간을 정하여 판촉활동을 실시하도록 자료를 제공하기 위한 통제시스템이다.

(5) 경쟁사 분석

경쟁사의 구체적인 정보를 파악하고 있으면 경쟁에서 유리하기 때문에 판촉부서에서는 경쟁사의 마케팅 활동을 분석하는 것이 매우 중요하다. 경쟁사 마케팅 활동에 관한 사항을 파악하기 위해서는 기존고객을 통해서 얻는 방법, 직접 방문하여 서비스를 제공받고 경험하는 방법, 그리고 스파이(spy)를 이용한 방법 등이 있으며, 이러한 정보나 자료를 수집·분석하고, 그 결과를 고려하여 마케팅 활동을 조정하는 역할을 한다.

1) 고정고객을 통한 정보 수집

판매촉진 담당자는 거래처를 방문하거나 거래처 예약담당자의 전화 접촉 등으로 경쟁사의 마케팅 활동에 대한 정보를 수집할 수 있다. 이때 주의해야 할 것은 자호텔에 대한 정보가 거래처를 통해 경쟁사로 유출될 수도 있으므로 자사의 중요한 정보는 거래처에 전달되지 않도록 주의해야 한다.

2) 경쟁사 방문을 통한 정보 수집

대부분 호텔 판촉담당자가 주기적으로 경쟁사를 방문하여 고객 입장으로서 정식으로 서비스를 제공받으면서 서비스나 마케팅 활동에 대한 정보를 수집한다.

3) 스파이를 이용한 정보 수집

경쟁사에 고객을 가장하여 방문하고 관련 정보를 획득하는 것으로서 과거에는 경쟁사 정보를 수집하기 위해 이러한 방법을 많이 이용하였지만 최근에는 불법성의 소지가 있기 때문에 거의 사용되지 않고 있다.

(6) 광고통제

마케팅 환경과 시장수요에 따라 매체와 시기를 조정하는 것으로 마케팅 계획을 통해 호텔 이미지를 위한 광고, 또는 특별한 기간에 판매되는 서비스 상품에 대한 광고를 적시에 적정한 매체를 통하여 할 수 있도록 통제(advertising control)하는 것이다.

제 4 절 영업계획의 적용

대부분 호텔기업에서는 영업환경을 고려한 영업계획을 수립하고, 그 영업계획을 중심으로 영업활동이 이루어지나 일부 기업에서는 영업계획과 실제 영업과는 별개의 것으로 취급하여 환경변화나 경쟁사 변화에 따라 판촉이나 영업활동을 하는 곳도 있다. 즉 영업계획은 보고용으로 일단 최고경영진에게 보고가 되면 책장에 보관하고, 영업활동이나 판촉활동은 즉흥적인 의사결정으로 이루어지는 경우가 많다.

이러한 현상은 마케팅팀장이 뚜렷한 방향 설정이 없이 주먹구구식 방법으로 운영하는 경우에 발생하지만 경영진의 무관심으로 인해 영업계획을 무시하고, 단발적인 의사결정에 의해서 발생하기도 한다.

따라서 경영진은 철저한 환경 분석과 함께 수립된 영업계획을 주기적으로 예상하지 못한 환경변화로 인해 불합리한 부분을 수정 및 보완하고, 적극적으로 활용하도록 해야 한다. 왜냐하면 영업계획은 모든 영업사원이나 판촉사원이 나아가야 할 방향이 설정되어 있기 때문이다.

1 분기별 아웃룩

분기별 아웃룩(3-month outlook)은 미래 영업에 대한 계획을 여러 가지 자료를 바탕으로 구성했을지라도 미세한 환경변화나 예상하지 못했던 환경변화로 인해 영업목표를 초과 달성하거나 달성하지 못하는 경우가 발생하게 된다.

따라서 마케팅 부서에서는 일반적으로 3개월 단위로 영업계획에 관한 내용을 검토하고 수정작업을 거친 후 경리부·자재부 등 관련 부서에 통보하여 영업활동에 지장이 없도록 하는 과정이다.

분기별 아웃룩이 필요한 이유는 일반적으로 다음과 같다.

(1) 마케팅 부서

영업계획을 수립할 당시의 영업환경과 현재의 상황이 다르기 마련이므로 마케팅 전략의 조정이나 세분시장별 예상목표 점검, 틈새시장(niche market)의 추가 등 영업예측(business forecast)의 수정을 통한 즉각적인 시장변화에 대응하기 위해 필요하다. 이와 같이 수정된 영업계획을 토대로 판촉활동의 세부 활동지침을 확정한다.

분기별 아웃룩을 작성할 경우 현재의 시장 및 경쟁자 상황을 고려하여 본래 영업목표에 판매량을 추가 또는 삭감하는데, 경우에 따라서는 급격한 시장의 변화, 경쟁자의 예상하지 못한 마케팅 전략 등으로 대폭적인 수정이 필요할 때도 있다.

(2) 영업부

마케팅 부서의 단기 영업계획이 확정되면 영업부서에서는 영업계획에 맞추어 부문별 영업전략을 재작성하고, 확정된 목표를 달성하기 위한 구체적인 활동계획을 마련한다.

특히 숙박업에서는 보통 회의나 식음료 영업을 겸하기 때문에 영업장의 성격에 따라 영업목표를 달성할 수 있는 구체적인 전략과 전술을 재조정하여 영업방침을 마련하도록 해야 한다.

(3) 경리부

영업계획을 토대로 영업을 위한 비용과 판매비용, 원자재비용을 산출하고, 영업총매출과 영업이익을 산출하여 영업 전반에 걸친 예상수익률을 부문별로 작성한다. 이때 영업이익이 본래 계획과 비교할 때 많은 차이가 있다면 각 부문의 비용을 최대한 줄여 계획했던 영업이익의 수준을 유지하기도 한다.

경리부에서는 경영진이 요구하는 영업이익의 목표가 있기 때문에 영업과 관련하여 투입되는 비용을 유동적으로 통제한다. 또한 경리부서에서는 영업계획을 바탕으로 단기간에 필요한 운영자금의 조달계획을 수립한다.

(4) 구매부

구매부에서는 영업목표를 달성하기 위해 영업장에서 요구하는 각종 자재 및 재료를 신속하게 공급하여 영업을 하는 데 지장을 초래하지 않도록 지원을 하기 위한 계획을 수립한다.

표 10-9 Business Outlook for Next 3-month(Hotel)

Description		This Month			Next Month		After Two Months	
		Forecast	Last Year	Outlook	Forecast	Outlook	Forecast	Outlook
Occupancy(%)								
Av. Rate(KW)								
Revenue	Room							
	F&B							
	Total							
Payroll & Related								
Provision								
Other Expenses								
Dept. Profit								

2 영업실적 분석

영업실적 분석은 대개 과거 영업실적을 비교하여 분석하지만 일부 호텔에서는 분기별 영업계획도 함께 고려하여 계획 대비 실적의 분석을 하기도 한다. 영업실적 분석은 영업부서의 판매력 평가와 마케팅 부서의 마케팅 전략을 평가하는 자료이기도 하다.

또한 영업 분석을 실시할 경우에는 영업을 위해 투입된 비용 분석도 병행하여 매출액에 대한 비용을 파악하고, 영업의 수익률 향상 방안을 마련한다.

따라서 영업실적 분석을 하기 위해 마케터는 항상 매출과 비용의 상반된 개념을 염두에 두어야 한다.

3 광고 및 판촉계획 실행

영업계획에 따라 마케팅 전략의 방향도 수정되기 때문에 그 결과에 따라 광고예산을 적절히 효과적으로 집행하고 판촉부서의 판촉활동 계획・조정하여 구체적인 계획을 수립해야 한다. 그러나 광고나 판촉활동의 결과는 경우에 따라 단기간에 효과가 나타나지 않기 때문에 단기간의 계획보다는 중장기적인 차원에서 계획이 수립되어야 한다.

경영자는 광고나 판촉행사 등을 비용으로 간주하여 투입한 비용에 대하여 단기간의 효과를 요구하나 광고나 판촉활동은 분명히 투자개념으로 보아야 할 것이다.

따라서 마케팅 담당자는 이와 같은 사항을 감안하여 비용과 투자의 개념을 구분하여 경영진이 납득할 수 있도록 설득하고 이해시켜야 한다.

참 고 문 헌

국내문헌

김성혁, 『관광마케팅론』, 대왕사
김성혁, 『관광마케팅의 이해』, 백산출판사
김원수, 『마케팅정보시스템』, 박영사
김진수·김진해, 「인터넷 쇼핑몰의 성공적 구축을 위한 탐색적 연구」, 한국유통학회
김포공항, 『항공통계사』
김형섭·박진영·윤세환·조규태, 『관광마케팅』, 도서출판 갈채
디스, 관광연구원, 2000
류주형·김대호, 「온라인 데이터베이스의 활용에 관한 연구」, DB국제학술대회(학술논문집)
박종찬·김성동, 『관광자원론』, 도서출판 갈채
박진영·김영규·권정택, 「관광지 속성을 이용한 사찰관광지의 포지셔닝에 관한 연구」, 구미1대 논문집
박호표, 『호텔·관광마케팅』, 학현사
반병길, 『마케팅관리론』, 남영문화사
손대현, 『관광마케팅론』, 일산사
송정미, 「릴레이션쉽마케팅 시대로 돌입하는 일본」, 『광고정보』(1996. 9월호), 한국방송공사
송정미, 「마케팅이론 재구축에 높은 관심보인 일본상업협회」, 『광고정보』(1997. 7월호), 한국방송공사, pp. 103-105.
신도길·박성규·김성근, 『관광상품론』, 도서출판 갈채.
오상락·유동근, 『최신마케팅론』, 동성사
유동근, 『촉진전략론』, 조일문화사
유동근, 『현대마케팅관리론』, 석정
윤중현·이수동 공역, 『현대마케팅론』, 범한서적주식회사
이두희, 「One to One Marketing 적용방안」, 『마케팅』, 6월호, 1996, pp.34-35
이종화·이성봉, 「전자상거래의 국제적 논의와 대응과제」, 대외경제정책연구원
이호길·김미경·김형섭, 『호텔실무경영론』, 도서출판 갈채
임종원, 『현대마케팅관리론』, 무역경영사
전기환·안대희, 「여행사 이용객의 추구편익에 관한 연구」, 김천대학 논문집, 제18집
정익준, 『여행사경영론』, 형설출판사
최동열, 『관광서비스론』, 기문사
최병용, 『신마케팅론』, 박영사
최인수, 「DB산업육성법 제정의 필요성과 법안의 주요내용」, DB산업활성화를 위한 세미나

『Hotel & Restaurant』, 1992년 10월호
『Hotel & Restaurant』, 2000년 11월호
『Hotel & Restaurant』, 2001년 1월호

외국문헌

Arnold, D., *The Handbook of Brand Management*, Addision-Wesley Publishing Company, 1992
"Alternative Marketing Strategies", *Journal of Marketing 20*, 1956
A.M. Morrison, *Hospitality and Travel Marketing,* New York : Delmar Publishers, 1989
A.W. Frey, *Advertising*, 1953
Antti J. Haahit, "Finland's Competitive Position as A Destination", *Annals of Tourism Research 13*, 1986
Bitner, Mary Jo, "Building Service Relationship : It's All About Promises", *Journal of the Academy of Marketing Science*, Volume 23, No. 4, pp 246-251,1995
Bod Stone and John Wyman, *Successful Telemarketing*, NTC Business Books, 1986
C. Berenson, "Marketing Information Systems", *Journal of Marketing*, Vol. 33, No. 4, 1969
Chuck Y. Gee, Dexter J.L. Choy and Makens, *The Travel Industry*, The AVI Publishing Company, Inc., 1984
Committee on Definitions, American Marketing Association, "Marketing Definitions", *A Glossary of Marketing Terms*, 1960
Day, George, "Attitude Change, Media and Word of Mouth", *Journal of Advertising Research*, Vol. 11, No. 6, pp. 31-40, 1995
D.F. Cox, and R.E. Good, "How to Build a Marketing Information System", *Harvard Business Review*, May-June, 1967
F.T. Schreier, *Modern Marketing Research, A Behavioral*, Wa Publishing Co., Inc., 1963
George Day and Rashi Glazer, "Harnessing The Marketing Information Revolution : Toward The Market-Driven Learning", *The Marketing information Revolution*, Harvard Business School Press, 1994
Gilbert A. Chrchill, Jr., *Marketing Research*, 3rd ed,. The Dryden Press, 1983
Gilbert, David C. Jan A. Powell-Perry and Widijoso, "A Study of the Hotel Industry's Application of the Internet as a Relationship Marketing Tool", *Hotel-Online*, Com, pp. 1-14, 1998
Jack Trout and Al Ries, *How to Position your Product*, *Advertising Age*, May 8, 1972
James M. Degen, "Segmentation Strategies for the 80s", *Restaurant Business*, October, 1980
Marketing Definitions, "A Glossary of Marketing Terms", Compiled by the Committee of the American Marketing Association, 1961
R. Solomon and C.F. Surprenant(eds), *The Service Encounter*, Lexington Books, 1985.
J.T. Cannon & J.A. Wichert, *Marketing Text and Cases*, 1953
J.S. Wright, D.S. Warner and W. L. Winter, *Advertising*, 3rd. 1971
L. Schiffman and L. Kanuk, *Consumer Behavior*, Prentice Hall, Englewood Cliffs, 1978
Mary Jo Bitner, B.H. Booms, "Marketing Strategies and Organisation Structures for Service Firms", in J.

Donnelly and W. George, eds., *Marketing of Service*, Chicago : MA, 1981. pp. 47-51

Maurice I. Mandell, *Advertising*, 2nd ed., Prentice-Hall, 1974

Paul H. Schurr and Julie L. Ozanne, "Influences on Exchang Processes : Buyers' Preconception of a Seller's Trustworthiness and Bargaining Toughness", *Journal of Consumer Research*, Vol. 11, March, 1985, pp. 939-953

Philip Kotler, "Megamarketing", *Harvard Business Review*, March, 1986, pp. 117-124

Peggy Fielding and Gray Drummond, *Telemarketing Fractionated*, Prentice-Hall Inc., 1991

P.G. Davidoff and D.S. Davidoff, *Sales & Marketing for Travel and Tourism*, National Publishers, 1983

Philips Kotler, *Marketing Essentials*, Prentice-Hall, 1984

P. Kotler, *Marketing Management*, 6th. ed., 1988

P. Kotler, *Marketing Management, Analysis, Planning and Control*, Prentice-Hall, Inc., 1967

P.E. Green & D.S. Tull., *Research for Marketing Decisions*, Prentice-Hall Inc., 1967

Rafiq, M. & P.K. Ahmed(2000), "Advances in the Internal Marketing Concept : Definition, Synthesis and Extension", *Journal of Service Marketing*, Vol.14, No.6, pp. 449-462

Reichheld, Frederick and W. Earl Sasser, Jr., "Zero Defections : Quality Comes to Services". *Harvard Business Review*, 68, (September/October, 1990)

R.C. Lewis and R.E. Chambers, *Marketing Leadership in Hospitality*, Van Nostrand Reinhold, 1989

R.D. Crisp, *Marketing Research*, McGraw-Hill, 1957

Regis Mckenna, *Relationship Marketing : Successful Strategies for the Age of the Customer*, Addison-Wesley Published, Co., Inc., 1991

R.G. Wyckham, P.T. Fitzroy & Mandey, "Marketing of Services", *European Journal of Marketing*, Vol. 9, No. 1, 1975

R.H. Brien & J.E. Stafford, "Marketing Information Systems : A New Dimension for Marketing Research", *Journal of Marketing*, July, 1968

Richard B. Harris, "Relationship Marketing : Trust-A Foundation for Building Business", *Manager Magazine*, Vol. 8, June, 1993, pp. 14-17

Richard L. Bencin, *The Marketing Revolution*, Cresheim Publications, 1985

Robert A. Peterson, "Relationship Marketing and the Consumer", *Journal of Academy of Marketing Science*, Vol. 23, No. 4, 1995, p.280

Robert C. Mill, *Tourism, The International Business*, Englewood Cliffs, N.Y. Prentice-Hall, Inc., 1990

Robert F. Hartley, *Sales management*, Merrill Publishing Co., 1989

R.W. Struse, "Life Style Research Inappropriate for Some Categories of Product", *Marketing News*, June, 1977

Sean Burca, Brannick, Teresa, and Meenaghan, Tony, "Relationship Marketing Approach to Spectator as Consumers", *Citation : IBRD*, Vol. 16, 1995, pp. 86-100

Steven Penrod, *Social Psychology*, New Jersey, Prentice-Hall, 1983

S. Watson Dunn & A.M. Barban, *Advertising*, 4th ed., Englewood Cliffs, 1984

The Economic Planning Group of Canada, *Tourism is Your Business : Marketing Management,* Ottawa, Ontario: Yourism Canada, 1986

T. Levitt, Marketing Myopia, *Harvard Business Review 38*, No. 4, July~August 1960

V.C. Judd, "Differentiate w the 5th P: People", *Industrial Marketing Management*, November, 1987, pp. 241-247

Wendell R. Smith, "Product Differentiation and Market Segmentation as Alternative Marketing Strategies", *Journal of Marketing 20*, 1956

Wilson, David T, "An Integrated Model of Buyer-Seller Relationship", *Journal of the Academy of Marketing Science*, Vol. 23, No. 4, 1995, pp. 335-345

W.J. Stanton, *Fundamental of Marketing*, 8th ed., McGraw-Hill. 1987

W. Zikmund and M. D'Amico, *Marketing*, 3rd ed., 1989

찾아보기

▥ 저자약력 ▥

■ 이 희 천

-김천대학교 항공관광호텔경영학과 교수

-E－mail : hcl8989@hanmail.net

■ 한 진 수

-경희대학교 호텔경영학과 교수

-E－mail : jahan@khu.ac.kr

호텔마케팅

2014년 1월 20일 1판 1쇄 발행

저 자 이희천 · 한진수

발행인 남 승 우

발행처 도서출판 상尙 학學 당堂

서울시 동작구 사당로9가길 6(사당동)

TEL : 02) 595-1692～4

FAX : 02) 595-1394

E-mail : namdoo6@unitel.co.kr

신고 : 2-155호 (1968. 11. 29)

정가 27,000원

ISBN 978-89-6587-099-9 93980

〈디자인〉 편집 이선경 / 표지 토틀컴